Research Methods for
Social Welfare
# 사회복지 조사론

장혜령 정운계 구소연 김수목 양영수 이주현

도서출판 조은

# 머리말

　일반적으로 사회조사론은 사회복지학을 비롯하여 사회현상을 연구하는 모든 학문분야에서 활용되고 있다. 특히, 사회복지조사론은 인간과 사회의 현상, 사회복지문제를 과학적 방법의 관점에서 연구조사하고 분석한다. 즉, 사회복지 관련 연구를 수행하기 위해서는 조사방법론에 대한 이해가 필수적이다. 또한 사회복지실천현장에서도 조사론에 관한 지식을 바탕으로 전문성 있는 실천이 점차 강조되고 있다. 이제 사회복지조사론은 사회복지사로서 기본적이고 필수적인 교과목으로 자리매김하고 있다. 그럼에도 불구하고, 다년간 강단경험을 통해 느끼는 것은 한마디로 어렵다는 것이다. 실제 학생들 대부분이 사회복지 교과목 중 사회복지조사론을 어렵게 생각하는 경향이 있다. 그 이유는 두 가지로 정리할 수 있다. 첫째, 실제 어려운 내용을 담고 있다는 것이다. 조사론은 개념적 정의가 우선 필요한 분야이다. 어느 용어를 사용하든지 그 용어에 대한 개념적 정의가 우선되어야 학문적 진전이 있을 수 있기 때문이다. 둘째, 학생들 의식 속에 조사론을 말하면 먼저 통계를 떠올린다는 것이다. 그래서 조사론은 통계학이기 때문에 당연히 어려울 것이라는 선입견을 갖고 있다는 것이다. 이 책은 이러한 사회복지 학생들의 고충을 이해하고 집필하였음을 밝히고자 한다. 이 책을 학습하다 보면, 어느 새 기존 편견이 조금씩 사라짐을 느낄 수 있을 것이다.

　이 책의 특징을 살펴보면,

　첫째, 사회복지조사론에서 사용하는 용어에 대한 전반적인 개념적 정의가 실려 있다. 타 교재에서 언급한 서론부분을 과감히 줄이고 실제 학습에 필요한 부분만을 엄선하여 학습의 편의성을 높이고 있다.

　둘째, 목차만 체크해도 과목의 학습방향을 쉽게 이해할 수 있도록 학습자에 대한 배려를 하고 있다.

　셋째, 실제 사회복지실천현장에서 적용될 수 있도록 다양한 사례들을 소개하여 이론과 실제를 동시에 학습할 수 있는 여건을 조성하고 있다.

이 책의 순서는 다음과 같다.

Chapter 1. 사회복지조사의 이해
Chapter 2. 연구방법의 개념적 이해
Chapter 3. 연구조사의 유형과 절차
Chapter 4. 측정과 척도
Chapter 5. 신뢰도와 타당도
Chapter 6. 표본조사
Chapter 7. 자료수집방법
Chapter 8. 실험설계
Chapter 9. 욕구조사
Chapter 10. 평가조사
Chapter 11. 질적 연구
Chapter 12. 단일사례연구
Chapter 13. 연구보고서

이 책이 나오기까지 공동저자들로서는 맹하의 날씨에서 힘든 고통의 여정이었지만, 이제 출판을 눈앞에 두고 보니 부족함에 옷깃을 여민다. 학습자 여러분들께 감사하면서 어떠한 질책도 겸허히 수용하겠음을 밝힌다. 출판 작업에 수고를 아끼지 않으신 도서출판 조은 김화인 대표님과 김진순 팀장님 등 관계 임직원 여러분의 노고에 진심으로 감사드린다.

2021년 여름
대표저자 장혜령

# 목 차 Contents

머리말  3

## Chapter 1. 사회복지조사의 이해  9
1. 사회복지조사의 개념  11
2. 과학적 연구방법  21

## Chapter 2. 연구방법의 개념적 이해  37
1. 개념  39
2. 개념적·조작적 정의  40
3. 이론과 모형  44
4. 분석단위  46
5. 변수  49
6. 연구문제  55
7. 가설  61

## Chapter 3. 연구조사의 유형과 절차  71
1. 연구조사의 유형  73
   1) 연구목적  73
   2) 조사 간의 유형  76
   3) 조사범위  80
   4) 조사용도  80
   5) 통제 정도  81
   6) 분석자료의 성격  82
2. 연구조사의 절차  84
   1) 연구주제 설정  84
   2) 가설설정  85
   3) 연구설계  86
   4) 자료수집  86
   5) 자료분석  87
   6) 결과 해석 및 결론  87
   7) 연구보고서 작성 및 공포  88

## Chapter 4. 측정과 척도  93
1. 측정  95
   1) 측정의 개념  95
   2) 측정의 역할과 기능  98
   3) 측정의 유형  99

　　　　4) 측정수준  100
　　　　5) 측정오류  103
　　2. 척도  107
　　　　1) 척도의 개념  107
　　　　2) 척도의 유형  109
　　　　3) 척도구성을 위한 고려사항  118

## Chapter 5. 신뢰도와 타당도  125

　　1. 신뢰도  127
　　　　1) 신뢰도의 개념  127
　　　　2) 신뢰도 검사방법의 종류  128
　　　　3) 신뢰도 향상 방안  132
　　2. 타당도  133
　　　　1) 타당도의 개념  133
　　　　2) 타당도의 유형  134
　　　　3) 내적 타당도와 외적 타당도  140
　　3. 신뢰도와 타당도  145
　　　　1) 신뢰도와 타당도의 관계  145
　　　　2) 신뢰도와 타당도에 영향을 미치는 요인  148
　　　　3) 신뢰도와 타당도를 높이는 방법  149

## Chapter 6. 표본조사  153

　　1. 표본조사의 개념  155
　　2. 표본조사의 주요 개념  157
　　3. 표본오차  160
　　4. 표본크기  163
　　5. 표본추출과정  166
　　6. 표본추출방법  167

## Chapter 7. 자료수집방법  179

　　1. 자료수집의 개념  181
　　2. 1차 자료와 2차 자료  182
　　3. 자료수집방법의 선택기준  185
　　4. 자료수집방법의 유형  186
　　　　1) 질문지법  186
　　　　2) 면접법  199
　　　　3) 관찰법  208

## Chapter 8. 실험설계　221

　　1. 실험설계의 개념　223
　　2. 실험설계의 주요 용어　225
　　3. 실험설계의 유형　228
　　　1) 순수실험설계　228
　　　2) 유사실험설계　233
　　　3) 전실험설계　236
　　　4) 비실험설계　239
　　4. 실험설계의 타당도　241
　　5. 실험설계의 한계　250

## Chapter 9. 욕구조사　253

　　1. 욕구조사의 개념　255
　　2. 욕구조사의 유형　258
　　　1) 클라이언트 중심의 욕구조사　259
　　　2) 서비스 중심의 욕구조사　259
　　　3) 지역사회 중심의 욕구조사　259
　　3. 욕구조사의 내용　260
　　　1) 기초자료　260
　　　2) 욕구파악을 위한 자료　260
　　　3) 사회자원을 활용하기 위한 자료　261
　　4. 욕구조사의 자료수집방법　262
　　　1) 직접자료수집방법　262
　　　2) 간접자료수집방법　270
　　5. 욕구조사의 절차　271
　　6. 욕구조사의 평가　273

## Chapter 10. 평가조사　279

　　1. 평가조사의 개념　281
　　2. 평가조사의 기준과 평가요소　283
　　3. 평가조사의 종류　293
　　　1) 평가목적에 따른 분류　293
　　　2) 평가방법에 따른 분류　298
　　　3) 기타 평가　299
　　4. 평가조사의 절차　300
　　5. 평가조사의 활용　303

# 목 차 Contents

## Chapter 11. 질적 연구 309
1. 질적 연구의 개념 311
2. 질적 연구의 과정 317
3. 질적 연구의 유형 321
   1) 내러티브 연구 321
   2) 포토보이스 323
   3) 문화기술지 325
   4) 근거이론 328
   5) 현상학적 연구 331
   6) 질적 사례연구 332
4. 표본추출 335
5. 질적 연구의 타당도 향상방안 338
6. 질적 연구의 한계 341

## Chapter 12. 단일사례연구 347
1. 단일사례연구의 개념 349
2. 단일사례연구의 과정과 구조 354
3. 단일사례연구의 유형 359
   1) AB설계 359
   2) ABA설계 360
   3) ABAB설계 362
   4) BAB설계 364
   5) ABC설계 365
   6) ABCD설계 365
   7) 복수기초선설계 367
4. 단일사례연구 결과의 분석방법 368
   1) 시각적 분석 368
   2) 통계학적 분석 369
   3) 실용적 분석 370
5. 자료기록방법 371
6. 단일사례연구의 평가 373

## Chapter 13. 연구보고서 377
1. 연구보고서의 개념 379
2. 연구보고서의 종류 383
3. 연구보고서의 구성 384
4. 연구보고서의 작성 시 유의사항 390

# Chapter 1
# 사회복지조사의 이해

### 학습목표

1. 개념적 정의 숙지
2. 과학적 방법과의 차이점 이해
3. 학문연구방법론에 대한 이해

### 학습내용

1. 사회복지조사의 개념
2. 과학적 연구방법

### 개 요

사회복지조사는 사회과학의 조사대상 가운데 사회복지에 관련되는 대상의 문제와, 이를 해결하기 위한 지식을 논리적 타당성과 경험적 확인을 통하여 수립·검증하는 활동과 절차를 말한다. 여기에서는 사회복지조사의 기본적 이해를 학습하고자 한다.

# Chapter 01
# 사회복지조사의 이해

## 1. 사회복지조사의 개념

### 1) 사회복지조사의 정의

조사(research)는 사회현상을 파악하거나, 해결하기 위한 방안을 강구하기 위해 합리적이고 과학적인 절차와 타당한 논리적 원칙에 입각하여 기존의 지식을 기각 또는 강화하거나, 새로운 지식을 만들어 내려는 실천적인 지식탐구활동이다. 사회복지조사(social welfare research)는 사회복지의 목적을 달성하기 위한 수단으로, 개인의 복지욕구 충족과 사회적 문제해결 방안을 찾아 자료를 수집하는 지식탐구활동이자 절차이다. 사회복지조사는 사회복지실천현장에서 필요한 지식들을 산출하는 방법에 관한 것이다. 조사는 조사목적을 달성하였다고 하더라도, 외부로 공개되고 보고되어야 하는 공공성을 갖는다. 또한 조사과정에서 사용된 언어는 명확하고 경험적으로 입증되어야 하며 객관성을 가져야 한다(이세형, 2019: 33).

사회복지조사는 사회과학의 조사대상 가운데 사회복지에 관련되는 대상의 문제와, 이를 해결하기 위한 지식을 논리적 타당성과 경험적 확인을 통하여 수립·검증하는 활동과 절차를 말한다. 사회복지사에게 있어서 사회복지대상자와 이들을 둘러싼 사회적·경제적·문화적 환경에 대한 이해는 필수적이며, 사회복지조사는 사회복지학에서 매우 중요한 위치를 차지할 수밖에 없다. 특별히 오늘날처럼 사회복지실천의 환경을 둘러싼 변화의 속도가 급속도로 빠른 상황에서 사회복지사들에게 요구되는 기본적인 역량 가운데 하나가 사회현상을 과학적으로 이해할 수 있는 능력이라고 할 수 있다. 즉, 사회복지대상자들의 문제를 해결하고 욕구를 충족시킬 수 있는 대책을 모색하기 위해 사회복지사들은 급변하는 사회현상을 과학적으로 이해하고 문제해결을 위해 과학적인 조사방법을 활용할 수 있는 능력이 요구된다(이봉재, 2018: 51).

사회복지에 관한 지식들을 적절히 갖추어 나가기 위해서는 올바른 지식습득의 방법이 일차적으로 중요하다. 아무리 많은 관심과 노력을 기울인다 해도, 지식습득의 방법들이 적절하지 못하다면, 건전한 지식축적은 이루어지기 어렵기 마련이다. 가장 효과적인 지식습득의 방법은 과학적인 방법이다. 따라서, 현재의 사회복지학이 사회과학적인 체계와 방법론에 의거하고 있는 것도 이러한 이유에서 찾을 수 있다.

## 2) 사회복지조사의 필요성

과학적 연구의 궁극적 목적은 이론을 개발하는데 있으며, 어떤 현상에 내재된 논리적 특성을 이론으로 구축하기 위해서는 그 현상을 탐색하고, 기술하고, 설명하고, 예측하고, 통제하는 것이 가능해야 한다. 그 내용은 다음과 같다(박선희 외, 2018: 49-51).

### (1) 탐색적 확인

어떤 사회현상에 대해 좀 더 잘 알아보려 하거나, 그에 대한 새로운 통찰을 얻기 위해 탐색적 연구조사가 행해질 수 있다. 탐색은 연구자가 어떤 문제에 대해 새로운 관심을 갖거나, 연구주제 자체가 비교적 새로운 경우에 이루어지며, 대부분 그 자체가 목적이 아니다. 탐색적 연구의 일반적인 목적은 연구자의 관심과 보다 나은 이해를 얻으려는 욕구를 만족시키는 것, 더 깊이 있는 연구조사의 수행 가능성을 검정하는 것, 그리고 이후의 연구에서 이용할 수 있는 방법을 개발하는 것 등 세 가지로 요약할 수 있다. 탐색적 연구는 해답을 암시하고 어떤 연구 방법이 결정적 해답을 줄 수 있는지에 대한 시사점을 줄 수는 있지만, 연구문제에 대해 만족스러운 해답을 주는 경우는 드물다.

### (2) 현상의 기술

기술이란 어떤 사건이나 현상에 대하여 관찰한 사실들을 요약하고 기록함으로써 현상 자체의 속성을 있는 그대로 기록하는 것이다. 기술을 목적으로 한 연구에서는 어떤 현상이 있으면 왜 그런 현상이 나타나게 되었는지를 설명하기보다는 단순히 현상의 속성이나 특성을 있는 그대로 관찰하여 서술하는데 그 주안점을 두고 있다. 모든 연구는 주제에 대한 충분한 탐색이 이루어진 후에 기술이 가능하고, 이러한 사회현상의 기술을 토대로 연구자는 현상에 대한 과학적 설명과 예측의 차원으로 발전시킬 수 있다.

기술은 간단히 '무엇이 어떠하다'는 개념으로 이해된다. 사회복지와 관련하여 현상에 대한 기술을 목적으로 하는 전형적인 연구주제의 예를 들자면, "아동학대의 유형별 실태 분석", "사회복지사가 경험하는 직급별 소진 수준", "청소년들의 인터넷사용 정도" 등이다. 즉, "아동학대의 유형별 실태 분석"의 경우, 아동학대의 유형이 무엇인지, 유형별로 몇 퍼센트인지를 기술할 뿐, 왜 학대가 나타나게 되었는지를 설명하지는 않는다.

### (3) 과학적 설명

설명은 현상이 일어나게 된 이유 또는 원인을 밝히는 것을 의미한다. 어떤 현상에 관한 궁금증을 풀어주는 것으로 '왜(why)'라는 물음에 대답하는 것이다. 현상이 '무엇(what)'인가를 밝히는 기술과는 차원이 다른 것으로, 설명은 주어진 상황에서 현상발생의 원인이 되는 선행요인에 대한 체계적이고 경험적인 분석을 토대로 가능하며, 설명을 통해 특정 사건들이 왜 특정 시간과 장소에서 발생하고 있는지를 알 수 있게 된다.

연구의 목적이 현상을 설명하는데 있다면, 그 연구는 과학적 검정과정을 통해 현상의 특성과 그러한 현상이 나타나게 된 이유를 제시하는데 초점을 두게 된다. 예를 들어, "학대를 경험한 아동의 성격특성과 대인관계 성향의 관계는 어떠한가?", "왜 경제적 불안정이 이혼율을 증가시키는가?", "청소년의 인터넷사용과 정신건강과의 관계는 어떠한가?" 등이다.

### (4) 미래의 예측

예측이란 이론의 기초적인 명제로부터 보다 복잡한 명제를 추론하는 것으로, 관찰에 의해 입증될 수 있는 미래의 사회적 현상의 특정한 측면에 관한 예상이나 기대의 진술을 의미한다. 어떤 현상의 원인을 알고 있다면, 그 원인과 관련된 현재의 상태가 어떠한지를 파악함으로써 미래가 어떻게 될 것인지를 예측할 수 있다.

예측은 설명과 유사하지만, 설명은 이미 일어난 현상에 대해 그 원인을 밝히기 위해 연구를 통해 법칙을 찾아내는 것이라면, 예측은 일반적인 법칙과 사실을 통해 특정 현상이 발생하기 전에 그 현상을 예측하고자 한다. 예를 들어, "사회복지 전담공무원의 이직 의도에 관한 연구", "저출산·고령화에 따른 국민연금 재정 추계" 등이다.

### (5) 현상의 통제

통제는 현상을 결정하는 사건을 조작하는 것으로, 인간의 형태, 사회현상이 발생하는 원인을 알게 되면, 이러한 원인·선행조건을 조작하여 현상을 바람직한 방향으로 통제할 수 있다. 즉, 어떤 현상이 나타났을 때, 왜 그런 현상이 나타났는지를 인과적으로 설명할 수 있다면, 그 현상을 일으키는 조건을 강화하거나 제거함으로써 통제할 수 있게 된다. 사회복지조사의 궁극적인 목적은 단순한 현상의 기술이나 설명을 넘어 적극적으로 원인을 찾고 적절하게 통제하여 문제를 해결하는 것이기도 하다.

### 3) 사회복지와 연구방법론의 관계

연구방법론은 지식을 습득하는 과정을 다룬다. 더 구체적으로 말하자면, 연구방법론은 과학적인 지식의 습득과 과학적 연구조사의 진행방법을 알려준다. 과학적 지식은 전통·습관·경험 등의 일상적인 방법을 통해서 얻는 지식보다 보편적이고 객관적이기 때문에 보다 신뢰할 수 있다고 알려져 있다. 그런데 어떤 지식이 과학적인지 아닌지 여부는 실증이나 반증의 가능성을 기준으로 평가할 수도 있지만, 더 중요한 것은 그 지식이 과학적 방법을 사용하여 습득했는가에 따라 평가된다.

과학은 연구와 이론을 필요로 하며, 과학은 연구와 이론 사이를 연역법과 귀납법을 통해 끊임없이 오가면서 점진적으로 발전해 나가기 때문에 이들 두 요소는 아주 밀접한 관계를 가지고 있다. 이런 의미에서 과학적 방법은 연역과 귀납의 순환을 통해서 지식을 습득하는 과정과 관련이 있으며, 연구방법론이란 과학적 방법을 통해서 지식의 습득과정과 연구조사의 진행과정을 알려주는 분야이다.

사회과학을 과학적인 방법을 통해서 사회현상에 대한 체계적인 지식을 구축해 나가는 과정이라고 규정한다면, 사회복지도 사회과학의 한 분야이기 때문에 사회복지에서 과학적 지식과 연구조사의 진행과정과 관련된 연구방법론을 필요로 하는 것은 당연한 일이다. 과학적 지식형성의 도구로서 기능하는 연구방법론은 사회복지의 다음과 같은 분야에서 구체적인 기여를 할 수 있다(강영걸 외, 2018: 43-45).

첫째, 연구방법론은 사회복지의 노력을 구체화하고 목적달성에 기여한다.

사회복지가 가난하고, 소외되고, 억압받는 사람들의 문제해결과 욕구충족을 통해서 행복을 증진시키려는 사회적 노력이라면, 연구방법론은 사회복지적 노력이 과학적으로 구체화되고 사회복지가 추구하는 목적이 효과적으로 달성될 수 있도록 도와줄 수 있다.

둘째, 연구방법론은 사회복지의 과학화에 기여한다.

과학적 방법에 근거하고 있는 연구방법론은 사회복지의 과학화에 기여할 수 있다. 사회복지실천현장에서 얻은 경험과 직관이 임시가설의 형성에 기여하고, 그 가설이 학문적으로 검증되면, 실천현장에서 효과적인 이론으로 새롭게 쓰일 수 있다. 귀납과 연역의 순환과정에 근거한 과학적 연구방법을 활용하는 것은 사회복지의 학문적 과학화와 실천현장의 경험적 과학화에도 기여할 수 있다.

셋째, 연구방법론은 사회복지의 실천적 지식 확대에 기여한다.

학문으로서의 사회복지가 구체화되기 이전에 실천으로서의 사회복지가 이미 존재했고, 그것이 사회복지의 학문화에 기여한 바도 크지만, 반대로 그것은 사회복지의 과학적 학문화에 걸림돌이 되었던 것도 사실이다. 그러나 과학적인 방법론에 근거한 연구방법론을 활용하게 되면, 현장경험에서 얻은 일상적인 (비과학적) 지식을 과학적 지식으로 대체할 수 있기 때문에 사회복지의 실천적 외연을 확대할 수 있다.

① 사회복지현장에서 발생할 수 있는 문제를 정확하게 진단한 후 관련 프로그램의 적절한 개입을 통해서 문제에 대한 해결책을 제시할 수 있다. 이 과정에서 문제에 대한 가설을 설정하고, 이를 논리적·실천적으로 검증함으로써 문제를 일으키는 원인과 결과 사이의 인과관계를 규명하고, 이 관계를 근거로 적절한 개입방법을 통해 문제를 해결할 수 있다. 물론 실천현장의 경험이나 직관을 통해서 얻은 일상적인 지식을 활용하여 문제를 해결할 수도 있겠지만, 이런 유형의 지식은 연역과 귀납의 순환에 근거하여 습득되는 과학적 지식보다 문제해결에 있어서 비효과적일 가능성이 매우 크다.

② 연구방법론은 어떤 문제해결에 도달하는 과정 전반에 대해서 다루기 때문에 그 과정에서 발생할 수 있는 수많은 오류방지 방법과 절차를 제시할 수 있다. 특히, 과학적인 연구방법론을 활용하면 현장에서 발생할 수 있는 시행착오를 줄이고, 사회복지현장에서 추구하는 장·단기 목표를 달성할 수 있는 실천방법을 찾을 수 있다.

③ 연구방법론은 사회복지실천현장의 문제파악과 문제해결에 적합한 개입유형과 개입시점을 올바르게 찾아내도록 도와주며, 개입효과의 평가기준이 되는 방법을 제시함으로써 사회복지서비스와 프로그램의 효과를 높일 수 있다.

## 4) 사회복지조사의 윤리성

사회복지조사는 인간을 대상으로 연구를 수행하기 때문에 연구자는 윤리 및 도덕적인 규범을 준수하여야 한다. 연구자가 연구에 너무 집중하여 연구과정에서 준수해야 할 윤리성을 소홀히 한다면, 사회적으로 용납되기 어려운 연구윤리의 문제가 발생할 수 있다. 특히, 실험의 경우, 통제와 조작을 시행하므로 더 많은 연구윤리의 문제가 발생할 수 있다. 연구윤리의 핵심은 연구대상자에게 위해(harm)를 가하면 안 된다는 것이다. 일반적으로 사회복지조사에서 연구윤리의 문제가 발생하는 맥락은 크게 연구대상자의 존엄성과 권리를 침해하여 연구를 진행할 때와, 연구자가 사회적으로 합의된 과학적 연구방법을 위반하거나 왜곡할 때로 구분할 수 있다. 따라서, 연구자는 연구과정에서 연구대상자의 권리나 사생활 침해 및 부정적 영향이 있는지를 충분히 고려해야 한다. 이러한 맥락에서 사회복지조사 과정에서 지켜야 할 연구윤리와 연구대상자에게 위해를 가하지 않기 위한 제도적 장치를 살펴보고자 한다(조학래, 2020: 32-37 ; 서정민 외: 2019: 28-31).

### (1) 연구주제와 내용

연구자는 자신의 윤리적 가치관을 바탕으로 개인적인 관심과 호기심, 사회환경 등을 충분히 고려해 사회적 윤리에 어긋나지 않은 연구주제와 내용을 선정해야 한다. 즉, 사회복지조사는 개인적인 관심에서 시작되어 자율성이 보장되지만, 대부분 사회적인 의미와 결과가 있는 공적 행위이다. 따라서, 모든 연구주제와 내용은 반사회적이거나, 연구대상자에게 의도하지 않은 피해나 고통을 주어서는 안 된다. 한국사회복지사윤리강령에서도 "연구과정에서 클라이언트는 신체적, 정신적 불편이나 위험·위해 등으로부터 보호되어야 한다."라고 명시하고 있다. 이처럼 연구 주제와 내용이 연구대상자에게 불편이나 고통을 주는 연구는 근본적으로 부당하며, 비윤리적이므로 시행해서는 안 된다. 따라서, 연구자는 연구대상자들이 연구과정 동안 어려움이나 불편에 직면하지 않도록 세심한 주의를 기울일 필요가 있다..

### (2) 연구대상자의 선택

인간은 어떤 연구에서도 수단이나 실험대상이 되어서는 안 된다. 하지만 인간에게 꼭 필요한 연구, 예를 들어 불치병 치료제 개발을 위한 임상실험 등과 같은 연구는 인간의 실험대상 용인이 일정부분 필요할 수 있다. 이런 경우 어느 정도까지 통제와 조작이 필요한지에 대한 사회적 합의가 요구된다. 그리고 그 기준의 근거는 연구를 통해 발생되는 사회적 이익이 연구대상의 수단화에 의한 불이익보다 커야 한다.

연구주제에 따라 연구대상자를 특정한 사람들로만 선정할 수도 있다. 하지만 일반 사람들을 대상으로 시행하는 연구에서 특정한 사람들만 표본으로 선정하는 것은 연구결과의 일반화에 어려움이 있을 뿐만 아니라, 윤리적으로도 문제가 된다. 또한 연구목적을 달성하기 위해 연구대상자를 수단으로 이용한다면, 인간의 존엄성을 침해할 수 있으므로 사회적인 비난을 받을 수 있다. 따라서, 연구자는 가능한 모든 경우의 수를 고려하여 각종 위험 요소로부터 연구대상자를 최대한 보호하는 차원에서 연구를 수행해야 한다.

### (3) 자발적 참여와 고지된 동의

사람을 대상으로 시행하는 모든 연구는 어떤 형태로든 연구대상자에게 영향을 미칠 수 있다. 따라서, 연구자는 연구대상자로부터 자발적 참여와 고지된 동의를 얻어야 한다. 한국사회복지사윤리강령에서는 "클라이언트를 대상으로 연구하는 사회복지사는 저들의 권리를 보장하기 위해 자발적이고 고지된 동의를 얻어야 한다."라고 명시하고 있다. 자발적 참여란 연구대상자가 연구에 참여하기로 동의한 이후에도 생각과 상황의 변화에 따라 언제든지 어떤 불이익 없이 참여를 철회할 권리가 있다는 것을 의미한다. 이처럼 사회복지조사에서는 반드시 사전에 연구대상자에게 알리고 고지된 동의를 얻는 것이 필요하다. 그러나 연구대상자를 자발적으로 참여하는 사람만으로 선정한다면, 연구결과를 일반화하는데 문제가 있을 수 있다.

고지된 동의(informed consent)는 연구대상자가 연구자로부터 연구 목적과 내용 및 절차 등에 대해서 충분한 설명을 듣고, 자신의 의지에 따라 연구참여를 자발적으로 결정하는 것을 말한다. 즉, 연구 목적과 내용, 소요시간, 연구참여를 통해 연구대상자가 받을 수 있는 모든 영향의 설명, 연구대상자의 동의 없이는 그와 관련된 정보를 타인에게 제공하지 않을 것 등을 알려준 후에 연구대상자가 연구의 참여 여부를 결정하는 절차를 말한다. 이처럼 연구와 관련된 모든 정보를 제공한 후에 연구대상자가 그것을 명확하게 인식하고 있다는 동의를 구해야 한다. 특히, 환자나 미성년자를 대상으로 연구를 수행할 때는 보호자에게 연구참여의 동의를 얻어야 하며, 이들에게 어떤 형태로든 불이익이나 피해가 없도록 연구윤리 기준을 지키도록 노력해야 한다. 하지만 연구참여의 동의를 구하는 과정에서 연구대상자가 연구 목적과 내용을 자세히 알게 된다면, 그것에 맞춰서 반응하는 반응성의 문제가 발생할 수도 있으므로 유의해야 한다.

### (4) 익명성과 비밀보장

연구자의 윤리의무는 연구대상자의 익명성과 비밀보장과 같은 사생활 권리를 적극적으로 보장하는 것이다. 사생활 권리란 자신을 위해 시간과 상황을 선택하고, 자기의 태도, 신념, 행동, 의견을 타인과 어느 정도 공유할 것인가를 결정하는 자유를 말한다. 사생활 권리 중에서 익명성은 연구대상자가 제공한 정보와 연구대상자를 분리하는 방법으로, 연구대상자가 자신의 신분을 밝히지 않고 응답할 수 있도록 하는 것을 의미한다. 또한 익명성을 보장한다는 것은 연구대상자가 누구이며, 어떤 의견이나 태도를 보였는지를 알지 못하므로 연구대상자로부터 신뢰성이 높은 정보를 얻을 수 있다. 이러한 연구대상자의 익명성과 어느 정도 연관이 있는 것이 비밀보장이다.

사회복지조사에서 비밀보장(confidentiality)은 자료수집과 처리과정에서 수집된 정보를 연구자가 개인적으로 공개하거나, 다른 목적으로 사용하지 않고, 통계적으로만 처리하여 집합적으로 공개하도록 해야 할 의무를 말한다. 이러한 의무는 「통계법」(제33조)과 한국사회복지사 윤리강령에서도 연구과정에서 얻은 정보는 비밀보장의 원칙에서 다루어야 한다고 명시하고 있다. 일반적으로 연구대상자의 개인정보와 관련된 자료분석과 결과보고는 집단단위로 하고, 정보에 대한 필요성이 사라지면 관련 자료를 파기하여야 한다. 그러나 비밀보장의 원칙은 다른 사회적 가치나 법률과 상충할 때는 준수하지 못할 수도 있다. 예를 들어, 연구과정에서 아동학대 피해자를 발견하면, 연구자는 아동보호전문기관에 신고하여 적절한 보호조치를 받을 수 있도록 하여야 한다.

### (5) 연구대상자 속이기

연구대상자에게 연구와 관련된 모든 것을 알리는 것이 윤리적이지만, 상황에 따라 연구자는 자신이 연구자라는 것을 알리지 않거나 알리더라도 다르게 말할 수도 있다. 예를 들어, 실험상황에서 연구대상자가 연구 목적이나 내용을 알고 있다면, 연구에 참여하는 것을 거부하거나, 평소와 다른 행동을 보이는 반응성의 문제가 나타날 수도 있다. 그러나 이럴 때도 인구대상자가 손해를 입을 가능성이 있다면 허용해서는 안 된다. 불가피하게 연구대상자를 속일 수밖에 없었다면, 연구가 끝난 후에 그 이유를 충분히 설명해야 한다. 사후설명에서는 미리 알려졌을 때, 연구결과에 영향을 미칠 수 있어 알리지 않았던 정보들도 추가로 설명해야 한다. 이때 연구 목적이나 결과를 요약하여 연구대상자에게 제공하는 것이 연구자가 지켜야 할 윤리이다.

### (6) 연구결과의 분석과 보고

연구자는 수집된 자료를 바탕으로 자료를 분석하게 된다. 이런 분석과정에서 연구자는 연구목적, 연구문제, 이론적 틀을 바탕으로 합리적인 절차를 준수해야 하며, 연구결과를 객관적으로 해석해야 한다. 특히, 분석과정에서 미리 정해 놓은 특정한 결과를 도출하기 위해 고의로 자료를 선별 또는 누락하거나 연구자 의도와는 다른 결과를 숨기거나 왜곡하지 말고 있는 그대로 보고할 의무가 있다.

하지만 연구자 자신 이외의 다른 사람은 모른다는 점을 악용하여 허위로 연구결과를 만들어 내거나, 자의적으로 해석하는 위조행위와 고의로 자료를 왜곡하고 조작하는 변조행위는 연구자로서의 심각한 비윤리적 행위에 해당하므로 철저히 배제되어야 한다. 이와 함께 연구자는 인용 없이 다른 사람의 연구결과를 무단으로 사용하는 표절(plagiarism)은 비윤리적인 동시에 불법이기 때문에 사회적 비난과 제재를 받을 수 있으므로 주의해야 한다.

## 2. 과학적 연구방법

### 1) 과학적 지식의 특성

과학적 지식이 갖는 특성은 다양하게 제시할 수 있다. 그러나 과학적 지식은 과학의 의미를 어떻게 설정할 것인지, 과학적 지식에 대한 인식론적 입장이 어떠한지에 따라 그 특성이 차이를 보일 수 있다 여기서는 다양한 과학적 지식에 대한 정의에도 불구하고, 일반적으로 합의될 수 있는 과학적 지식이 갖는 특성에 대해 기술하고, 과학적 지식과 달리 일반적 지식을 형성하는 과정에서 범할 수 있는 지식으로서의 오류는 어떤 것이 있는지 살펴보고자 한다(유영준, 2021: 37-40).

#### (1) 경험가능성

사회과학은 경험주의 철학에 기초하고 있으며, 감각적 지각과 관찰의 역할을 강조하는 경향이 여전히 강조되고 있다. 경험주의 전통을 이어받은 실증주의는 인간의 감각기관으로 경험하지 못하는 관념적 사고를 과학적 지식의 대상에서 배제하였다. 경험가능성(experienceability)은 연구대상이 인간의 감각기관에 의해 관찰 가능한 것이어야 함을 의미하며, 직접적으로 관찰될 수 없는 대상은 과학의 연구대상에서 제외된다.

사회복지 연구에서 많이 등장하는 삶의 만족도, 자존감, 행복감, 스트레스, 돌봄 부담, 또래관계, 가족기능 등도 개념적 정의와 조작화 과정을 거치게 되면 경험이 가능해지고 연구가 가능해진다. 따라서, 이들 개념을 연구하려는 연구자는 각각의 개념을 조작화한 척도를 통해 이를 측정하고, 서로 다른 집단의 평균이나 표준편차를 계산하여 유의미한 차이가 나는지 가설검증을 할 수 있다.

### (2) 논리성

과학적 지식이 갖는 특성으로 논리적이고 체계적이라는 점을 들 수 있다. 과학적 지식이 갖는 특성으로서 논리성(logicality)은 합리론에서 주장하듯이, 인간의 이성이 작용하여 지식으로서의 확실성을 확보할 수 있어야 한다. 따라서, 과학적 지식은 근본적으로 논리적이며, 합리적인 사고가 지향하는 이치에 맞아야 한다. 과학적 지식이 갖추어야 할 논리성과 체계성은 연역적 방법과 귀납적 방법 안에서도 논리적인 추론방식을 발견할 수 있으며, 과학적 방법과 절차가 논리적이고 체계적일 때 그 절차를 통해 생산된 지식은 과학적 지식이 될 수 있다. 예를 들어, 새로운 이론이 형성되는 과정에서는 연구자가 관심 있는 사회적 현상을 관찰하고, 이를 근거로 새로운 가설을 설정하고, 잠정적으로 설정한 가설에 대한 검정을 통해 가설의 채택과 기각 여부를 결정하게 된다. 또한 검정된 가설은 하나의 새로운 이론을 형성할 수 있다. 이러한 과정이나 절차 자체가 체계성과 논리성을 가진 과학적 방법이 된다.

### (3) 반복가능성

과학적 지식이 갖는 특성으로서 반복가능성은 흔히 재생가능성이라는 용어와 중첩된다. 반복가능성(repeatability)은 서로 다른 연구자가 동일한 절차나 방법을 수행한다면 동일하거나, 유사한 결과가 나타나는 것을 의미한다. 이는 과학적 방법이 지향하는 절차나 방법의 중요성을 강조한 결과이며, 연구결과의 객관성을 확보하는 방법이기도 하다. 또한 이러한 결과는 과학적 지식을 형성하는 과정에서 연구자의 주관적 가치가 배제되거나, 적어도 가치중립적 위치에 있어야 한다는 것을 보여 주는 예이기도 하다.

그러나 자연과학과 달리, 사회현상과 인간행위를 연구할 때는 동일한 연구방법과 절차를 따랐다 하더라도, 동일한 결과가 나타나지 않을 수 있다. 이는 실험설계에서 외적 타당도를 확보하기 어렵게 만든다. 예를 들어, 사회복지사가 특정 클라이언트를 대상으로 집단 프로그램을 실시하고, 그 효과성을 입증 받았다고 하자. 만약 다른 지역에 있는 사회복지사가 유사한 집단을 대상으로 동일한 프로그램을 실시하였을 때, 언제나 동일한 결과가 나올 수 있을까? 만약 차이가 난다면 이러한 차이는 어디서 기인하는 것일까? 그 차이는 프로그램의 참여자와 사회복지사가 다르기 때문에 나타난 결과일 것이다. 특히, 특정 집단이 가지는 역동성은 저마다 다를 수 있기 때문에 실험결과의 일반화를 의미하는 외적 타당도 확보에 실패할 수 있다. 그러나 과학적 지식이 갖는 특성으로 연구결과의 반복가능성 혹은 재생가능성의 의미는, 만약 사회복지사가 외적 타당성을 저해할 수 있는 상황을 적절히 통제했다면, 동일한 결과가 나타났을 것이라고 보는 것이다.

### (4) 객관성

객관성(objectivity)은 과학적 지식이 갖는 가장 중요한 특성 중의 하나이다. 인류는 객관적 지식을 확보하기 위해 끊임없이 노력해 왔다. 어떻게 하면 객관적인 지식을 확보할 수 있을까? 여기서 객관성은 건전한 감각기관을 가진 사람들이 같은 대상을 인식하고, 그 결과 인식의 내용이 상호 일치하는 것을 의미한다. 이러한 측면에서 객관성은 서로 다른 인식주체 간에 상호주관성(inter-subjective)을 확보하기 위해 필요한 조건이 된다. 만약 과학적 지식이 객관성을 통해 상호주관성을 확보하기 어렵다면, 서로 다른 인식주체는 소통할 수 없으며, 독단적인 자기주장을 하고 말 것이다. 그러나 인간의 인식방법인 경험과 이성의 두 가지 속성으로도 지식의 객관성을 담보하는데는 한계가 있다. 예를 들어, 합리론은 이성을 통한 대상의 인식을 중시하고, 경험론은 감각기관을 중시해 왔다. 하지만 합리론의 경우, 이성이란 인식능력은 인간이면 누구에게나 공통적으로 주어져 왔다고 전제하고 있으며, 경험론은 인간이 주어진 현상을 있는 그대로 모사할 수 있다는 전제에서 출발하고 있다. 그러나 합리론은 인간 인식능력에 대한 무한한 신뢰를 가질 수 있는 근거를 제시하지 못하였고, 경험론은 귀납적 추론이 언제나 개연성을 가질 뿐 보편성과 필연성을 가질 수는 없다는 한계를 극복하지 못했다. 따라서, 인간의 인식능력이 주장하는 객관성은 절대적인 지식으로 간주하기 어렵다.

과학적 지식이 담보할 수 있는 객관성의 의미는 특정 사회에서 지식형성에 영향을 주는 지배적 신념이나 연구결과를 공유하고 인정해 주는 연구공동체의 패러다임 안에서 인정하는 제한된 결과로 간주해야 할 것이다. 나아가 과학적 지식이 상호주관성에 기반을 둔 객관성을 공유할 수 있게 되면, 새로운 과학적 사실이 발견되었을 때 기존의 과학적 지식은 수정 가능해질 수 있다.

## 2) 과학적 탐구

### (1) 의의

과학적 탐구의 목표는 어떤 현상에 대하여 '무엇'과 '왜'에 대한 답을 얻는 것이다. 우리가 경험하고 있는 실제나 현상이 의미하는 바가 무엇이고, 그 원인은 무엇인지, 그리고 왜 그것이 이러한 결과로 이어졌는지에 대한 답을 얻고자 하는 것이다. 이렇게 '무엇'과 '왜'에 대한 답을 얻음으로써 과학적 탐구는 설명과 예측의 기능을 수행하게 된다. 즉, 우리가 현재 경험하고 있는 바를 명확하게 규명하고, 앞으로 어떻게 전개될지를 예상하는데 기여한다. 예를 들어, 일상에서의 직간접적 경험을 통해 부모의 소득이 높을수록 자녀의 학업성취도가 상대적으로 높다는 사실을 알게 되었다고 하자. 이때 '왜 부모의 소득이 높을수록 자녀의 학업성취도가 높을까?' 하는 의구심이 들 수 있다. 연구를 통해 소득이 높은 가정일수록 사교육비 지출이 크다는 것을 알게 되었고(설명), 따라서 사교육이 학업성취도를 결정하는 중요한 요인이라면, 부모의 소득이 높은 자녀가 명문대학에 진학할 가능성이 높다고 추론할 수 있다(예측).

사회현상에 대한 정확한 설명과 예측은 사회를 보다 나은 방향으로 이끄는 데 기여할 수 있다는 점에서 중요하다. 예를 들어, 과학적 탐구를 통해 '부모의 높은 소득-사교육 투자-학업성취도 상승-명문대학 진학-높은 소득'으로 이어진다는 결과를 얻었다고 가정하자. 이 결과는 사회적 불평등이 교육 불평등으로 연결되어 다시 사회적 불평등을 재생산함을 보여준다. 즉, 태어나자마자 이미 사회적 성공이 결정된다는 것이다. 이 연구결과가 어떤 사회의 현실을 정확히 드러내는 것이라면, 보다 공정한 사회를 만들기 위해 그 사회 구성원들이 노력해야 한다.

이와 반대로, 잘못된 설명과 예측은 오히려 사회에 해를 가할 수도 있다. 위태로운 상황을 안정된 상황으로 잘못 판단하고, 차별을 합리화하며, 정의롭지 못한 것을 당연한 것으로 둔갑시키는 연구는 사회를 잘못된 방향으로 인도할 수 있다. 이러한 점에서 연구자는 사회적 책임감을 가져야 하며, 연구과정에서 오류가 발생하지 않도록 최선을 다해야 한다.

### (2) 학문적 탐구에서의 오류

학문적 탐구가 과학적 지식으로 이어지기 위해서는 그 과정에서 발생할 수 있는 다양한 오류를 제거해야 한다. 그 내용은 다음과 같다(김태한 외, 2020: 6-8 재인용).

#### ① 부정확한 관찰로 인한 오류

부정확한 관찰로 인한 오류는 사회현상을 정확하게 관찰하지 않고 사실로 주장함으로써 발생하는 오류를 말한다. 무의식적인 관찰 또는 회상에 의한 불완전한 정보를 확인하지 않고 신뢰할 때 오류가 발생하기 쉽다. 의도적이고 계획적인 관찰, 정확하고 꼼꼼한 관찰기록, 정교한 측정도구의 활용 등을 통해 이러한 오류를 줄일 수 있다.

#### ② 과잉일반화에 의한 오류

과잉일반화(overgeneralization) 또는 성급한 일반화에 의한 오류는 제한된 관찰을 토대로 사실을 주장함으로써 발생하는 오류이다. 전체를 대표하지 못하는 일부를 관찰하여 얻은 정보를 토대로 전체에 대한 주장을 하는 경우에 과잉일반화에 의한 오류가 발생한다. 충분한 정보에 바탕을 두지 않은 일반화는 보편성을 획득하지 못할 가능성이 매우 높다. 따라서, 과잉일반화에 의한 오류를 줄이기 위해서는 설명 또는 예측하고자 하는 대상, 현상, 실제를 대표하는 충분한 수의 표본으로부터 자료를 수집해야 한다. 자신이 발견한 것을 재확인하거나 검증하기 위해 연구를 되풀이하는 것(이를 반복실험 또는 재현이라고 함.)도 이러한 오류를 줄일 수 있다.

#### ③ 선별적 관찰에 의한 오류

선별적 관찰 또는 선택적 관찰에 의한 오류는 임의선택에 의한 관찰을 통해 얻은 정보를 보편적인 사실로 주장함으로써 발생하는 오류이다. 선별적 관찰은 주로 연구자의 편의에 따라 또는 연구자가 원하는 결론에 맞추어 이루어진다. 선별적 관찰로 얻은 정보는 전체를 대표할 가능성이 낮고 과잉일반화로 이어질 가능성이 크다. 선별적 관찰에 의한 오류를 줄이기 위해서는 연구대상을 선정할 때, 연구자의 편견이 작용하지 않도록 하고, 연구대상이 일반화의 대상을 충분히 대표하는지 확인해야 한다. 만약 선별적 관찰이 불가피할 경우, 연구대상 선정과정을 정확히 설명하고, 선별적 관찰로 인한 연구의 한계를 제시한다.

④ 비논리적 추론에 의한 오류

비논리적 추론은 이치에 맞지 않는 주장을 하는 것을 의미한다. 편견이나 육감 등을 토대로 추론을 하면, 이러한 오류를 범할 가능성이 크다. 비논리적 추론과 관련한 사례로 '도박사의 오류(gambler's fallacy)'가 있다. 모나코(모나코)에 있는 몬테카를로 카지노에서 발견된 현상으로 몬테카를로의 오류(Monte Carlo fallacy)라고도 한다. 도박사들은 자신에게 불리한 패가 계속되면 다음 번에는 좋은 패가 나올 가능성이 높다고 생각한다. 그런데 어떤 패가 나올 확률은 매번 동일하기 때문에 이러한 추론은 비논리적이다. 마찬가지로 동전을 던져서 앞/뒤가 나올 확률은 항상 1/2이므로, 설사 99번 던져 모두 앞이 나오더라도 100번째에 뒤가 나올 가능성이 높으리라고 기대하는 것은 비논리적이다. 비논리적 추론에 의한 오류를 줄이기 위해서는 분명한 논리체계를 기반으로 추론해야 하며, 검증된 이론이나 동료 연구자의 도움을 받는 것도 좋은 방법이다.

### 몬테카를로의 오류(Monte Carlo fallacy)

1913년 8월 18일 모나코 몬테카를로의 호화로운 보자르 카지노가 게이머들의 탄식이 쏟아지는 가운데 술렁이기 시작했다. 룰렛 게임이 벌어지는 테이블에서 구슬이 20번이나 연거푸 검은색으로 떨어지는 믿기지 않는 일이 벌어졌기 때문이다. 어떻게 3~4번도 5~6번도 아닌 20번이나 같은 색의 구슬이 떨어질 수 있단 말인가! 이제는 붉은색 구슬이 떨어질 때가 되었다고 확신한 게이머들은 벌떼처럼 몰려들어 승리를 예

> 감하며 붉은색에 돈을 걸었다.
> 
>   그런데 이게 웬일인가. 구슬은 또다시 검은색 위로 떨어졌다. 그러자 더 많은 사람이 몰려들어 붉은색에 더 많은 돈을 걸었다. 모두 이제는 변화가 일어날 거라고 믿어 의심치 않았다. 그러나 이번에도 구슬은 검은색 위로 떨어졌다. 그렇게 게임은 이어지고 또 이어졌다. 결국 27번째에 가서야 구슬은 붉은색에 멈추었다. 그러나 그때는 이미 대다수 게이머가 수십억 원을 잘못 걸고 난 뒤였다. 그들은 파산하고 말았다.
> 
>   몬테카를로에서 실제로 일어난 이 믿을 수 없는 일 덕분에 '몬테카를로의 오류(Monte Carlo fallacy)'라는 말이 생겨났다. 정기적 개연성에 대한 원리의 의미를 오해함으로써, 과거에 관찰했던 것과는 반대되는 것을 미래에 대해 예상하는 잘못을 범하는 걸 말한다. '도박사의 오류(gambler's error)' 또는 '도박꾼의 오류'라고도 한다. 같은 뜻으로, '기회의 숙성 오류(fallacy of the maturity of chances)'라는 말도 쓰인다.

## 3) 과학적 연구방법의 유용성

  사회복지실천은 사람들이 가지고 있는 문제를 해결하고 필요한 욕구를 충족시키기 위한 사회복지사의 의도적이고 전문적인 개입활동이다. 이 과정에서 사회복지사들이 어떤 문제를 제대로 해결하려면 먼저 문제의 원인이 무엇인지를 파악해야 하며, 해결책으로는 어떤 것들이 있는지를 알아야 한다. 이때 문제의 원인을 파악하고, 해결방안을 모색하는데 있어서 논리적 타당성과 경험적 증명 등과 같은 과학적 탐구는 가장 설명력이 높은 접근방법으로 인정받고 있다. 또한 연구조사는 어떤 유형의 클라이언트가 치료를 계속하고, 어떤 클라이언트가 그만둘까? 그 이유는 무엇일까? 어떤 특성을 지닌 자원봉사자가 오랫동안 지속적으로 봉사를 할까? 왜 그렇게 많은 노숙인들이 쉼터에 머무르는 것을 거부하고 길바닥에서 노숙을 하는 것일까? 등과 같은 수많은 사회복지분야의 의문점들에 대한 시사점과 답을 제공한다. 즉, 사회연구는 인간의 심리적 특성이나 행동을 포함한 여러 가지 사회현상들이 왜 발생했으며, 어떤 요인들이 그러한 현상이 생겨나는데 영향을 미쳤는지를 알고자 하는 활동과 관련이 있다(이봉재, 2018: 50).

루빈과 바비에(Allen Rubin & Earl R. Babbie)는 2016년 그들의 저서 『사회복지조사방법(Research method for social work)』에서, 사회복지조사의 유용성을 설명하고 있다. 즉, 연구방법론을 학습한다는 것은 단지 연구결과를 이용하는 것 이상의 가치를 사회복지실천가에게 가져다준다. 이에 따라, 과학적 탐구가 사회복지실천에서 차지하는 유용성을 중심으로 사회복지 전공자들이 사회연구방법론을 배우는 이유를 살펴보면 다음과 같다.

『사회복지조사방법』
(2016년 출판)

### (1) 전문가 윤리

전문가에게는 가능한 한 클라이언트에게 가장 효과적인 서비스를 제공해야 하는 책무성이 따른다. 이를 위해 자신의 분야에서 진행되는 최신 연구에 대한 충분한 이해가 있어야 그 책무를 제대로 감당할 수 있을 것이다. 사회복지실천현장에서 연구조사를 필요로 하는 가장 중요한 이유 가운데 하나가 바로 더 나은 대안 서비스에 관한 과학적 증거의 추구에 있다.

많은 실천현장에서 실제로 무엇이 효과적인지 여전히 불확실한 상태에서 개입이 이루어지고 있다. 그래서 실제로 어떤 기관에서는 연구에 의해 비효과적이라고 밝혀진 실천개입을 여전히 제공하기도 한다. 만약 현재의 개입이 덜 효과적인데도 계속 동일한 서비스가 제공된다면 더 나은 서비스를 받지 못하는 클라이언트에 해를 끼치는 것이 될 것이다. 따라서, 사회복지사가 연구조사에 대한 지식이 있다면, 이런 상황을 인지하고 개입의 효과성을 향상시킬 수 있는 더 나은 입장에 설 수 있을 것이다. 즉, 연구방법을 이해하고 분명하게 사용하는 것이 보살핌이나 동정과 같은 사회복지의 기본 가치와도 깊은 연관이 있으며, 결국 클라이언트에게 더 많은 도움을 주게 된다.

### (2) 개입의 효과성 확인 차원

사회복지사들은 실천개입에 있어서 좋은 의도만으로는 충분하지 않다는 것을 실천경험을 통해 발견하곤 한다. 사회복지실천개입을 둘러싼 현실은 실천가 스스로 개입의 효과성을 입증해야 함과 동시에, 외부에서 사회복지실천개입의 비효과성 비판을 방어해야 할 상황이다.

연구조사를 통해 실천개입의 효과성을 검증하는 것은 클라이언트의 이익증진을 위해 필요한 일이다. 이 일을 하지 않고 사회복지사가 행하는 개입이 모두 효과적이라고 주장할 수는 없다. 이런 현실에 직면해 과학적 탐구와 연구조사에 대한 이해는 곧바로 실천적 지식이 되는 것이다. 따라서, 사람을 돕는 일에 연구방법론이 왜 필요하며 남을 돕는데 필요한 기술을 익히기에도 부족한 시간을 왜 연구방법론의 지식과 기술을 이해하는 일에 소모해야 하는지에 대해서 어느 정도 이해가 될 것이다.

### (3) 비판적 평가 차원

현장의 사회복지사들이 연구조사를 직접 수행하지 않는다 하더라도, 연구방법론에 대한 지식이 있다면, 다른 사람들이 수행한 연구조사를 비판적으로 평가하고 이용하는 것이 가능하다. 예를 들어, 공공복지지출의 확대가 오히려 사람들을 불행하게 만들었다는 주장이 있다면, 그 주장이 가지고 있는 논리적인 또는 연구방법론상의 오류를 발견할 수 있는 지식과 기술이 사회복지사에게 필요하다. 또한 사회복지실천가가 사회복지 연구결과를 이용하고자 한다면, 적절한 과학적 방법론과 신뢰할만한 결과를 가진 연구와, 전혀 그렇지 못한 연구를 구별할 수 있을 정도로 연구방법론을 이해할 수 있어야 한다. 연구방법상의 문제와 그에 따른 연구결과의 왜곡이 발생할 수도 있기 때문에 적절한 과학적 방법론과 신뢰할만한 결과를 가진 연구와, 전혀 그렇지 못한 연구를 구별할 수 있을 정도로 실천가에게도 연구방법에 대한 일정 수준의 지식은 필요하다.

### 4) 과학적 추론과정

과학적 추론과정은 과학적 논리의 근거를 마련하기 위해 이론을 만들고 전개하는 과정이다. 이론은 주변의 현상을 관통하는 하나의 개념이다. 예를 들어, 만유인력의 법칙은 사과가 중력에 의해 떨어지는 현상을 관찰하여 그 현상을 관통하는 중력이라는 개념을 만들어 낸 것이다. 반대로, 성립된 이론은 여러 가지 관찰되는 현상에 잘 적용될 수 있는지 검증할 필요가 있다. 이를 과학적 추론과정의 논리체계에 대입해 보면, 사고에 의해서 또는 기존의 이론을 기반으로 논리적으로 추론하는 과정을 연역적 방법, 이론을 만들기 위해 여러 가지 현상들을 취합하여 하나의 논리체계를 만드는 것을 귀납적 방법이라고 한다.

### (1) 연역적 논리체계

연역적 논리체계(deductive logic)는 일반적인 사실로부터 특수한 사실을 이끌어 내는 방법을 의미한다. 일정한 이론적 전제를 수립해 놓고 그에 따라 구체적·경험적 근거를 수집하고 검정하는 것이다. 연역적 논리체계는 연역적 추리의 방법은 하나의 전제에서 결론이 도출되는 직접추리와 2개 이상의 전제에서 결론이 나타나는 간접추리로 나뉜다. '대전제→소전제→결론'의 형식으로 나타나는 삼단논법이 간접추리의 전형적 형식이다. 이 때 결론의 주어 개념을 '소개념', 결론의 술어 개념을 '대개념', 대전제와 소전제에 공통으로 포함되어 두 전제를 연결하는 개념을 '매개념'이라고 한다.

```
모든 사람은 죽는다.       A → B (대전제)
소크라테스는 사람이다.   C → A (소전제)
소크라테스는 죽는다.     C → B이다 (결론)
```

연역적 논리체계는 새로운 지식을 알려 주기보다는 이미 알려진 사실을 확인한다는 측면에서 단점이 있으며, 일반적인 사실로부터 결론을 도출하는 과정이므로, 일반적인 사실이 잘못되었을 경우 얻어지는 결론도 잘못될 수밖에 없음에 주의해야 한다.

연역은 전제로부터 결론을 도출해내는 것이므로 일정한 명제를 출발점으로 한다. 그런데 모든 연역의 출발점이 되는 최초의 명제는 결코 연역에 의해 도출될 수 없다. 그러한 출발점은 결국 인간의 다양한 경험이나 실천 등의 결과를 일반화하는 과정을 통해서 형성된다. 때문에 실제의 학문연구가 순수히 연역적 형태로서만 이루어질 수는 없으며, 관찰이나 실험 등의 증명 과정과 통일되어 적용된다. 오늘날에는 전제로 삼은 가설을 검증하기 위해 그 가설에서 몇 개의 명제를 연역해 실험과 관찰 등을 수행하는 가설연역법(hypothetical deductive method)이 널리 쓰이고 있다.

### (2) 귀납적 논리체계

귀납적 논리체계(inductive logic)는 개별 사건들을 관찰한 후에 그 사건들을 관통하는 일반적인 결론을 도출하는 방법이다. 특수한 경험이나 사건으로부터 공통적으로 적용되는 일반적인 원리 또는 공통적인 유형을 찾아내는 방법으로 연역적 논리체계의 반대 방법이라고 할 수 있다. '소크라테스는 죽었다.'(특수한 사실) → '소크라테스는 사람이다.'(사실의 관찰) → '그러므로 모든 사람은 죽는다.'(일반적 사실)를 유도하는 것이다. 귀납적 논리체계는 한정된 수의 제한적인 관찰에서 찾아낸 사실로부터 보편적인 진리를 도출하기 어렵다는 점, 경험을 바탕으로 하여 도출된 결과를 다시 경험적인방법으로 검증한다는 점, 관찰에 기반을 두고 있기 때문에 측정상의 오류가 발생할 수 있다는 점에서 한계가 있다.

귀납적 연구방법을 다음의 5가지로 정리할 수 있다.

#### ① 일치법

동일한 현상이 나타난 둘 또는 그 이상의 사례에서 단 하나의 요소만이 공통으로 나타나고 있다면, 이 요소가 그 현상의 원인 또는 결과라고 판단하는 방법이다.

#### ② 차이법

어떤 현상이 나타난 사례와 그렇지 않은 사례를 비교해서 다른 모든 조건이나 요소가 공통으로 나타나고 하나의 요소가 다르게 나타날 때, 그 요소를 현상의 결과, 원인 또는 원인의 중요한 일부로 판단하는 방법이다.

③ **일치차이병용법**

어떤 현상이 나타난 둘 또는 그 이상의 사례에 한 가지 공통된 요소가 존재하고, 그 현상이 나타나지 않는 둘 또는 그 이상의 사례에서는 그러한 요소가 없을 때, 그것들의 차이점인 요소가 그 현상의 결과는 원인 또는 원인의 중요한 일부라고 판단하는 방법이다.

④ **잉여법**

어떤 현상에서 이미 귀납법으로 앞선 사건의 결과로 알게 된 부분을 차례로 제거해 갈 때 그 현상에 남은 부분을 나머지 부분의 원인이나 결과로 판단하는 방법

⑤ **공변법**

어떤 현상이 변화하면 다른 현상도 변화할 때, 곧 어떤 사실의 변화에 따라 현상의 변화가 일어날 때, 전자의 변화가 후자의 변화의 원인 또는 결과이거나 혹은 그 현상을 공통의 원인의 결과라고 판단하는 방법이다.

귀납법은 개연성을 지닌 가설을 유도할 뿐 논리적 필연성을 가져다주지 못한다. 그러나 그것은 과학의 발전에서 중요한 역할을 해 왔으며, 확률이나 통계학의 발달과 밀접히 연관되어 발전해 왔다. 개별 사실들에 관한 정보처리를 더욱 쉽고 빠르게 해 주는 컴퓨터 등의 기술적 도구들이 발달되면서 귀납적 연구방법 역시 더욱 영향력을 높여 갈 것으로 보인다.

### (3) 연역법과 귀납법의 논리관계

과학적 추론과정에서는 연역적 추론방법과 귀납적 추론방법이 동시에 적용된다. 연역적 과정으로 새로운 가능성을 발견, 귀납적 방법으로 일반화하고 새로운 이론을 도출한다. 즉, 연역적 과정과 귀납적 과정은 서로 분리되어 있다기보다는 연관되어 순환적으로 작용한다.

우선, 이론에 기반을 두어 가설을 도출하고, 가설은 관찰을 제안하며, 관찰은 일반화를 산출하고, 일반화를 통해 기존 이론을 수정하게 된다. 예를 들어, '모

든 생물은 죽는다.'라는 이론에서 '다른 행성의 생명체도 모두 죽을까?'라는 가설을 설정하고, 다른 행성에서 관찰을 진행한다. 다른 행성의 생명체도 죽는다는 사실을 관찰하면, 경험을 일반화하여 새로운 이론으로 확대하는 것이다. 위의 관찰에서 생명체의 죽음을 관찰하지 못할 경우, 특정 조건에서는 생명체가 죽지 않을 수 있다는 이론으로 새롭게 수정할 수 있으며, 이를 통해 과학적 지식체계를 발전시킬 수 있다.

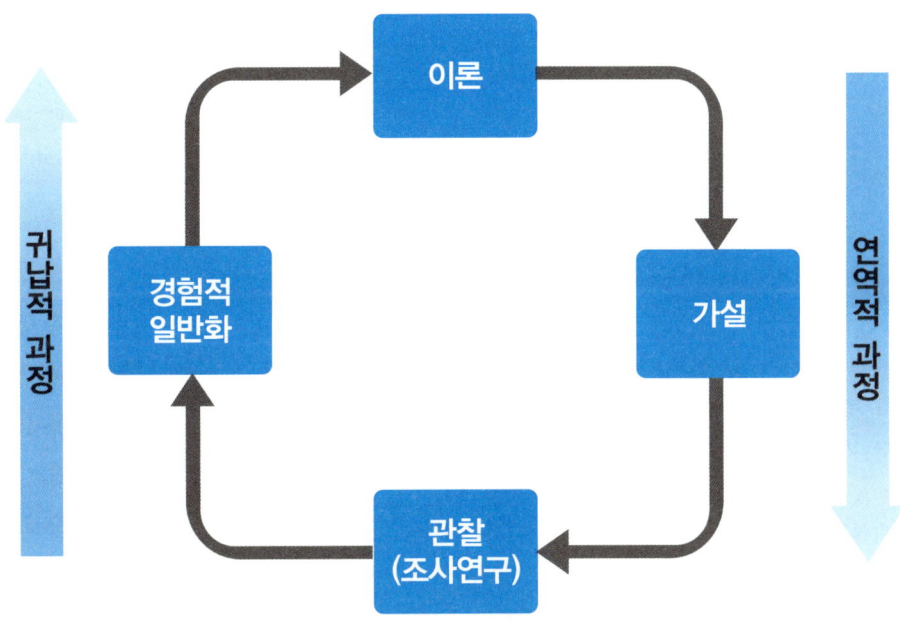

자료: 정영일 외(2021: 12).

[그림 1-1] 과학적 이론의 순환과정

## 〈연습문제〉

1. 과학적 지식의 특성을 포함하고 있는 것은?
   ① 재생가능성, 경험가능성, 객관성
   ② 재생가능성, 꾸며진 정보, 객관성
   ③ 경험가능성, 사후 발생적 가설, 비논리적 추론
   ④ 상식과 직관, 직관, 권위
   ⑤ 재생가능성, 객관성, 선택적 관찰

2. 다음 중 연구윤리로서 적절한 것은?
   ① 연구대상의 수단화
   ② 연구대상자에게 육체적·정신적·물질적 피해를 주는 경우
   ③ 연구대상자의 연구 참여후의 승인
   ④ 연구대상자의 익명성과 비밀보장
   ⑤ 사후적 가설로 연구를 완료하는 행위

3. 개별 대상이나 사건들을 관찰한 후에 이론을 도출하는 과학적 연구방법은?
   ① 연역적 방법   ② 통계적 방법   ③ 귀납적 방법
   ④ 면접 방법   ⑤ 인식적 방법

4. 과학적 사고방법의 특성으로 보기 어려운 것은?
   ① 검증 가능성   ② 측정 가능성   ③ 이유에 대한 탐색
   ④ 추상성   ⑤ 논리적 연결성

5. 이론을 통해서 가설을 도출하여 특정 사례들을 통해 결론에 도달하는 방식을 무엇이라고 하는가?
   ① 귀납적 추론   ② 연역적 추론   ③ 과학적 추론
   ④ 논리적 추론   ⑤ 변증법적 추론

6. 다음 중 과학의 특징이 아닌 것은?
   ① 논리적이고 객관적이다.   ② 결정론적이다.   ③ 일반화를 목표로 한다
   ④ 경험적으로 검증 가능하다.   ⑤ 재생이 불가능하다.

7. 특정 문제를 지적한 사람의 자질을 공격하여 문제의 진위를 결정하는 오류를 무엇이라고 하는가?
   ① 대인논증   ② 허수아비 논박   ③ 도박사의 오류
   ④ 사이비 과학   ⑤ 과도한 일반화

8. 연구조사에서 지켜야 할 윤리로 옳은 것은?
   ① 연구과정의 불편과 위험 등 대상자의 참여 동기를 저해하는 정보는 제외한다.
   ② 일단 연구에 참여한 응답자는 중도에 그만둘 수 없다.
   ③ 기관의 담당자가 연구를 승낙한 경우 참여자의 동의를 구할 필요가 없다.
   ④ 연구설계상의 취약점과 연구결과의 한계는 발표하지 않는다.
   ⑤ 연구결과에서 연구대상자의 신분이 노출되지 않아야 한다.

9. 과학적 연구방법의 특성으로 옳지 않은 것은?
   ① 과학적 연구는 일반화를 모색한다.
   ② 과학적 연구는 논리적이며 체계적이다.
   ③ 과학적 연구는 구체적이어야 한다.
   ④ 연구의 반복을 요구하지 않는다.
   ⑤ 과학적 연구는 결정론적이다.

10. 다음 중 과학에 대한 설명으로 바람직하지 않은 것은?
    ① 과학의 대상은 인식하고 관찰할 수 있다.
    ② 과학과 상식은 검증하는 방법이 서로 다르다.
    ③ 과학의 최종목적은 이론의 정립이다.
    ④ 과학과 비과학을 구분할 때 가장 중요한 것은 대상의 특징이다.
    ⑤ 과학의 정의는 정적인 견해와 동적인 견해가 있다.

정답 1. ① 2. ④ 3. ③ 4. ④ 5. ② 6. ⑤ 7. ① 8. ⑤ 9. ① 10. ④

# Chapter 2
# 연구방법의 개념적 이해

### 학습목표
1. 용어의 이해
2. 용어 간의 구별
3. 체계화를 통한 실제 적용

### 학습내용
1. 개념
2. 개념적 · 조작적 정의
3. 이론과 모형
4. 분석단위
5. 변수
6. 연구문제
7. 가설

### 개 요

연구방법의 개념적 이해는 용어의 정의로부터 시작된다. 여기에서 사용하는 용어는 학문적으로 검증된 정의를 사용한다. 따라서, 용어 자체를 이해하는 데에는 학습자들의 학문적 노력을 요구한다. 정확한 어휘력을 구사하여 연구방법의 개념적 이해가 이루어야 한다. 여기에서는 연구방법의 개념적 이해를 학습하고자 한다.

# Chapter 02
# 연구방법의 개념적 이해

## 1. 개념

 개념(concept)은 머릿속에 떠오른 어떤 대상의 특성이나 현상에 대한 추상적인 생각 또는 상징으로, 구체적으로 눈에 보이거나 손에 잡히는 것일 수도 있고, 머릿속에만 떠오르는 상상일 수도 있다. 개념은 여러 대상이나 현상의 특징을 일반화하여 한 단어로 구체화시킨 추상적인 것으로 보건, 평등, 윤리 등 직접적으로 관찰할 수 없는 것과 병원, 의사, 간호사 등 직접 관찰 가능한 것을 모두 포함한다. 연구를 수행할 때는 구체적으로 규정한 개념을 사용해야 한다.

 개념은 사물이나 사회현상의 공통적 속성을 묶어 사람들이 이해할 수 있는 추상적 언어로 표현해 이를 설명하는 것이다. 개념은 이론을 구성하는 요소로서, 현상을 대변하는 이미지의 표현으로, 외관상으로 관찰된 기록과 경험에서 도출된 의사소통 용도의 용어이다. 예를 들어, 교육을 통하여 얻은 지식이나 기술 따위의 능력을 추상적 언어로 표현한 것이 '학력'이라는 개념이다. 이러한 개념은 사회과학적 연구에서 그 의미가 정확해야 하고 타인에게 정보를 전달할 수 있어야 한다. 또한 이해방법과 연구방향을 제시하며, 지식의 축적이나 확장을 가능하도록 해야 한다(정영일외, 2021: 19).

 개념의 조건에는 명확성, 통일성, 한정성 세 가지가 있다. 명확성은 특징을 명확히 표현해야 한다는 것이다. 예를 들어, 건물을 구성할 때는 외관, 필요 자재 등의 개념을 명확히 표현하여 구성해야 한다. 통일성은 사용자들 사이에서 동일한 의미로 통용될 때 개념이 된다는 것이다. 한정성은 무한히 많은 범위를 포함하는 것이 아닌 추상화의 정도, 개념이 나타내는 수준이 한정되어야 개념이 성립하고 통용될 수 있다는 것이다. 또한 일반적으로 알고 있는 명제 및 이론과의 체계적 의미를 내포해야 개념이 성립될 수 있다.

정확한 개념은 정확한 의사소통을 위해 필수적이다. '은퇴'라는 단어를 떠올리면 특정 의미를 생각할 수 있다. 어느 연령에 이르러 생산에 종사하지 않는 상태라고 정의할 수 있지만, 구체화하는 정도가 다를 수 있다. 어떤 나라에서는 직종에 상관없이 특정 나이에 이르면 생산에 종사하지 못하게 되어 은퇴가 이루어지는 반면, 다른 나라에서는 나이와 상관없이 수공업이나 농업에 종사하며 스스로 생산을 그만두는 순간 은퇴가 결정되는 경우도 있다. 이런 경우에는 '은퇴'라는 의미가 정확하지 않기 때문에 명확한 의사소통을 위해 상대적으로 좁은 개념으로 한정할 수 있다. 개념은 현상을 바라보는 관점을 제공할 수도 있다. 은퇴 예시에서, 특정 나이로 은퇴시기를 설정한 경우, 은퇴는 강제성이 있다고 생각할 수 있지만, 후자의 경우에는 자발적이라는 관점을 가질 수 있다. 개념은 복잡한 현상이나 대상의 분류와 일반화를 위해서도 필요하다.

## 2. 개념적 · 조작적 정의

사회과학은 자연과학과 달리 물리적인 환경이나 대상의 표면적인 특성을 측정하기보다는 사회의 현상 또는 인간의 내면적인 측면 등을 측정하는 경우가 많다. 따라서, 사회과학은 무엇보다 연구자가 무엇을 측정할 것인지 측정하고자 하는 개념을 명확하게 하고, 이를 측정 가능한 형태로 구체화하여 측정해야 한다. 사회과학에서의 일련의 측정과정은 개념적 정의와 조작적 정의라는 개념을 통해 설명이 가능하다. 여기에서는 측정을 설명하기 위한 핵심 개념인 개념적 정의(개념화)와 조작적 정의(조작적 정의)를 파악해 보고자 한다.

### 1) 개념적 정의(개념화)

개념은 학문 분야나 연구자에 따라 다양하게 정의될 수 있기 때문에 어떤 사물이나 현상의 속성을 연구하기 위해서는 개념적 정의를 거쳐야 한다. 개념적 정의(conceptual) 또는 개념화(conceptional definition)는 이론적 개념을 차원(dimension)과 지표(indication) 등으로 세분화하는 과정으로, 연구자가 탐구하고자 하는 속성을 용어를 통해서 정확하고 구체적으로 설명하는 과정이다. 예를 들어, 연구에서 자살생각을 개념으로 사용한다면, 자살생각이란 '자살행동에 대한 생각과 계획을 포함하는 자기보고적인 포괄적 개념'이라고 구체화하는 과정이 필요하다. 또 다른 예로, 학업 스트레스란 '학업으로 인해 유발되는 긴장상태로 개개인이 느끼는 갈등이나 불안'이라고 정의하는 개념적 정의가 필요하다. 이러한 개념적 정의를 통해 모호한 개념을 보다 구체화하여 연구자 상호 간에 혼동을 피할 수 있지만, 여전히 추상적이고 주관적인 성격을 가지고 있는 점을 배제해서는 안 된다.

개념적 정의는 명목적 정의(nominal definition)라고도 하며, 연구에서 사용되는 주요 용어들, 즉 사람이나 사물들의 형태나 속성 그리고 사회적 현상을 개념적으로 정의하는 것이다. 이러한 개념적 정의는 개념에 대한 추상적이고 사전적인 정의로서, 우울을 명확히 정의한다면 이는 개념적 정의를 내린 것이 이렇게 개념적 정의를 내리는 것을 '개념화'한다고 한다. 개념적 정의를 명확하게 내리는 것은 연구의 관심과 초점에 맞추어서 그에 합당한 측면의 개념을 규정하려는 것이 목적이다. 이러한 개념적 정의는 조작적 정의의 전 단계이다. 개념적 정의를 통해 내려진 개념에 대한 대략적 윤곽이나 틀 없이는 조작적 정의는 실현되기 어렵다(황인옥, 2020: 84).

추상적으로 정의된 개념들로 구성된 가설은 그 자체만으로는 검증될 수 없다. 따라서, 추상적인 개념들은 경험적으로 측정 가능하도록 실증적인 지표로 변환시켜야 한다. 이러한 작업을 조작적 정의라 하고 이렇게 조작적 정의를 내리는 것을 '조작화'라고 한다.

## 2) 조작적 정의(조작화)

개념화의 추상적·주관적 성격을 보완하고 좀 더 경험적인 구체화를 하기 위해서 조작적 정의 또는 조작화(operationalization)를 거쳐야 한다. 조작화란 개념을 연구과정에서 관찰 가능한 지표로 변환시키는 과정을 말한다. 즉, 연구에 사용되는 변수를 관찰하고 측정할 수 있도록 횟수, 여부, 시간, 점수 등으로 계량화하는 것이다.

조작적 정의의 예를 살펴보면, 청소년의 자살생각에 대한 연구에서, '부모-자녀 간 역기능적 의사소통이 높을수록 청소년의 자살생각은 높을 것이다.'라는 가설을 설정했다고 하자. 이 경우, 독립변수인 역기능적 의사소통과 종속변수인 자살생각은 추상적인 개념으로 이를 연구하기 위해서는 관찰 및 측정 가능한 개념으로 조작되어야 한다. 부모-자녀 간의 역기능적 의사소통을 측정하기 위해서는 부모가 화를 내거나 비난하는 횟수, 청소년이 부모와의 대화단절 여부 등을 확인함으로써 부모-자녀 간의 역기능적 의사소통이 높은지를 측정할 수 있다. 또한 자살생각의 경우, 자살에 대한 생각, 계획, 시도 등의 횟수, 여부 등으로 개념을 조작적으로 정의할 수 있다.

추상적 개념을 완전히 대변하면서 경험적 연구가 가능한 개념 또는 지표로 변환하는 것은 쉽지 않다. 특정 개념을 조작화하는 과정으로 이러한 대체개념이 원래의 추상적 개념을 완전히 대변할 수 있는지는 의문이다. 그러나 이러한 조작적 정의의 화의 한계점에도 불구하고, 현재 사회과학연구에서는 개념을 측정하는 방법으로 조작화보다 더 좋은 방법은 없다. 따라서, 변수를 조작화할 때는 매우 신중하고 타당성 있는 정의를 만들어 내어 연구를 진행하여야 한다.

정의(definition)는 개념에 의미를 부여하는 것으로, 머릿속의 상상을 개념으로 구체화하는 것을 '정의를 내린다'고 한다. 개념적 정의(conceptual definition)는 하나의 개념을 이해하기 쉬운 다른 개념을 사용하여 정의하는 방식이고, 조작적 정의(operational definition)는 개념을 실제 관측, 관찰할 수 있는 것으로 구체화시켜 정의하는 방식이다. 개념을 측정 가능하도록 재구성하여 측정의 기준으로 삼음으로써 개념을 측정 가능한 수준으로 조작화하였다는 의미이다.

개념적 정의와 조작적 정의의 예는 다음과 같다.

〈표 2-1〉개념적 정의와 조작적 정의(예)

| 구 분 | 개념적 정의 | 조작적 정의 |
|---|---|---|
| 공격 | 타인에게 해를 끼치는 제반 행동과 언어적 표현 | 어떤 사람이 상대방을 신체부위나 물건 등으로 치거나, 상대방을 치려는 행동을 하거나, 또는 상대방이 위협을 느낄 정도의 언어를 사용하는 것 |
| 집단 응집력 | 집단을 구성하는 구성원 개개인 간의 관계의 정도 | 집단구성원들이 서로 좋아하는 정도 |
| 빈곤층 | 어느 특정한 사회에서 인간으로서 최소한으로 유지해야 할 생활수준을 유지할 수 없을 정도로 개인이나 가족의 자원이 결핍된 상태에 있는 사람들 | 한 사회에서 가구의 소득으로 인정할 수 있는 재산과 수입의 총액이 최저생계비에 미치지 못하는 상태에 있는 사람들 |

자료: 박선희 외(2018: 75-76).

예를 들어, '지능'은 흔히 머리가 좋은 정도로 막연하게 이야기하지만, 개념적 정의는 '새로운 대상이나 상황에 부딪쳐 그 의미를 이해하고 합리적인 적응 방법을 알아내는 지적 활동의 능력'이다. 하지만 개념적 정의로는 측정이 불가능하기 때문에 IQ 테스트 결과로 지능에 대해 조작적 정의를 할 수 있다. IQ 테스트는 공통된 측정도구를 통해 나온 값으로 확인할 수 있다(정영일 외, 2021: 20).

이러한 조작적 정의는 다음과 같은 역할을 한다(황인옥, 2020: 85).

첫째, 감각에 의해 감지될 수 있는 것은 물론, 직접 감지될 수 없는 것도 이해할 수 있는 방법을 제시해 준다.

둘째, 언어나 기호로 표현될 수 있으므로 지식의 축적이나 확장을 가능하게 해 준다.

셋째, 연구조사에 필요한 주요 개념들은 그 연구의 출발점과 앞으로의 연구방향을 제시해 준다.

넷째, 조작적 정의를 통해 연구문제의 범위와 주요 변수를 제시함으로써 연구대상을 측정가능하게 해 준다.

다섯째, 연역적 결과를 가져온다.

여섯째, 양적 연구에서 매우 중요한 과정이다.

## 3. 이론과 모형

### 1) 이론

이론(theory)은 여러 현상을 관통하는 체계적으로 해석 가능한 하나의 틀로서, 두 가지 또는 두 가지 이상의 현상이 어떻게 관련되어 있는가를 설명하는 체계적인 진술이다. 이론은 연구되고 있는 현상을 일반화하여 설명하며, 새로운 사실을 예측하도록 도와주는 역할을 할 뿐만 아니라, 연구진행과 연구결과의 의미를 안내한다. 연구를 통해 이론을 검증할 수 있고, 새로운 이론 창출에 기여할 수 있다. 하나의 현상에 여러 이론을 적용할 수도 있는데, 예를 들어 연구자가 은퇴하면 우울감이 더 발생하는지를 알아보고 싶다고 가정할 때, 연구자가 얻고 싶은 잠정적인 해답은 은퇴 후에 우울수준이 차이가 난다는 것이고, 이것이 대립가설이다. 이 가설에 대해 역할이론에 따라 은퇴는 사회적 역할을 상실하기 때문에 우울이나 스트레스가 증가한다는 이론이 있고, 지속이론에 따라 은퇴하더라도 비슷한 사회적 역할이 지속될 것이라는 이론이 있다. 어떤 이론이 현실에 더 적합한지는 검증을 통해 알아보고, 그 사회의 현상을 잘 설명하는 이론을 채택한다(장영일 외, 2020: 24).

이론은 오랜 기간 진실로 받아들이고 활용되지만, 새로운 지식의 발견으로 오류가 발견되어 이론 적용의 한계가 나타나기도 한다. 기존 이론을 통해 해석되는 범위를 벗어난 새로운 현상과 상황들이 발생하고, 이에 대한 새로운 이론이 나올 수 있으므로 기존 이론을 절대적으로 믿고 발견된 새로운 사실을 간과해서는 안 된다. 다양한 검증을 통해 새로운 이론으로 대체되는 과정에서 과학적 발전이 있다.

이론은 과학적인 연구조사를 하는데, 여러 가지 중요한 기능을 수행한다. 그 내용은 다음과 같다(이승현 외, 2019: 42-43).

첫째, 이론은 연구의 주제를 선정하는데 아이디어를 제공한다. 어떤 분야를 연구하고자 할 때, 어떤 주제를 어떤 방향으로 연구해야 할 것인지 막연한 때가 많다. 이론은 이러한 문제를 해결하는데 지침을 제공해 준다. 즉, 이론은 사실 간의 원리 및 법칙을 알게 해줌으로써 연구의 범위를 정해 주고 연구방향을 제시해 준다.

둘째, 이론은 가설을 설정하는데 도움을 제공한다. 많은 경우 선정된 주제들이 너무 일반적이고 추상적이어서 어떤 내용을 연구해야 할지 어려운 경우가 많다. 이런 경우, 주제를 연구 가능한 구체적인 가설로 세분할 필요가 있는데, 이론은 변수 간의 관계를 파악하도록 함으로써 이러한 가설설정에 좋은 아이디어를 제공해 준다.

셋째, 이론은 새로운 이론을 개발하는데 도움을 제공해 준다. 이론은 사물이나 현상 간의 관계를 다른 관점에서 보도록 함으로써 새로운 이론도출에 도움을 준다. 많은 새로운 이론들이 기존의 이론과 다른 관점에서 관찰함으로써 얻어진다.

넷째, 이론은 연구결과에 의해 수정되거나 확증되며, 더 넓은 범위로 확대 적용될 수 있다.

그러므로 이론은 연구의 범위, 방향, 변수 간의 관련성, 자료수집방법, 분석방법 등 연구 전반에 걸친 기본적인 지침을 제공해 준다. 즉, 이론은 단순히 나무만 볼 수 있도록 하는 것이 아니라, 숲을 볼 수 있도록 해준다. 반면, 이론은 연구결과에 의해 확증되거나 수정되며, 더 넓은 범위로 확대 적용될 수 있다.

## 2) 모형

모형(model)은 실제와 유사한 복제물로, 경험적인 현상을 설명하기 위해 여러 가지 개념을 연결성 있는 체계로 구성한 것을 의미한다. 다시 말해서 경험적인 현상을 상징하는 개념으로 이루어진 요소들 및 이 요소들 간의 관계가 논리적으로 연결되어 배열된 체계를 모형이라고 한다. 모형을 통해 실제 현실에서 벌어질 수 있는 관계를 더 잘 확인하고 검증할 수 있다.

독립변수와 종속변수 간의 관계뿐만 아니라, 통제변수까지 모형으로 제시할 수 있다. 즉, 모형은 독립변수와 종속변수, 통제변수를 포함한 더 복잡한 관계도 표현할 수 있다.

## 4. 분석단위

분석단위의 내용은 다음과 같다(조학래, 2020: 86-90).

### 1) 분석단위의 개념

연구자는 연구설계에서 연구문제인 사회현상의 분석대상과 관련해 분석단위를 규정한다. 분석단위(units of analysis)는 연구자가 연구결과를 분석할 때 활용하는 연구대상을 말한다. 즉, 분석단위는 그 단위의 속성을 집계하여 더 큰 집단의 특성을 기술하거나 어떤 추상적인 현상을 설명하기 위해 가장 먼저 기술되어야 하는 단위로서, 연구문제의 선정과 밀접한 관련이 있다. 이처럼 분석단위는 연구자가 서술하거나 설명하려는 초점의 대상이나 요소이며, 연구자는 연구의 결론을 분석단위인 연구대상에 적용하고자 한다.

### 2) 분석단위의 유형

일반적으로 사회과학 연구의 분석단위는 개인, 집단, 조직, 사회적 상호작용, 사회적 가공물 등 여러 수준에서 선택될 수 있다.

#### (1) 개인
가장 일반적인 연구대상으로서 개인은 클라이언트의 개인적 특성이나 심리사회적 특성, 지역사회 욕구조사에서 분석단위이다. 분석단위로서 개인대상의 연구는 일반적으로 특정한 유형 또는 집단구성원들의 행동에 관한 기술과 분석을 통해 사회집단과의 상호작용을 기술하고 설명하는 경향이 있다. 예를 들어, 학력수준에 따른 복지 의식의 차이를 연구할 때, 분석단위는 개인이다. 이처럼 분석단위가 개인일 때, 기술적 연구의 목적은 개인의 총합인 모집단의 특성을 서술하는 것이다. 반면에, 설명적 연구의 목적은 모집단 내에서 발생하는 변수 간의 역동적 관계를 발견하는 것이다.

### (2) 집단

하나의 개체인 집단의 특징에 관해 관심을 보일 때, 분석단위는 집단으로 가족, 부부, 동아리, 동창회 등을 들 수 있다. 가장 자주 사용되는 분석단위로서, 가족은 가족을 구성하는 다양한 특성(예, 가족유형, 수입정도, 가족 수, 주거형태 등)이나 역동성(예, 가족관계, 갈등 등) 등을 연구할 때 사용되는 단위다.

분석단위인 집단은 부부, 가족, 동아리 등 집단구성원을 분석단위로 하면 미시연구가 되고, 집단이면 거시연구가 된다. 이처럼 집단구성원을 분석단위로 하는 것과 집단을 분석단위로 하는 것 간에는 큰 차이가 있다. 예를 들어, 가출청소년의 연구에서 가출청소년을 연구하려면 가출청소년 집단의 개인이 분석단위이지만, 가출청소년 집단 간의 차이를 연구하려면 가출청소년 집단이 분석단위가 된다.

### (3) 조직

연구자가 공식적인 사회조직의 특성을 연구할 때 분석단위는 조직이다. 분석단위로서 조직은 사회복지기관, 학교, 교회, 기업, 시민단체 등을 들 수 있다. 예를 들어, 사회복지기관을 연구할 때 이용자 수, 종사자 수, 프로그램 수, 예산, 서비스 만족도 등의 특성과 관련한 산출물을 조직의 분석단위로 사용할 수 있다. 이러한 자료를 토대로 연구자는 사회복지기관 간의 효율성을 비교할 수도 있다.

### (4) 사회적 상호작용

개인 간의 사회적 상호작용을 연구할 때 분석단위는 사회적 상호작용이다. 분석단위로서 사회적 상호작용에는 전화통화, 교통사고, 소송, 논쟁, 이메일 교환,

댓글 달기 등이 있다. 예를 들어, 남북정상회담과 같은 특정한 사회적 이슈에 대한 여론의 변화과정을 분석하려면, 뉴스 기사의 댓글 달기가 사회적 상호작용의 분석단위가 된다.

### (5) 사회적 가공물

분석단위로서 사회적 가공물(social artifacts)은 사회적 존재가 만든 산출물이나 행위의 결과를 의미한다. 인간의 생각과 행위의 산출물은 책, 시, 그림, 노래, 사진, 일기, 신문기사, 예술품, 건물 등이 해당한다. 사회적 가공물의 분석단위는 주로 내용분석에서 사용된다. 예를 들어, 국민연금이나 건강보험에 관한 주요 신문의 사설 논조 변화를 살펴볼 때, 분석단위는 신문의 사설이 된다.

## 3) 분석단위 선정과 해석의 오류

연구문제에서 분석단위를 잘못 고려한다면, 전혀 다른 분석단위를 근거로 결론에 도달하는 오류를 범할 수 있다. 일반적으로 분석단위의 잘못된 선정으로 자료분석의 결과를 추론하고 해석할 때 발생할 수 있는 오류는 다음과 같다.

### (1) 생태학적 오류

생태학적 오류(ecological fallacy)는 분석단위인 집단이나 집합체를 통해 얻은 연구결과를 그 분석단위에 속한 개인에게 동일하게 적용할 때 발생하는 추론상의 잘못을 말한다. 여기서 생태학적이란 개인보다 큰 단위인 집단이나 사회체계를 고려한다는 것이다. 이에 따라, 생태학적 오류는 더 큰 수준의 분석단위에서 얻은 결과를 기준으로 그보다 더 낮은 수준의 분석단위 특성에 대해 추론할 때 발생하는 오류이다.

### (2) 개인주의적 오류

개인주의적 오류(individualistic fallacy)는 분석단위인 개인을 통해 얻은 연구결과를 그 개인이 속한 집단의 특성에 동일하게 적용할 때 발생하는 추론상의 잘못을 말한다. 즉, 개인적 특성의 정보를 통해 그 개인이 속한 집단이나 사회의 특성으로 과도하게 해석할 때 발생하는 오류이다. 이러한 개인주의적 오류는 생태학적 오류와 반대로 더 낮은 수준의 분석단위 특성에서 얻은 결과를 기초로 그보다 더 높은 수준의 분석단위 특성에 대해 추론할 때 발생하는 오류이다.

### (3) 환원주의 오류

환원주의 오류(reductionism fallacy)는 어떤 사회현상이나 인간의 사회적 행위를 특정한 개념적 틀로만 제한하거나 설명하려는 태도를 말한다. 즉, 환원주의 오류는 어떤 사회현상의 원인으로 생각되는 개념이나 변수의 종류를 엄격히 제한함으로써 잘못을 범하는 오류이다. 이처럼 환원주의 오류란 어떤 특정한 단위나 변수가 다른 것보다 관련성이 높다고 생각한다. 이러한 환원주의 오류는 특정한 사회현상을 전체적으로 이해하기보다는 단순화를 강조하기 때문에 유의할 필요가 있다. 따라서, 환원주의 오류의 설명은 분석단위의 선정이 잘못된 것이 아니라, 사회현상에 대한 관점과 설명이 너무 제한적이라는 것이 문제이다.

## 5. 변수

변수(variables)는 사람, 물건, 사건 등의 특성, 속성을 의미한다. 이러한 것들의 특성, 속성이 두 가지 이상의 가치(value)를 가질 때, 이를 변수라고 한다. 변수는 한 연속선상에서 하나 이상의 값을 가지는 개념으로 연구대상의 속성에 계량적인 수치를 부여하여 경험적으로 측정 가능하게 한다. 예를 들어, '한국에서 여성은 남성보다 평균수명이 길다'라는 개념이 있다면, 여기서 평균수명은 성별로 사회별로 각기 다른 값을 갖는데, 이를 변수라고 한다.

모든 개념들이 변수가 되는 것은 아니다. 변수는 두 개 이상의 구분된 변화가능성이라는 속성 또는 변수값을 갖고 있는 개념만을 의미한다. 예를 들어, 성별은 변수가 될 수 있다. 성별은 남성이라는 경우의 수와 여성이라는 경우의 수를 가질 수 있다. 학력 역시 변수가 될 수 있다. 초졸, 중졸, 고졸, 대졸, 대학원 이상 등의 둘 이상의 변수값을 명확하게 갖추고 있기 때문이다. 색상 역시 빨간색, 주황색, 노랑색, 초록색, 파란색 등의 여러 값을 가지고 있어 변수로 볼 수 있지만, '초록색'은 그 속성이 하나의 속성만을 가지고 있으므로 변수로 볼 수 없다. 이처럼 변수는 두 개 이상의 값을 갖는 개념을 의미한다.

변수는 속성이나 기능적 관점에 따라 다양하게 분류될 수 있다. 그 내용은 다음과 같다(서정민 외, 2019: 39-46).

### 1) 변수의 속성에 따른 분류

변수의 속성은 범주형(비연속형)과 연속형 2가지로 분류하여 설명하고자 한다. 범주형 변수 또는 비연속형 변수는 명목변수와 서열변수에 해당하며, 등간변수와 비율변수는 연속형 변수로 분류된다. 그 내용은 다음과 같다.

#### (1) 범주형 또는 비연속영 변수

먼저, 범주형 또는 비연속형 변수란 속성이 서로 다른 몇 개의 범주로 구분되는 변수를 의미한다. 예를 들어, 성별이라는 변수는 남자, 여자로 구분될 수 있으므로 범주형 또는 비연속형 변수에 포함된다. 학력이라는 변수 역시 초등학교 졸업, 중학교 졸업, 고등학교 졸업, 대학교 졸업, 대학원 졸업 등과 같이 구분된 몇 개의 범주로 구분된다. 종교라는 변수 역시 천주교, 기독교, 불교 등과 같이 속성들이 구분 가능하다. 주로 객관식 형태의 문장들과 같이 일정한 응답의 카테고리를 갖추고 있는 형태의 변수들이 이에 해당한다. 이에 해당하는 변수에는 명목변수와 서열변수가 있다.

#### (2) 연속형 변수

연속형 변수는 속성이 서로 다른 몇 개의 범주로 구분되는 것이 아니라, 연속적으로 값이 존재하는 변수를 의미한다. 예를 들어, 자원봉사 경력은 몇 개월이나 되는지를 주관식의 형태 문항으로 측정한다면 응답은 구분된 몇 개의 범주 내에서 존재하는 것이 아니라, 0개월에서부터 수십 개월까지 연속적으로 값이 존재할 수 있을 것이다. 이러한 변수를 연속형 변수라고 한다. 또 몸무게라는 변수 역시 주관식 문항으로 물어본다면, 그 응답 역시 연속적으로 다양하게 나타날 수 있다. 이처럼 응답의 카테고리가 제한적으로 존재하지 않고 다양한 수치상의 응답이 연속적으로 제시되어 응답될 수 있는 변수를 연속형 변수라고 한다. 이에 해당하는 변수는 등간변수와 비율변수가 있다.

### 2) 기능에 따른 분류

변수들이 가지고 있는 기능에 따라서는 독립변수, 종속변수, 제3의 변수 등이 있다. 그 내용은 다음과 같다.

#### (1) 독립변수

연구문제나 가설은 주로 인과관계형태로 표현되기 마련이다. 인과관계는 원인이 되는 변수와 결과가 되는 변수 간의 관계를 의미한다. 이때 원인에 해당하는 변수를 독립변수(independent variable)라고 한다. 즉, 어떠한 변수의 발생원인에 해당하는 변수를 독립변수라고 한다. 예를 들어, 우울증이 알코올중독에 영향을 미치는가에 대한 연구를 수행한다고 하자. 이 연구는 결국 우울증이 원인이 되어 알코올중독이라는 결과가 나타날지 여부에 대한 연구문제를 설정하였기 때문에 이 연구문제에서 원인에 해당하는 변수인 우울증을 독립변수로 볼 수 있다.

#### (2) 종속변수

인과관계에서 원인에 해당하는 변수를 독립변수라고 한다면, 결과에 해당하는 변수를 종속변수(dependent variable)라고 한다. 즉, 독립변수의 영향으로 나타나는 결과가 되는 변수를 독립변수라고 한다. 앞선 예시에서 나타난 우울증이 알코올중독에 영향을 미치는가에 대한 연구 수행에서 알코올중독은 우울증에 영향을 받아 나타나는 변화이기 때문에 알코올중독이 이 연구에서 종속변수가 된다.

인과관계는 원인과 결과의 관계이지만, 다른 말로 독립변수와 종속변수의 관계로 볼 수도 있다. 이 둘의 관계는 두 가지 특징이 있다. 그 내용은 다음과 같다.

첫째, 독립변수와 종속변수의 관계는 비대칭적 관계이다. 즉, 독립변수와 종속변수는 동일한 양의 영향력을 상호 주고 받는 관계가 아니라, 종속변수는 독립변수에게 영향을 받기만 할 뿐 독립변수에게 영향을 미치지는 않는다.

둘째, 인과관계, 즉 독립변수와 종속변수의 관계에는 방향성이 존재한다. 독립변수가 증가할 때 종속변수도 증가하고, 독립변수가 감소할 때 종속변수도 감소하는 경우 두 변수의 변화방향이 서로 같다고 볼 수 있다. 이때 이 둘의 관계를 정(+)적 관계라고 표현한다. 예를 들어, 소득수준(독립변수)과 생활만족도(종속변수)의 관계를 살펴보자. 소득수준이 높아진다면 생활만족도도 높아질 것이고, 소득수준이 낮아지면 생활만족도도 낮아질 것이다. 이처럼 독립변수와 종속변수의 변화방향이 같은 방향으로 움직인다면, 이 둘의 관계는 정적관계로 볼 수 있다. 반대로 독립변수가 증가할 때 종속변수는 감소하고, 독립변수가 감소할 때 종속변수는 증가하여 두 변수가 서로 반대방향으로 변화한다면, 이 둘의 관계를 부(-)적 관계라고 표현한다. 예를 들어, 스트레스(독립변수)와 생활만족도(종속변수)의 관계를 보자. 스트레스가 증가하면 생활만족도는 감소한다. 반대로, 스트레스가 감소하면 생활만족도는 증가할 것이다. 이처럼 독립변수와 종속변수의 변화 방향이 반대로 움직인다면, 이 둘의 관계는 부(-)적관계라고 할 수 있다.

### (3) 통제변수

변수의 관계가 진짜 인과관계가 있는지, 아니면 가식적 관계인지를 가리기 위해 일반적으로 통제변수(control variable)를 활용하게 된다. 통제변수는 독립변수와 종속변수의 인과관계에 영향을 미치는 변수로 두 변수 간의 관계를 더 정확하게 파악하기 위해서 두 변수 간의 관계에 영향을 미칠 수 있는 제3의 변수를 사용하여 통제하는 것을 의미한다. 변수들 간의 관계는 제3의 변수의 영향력을 제거하지 않고서는 독립변수와 종속변수의 진정한 인과관계를 규명하기 어려워진다. 예를 들어, 어르신 의료서비스 제공횟수와 사망률의 관계를 살펴보자. 일반적으로 어르신 의료서비스를 제공받는 횟수가 증가할수록 어르신들 사망률은 높아지는 것처럼 보인다. 그러나 의료서비스를 받은 횟수가 원인이 되어 어르신들의 사망률을 높인 것은 아니다. 이는 질병의 심각성이라는 제3의 변수를 고려해야만 이 두 변수의 진정한 한 관계를 파악할 수 있다. 즉, 사회복지사는 질병의 심각성이 높은 어르신들에게 서비스를 제공하게 되어 있고, 질병의 심각사망가능성도 높은 것이다. 즉, 질병의 심각성이라는 영향력의 조건을 고려하여(통제할 때) 의료서비스 제공횟수와 진정한 관계를 알 수 있게 된다. 이처럼 두 변수 간 정확하게 파악하여 결론을 도출하기 위해서 다양한 상황을 통제하기 위하여 사용되는 변수를 통제변수라 한다.

통제변수의 관계는 다음과 같다.

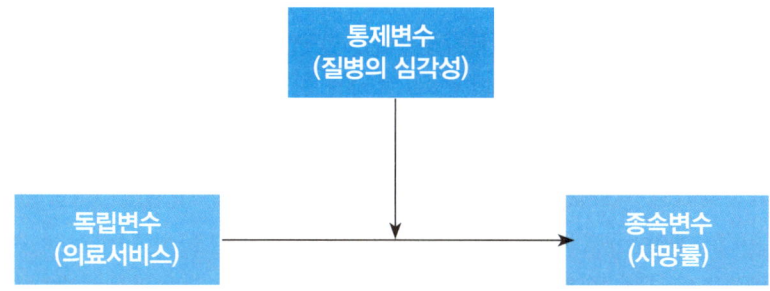

자료: 서정민 외(2019: 44).

[사진 2-1] 통제변수

### (4) 매개변수

매개변수(intervening variable)는 독립변수와 종속변수의 관계를 더 잘 설명해 주기 위한 변수의 영향을 받아 종속변수에 영향을 미치는 매개자의 역할을 하는 변수를 의미한다. 예를 들어, 생활스트레스가 인터넷 중독에 영향을 미친다는 가설이 있을 때, 생활스트레스는 독립변수, 인터넷 중독과 종속변수가 될 것이다. 그런데 이 관계를 우울이 더 잘 설명해 줄 수 있다. 즉, 생활스트레스가 많은 경우, 우울 정도가 높아질 수 있고, 높아진 우울로 인해 인터넷 중독에 더 심취하게 된다. 이때 우울은 매개변수가 된다. 즉, 생활스트레스가 인터넷 중독에 영향을 미치지만, 중간에 우울을 높여 인터넷 중독에 영향을 미치게 된다면, 더 구체적이고 명확한 설명이 가능해진다.

매개변수의 관계는 다음과 같다.

자료: 서정민 외(2019: 45).

[사진 2-2] 매개변수

### (5) 조절변수

조절변수는 매개효과와 같이 독립변수와 종속변수 사이에 존재하는 변수라는 점에서는 유사하다. 그러나 조절변수는 조절변수가 증가하거나 감소함에 따라 독립변수와 종속변수 관계가 변화된다는 특징을 가진다.

조절변수의 예로 개인의 탄력성을 들 수 있다. 탄력성의 개념을 개인에게 적용하면, 위기상황이나 어려운 상황에서 본래 상태로 돌아올 수 있는 회복능력이라고 할 수 있다. 만약 어떤 클라이언트를 둘러싼 환경적 요인이 열악하면, 클라이언트가 사회적 문제를 경험할 수 있다고 가정할 수 있다. 그러나 클라이언트 개인의 탄력성은 환경적 요인과 사회적 문제의 관계를 변화시킬 수 있는 힘을 발휘하게 된다. 이때 개인의 탄력성은 환경적 요인과 사회적 문제 사이에서 조절변수의 역할을 수행하게 된다. 흔히 개인의 탄력성으로는 자아존중감이나 자기효능감 등을 들 수 있다. 이들 변수는 환경적 요인이 개인에게 부정적인 영향력을 미칠 수 있고, 이에 따른 결과로 사회적 문제라는 결과로 이어질 수 있지만, 자아존중감이나 자기효능감이 높은 경우 사회적 문제로 반드시 이어지지는 않을 수 있다는 것을 설명할 수 있게 된다. 사회현상에서 조절변수의 효과를 확인하게 되면, 조절변수의 영향력을 변화시킬 수 있으며, 독립변수와 종속변수의 결과도 변화가 가능하게 된다. 조절변수의 영향력은 위계회귀분석을 통해 검정할 수 있다.

다만, 조절변수의 영향력을 알아보기 위해서는 독립변수와 조절변수의 값을 곱하여 상호작용항을 만들어야 한다는 점에서 매개변수의 효과성을 검정하는 것과 차이가 난다. 조절변수는 회귀분석에서 독립변수와 조절변수를 먼저 투입하고, 독립변수와 조절변수의 상호작용항을 추가로 투입하여 상호작용항이 종속변수에 미치는 영향력이 유의미하게 나타나면 조절효과가 있다고 해석할 수 있다. 조절변수의 설명력은 상호작용 항목이 추가됨으로써 발생하는 추가설명력으로 파악할 수 있다(유영준, 2021: 119).

## 6. 연구문제

### 1) 연구문제의 개념

어떠한 현상에 대한 사고나 과학적 탐구를 위해서는 현상에 대한 지식의 축적을 기초로 하여 이루어진다. 이는 현상에 대한 정확한 해답을 가지고 있다는 의미라기보다는 지식의 축적이 어느 정도는 이루어져 있으나, 문제에 대한 해결책을 제시하기에는 불충분한 경우를 말한다. 현상에 대한 지식의 축적이 불충분한 이유는 기존의 지식이 미비하고 기존의 연구결과들이 서로 상충되며, 새로운 사실이나 현상이 기존의 이론으로 설명이 불가능한 경우이다.

이러한 의문점이나 문제점을 극복하기 위하여 연구문제가 제기된다. 그러나 모든 의문이나 문제가 연구문제가 될 수 있는 것은 아니다. 적절한 연구문제가 되기 위해 고려되어야 할 사항은 다음과 같다(황인옥, 2020: 78-79).

첫째, 연구대상이 확보되어야 하고, 연구범위가 적절하여야 한다. 연구대상이 확보되지 못하면 연구가 진행될 수 없고, 연구문제의 범위가 지나치게 좁거나 너무 광범위한 것은 바람직하지 않다.

둘째, 연구조사의 현실성을 고려하여야 한다. 즉, 연구조사에 소요되는 비용이나 시간, 윤리성, 자료수집의 용이성, 연구조사자 자신의 연구 수행 능력 등 현실적인 연구의 가능성을 고려하여야 한다.

셋째, 과학적으로 검증이 가능하여야 한다. 경험적으로 확인될 수 없는 문제나 가치의 문제나 지나치게 추상적인 문제들은 과학적인 연구문제가 될 수 없다. 또한 검증이 가능하기 위해서는 측정 및 분석이 가능해야 한다.

넷째, 아무리 좋은 연구문제라 하더라도 그 해답을 찾는 것을 통해 '무엇을 하려는 것인지'에 대한 적절한 의도가 갖추어지지 않으면 의미가 없다.

연구문제(research question)는 둘 이상의 변수 사이에 어떤 관계가 존재하는지를 의문문의 형태로 기술하는 것이다. 연구문제를 어떤 방식으로 서술하는 것이 좋은가는 정해진 형식이 존재하지 않는다. 왜냐하면 연구문제는 나름대로의 분야 및 특성을 가지고 있기 때문에 일반적으로 정형화되어 있는 서술방법을 제기하기에는 많은 한계가 있다. 다만, 다음과 같은 몇 가지 공통적인 서술방법을 유지하는 것이 좋다.

첫째, 의문문의 형태로 서술하는 것이 좋다. 연구문제는 직접적으로 연구의 관심대상이 되는 문제에 대하여 평서문 형식보다는 의문문 형식으로 서술하는 것이 좋다. 의문문은 연구문제를 직접적으로 나타내는 장점이 있기 때문이다. 연구문제와 연구의 목적은 구별되는데, 연구목적은 연구결과의 함의에 맞추어 서술되는 반면, 연구문제는 연구자의 관심이나 의문의 대상이 서술되어야 한다.

둘째, 간단명료하게 문제를 지적하여야 한다. 의문문은 가능하다면 간단명료하게 서술하여야 한다.

셋째, 변수들 간의 관계에 대해 서술하여야 한다. A와 B는 어떠한 관계가 있는지, A와 B는 어떻게 C와 관계가 있는지 등의 방식으로 의문을 제기하여야 한다. 설명적 연구조사는 변수들 간의 인과관계를 규명하거나 미래의 사실에 대해 미리 예측하는 연구로서, 변수들 간의 관계나 잠정적 결과를 예측하는 연구문제를 제시할 수 있다. 이러한 연구문제는 정(+)의 관계뿐만 아니라, 부(−)의 관계로도 서술할 수 있다. 그러나 탐색적 혹은 기술적 연구조사에서는 관계를 묻지 않고, A는 어떠한가, B는 어떠한가 등과 같은 의문문 형태로 서술하는 것이므로 연구문제가 변수 간의 관계를 예측할 필요는 없다.

넷째, 연구문제들은 경험적 검증의 가능성이 있어야 한다.

서술된 관계에 대해 경험적인 검증이 가능하지 않다면, 그것들은 더 이상 과학적 문제가 아니다. 따라서, 연구문제들에서는 사실적인 관계가 서술되어야 하고, 관계에 포함된 변수들이 어떻게든 측정 가능해야 한다. 즉, 개념들이 변수화될 수 있어야 하고, 그러한 변수들은 경험적인 조작화가 가능하여야 한다. 따라서, 문제들이 지나치게 추상적이거나 가치 지향적이어서 경험적 기준을 확보하기가 어려운 경우에는 연구조사의 문제로는 적절하지 못하다.

## 2) 연구문제의 선정

연구문제의 성격이 이론적이든 실용적이든 연구조사자가 그 연구문제의 주제를 어디서 찾느냐 하는 데에는 정해진 방법이 없다. 연구문제를 선정하는 데에는 개인의 경험, 독서, 이론, 신념, 그리고 가치 등이 작용한다. 일상생활에서 경험하게 되는 사건에는 많은 잠재적인 문제들이 포함되어 있다. 이것들은 연구조사자에게 있어 연구문제의 주제가 될 수 있다.

사회복지 영역에서의 연구문제는 사회보험 분야, 공공부조 분야, 사회서비스 분야 등에서 다양한 연구문제를 선정할 수 있다.

### (1) 연구문제 선정의 원천

연구조사자가 연구의 문제를 선정하는데는 관심 있는 분야에 대하여 어느 정도의 기초지식과 가치판단력 및 과학적 훈련을 필요로 한다. 연구조사자들이 연구문제의 주제를 선정할 때에는 연구조사자의 경험, 지적 호기심, 문헌고찰, 기존의 이론, 학문적 인정, 사회적 요청, 실용적 차원, 지원 가능한 자원 등에 의해 영향을 받는다.

### ① 연구자의 개인적 경험

연구조사자의 개인적 경험은 매우 한정적이지만, 가장 일차적이고 신뢰할 수 있는 주제 선정의 근거가 된다. 그러나 모든 사회생활을 연구조사자가 모두 다

경험하기란 불가능하다. 또 실제로 다 경험을 한다고 해도, 그것의 전부가 다 주제가 될 수 없다. 따라서, 연구조사자의 개인적 경험에 의해 얻을 수 있는 주제는 한계가 있음을 인정한 후에야 자신의 경험을 주제로 이끌 수 있다. 나아가 연구조사자의 간접경험도 주제 선정에 도움이 된다. 그러나 이 방법은 실제 경험에 비추어서 혹은 충분한 관찰이 있은 후에 이용하는 것이 바람직하다. 따라서, 연구조사자의 개인적 경험이든 간접적 경험이든 이것만으로는 주제 선정이 불충분하기 때문에 다른 방법에 의해 보완되어야 한다.

② 타인의 경험과 연구결과

타인의 경험과 연구결과는 주제 선정에 좋은 근거가 될 수도 있다. 즉, 타인의 경험은 물론 타 연구조사자의 연구결과를 통해서도 가능하다. 가능하면 과학적인 방법으로 수행된 결과물을 이용하는 것이 객관성을 미리 확보한다는 점에서 유리하다.

③ 문헌고찰

연구문제를 정리하고 주제를 고려하는 데는 그 연구주제에 대하여 어떤 것들이 이미 알려져 있는지를 확인해 내는 문헌고찰이 매우 중요하다. 한 연구가 가치 있는 것이 되기 위해서는 이전에 수행되었던 다른 연구에 대한 철저한 평가에 기반을 두어야 한다. 그러나 일반적으로 문헌고찰을 하는 과정에서 기존의 의문은 사라지고 새로운 의문이 발생할 수도 있다. 따라서, 의문에 대한 직접적인 해결보다는 의문에 대한 해결 단서를 제공해주면, 그로 인해 주제의 가설을 세울 수 있게 된다. 따라서, 문헌고찰을 통하여 연구의 주제를 선정할 수도 있다.

④ 사회적 가치와 규범

연구조사자는 사회문화적 가치와 규범에 영향을 받아 주제를 선정하는 경우가 있다. 이것은 사회문화적 가치와 규범이 어떤 분야의 연구는 가능하게도 하고 또는 제약하기도 한다는 것을 의미한다.

⑤ 지적 호기심

연구조사자는 자신의 지적 호기심을 충족시키는 분야에 대해 연구를 시도할 수 있다. 연구조사자가 평소에 관심을 갖고 있던 분야에 심취하는 과정에서 어떤 새로운 주제나 문제를 구상하게 되는 경우, 대체로 이론적 연역에 의하여 새로운 주제가 착상된다.

### ⑥ 실용적 차원

주제의 선정은 사회구성원의 욕구충족과 사회문제해결이라는 현실적·실용적 차원에서도 이루어지는 경우가 있다.

### ⑦ 학문적 인정

주제 선정에 영향을 주는 것은 동료로부터의 존경과 인정을 받기 위한 보상적 동기도 있다. 연구조사자가 받는 주요한 보상 중 하나는 동료들과 학자들로부터 인정을 받는 것이다.

### ⑧ 사회적 요청

사회문제가 발생했거나 발생될 가능성이 있을 때, 정부나 단체 등이 특정 분야에 대한 연구를 지원하는 경우이며, 그리고 이용 가능한 인적·물적 자원의 조건에 의해서 주제가 선정될 수도 있다. 대부분의 연구에서는 이용할 수 있는 자원이 한정되어 있기 때문에 연구조사자는 자원 이용이 용이한 주제를 선택하게 된다. 이때 같은 조건이라면, 학술적 가치를 높일 수 있도록 연구문제를 형성하여야 함이 바람직하다.

## (2) 연구문제 선정 기준

사회복지는 인간의 욕구를 충족시키고 사회적 문제를 해결하려는 제도적 노력이기 때문에 개인적으로나 사회적으로 관심의 대상이 되는 크고 작은 문제들이 매우 많다. 사회복지조사에서는 이들 문제를 모두 다루는 것이 아니라, 그러한 문제들 중 연구의 가치가 있다고 판단되는 문제만 선정하여 다루고 있다. 따라서, 연구문제의 주제를 선정하는데는 독창성, 경험적 검증가능성, 윤리적 배려 그리고 현실적 제한 등의 기준을 준수하여야 할 필요가 있다. 그 내용은 다음과 같다(이승현 외, 2019: 35 ; 황인옥, 2019: 82-84).

### ① 독창성(originality)

연구문제는 독창성이 있어야 한다. 여기서 독창성이란 기존의 것을 답습하거나 그대로 전달하지 않고, 기존의 것과는 전혀 다른 새로운 관점이나 견해를 제시하거나 또는 기존의 것을 비교 분석하거나 재구성하는 것을 말한다. 사회복지조사에서의 연구문제는 지금까지 만족스러운 해결방안이 제시되지 않은 문제를 선정하여야 한다. 따라서, 이미 사회적으로 널리 수용되고 검증된 이론이나, 해결책을 설명하고 전달하고 교육하는 활동은 독창적인 활동이라고 인정하기 어렵기 때문에 연구문제를 창안하는 활동과는 구분된다. 이것은 내용상의 창의성과 방법론상의 창의성으로 구분할 수 있다.

② 경험적 검증가능성(empirical testability)

사회복지조사에서의 연구문제는 그 문제에 대한 해답이 가능하여야 하며, 그리고 이 연구문제로부터 구체적인 가설이 도출될 수 있어야 하고, 가설에서 사용된 개념은 조작적 정의를 통해 경험적으로 측정될 수 있어야 하며, 이 가설의 진위 여부는 연구된 사실이나 자료를 토대로 경험적으로 검증할 수 있어야 한다. 즉, 연구문제는 그것의 사실 여부를 어떤 기준에 의하여 판단할 수 있어야 한다는 뜻이다. 과학적 연구에서 문제가 되기 위해서는 그 문제가 제시하는 질문에 대답이 가능해야 하며, 이러한 대답은 궁극적으로는 예, 아니요로 판단할 수 있어야 한다.

③ 윤리적 배려(ethical consideration)

사회복자조사에서 연구문제를 선정함에 있어서 윤리적인 배려 내지 도덕적 배려가있어야 한다. 모든 연구조사자는 어떤 문제라도 연구할 권리가 있지만, 그 연구결과는 사회구성원의 복지에 직·간접으로 기여하여야한다. 조사가 개인의 사생활을 침해한다든가, 연구대상자가 신체적 정신적 피해를 볼 수 있다는 점을 염두에 두어야 한다. 따라서, 연구조사자가 처한 입장과 연구에 소요되는 시간, 노력, 장비, 인력 등 연구대상에 처한 사정, 그리고 연구를 성공적으로 수행할 수 있는 능력 등을 고려하여 연구조사가 성공적으로 이루어질지를 타진해야만 한다.

④ 현실성

연구문제의 해답을 찾는데 드는 시간적·비용적 노력, 연구인력, 장비 등과 같은 현실적인 상황을 고려해서 해답을 찾아야 한다. 이러한 기준에 의거 연구문제를 선정할 시에는 다음과 같은 사항을 고려하는 것이 좋다.

– 연구조사자가 흥미를 느끼는 주제를 선정할 것

- 철저한 사전연구 및 예비연구를 거친 후 그에 대한 평가를 통하여 선택 여부 결정
- 개인적 경험이 있거나 사전지식이 있는 주제를 선정
- 교수, 선배, 동료와 상의 후 선정
- 너무 완벽한 주제를 추구하지 말 것
- 연구를 뒷받침해 줄 수 있는 이론적 배경이 있는 주제를 선정할 것
- 너무 광범위한 주제를 선정하지 말 것

## 7. 가설

### 1) 가설의 개념

가설(hypothesis)은 관련된 변수를 선정하고 변수들의 상태를 나타내는 두 문장을 하나의 조건문 형태로 표현하는 것이다. 가설은 두 개 이상의 변수나 현상 간의 특별한 관계를 검증한 형태로 서술하여 변수들 간의 관계를 예측하려는 진술이나 문장이다. 쉽게 말해서 가설은 아직 검증되지 않은 잠정적 결론이다. 가설은 실증적인 확인을 위해 구체적이어야 하고, 현상과 관련성을 가져야 하며, 아직 진실 여부가 확인되지 않은 사실이다. 연구과정에서 어떤 관계가 존재한다고 생각하면, 먼저 그 관계를 가설로 진술하고 그 가설을 실증적으로 검증하게 된다. 과학적 방법의 첫 번째 단계는 문제의 선정이며, 두 번째 단계로서 가설을 설정하여 연구문제를 구체화하고, 마지막 단계로 가설의 실증적 검증(참인지, 거짓인지)이 이루어진다(이세형, 2019: 71).

가설은 어떤 현상을 설명하거나, 그 현상과 관계된 변수들 간의 관계를 설명하기 위해 개념과 개념 간의 관계, 변수와 변수와의 관계를 가상적으로 서술한 진술을 의미한다. 즉, 변수들 간의 관계가 어떻게 나타날 것인지에 대해 연구자가 가지는 잠정적인 가정을 의미한다. 연구자가 예측하는 변수들 간의 관계를 잠정적으로 진술했다고 해서 모든 진술이 가설이 되는 것은 아니다. 가설은 둘 또는

그 이상의 변수들 간의 관계에 대한 진술이 명확해야 하고, 변수들 간의 관련성 뿐만 아니라, 관계의 방향성(정적인지 또는 부적인지)도 제시할 수 있어야 하며, 무엇보다 구체적으로 조작화되어 측정 가능해야 한다. 예를 들어, 학력과 소득수준과의 관계를 연구한다고 하면, 이 두 변수 간의 관계를 가설을 세움으로써 연구를 명확하게 할 수 있다. 즉, '학력이 높을수록 소득이 높을 것이다'라고 연구를 구체화해 볼 수 있다. 연구는 결국 가설을 얼마나 적절하게 구성하였는가에 달려 있기 때문에 연구에서 중요한 부분이다. 가설은 그냥 얻어지는 것이 아니라, 연구주제와 관련된 이론 또는 관련 연구논문을 많이 읽어보는 과정을 통해서 아이디어를 얻을 수 있다. 또한 다른 사람의 논문을 읽는 과정에서 그 논문과 비슷한 관점 또는 다른 관점에서 다양하게 해당 연구주제를 분석해 봄으로써 새로운 아이디어를 얻을 수 있을 것이다. 마찬가지로 연구주제와 관련된 사회현상을 관찰하고 경험하고 분석해 보는 과정을 통해서 연구주제에 해당하는 가설을 세울 수 있는 아이디어를 얻을 수 있다(서정민 외, 2019: 52-53).

그러므로 개인의 다양한 관점과 사고를 통한 연구가설 아이디어는 많은 문헌검토와 선행연구의 고찰 및 현장에 대한 통찰력을 통해 얻을 수 있다.

좋은 연구가설을 구성하기 위해서는 다음과 같은 사항을 고려하고 평가할 수 있어야 한다(서정민 외, 2019: 53-54).

첫째, 가설은 연구자가 얻고자 하는 답을 구하기 위한 연구문제에서 출발한다. 가설은 연구문제를 잘 해결할 수 있도록 검증 가능한 수준에서 구성되어야 한다.

둘째, 가설은 이론적 근거에 기반해야 한다. 가설은 연구주제를 연구 가능하도록 조작화한 것이므로 이론적인 근거에 기반하여 제시되어야 한다.

셋째, 가설은 경험적으로 검증이 가능해야 한다. 가설은 직접적으로 측정이 가능한 변수를 활용하여 경험적이고 구체적으로 검증 가능할 수 있도록 구성되어야 한다.

넷째, 가설은 간단명료해야 한다. 가설은 인과관계형식으로 독립변수와 종속변수의 관계를 간단명료하게 기술하는 것이 바람직하다.

다섯째, 가설은 하나의 독립변수와 하나의 종속변수의 관계로 기술한다. 검증은 하나의 관계마다 가설이 채택될지 기각될지를 결정하기 때문에 다양한 변수 간의 복합적인 관계를 검증하는 방식으로 가설을 기입하기보다는 하나의 독립변수와 하나의 종속변수로 기술하는 것이 검증하기 좋다.

여섯째, 가설은 되도록 특수한 분야에만 적용될 특수한 가설을 설정하기보다는 보통 널리 쓰일 수 있는 넓은 적용범위를 갖는 것이 좋다. 적용범위가 넓은 가설을 세울수록 가설검증의 결과를 통해 획득될 지식의 발전에도 기여하고, 사회적 활용의 가치가 커지기 때문이다.

일곱째, 너무 진부하거나 결과가 쉽게 예상되는 당연한 관계를 가설로 세우는 것은 좋지 않다.

그러므로 좋은 가설은 연구목적에 적합해야 한다. 가설에 담긴 모든 변수는 실증적으로 연구대상이 될 수 있어야 한다. 가설은 연구문제에서 제기된 의문에 하나의 답을 제시할 수 있어야 한다. 또한 가설은 가능한 한 단순한 것이 좋다.

## 2) 가설의 종류

가설은 크게 두 종류로 구분된다. 영가설(null hypothesis)과 연구가설(research hypothesis)이 그것이다. 영가설과 연구가설은 서로 상반된 진술을 하고 있는 가설이다. 따라서, 영가설과 연구가설은 동시에 성립할 수 없다. 연구자는 가설을 세울 경우, 영가설과 연구가설을 동시에 수립하여야 하며, 경험적인 연구조사 분석결과를 통해 과연 연구가설이 채택되고, 영가설이 기각되는지, 영가설이 채택되고 연구가설이 기각되는지를 가려내야 한다. 구체적으로 영가설과 연구가설은 어떻게 수립해야하는지를 살펴보면 다음과 같다(서정민 외, 2019: 55-56).

### (1) 영가설(귀무가설)

영가설은 귀무가설이라고도 부른다. 영가설은 가설에 설정되어 있는 독립변수와 종속변수 간의 '관계가 없다', '차이가 없다'는 형태의 진술을 제시하는 가설을 말한다. 예를 들어, 연령과 질병의 관계로 영가설을 설정한다고 하면, '연령에 따라 질병유무에 차이가 없을 것이다'로 설정할 수 있다. 이처럼 두 변수 간의 '관계가 없다'거나 '차이가 없다', 두 변수 간의 관계가 '같다'와 같은 형태로 진술되는 가설은 영가설이다.

대부분의 연구자들은 두 변수 간의 관계가 있거나, 차이가 있다는 것을 규명하거나 두 변수 간의 차이점을 규명하려고 한다. 그러나 영가설은 연구자가 원하는 내용과 반대되는 내용으로 가설을 제시하고 있다. 즉, 이 '차이가 없다', 두 변수 간의 관계가 '같다'와 같은 형태로 진술되는 가설은 영가설이다.

대부분의 연구자들은 두 변수 간의 관계가 있거나, 차이가 있다는 것을 규명하거나 두 변수 간의 차이점을 규명하려고 한다. 그러나 영가설은 연구자가 원하는 내용과 반대되는 내용으로 가설을 제시하고 있다. 즉, 이 가설이 채택되지 않고 기각됨으로써 연구자의 가설이 맞다는 것을 검증하게 해 주는 기준가설이기도 하다. 다시 말해서 차이가 있다는 점을 증명하는 것보다, 차이가 없다는 점이 사실이 아님을 증명함으로써 차이가 있다는 것을 반증하는 것이 더 쉬울 수 있다. 위의 예로 다시 말하자면, '연령에 따라 질병유무는 차이가 있을 것이다'를 증명하는 것보다 '연령에 따라 질병유무에 차이가 없을 것이다'라는 가설이 틀렸다는 것을 증명함으로써 '연령에 따라 질병유무에 차이가 있다'는 점을 증명하는 것이 더 쉽고 유리할 수 있음으로 가설을 설정할 때 영가설을 기준가설로 설정한다.

### (2) 연구가설(대립가설)

연구가설은 대립가설이라고도 한다. 연구가설은 영가설과 반대 또는 대립되는 가설이다. 또한 연구자가 증명하고자 하는 가설로써, 연구문제를 근거로 연구자가 설정한 독립변수와 종속변수 간의 '관계가 있다' 또는 '차이가 있다', '다르다'는 형태의 진술을 제시하는 가설이다. 앞서 제시한 연령과 질병유무라는 변수로 연구가설을 설정하자면, '연령에 따라 질병유무에 차이가 없다'라는 형태로 진술되는 가설이라고 볼 수 있다.

이처럼 연구가설과 영가설은 서로 상반된 진술을 하고 있으므로 동시에 성립할 수 없으며, 통계분석결과를 통해 연구가설이 채택되면, 자연스럽게 영가설이 기각되고, 영가설이 채택되면, 연구가설이 기각된다. 연구가설을 증명하고자 하는 연구자는 연구가설이 참임을 증명하거나, 영가설이 거짓임을 증명함으로써 연구가설을 지지할 수 있게 된다.

### 3) 가설검증의 과정

가설검증은 하나의 문제에 대한 가설을 설정하고, 이 가설의 옳고 그름을 객관적으로 판단하기 위하여 모집단에서 표본을 추출하고, 추출된 표본을 대상으로 변수를 측정한 다음, 여기서 얻은 '표본의 특성 치'를 이용하여 가설의 채택 여부를 결정하는 일련의 과정을 말한다.

#### (1) 가설설정

가설은 검정되지 않은 두 개 이상의 변수 간의 관계를 검정 가능한 형태로 서술해 놓은 문장이다. 가설은 어떤 사실의 원인을 설명하거나 이론체계를 연역하기 위하여 가정적으로 설정한 명제(proposition)를 의미하며, 연구문제에 대한 잠정적인 답으로 제시된 형태이다. 일반적으로 가설은 두 가지 이상의 개념을 어떤 관계에 대한 진술의 형태로 표현한다. 가설이 갖추어야 할 조건은 구체적으로 검정이 가능해야 한다. 검정이 가능하다는 것은 가설의 채택이나 기각이 실험이나 관찰로 확증할 수 있어야 함을 의미한다.

물론 수많은 자연현상(특히, 천문학이나 물리학, 진화론 등)이나 사회현상을 개념화와 조작적 정의를 거쳐 가설의 형태로 제시할 수 있으나, 모든 가설이 검정 가능한 형태로 제시되는 것은 아니다. 예를 들어, 아인슈타인이 제시한 블랙홀(Black Hole)에 대한 가설은 그것을 제시한 당시 아인슈타인(Albert

〈블랙홀〉

Einstein, 1879-1955)조차 자신의 이론을 입증할 방법이 없었다. 이후 과학의 발전으로 이러한 가설은 추후에 검정되었으며, 블랙홀이라는 가상의 존재가 확인되기도 했다. 실제로 블랙홀 이론이 처음 등장한 것은 1960년대이지만, 2005년에 가서야 이 가설이 옳다는 것이 입증되었다. 또한 질병이 발생하거나 전염되는 것은 인간의 감각기관으로 관찰할 수 없는 바이러스 때문이라는 가설이 있다고 하자. 이러한 가설은 인간의 시력이라는 감각기관으로 확인할 수는 없었으나, 현미경이 발명됨으로써 확증이 가능해졌다. 따라서, 모든 가설이 현재 검정될 수는 없겠지만, 연구자의 직관력과 통찰력에 의해 개발될 수 있다(유영준, 2021: 73).

한편, 사회과학 영역에서 제기되는 가설은 연구자가 자신의 연구질문을 통해 사회현상을 이해하고 설명하기 위해서 만들어진다. 그리고 개념들 간의 관계에 관한 가설은 검정이 가능한 형태로 제시될 것을 요구한다. 가설이 검정 가능한 형태가 되기 위해서는 실험이나 관찰을 통해 입증할 수 있도록 추상적 개념에 대한 조작적 정의가 이루어져야 한다. 예를 들어, 교육수준과 월수입의 관계를 연구할 때, 연구자는 '교육연수가 증가할수록 근로자의 월수입은 높을 것이다.'라는 가설을 설정할 수 있다. 이 가설을 검정하기 위해서 연구자는 모집단이나 모집단의 일부를 대표할 수 있는 표본을 뽑고, 자신이 직접 분석할 수 있는 자료를 수집할 수 있다. 이때 회사교육연수는 정규 교육과정에 참여한 기간을 몇 개월로 환산할 수 있으며, 월수입은 실제 수입을 표시하게 함으로써 모든 사람이 경험할 수 있는 형태로 자료를 변형할 수 있다. 따라서, 교육수준과 월수입이라는 두 개념의 관계에 대해서는 자료분석을 통해 상관관계나 인과관계를 확증할 수 있게 된다.

이와 같이 가설 구성 시 자신의 연구질문을 해결할 수 있어야 하고, 연구분야의 다른 가설과 연관이 되는 것이 일반적임을 고려해야 한다. 또한 가설은 직접 관찰을 통하여 설정되기도 하지만, 그보다 선행연구나 문헌고찰의 결과를 통해 기존의 이론으로부터 설정되는 것이 많다. 가설은 연구를 수행하기 위해서 경험적으로 검정할 수 있어야 하며, 독립변수와 종속변수 간의 관계를 기술함으로써 자신의 연구내용을 명확하게 밝히는 것이 좋다.

가설 구성 시 고려사항은 다음과 같다(유영준, 2021: 74).
① 가설은 연구문제를 해결하는데 기여하여야 한다.
② 가설은 연구분야의 다른 가설과 연관이 있어야 한다.
③ 경험적으로 검정할 수 있어야 한다.
④ 가능한 한 명확하게 독립변수와 종속변수 간의 관계에 대해 기술하는 것이 좋다.

### (2) 검증방법의 결정

가설이 설정되었으면 검증할 자료를 구하기 위하여 표본을 추출하고 추출된 표본 을 대상으로 변수를 측정하게 된다. 측정된 변수의 유형과 표본크기에 따라 표본분포의 유형도 달라질 수 있으므로 가설검증의 방법도 다를 수 있다. 가설검증의 방법이 다르면, 영가설의 채택 여부도 변할 수 있고, 가설검증의 결과에도 영향을 미칠 수 있다. 따라서, 표본의 특성 치를 계산하기 전에 먼저 검증방법을 정확하게 규정한다는 의미에서 표본분포의 성격을 규명할 필요가 있다.

### (3) 유의수준과 임계치의 결정

논문이나 연구보고서를 보면, '유의수준'이나 '유의확률'이라는 용어를 접하게 된 다 유의수준은 P값이라고도 불린다. 일반적으로 논문이나 연구보고서는 영가설(귀무가설)에 대립가설을 세우고, 이에 대하여 채택 또는 기각을 확인하는데 이때 연구자가 세운 '대립가설(연구가설)'을 채택할 것인지 혹은 기각할 것인지를 판단하는 기준이 바로 유의수준이다. 유의수준(significance level)이란 이처럼 가설검증에서 용납될 수 있는 오류의 정도, 혹은 가설검증이 오류를 범할 확률을 말하는 것으로서, 신뢰수준과 같은 의미이다. 사회과학에서 흔히 이용하는 유의수준은 5%(0.05), 1%(0.01), 0.1%(0.001) 이다. 주로 5% 유의수준을 많이 사용한다. 예를 들어, 유의수준=0.05일 때, p값=0.03이라면(P<유의수준) 영가설은 기각되고, 대립가설이 채택된다. p값=0.07이라면(p>유의수준) 영가설이 채택되고, 대립가설이 기각된다.

### 〈연습문제〉

1. 어떠한 사물이나 현상을 나타내고자 하는 추상적인 작업의 결과물을 무엇이라고 하는가?
    ① 이론　　　　② 명제　　　　③ 가설
    ④ 통계치　　　⑤ 개념

2. 가설의 특징으로 잘못된 것은?
    ① 검증 가능한 형태를 띤다.
    ② 관계를 예측하려는 문장형태이다.
    ③ 확률적 형태로 표현된다.
    ④ 두 개 이상이 변수로 구성된다.
    ⑤ 이론에서 출발하므로 추상적이다.

3. 변수 A와 B는 고도로 상호 관련되어 있을지 모르지만, 그러나 이는 단지 변수 A가 제 3의 변수 C의 원인이 되고, 다음으로 변수 C가 변수 B의 원인이 되었을 때 C는 어느 변수인가?
    ① 독립변수　　　② 종속변수　　　③ 매개변수
    ④ 설명변수　　　⑤ 억압변수

4. 다음 중 이론의 기능으로 보기 어려운 것은?
    ① 연구주체를 선정하는 데 아이디어를 제공해 준다.
    ② 가설을 설정하는 데 도움을 제공해 준다.
    ③ 새로운 이론을 개발하는 데 도움을 준다.
    ④ 연구결과에 의해 수정되거나 확증되며 더 넓은 범위로 확대 적용될 수 있다.
    ⑤ 구체적인 분석방법을 결정하는 데 도움을 준다.

5. 사회복지조사의 한계가 아닌 것은?
    ① 경험적 인식의 제한성
    ② 실험대상의 유동성
    ③ 정치, 문화, 사회적 요인에 따른 제한성
    ④ 개인의 가치와 선호의 개입
    ⑤ 시간적 제한성

6. 좋은 가설의 예가 아닌 것은?
   ① 사회복지사는 가난하다.
   ② 남자 사회복지사의 이직률이 여자 사회복지사의 이직률보다 높다.
   ③ 교육수준이 높으면 소득이 높다.
   ④ 교육수준이 높으면 출산율이 높다.
   ⑤ 사회복지사의 임금이 높으면 직무만족도가 높다.

7. 연구방법론이 사회복지에 기여하는 것이 아닌 것은?
   ① 사회복지의 노력을 구체화한다.
   ② 사회복지의 과학화에 기여한다.
   ③ 사회복지의 실천적 지식확대를 꾀한다.
   ④ 사회복지서비스의 대상을 확대시킨다.
   ⑤ 사회복지서비스의 평가기준 마련에 기여한다.

8. 영가설에 대한 설명으로 바르게 된 것은?
   ① 항상 참이 되는 가설    ② 직선적인 관계를 갖는 가설
   ③ 값이 없는 가설         ④ 연구가설을 검증하기 위한 가설
   ⑤ 값이 0인 가설

9. 가설의 특징으로 잘못된 것은?
   ① 검증 가능한 형태를 띤다.    ② 관계를 예측하려는 문장형태이다.
   ③ 확률적 형태로 표현된다.     ④ 두 개 이상이 변수로 구성된다.
   ⑤ 이론에서 출발하므로 추상적이다

10. 사회복지 연구조사의 특징이 아닌 것은?
    ① 사회개량적 측면        ② 과학적·체계적 기술 축적
    ③ 사회복지실천에 응용    ④ 순수실험 중심의 연구
    ⑤ 합리적 이론의 개발

정답 1. ⑤  2. ⑤  3. ③  4. ⑤  5. ②  6. ①  7. ④  8. ④  9. ⑤  10. ④

# Chapter 3
## 연구조사의 유형과 절차

### 학습목표

1. 연구조사의 유형별 이해
2. 연구조사의 단계별 절차 숙지
3. 실제 적용 실습

### 학습내용

1. 연구조사의 유형
2. 연구조사의 절차

### 개 요

사회복지 연구조사의 유형에 따라 절차가 진행된다. 따라서, 먼저 유형을 숙지하고 그에 따른 절차를 진행해야 한다. 여기에서는 연구조사의 유형과 절차를 학습하고자 한다.

# Chapter 03
# 연구조사의 유형과 절차

## 1. 연구조사의 유형

### 1) 연구목적

사회복지조사방법에는 연구목적에 따라 탐색적·기술적·설명적 조사로 분류할 수 있다(최세영 외, 2020: 75-77 ; 김태한 외, 2020: 13-15 ; 곽미정 외, 2018: 52).

#### (1) 탐색적 조사

탐색적 목적의 조사(exploratory research)는 어떤 문제 영역에 대한 선행지식이 부족하거나, 문제에 대한 통찰을 얻은 후 연구문제를 형성하거나, 가설을 설정하기 위해, 그리고 중요한 연구에서 사용할 방법을 개발하고자 하는 경우에 주로 사용된다.

사회복지 분야의 연구들 중 특정한 주제에 대한 탐색, 즉 어떤 주제에 대해서 잘 알고자 하는 목적을 가지고 새로운 길을 탐험하는 것과 같이 진행되는 경우가 있다. 사회복지 분야에서 탐색적 조사는 이처럼 클라이언트 혹은 연구자가 다루는 문제에 대해 잘 모를 경우 유용하다. 예를 들어, 2019년 12월 중국 우한(武漢)에서 처음 발생한 후, 전 세계로 확산된 새로운 유형의 코로나19(COVID-19, corona virus disease 19)에 의한 호흡기 감염질환은 우리나라뿐 아니라, 전 세계를 혼돈에 빠뜨렸다. 코로나19의 발생원인, 감염경로, 전파속도, 증상 유무 등을 알 수 없었다. 또한 치료제와 백신이 개발되지 않은 상태에서 감염자 수와 사망자 수의 증가는 빠른 속도로 확산되면서 두려움에 떨게 만들었다. 이처럼 코로나19가 발생했을 때 그 원인과 중상 및 치료에 대해 알려지지 않은 병에 대한 정확한 연구설계를 위해서는 사전에 많은 지식과 정보를 얻어야 할 필요가 있으며, 이를 위해 탐색적 조사를 할 수 있다.

 탐색적 조사는 선행지식이 부족한 문제의 답에 대한 힌트를 얻고, 문제형성 및 가설설정을 위한 기초자료를 수집할 수 있다는 의의를 가지지만, 연구질문에 대한 충분한 답을 주지 못하며, 연구결과들을 다른 상황에 적용하기 힘들다는 한계를 가진다.

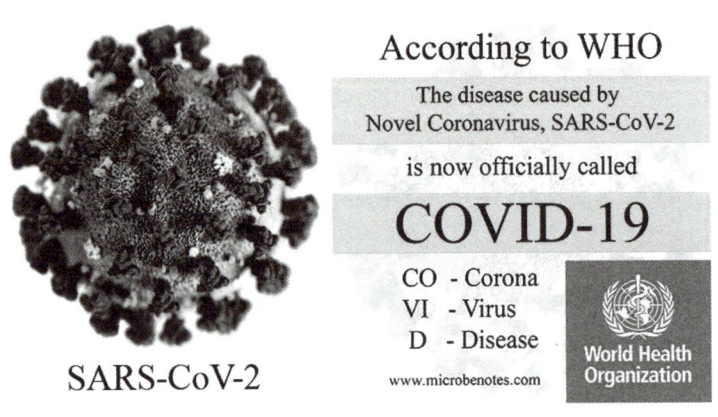

▲ 코로나 19

### (2) 기술적 조사

 기술적 목적의 조사(descriptive research)의 목적은 관심의 대상이 되는 사회현상의 상황, 현황 및 특징을 사실적으로 묘사(기술)하는 것이다. 따라서, 연구자는 연구를 통해 과학적 사실을 파악하고 분석한 내용을 구체적으로 기술하여 제시하는 것으로, 주로 여론조사나 인구센서스조사 등에서 전형적으로 나타난다. 기술적 조사에는 탐색적 조사보다 명확한 연구문제가 있고, 연구절차와 내용이 체계적이고 정확하다.

기술적 조사는 사회복지프로그램을 만들거나 발전시킬 수 있는 주요 정보를 제공해 줄 수 있다. 일반적으로 연구결과는 어떤 특성에 대한 비율이나 빈도 등으로 나타나며, 대체로 귀납적 방법으로 연구가 진행된다. 기술적 조사는 행정 실무자가 수행하는 가장 기본적인 조사로서 계획, 모니터링, 평가에 필요한 자료를 산출하기 위하여 자주 사용된다. 예를 들어, 지역사회주민들의 복지욕구를 연구하여 지역사회복지계획을 수립하고자 할 때, 대규모 표본을 선정하여 지역주민들의 성별, 연령별, 소득별 분포와 주거형태 및 구성가구원의 형태 등 기초 정보를 비롯하여 복지 관련 욕구와 서비스 이용 정도 및 이용 만족도, 분야별 기관에 대한 인지 및 욕구, 지역 내 자원에 대한 정보 등 복지 관련 포괄적인 정보를 수집하여 집약하고 기술하여 제시할 수 있다. 이는 복지계획 수립을 위한 기초 자료를 형성하는 것으로서, 사전에 무엇에 대하여 조사할 것인지에 대한 계획 아래 실시하게 된다. 따라서, 기술적 조사는 탐색적 조사보다 한 단계 발전된 수준의 지식을 개발할 수 있지만, 특정 현상에 대한 원인을 파악하여 밝혀내어 인과관계를 확인하고자 하는 것은 아니다.

### (3) 설명적 조사

설명적 목적의 조사(explanatory research)는 사회현상에 대한 원인을 밝힘으로써 사건이나 현상을 설명하고자 하는 것을 목적으로 한다. 즉, 어떤 현상에 대해 '그 현상이 왜 발생했는가?'라는 질문에 대답하는 것이다. 설명적 조사에서는 어떤 사회현상이 그냥 발생한 것이 아니라, 어떤 원인 때문에 발생한 결과라고 보며, 그 현상의 배후에 있는 원인을 밝히고자 한다. 이렇듯 '원인과 결과' 사이의 관계를 규명하므로 현상들 간의 '인과관계'를 규명하는데 목적을 둔 조사라고 말할 수 있다.

설명적 조사는 앞에서 제시된 탐색과 기술을 통해 알려진 선행 지식들을 통해 현상의 원인을 유추하고 가설 설정 및 측정이 가능해진다.

설명적 조사는 변수들 사이의 인과관계를 밝혀내는데 목적이 있다. 따라서, '만약 X라면 Y일 것이다' 등과 같은 가설을 설정하고, 가설을 검증하는 과정을 통해 '왜' 그 현상을 유발시키는데 특정 변수가 영향을 미치는지에 대한 설명을 시도하는 것이다. 예를 들어, 선거유권자들의 지지성향을 파악하여 보고하는 것은 기술적 조사라고 할 수 있으나, 왜 어떤 사람들이 사회복지서비스 확대를 위해서 세금을 더 걷자는 의견에 찬성하고, 어떤 사람들은 반대하는지에 대해 원인을 조사하는 것은 설명적 조사이다.

## 2) 조사 간의 유형

조사에서 관찰은 단 한 번에 이루어지기도 하고 상당 기간 동안 반복해서 실시되기도 한다. 이처럼 관찰이 이루어지는 기간에 따른 유형은 다음과 같다.

### (1) 횡단적 조사

횡단적 조사(cross-sectional research)는 어떤 특정 현상을 연구함에 있어서, 어느 한 시점에서 나타나는 그 현상의 단면을 분석하는 조사이다. 즉, 단 한 번의 조사결과를 가지고 연령별, 성별, 사회적·경제적 지위 등 대상자의 특성들에 어떤 차이가 있는지 비교하는 것이다.

횡단적 조사는 탐색적·기술적·설명적 목적을 가질 수 있다. 예를 들어, 일반적으로 알고 있는 인구센서스조사는 기술을 목적으로 한 횡단적 조사이다. 또한 어떤 기관에서 일정한 기간 동안 실시한 치료프로그램을 너무 일찍 종결한 모든 클라이언트에 대해서 아주 개방적이고 구조화되지 않은 면접조사를 실시했다면, 이는 탐색적 목적의 횡단적 조사라고 볼 수 있다. 만일 동일한 조사에서 치료를 너무 일찍 종결한 클라이언트들뿐만 아니라, 미리 세워진 계획에 따라 모든 치료 서비스를 다 받은 클라이언트들에 대해서도 면접조사를 실시하여 치료목표를 정하는데 있어서, 사회복지사와 클라이언트 사이에 불일치가 있었는지 여부와 치료계획에 따라 완료했는지의 여부가 관련이 있는지를 알아보고자 한다면, 이 경우는 설명적 목적을 가진 횡단적 조사가 될 것이다

모든 설명적 목적을 가진 횡단조사는 한 가지 문제를 내포하고 있다. 일반적으

로 설명적 조사는 인과관계를 검증하는 것에 초점을 두지만, 횡단적 조사의 특성상 관찰이 단 한 번에 이루어지기 때문에 인과관계의 기본 전제인 시간적 선행성, 즉 변수 간의 관계에서 독립변수인 원인이 결과인 종속변수에 앞서서 발생해야 한다는 것을 입증하지 못한다.

횡단적 조사는 비용과 시간이 적게 들고, 대부분 대규모 표본조사로 실시되기 때문에 일정 시점에서 특정 표본이 가지고 있는 특성을 파악하고 집단을 분류하는 것으로서, 사회복지분야에서 많이 사용되는 조사유형이다. 반면, 어떤 현상의 진행과정이나 변화를 측정하지 못한다는 한계를 가진다.

횡단적 조사의 특성을 정리하면 다음과 같다(최세영 외, 2020: 79).

첫째, 일정 시점에서 측정하므로 정태적이다.

둘째, 주로 표본조사를 실시하며 측정이 반복적으로 이루어지지 않는다.

셋째, 연구대상의 특성에 따라 여러 집단으로 분류하기 때문에 표본크기가 커야 한다.

### (2) 종단적 조사

종단적 조사(longitudinal research)는 일정기간에 걸쳐서 나타나는 어떤 과정에 대하여 기술하고자 하는 목적으로, 여러 시점에 걸쳐서 연구를 반복하는 조사유형이다. 즉, 시간의 흐름에 따라 연구대상이나 상황의 변화를 반복해서 측정하여 자료를 수집하는 방법이다

종단적 조사는 횡단적 조사와 반대로, 복잡하고 비용이 많이 드는 반면, 인간의 행위 또는 사회현상의 진행과정이나 변화 등을 조사하는데 유리하다. 예를 들어, 사회복지실천의 개입의 효과를 검증하려고 한다면, 개입 이전의 클라이언트의 상태와 개입 이후의 상태를 비교하여 그 치료의 효과를 확인해야 하는데 이러한 시도가 종단적 조사에 해당한다(원석조, 2018 : 61).

종단적 조사의 특성을 정리하면 다음과 같다(최세영 외, 2020: 79).

첫째, 일정한 시간적 간격을 두고 측정하므로 동태적이다.

둘째, 주로 표본조사를 활용하여 장기간 동안 측정이 반복해서 이루어진다.

셋째, 장기간에 걸쳐 연구대상자와 상황의 변화를 연구할 수 있다.
넷째, 장시간 반복적으로 연구가 이루어지기 때문에 시간과 비용이 많이 든다.

종단적 조사는 패널연구(panel study), 경향연구(trend study), 동년배연구(cohort study)로 구분된다.

### ① 패널연구

패널연구(panel study)는 매 시점 같은 사람들을 연구한다는 점을 특징으로 한다. 즉, 일정한 간격을 두고 동일한 대상을 동일한 문항으로 반복 연구하는 연구유형이다. 예를 들어, 장애인의 노동시장 참여와 고용상태의 변화를 파악하기 위하여 장애인을 대상으로 표본을 선정하여 특정 해부터 매년 동일한 대상을 추적하여 연구하는 것이다 이렇게 구축된 자료를 통해 연구자마다 각기 다른 관점에서 연구를 진행할 수 있다. 어떤 연구자는 대상자 개인의 고용상태에 대한 변화가 개인의 특성 또는 기업의 인식과 어떤 관계가 있는지 검증하고자 할 것이다. 또 다른 연구자는 장애인의 직업유지를 위해 어떠한 노력을 하여야 하는지에 대해 연구를 진행하면서 고용상태에 변화가 있는 장애인과 고용을 유지하고 있는 장애인의 특성 및 직장환경 등을 비교해 볼 수 있을 것이다.

이처럼 패널연구는 대상자들에 대한 반복적인 관찰을 통해 그들의 삶에 있어서 일어나고 있는 변화에 대한 포괄적인 자료를 얻을 수 있게 된다. 하지만 동일한 대상을 추적하여 연구하기 때문에 비용과 시간이 많이 들고 수행하기에 어려움이 있으며, 시간이 지남에 따라 연구대상자인 패널이 중도에 탈락하는 문제가 발생할 수 있기 때문에 초기 패널구성에 신중을 기해야 한다. 또한 중간에 여러 가지 사정으로 초기의 대상자가 사망하거나, 주소불명 또는 이민을 간 경우, 연락이 되지 않는 경우에는 연구가 이루어지기 어렵기 때문에 초기 패널 수를 넉넉하게 구성할 필요가 있다. 그리고 동일한 대상에게 동일한 연구내용을 반복해서 연구함으로 인해 초기의 연구가 연구 후기에 영향을 미치는 연구반응성을 유발시킬 수 있는 한계를 가진다.

② 경향연구

경향연구(trend study)는 경향분석, 추세연구, 추이연구, 트렌드연구 등으로 부르며, 연구할 때마다 해당 시점에서의 조건(예, 당해 신입생)을 만족시키는 사람들을 표본하여 연구하는 것이다. 경향연구는 연구대상이 동일대상인 것도, 동일집단인 것도 아니다. 즉, 새로운 경향을 확인하기 위해 해마다 다른 표본을 선정하게 된다. 따라서, 시간의 흐름에 따라 나타나는 일반적인 대상자집단의 변화를 관찰하는 연구유형이다. 예를 들어, 일정 기간 동안의 인구연구 결과를 비교하여 특정 인종집단의 인구가 어떻게 변화하는지 관찰할 수 있다 또는 1990년대와 2000년대, 2010년대의 10대들의 소비성향을 비교함으로써 시대별로 10대들의 소비성향 변화를 검증할 수 있다.

③ 동년배연구

동년배연구(cohort study)는 동류집단연구 또는 코호트연구라고도 한다. 이 연구에서는 첫 시점 연구대상자들과 동일한 집단에 속해 있는 사람들을 매 시점 새로이 선정하여 조사한다. 따라서, 매 시점 조사하는 사람들 자체는 동일하지 않지만, 매 시점 조사하는 사람들이 속한 집단은 동일하다. 이 '동일한 집단'을 동년배집단이라고 하며, 일정 연령이나 일정 연령 범위 내 사람들의 집단 또는 일정 조건에 해당하는 사람들의 집단이 포함된다.

동년배집단연구는 시간의 변화에 따른 특정 동류집단(cohort)의 변화를 관찰하는 연구유형이다. 일반적으로 동류집단은 동시대에 태어난 동년배일 경우와 같이 유사한 경험을 공유한 집단을 말한다. 예를 들어, 같은 해 출생한 사람, 같은 해 입사동기, 같은 해 졸업생, 베이비붐세대, 3%세대, N세대 등이 동년배 집단의 예가 될 수 있다. 하지만 경우에 따라서는 연령 이외의 다른 속성이 기준이 될 수도 있다. 다음과 같은 예는 동년배연구에 대해 설명하고 있다. 즉, 탈시설화 정책이 시행된 후 일정 기간 동안에 정신분열증 증상이 처음 나타난 사람들을 하나의 동류집단으로 분류할 수 있다 정신분열증 환자들의 약물남용은 그들이 가진 질환과 그로 인해서 그들이 복용해야 하는 처방약의 특성 때문에 특히 위험하다고 볼 수 있다. 따라서, 어떤 연구자들에게 청년층 정신분열증 환자들의 약물남용의 경우에 있어서, 그들이 나이가 들어감에 따라 어떤 양상을 보이게 될 것인지가 주요 관심사가 될 수도 있다.

### 3) 조사범위

조사범위에 따른 분류는 다음과 같다(곽미정 외, 2018: 53).

### (1) 전수조사

전수조사(population research, 모집단조사)는 연구대상 및 표본의 틀이 모집단 전체가 되는 것이다. 그 대표적인 예로는, 인구조사로 이는 인구주택 총조사 등으로 접근된다. 모집단 전체조사는 표본선정으로 인한 오차는 없지만, 비표본오차가 크므로 표본조사보다 반드시 더 정확하다고 할 수는 없다. 또한 복잡하고 비용이 많이 들기 때문에 비용이나 시간 면에서 활용에 한계가 있다.

### (2) 표본조사

표본조사(sample research)는 모집단을 대표할 수 있는 표본추출을 통하여 모집단의 특성을 추정하고자 하는 조사이다. 따라서, 특징으로는 표본오차가 있을 수 있으며, 경우에 따라 전수조사보다 더 정확한 자료를 얻을 수 있다. 그러나 모집단에 대한 대표성을 가질 수 있는 올바른 표본의 추출방법이 필요하며, 따라서 비교적 시간과 비용이 적게 드는 장점이 있다. 그러나 표본추출이 잘못된다면 모집단의 예측에 있어서 연구결과를 일반화시키기 어렵다는 단점이 있으므로 연구자는 표본추출방법에 대한 장단점을 잘 숙지하고 있어야 한다.

### 4) 조사용도

조사용도에 따른 분류는 다음과 같다(곽미정 외, 2018: 53).

### (1) 순수조사

순수조사(pure research)는 사회현상에 관한 기본지식의 탐구 자체만을 목적으로 현상에 대한 이해를 위하여 실시하는 조사이다. 따라서, 순수조사의 경우에는 사회문제를 해결하는데 있어서 직접적인 도움을 주기보다는, 특정한 정책이나 문제에 대한 기본적인 지식을 제공하기 위하여 실시된다.

### (2) 응용조사

응용조사(applied research)는 특수한 사회현상 혹은 문제에 대한 정보를 통하여 문제를 해결하기 위한 목적을 가지는 조사로, 사회복지실천현장에서 많이 실시되고 있는 욕구조사 등이 이에 해당한다.

### (3) 평가조사

평가조사(evaluation research)는 사회정책이나 제도 및 프로그램 등에 대한 적합성 등에 대하여 정확한 정보를 얻기 위하여 실시된다.

## 5) 통제 정도

통제 정도에 따른 분류는 다음과 같다(이세형, 2019: 48 ; 박선희 외, 2018: 73).

### (1) 사례연구와 서베이연구

사례연구(case study)는 특정 사례를 연구하여 현상이나 문제를 전체적으로 파악하고 집중적으로 분석하는 연구이다. 연구대상의 독특한 성질을 구체적으로 서술하며, 행동이나 특성의 변화와 양상, 요인들과의 인과관계를 파악하는데 유용하다.

서베이연구(survey research)는 모집단을 대상으로 추출된 표본에 의하여 설문지 같은 표준화된 연구 도구를 사용한다. 서베이연구는 표본조사이며, 설문지와 같은 도구를 사용하지만, 실험을 행하지는 않는다. 지역사회 욕구조사가 대표

적인 예이다

### (2) 실험실 조사

실험실 조사(laboratory research)는 조사에 관심 있는 변수 이외에 결과에 영향을 미칠 수 있는 모든 가능한 다른 변수들의 영향이 최소화되도록 연구자가 실험환경을 철저하게 통제한 후 조사가 진행되는 것을 말한다. 즉, 자연적 상황 속에서 발생할 수 있는 외부의 영향과 다른 변수들의 영향이 의도적으로 통제된 실험실 내 상황에서 관찰조건을 형성하여 독립변수의 조작에 따른 종속변수의 변화를 측정함으로써 독립변수의 효과를 측정하거나, 인과관계에 대한 가설을 검증하는 연구이다. 사회복지조사의 경우, 사람을 대상으로 하므로 실험실 연구와 같은 인위적인 통제는 사실상 어렵다.

### (3) 현장조사

현장조사(field research)는 연구자가 임의로 실험환경을 설계하는 실험실이 아닌 실제 환경 또는 이에 가까운 상태에서 진행되는 연구를 말한다. 상황이 허락하는 한도 내에서 한두 개 혹은 최소의 변수들을 변화시켜 이에 대한 결과를 분석하는 방법이다.

## 6) 분석자료의 성격

조사자료는 수치화 또는 양화(quantification) 여부에 따라 양적 자료와 질적 자료로 구분할 수 있다. 양적 자료는 모든 정보를 수학적 계산을 통한 분석이 가능하도록 수치화한 자료를 의미하며, 질적 자료는 수학적 계산을 위해 전환되지 않고 수집된 정보의 의미를 그대로 보유한 정성적 자료를 의미한다. 분석자료의 성격에 따라 양적 자료를 활용하는 양적 연구와 질적 자료를 활용하는 질적 연구로 구분할 수 있다. 이러한 구분이 중요한 이유는 연구방법에 따라 자료수집방법 및 자료분석기법이 다르기 때문이다. 따라서, 연구자는 자신의 연구주제에 맞는 연구방법을 선택하는 것이 매우 중요하다.

### (1) 양적 조사

양적 조사(quantitative research)는 연구대상에 대한 객관화된 정보, 즉 양적 자료를 분석하여 도출한 연구결과의 일반화를 추구한다. 양적 자료는 관찰내용 및 관찰결과에 대한 명료한 이해를 제공하며, 통계적 분석 및 연구결과에 대한 객관적 의미전달이 용이하다. 즉, 동일한 분석 자료 및 결과에 대해 누구나 동일하게 이해한다는 장점이 있다. 그러나 연구대상을 둘러싼 복잡한 맥락이나 미묘한 의미 등을 숫자로 표현하는 것은 매우 어렵기 때문에 다양한 방식으로 수집된 정보를 수치화하는 과정에서 많은 정보가 축소되거나 소실된다. 요컨대, 양적 자료는 객관적 의미전달이라는 측면에서 장점이 있지만, 연구대상에 대한 풍부하고 심도 있는 정보와 숨겨진 의미를 전달하는 데는 한계가 있다.

양적 조사의 결과를 일반화하기 위해서는 일반화의 대상이 되는 집단(이를 모집단이라 함)을 대표하는 충분하고 적절한 표본을 확보하는 것이 매우 중요하다. 이를 위해 통계적 기법을 활용하여 표본을 선정할 수 있다. 양적 자료는 실험이나 설문조사 등의 방법으로 수집되며, 수집된 자료를 통계적으로 분석한다. 종종 질적 자료를 양화하여 분석하는 경우도 있는데, 이를 위해서는 수치화되지 않은 개념이나 정보에 대한 명확한 정의 및 기준 설정이 선결되어야 한다. 그러나 아무리 정교하고 세심하게 수치화하여도 질적 자료가 지니는 풍부한 의미나 맥락을 담을 수는 없다.

### (2) 질적 연구

감각기관을 통해 처음 수집된 정보는 수학적 계산이 가능하도록 정량화된 정보가 아니라, 관찰대상의 특성을 드러내는 정성적 정보이다. 이러한 점에서 관찰을 통해 수집된 모든 자료는 기본적으로 질적 자료이다. 질적 조사(qualitative research)는 음성, 영상, 문자 등 다양한 매체와 상징을 활용한 자료를 분석하지만, 대체로 연구대상에 대해 언어로 설명된 자료를 분석한다. 질적 자료의 장점은 연구대상에 대한 방대하고 풍부한 정보를 제공한다는 것이다. 그러나 질적 자료는 주관적으로 해석될 여지가 크기 때문에 자료가 실제로 의미하는 바를 잘못 이해할 가능성이 있다. 또한 동일한 자료라도 분석하는 사람에 따라 다르게 해석될 수 있다. 예를 들어, '따뜻한 날씨'라는 정보에 대해 북극에 사는 사람과 사막에 사는 사람이 생각하는 온도는 다를 것이다.

질적 조사는 대체로 연구목적에 적합한 특정 대상을 의도적으로 선택하여 자료를 수집한다. 질적 조사는 연구대상에 대한 풍부한 자료를 바탕으로 심도 있는 이해를 추구하기 때문에 연구대상의 수가 적고 하나의 사례만으로 연구가 이루어지는 경우도 있다. 질적 자료수집을 위한 방법으로는 참여관찰, 심층면접 등이 있다.

## 2. 연구조사의 절차

사회복지 연구조사의 종류는 기준에 따라 다양하게 나눠져 있으며, 어떠한 연구를 수행할지는 연구자가 연구의 주제와 의도를 가장 잘 보여줄 수 있는가에 대한 고민으로 선택될 수 있다. 연구의 주제와 종류는 다양하지만, 연구의 수행은 일련의 단계와 절차에 따라 이루어진다. 일반적으로 연구문제가 형성되면 이를 해결하기 위한 적절한 연구방법을 설계하고, 정해진 연구방법에 따라 자료를 수집한 후, 수집된 자료를 분석하고 해석하여 보고서를 만들어 공표하는 단계를 거치게 된다. 그 내용은 다음과 같다(박옥희, 2020: 36-71 ; 최세영 외, 2020: 82-85 ; 서정민 외, 2019: 80-84 ; 곽미정 외, 2018: 63-65).

### 1) 연구주제 설정

모든 연구는 연구주제의 선정에서 시작한다. 연구주제는 연구자가 답을 구하고자 하는 관심분야에 대한 질문으로부터 시작한다. 또한 연구자의 사회적 직업적 배경이나 연구를 할 당시의 관련 분야의 사회적 이슈나 학문적 이슈 등의 영향을 받아 선정되기도 한다. 사회복지조사의 주 대상은 여성, 장애인, 노인, 빈곤층과 같은 사회의 비주류층을 대상으로 하는 연구가 다수이기 때문에 사회적으로 주목을 받지 못하는 경우가 많다. 이들의 사회적 문제를 잘 들어내 보일 수 있는 연구주제를 선택하는 것이 필요하다. 연구에 대한 관심분야가 정해지면 문헌검토를 통해 연구범위를 점차 좁혀나가는 과정에서 구체적으로 검증 가능한 수준의 주제가 작성된다. 즉, 연구주제를 구체적으로 설정하기 위해서는 연구주제와 관련된 선행연구들을 검토하는 작업이 매우 중요하다.

어떠한 연구주제가 좋은 연구주제라고 언급하기는 어려우나, 경험적으로 검증이 어렵고 과학적이지 않은 연구질문이나, 추상적이고 모호하거나 일반적인 특성을 지니는 질문들은 좋은 연구주제라고 하기 어렵다. 즉, 구체적이고 측정가능하고 명확한 연구주제가 바람직한 연구주제이다.

연구주제를 설정함에 있어서 한 가지 더 고려해야 할 사항은, 바로 연구의 실현 가능성이다. 아무리 연구주제가 사회적 학문적으로 의미가 있고 구체적으로 증명이 가능한 연구라고 하더라도, 연구자가 이를 수행할 역량이 되지 않거나, 천문학적인 비용 또는 시간의 투입이 요구되거나, 비윤리적이거나, 측정 자체가 어렵다거나 하는 등의 실현 가능성이 떨어진다면 이를 수행하기는 어렵기 때문이다.

### 2) 가설설정

가설은 과학적 연구에서 사실에 대한 설명을 제시하며, 새로운 사실을 탐구하는데 지침이 된다. 또한 가설은 이론과 경험적 사실 사이에서 다리 역할을 한다. 이론으로부터 도출된 가설은 경험적 사실들의 관찰에 기반하여 검증된다. 가설은 연구자가 가지고 있는 자료에서 어떤 의미 있는 관계를 발견해 내고 현상을 체계적으로 이해할 수 있게 질서를 잡아 주며, 새로운 연구문제를 도출해 내는 역할을 한다. 또한 가설은 관련이 있는 지식을 연관시켜 준다.

가설의 설정과정은 선정된 연구문제에 대하여 연구가 가능하도록 변수를 구체화하고, 양적 연구의 경우 측정 가능한 단위로 조작적 정의를 내려서 실증적으로 검증이 가능하도록 구체화하는 과정이다. 가설의 설정은 연구대상, 자료수집, 검증방법의 선정에 있어서 방향을 제시하고, 연구목적과 연구문제가 일관성과 논리성을 갖추고 현실적으로 연구와 측정이 가능한 형태로 설정한 연구문제에 관하여 가설의 검증을 통하여 구체적인 해답을 제공할 수 있도록 구조화되어야 한다.

대부분의 가설은 두 개의 변수를 포함한다. 예를 들어, "부모·자녀 간의 대화가 증가할수록 부모·자녀 간의 갈등은 감소할 것이다."와 같은 것이다. 셋 이상의 변수로 이루어진 가설도 있다. 사용된 변수의 수가 세 개 이상인 가설을 복합가설, 두 개 이하인 가설을 단순가설이라고 한다. 그러나 셋 이상의 변수를 포함한 가설은 두 개의 변수를 포함한 가설보다 검증하기가 더 복잡하므로 가능하면 두 개의 변수를 포함한 단순가설을 만드는 것이 좋다. 일반적으로 연구조사에서는 보통 하나의 가설보다 여러 개의 가설을 만든다.

### 3) 연구설계

연구설계는 연구의 전반적인 계획을 구성하는 단계를 의미한다. 즉, 이 단계는 선정된 연구주제를 검증하기 위한 가장 적합한 방법들을 선택하는 단계로 볼 수 있다. 연구방법들 중 연구주제에 적합한 연구방법은 무엇일지, 그러한 연구방법의 수행에 필요한 자료들은 어떠한 방식으로 수집할지, 자료의 수집과정과 방법 및 절차는 어떠한 방식이 타당할지, 연구대상자는 어떻게 선정하여 어떠한 방식으로 연구할지, 연구대상자를 어떠한 측정도구로 측정할지, 수집된 자료들은 어떠한 방식으로 분석할지 등을 구체적으로 결정하는 단계를 연구설계의 단계라고 한다.

### 4) 자료수집

연구설계가 끝이 나면 연구자는 계획된 연구설계에 따라 자료수집을 실시한다.

예를 들어, 양적 연구를 실시할 경우 선정된 연구대상자를 대상으로 실제 설문조사를 진행하여 자료를 수집한다. 수집된 자료는 SPSS와 같은 통계프로그램에 수치화된 형태로 입력된다. 질적 연구의 경우, 연구대상을 찾아 직접 관찰하거나 면접을 실시하여 녹음이나 촬영의 방식을 통해 기록하는 방식으로 자료를 수집할 수도 있다. 구체적인 연구방법론에 따라 자료수집방법에는 차이가 있으나, 연구자는 객관적인 연구결과를 도출하기 위해 신중하게 자료에 대한 검증과 확인 과정을 통해 검증된 방식으로 자료를 수집해야 한다.

### 5) 자료분석

연구자는 수집된 자료를 자신의 연구목적과 자료의 특성을 고려하여 연구주제를 검증하기 위한 자료분석에 들어간다. 자료분석 단계는 SPSS나 SAS 등과 같은 통계프로그램들이 주로 활용되며, 이를 통해 연구대상의 실태나 현황을 있는 그대로 보여주기 위한 기술통계분석(빈도분석, 기술분석, 다중응답분석 등)이나 연구자가 검증하고자 하는 가설검증을 위한 추리통계분석(평균비교분석, 상관관계분석, 회귀분석 등)이 필요에 따라 실시될 수 있다. 질적 연구의 경우에도 인터뷰가 녹음된 또는 촬영된 자료들을 전체 기록을 하고, 이를 일목요연하게 정리하고 분석하는 작업이 필요하다. 이처럼 수집된 자료들을 연구목적에 맞게 분석하여 결과를 도출하는 과정을 자료분석단계라고 한다.

### 6) 결과 해석 및 결론

수집된 자료를 분석한 연구결과가 어떠한 의미인지 해석하는 작업이 필요하다. 즉, 자료를 분석하여 나타난 결과를 통해 사회현상을 설명하거나, 가설의 채택 여부 등을 결정할 수 있다. 예를 들어, 스트레스와 생활만족도가 부적 인과관계가 있다고 자료분석결과가 나타났다면, 이를 근거로 스트레스가 높아질수록 생활만족도는 낮아진다는 해석이 가능하다.

연구결과를 해석한 후 이를 토대로 결론에서는 이러한 연구결과가 기존의 연구와 비교할 때 어떠한 차이가 있는지 제시할 필요가 있으며, 연구결과를 기초할 때 어떠한 실천적 또는 정책적 함의가 있는지 제시하고, 본 연구의 한계와 후속 연구를 위한 제언 등을 구체적으로 제시해야 한다.

### 7) 연구보고서 작성 및 공포

마지막 단계는 연구의 전 과정을 포함한 연구보고서를 작성해야 한다. 연구보고서 역시 연구마다 다소 차이는 있을 수 있으나, 기본적으로 연구의 필요성, 이론적 배경, 연구방법(연구모형, 연구대상, 측정도구, 자료분석방법), 연구결과, 결론 및 제언, 참고문헌 등의 순서로 제시된다. 이를 통해 연구자는 자신의 연구를 보다 잘 이해할 수 있으며, 연구보고서 작성을 통해 타인에게도 연구결과를 이해시키고, 지식을 공유할 수 있다.

연구보고서가 완성되고 체계적인 과정을 통해 심사되고 타당성이 입증되게 되면, 공식적으로 공표되어 일반에게 공개된다. 이는 다른 연구의 기초자료로 사용될 것이다.

이러한 연구보고서 내용은 관련분야의 전문가와 독자에게 효과적으로 전달할 수 있어야한다. 보고서를 작성할 때 고려해야 할 사항은 다음과 같다.

① 보고서가 활용되거나 참조할 집단이 일반인인지 전문가인지에 따라 본문에 사용될 용어와 구성이 달라야 한다.
② 보고서 형태에 따라 형식과 길이를 적절히 조절해야한다.
③ 연구목적이 이론적 체계를 갖추는 것인지, 정책적 제안을 하는 것인지, 단순히 실태 보고 차원인지에 따라 보고서 전반의 체계와 방향이 설정된다.

이러한 연구조사의 절차는 다음과 같다.

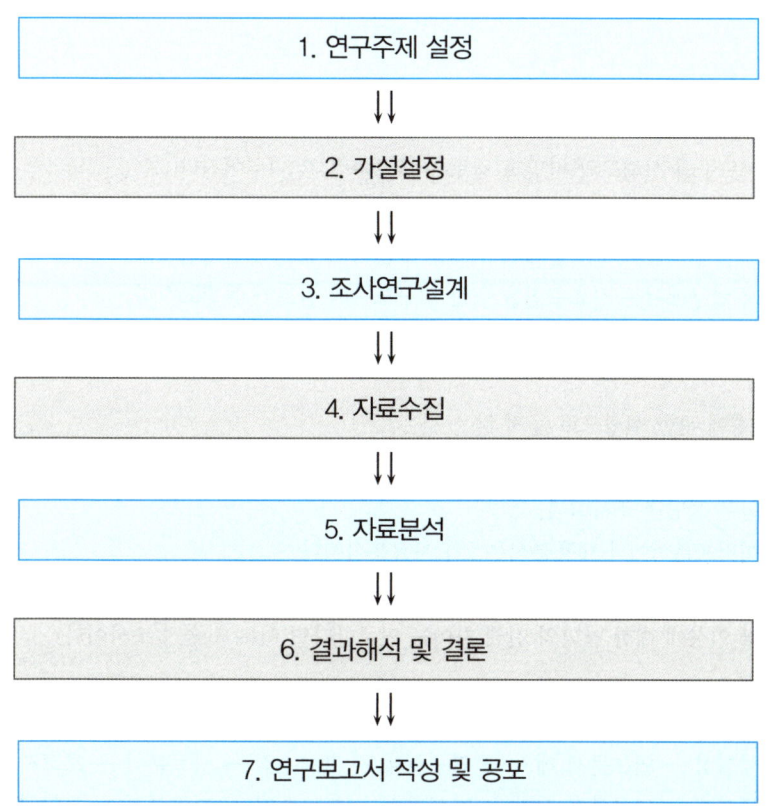

[사진 3-1] 연구조사의 절차

### 〈연습문제〉

1. 사회조사의 과정에 대한 설명으로 옳은 것은?
   ① 측정도구의 신뢰도와 타당도 검토는 자료수집 후 이루어진다.
   ② 사회연구의 모든 과정에서 윤리적인 고려를 해야 한다.
   ③ 연구주제는 윤리적인 문제에 구애받지 않고 자유롭게 선정한다.
   ④ 질적 연구에서는 자료수집을 위한 연구도구의 검토가 불필요하다.
   ⑤ 연구대상에 대한 표집방법은 자료수집 단계에서 결정한다.

2. 조사유형에 관한 설명으로 옳지 않은 것은?
   ① 센서스조사는 기술적 조사이자 추세조사이다.
   ② 실험은 설명적 조사이다.
   ③ 사회지표분석이나 내용분석은 2차 자료분석이다.
   ④ 탐색적 조사는 주로 연역적인 추론과정을 거친다.
   ⑤ 세금 인상에 대한 남녀의 견해 차이를 연구한다면 이는 기술적 조사이다.

3. 연구조사의 절차로 가장 바람직한 순서는?
   ① 가설설정 → 연구문제 제기 → 연구설계 → 자료수집 → 자료분석 → 보고서작성
   ② 연구설계 → 연구문제 제기 → 가설설정 → 자료수집 → 자료분석 → 보고서작성
   ③ 연구설계 → 가설설정 → 연구문제 제기 → 자료수집 → 자료분석 → 보고서작성
   ④ 연구문제 제기 → 가설설정 → 연구설계 → 자료수집 → 자료분석 → 보고서작성
   ⑤ 연구문제 제기 → 연구설계 → 가설설정 → 자료수집 → 자료분석 → 보고서작성

4. 연구유형 중 사회현상에 대한 원인을 밝힘으로써 사건이나 현상을 설명하고자 하는 것을 목적으로 하는 연구는 무엇인가?
   ① 탐색적 연구   ② 기술적 연구   ③ 설명적 연구
   ④ 횡단적 연구   ⑤ 종단적 연구

5. 다음 연구 중 성격이 다른 조사는?
   ① 탐색적 조사   ② 기술적 조사
   ③ 설명적 조사   ④ 인과관계 조사
   ⑤ 실험 조사

Chapter 3. 연구조사의 유형과 절차

6. 다음 중 비교적 많은 수의 조사대상으로부터 주로 수치화된 자료를 수집하여 분석하는 조사에 해당하지 않는 것은?
   ① 설문조사   ② 내용분석   ③ 2차 자료분석
   ④ 실험설계   ⑤ 현장연구

7. 순수하게 지식축적 그 자체만을 목적으로 하는 연구를 무엇이라고 하는가?
   ① 기초연구   ② 응용연구   ③ 종단연구
   ④ 사례연구   ⑤ 지식연구

8. 종단적 연구에 관한 설명으로 옳지 않은 것은?
   ① 종단연구는 동일 대상을 반복 관찰한다
   ② 종단적 연구는 장기간에 걸쳐 연구대상자와 상황의 변화를 연구할 수 있다.
   ③ 현지연구는 종단적 연구가 적합하지 않다.
   ④ 장시간 반복적 연구로 시간과 비용이 많이 든다.
   ⑤ 일정한 시간적 간격을 두고 측정하므로 동태적이다.

9. 종단적 연구에 관한 설명으로 옳지 않은 것은?
   ① 설명적 연구는 종단적 연구로 수행할 수 있다.
   ② 신문 시설이나 대법원 판결을 분석 대상으로 종단적 연구를 할 수 있다.
   ③ 현지연구는 종단적 연구에 적합하지 않다.
   ④ 센서스연구는 대표적인 경향분석이다.
   ⑤ IMF 당시 실직을 경험한 사람들의 직업 경력을 2년마다 연구한다면 이는 코호트 연구이다.

정답 1. ② 2. ④ 3. ④ 4. ③ 5. ⑤ 6. ⑤ 7. ① 8. ③ 9. ③

# Chapter 4
# 측정과 척도

### 학습목표

1. 측정의 유형 숙지
2. 척도의 유형 숙지
3. 측정과 척도의 실제 적용

### 학습내용

1. 측정
2. 척도

### 개 요

사회복지조사에서 측정은 어떤 상대, 특성, 태도, 행동 등의 이론적 개념을 계량화하는 과정을 말한다. 척도는 측정대상의 개별적 속성들을 종합적으로 측정함으로써 변수와 관련된 여러 차원을 측정하고 각각의 차원에(각각의 지표에) 점수를 할당하여 항목 간(지표 간)에 서열을 가릴 수 있도록 한다. 여기에서는 측정과 척도를 학습하고자 한다.

# Chapter 04
# 측정과 척도

## 1. 측정

### 1) 측정의 개념

사회복지조사에서 측정은 어떤 상대, 특성, 태도, 행동 등의 이론적 개념을 계량화(quantifying)하는 과정을 말한다. 즉, 연구대상자의 속성 또는 변수에 대하여 일정한 규칙에 따라 숫자나 기호를 부여하는 체계적이고 과학적인 관찰과정이다. 측정은 측정하고자 하는 개념, 즉 변수에 따라 명목측정, 서열측정, 등간측정, 비율측정 등으로 나뉜다. 측정에서 숫자나 수치를 부여하는 규칙이란 측정하려는 대상이나 사건에 대하여 그것을 측정하기 위한 수치를 어떻게 배열하느냐 하는 것을 결정하는 것이다. 이러한 규칙은 추상적인 관념 세계의 현상이 경험적인 세계의 현상과 정확하게 일치할 수 있는 가능성을 높이기 위해 설계된 것이다. 따라서, 측정은 추상적인 개념들을 경험적인 지표로 전환함으로써 추상적인 이론의 세계와 경험적 세계를 연결시켜 주는 수단적 역할을 한다(이세형 외, 2019: 79).

측정은 일정한 규칙에 따라서 연구대상의 속성을 수량화하는 것이라고 하는데, 이때 일정한 규칙이 바로 척도(scale)로 측정을 수행하는 잣대 또는 측정도구라고도 한다. 즉, 척도란 자료가 수집될 때 관찰된 현상에 일련의 기호나 숫자의 체계를 부여하기 위해 사용되는 도구이다. 측정도구를 개발하는 단계는 사회연구의 주요 단계인데, 도구개발이 반드시 연구를 위한 새로운 척도개발을 의미하는 것만은 아니다. 이는 측정하고자 하는 개념을 적합하게 측정할 수 있는 기존의 측정도구를 찾아내 그대로 사용하거나 기존의 것을 부분적으로 수정하는 일까지를 포함한다. 특히, 외국에서 개발된 도구를 사용하는 경우 유의할 점이 있다. 우리의 사회문화적 배경이나 맥락과 어울릴 수 있는지, 외국에서 개발된 척도가 국내에서 번역되어 사용된 적이 있으면 그 신뢰도와 타당도가 한국적 맥락에서 평가된 바 있는지 검토해야 한다. 또한 외국에서 개발된 척도를 사용하는 경우 번역이 이루어져야 하는데, 번역이 원래의 의미를 제대로 해석하거나 전달하고 있는지, 본 연구에 사용하기 전에 사전 검토를 통해 수정하며, 타당도와 신뢰도를 다시 평가해야 한다.

양적 연구에서 추상적인 사회현상은 개념적 정의와 조작적 정의를 거쳐 수량적으로 표시할 수 있어야 하며, 이때 추상적인 사회현상은 조작화를 통하여 양적으로 표현되며, 경험 가능한 지수로 대체된다. 양적 연구를 수행하는 연구자는 자신의 조사질문을 측정 가능한 지수로 대체하는 작업을 수행한 이후 측정을 할 수 있게 되는 것이다. 측정하고자 하는 개념이 조작적 정의를 거쳐 측정 가능한 상태가 변수(variable)이며, 변수를 구체적으로 측정하는 수단이 측정도구이므로, 측정도구는 변수의 수준에 맞게 구성되어야 한다(박선희 외, 2018: 86).

연구자는 자신의 연구를 위해 데이터를 수집하는데, 이러한 자료들은 1차 자료와 2차 자료로 구분된다. 일반적으로 1차 자료는 연구자가 직접 수집한 데이터를 의미하고, 2차 자료는 1차 데이터를 타인이나 기타 기관이 정리해놓은 것을 의미한다.

측정의 정의는 다음과 같다(이세형 외, 2019: 80).

① 측정대상의 속성에 존재하는 일정한 규칙에 따라 숫자나 기호를 부여하는 과정이다.

② 측정은 어떤 상대, 특성, 태도, 행동 등의 이론적 개념을 계량화하는 과정을 말한다.

③ 측정의 절차는 연구자가 측정하고자 하는 실제 현상과 가능한 같은 형태가 되어야 한다.

측정의 특징은 다음과 같다(송진영, 2020: 82).

① 숫자로 객관적인 표현이 가능하다. 숫자는 시대와 장소 그리고 사람을 막론하고 그 숫자가 지니는 의미에 대해 동의하기 때문이다.

② 정확한 의사소통을 가능하게 한다. 숫자는 세계 공통기호이자 언어라고 해도 무방할 정도로 숫자를 통하여 정확한 의사전달이 가능하다.

③ 각종 수학적·통계적 기법에 대한 적용 가능성을 높인다. 숫자는 사회현상 및 사건에 대한 경험적 표현이자 양적 속성을 나타낸다. 따라서, 숫자 형태로 연구된 자료는 통계적으로 처리가 가능하다.

측정의 원칙은 다음과 같다(홍봉수 외, 2018: 92).

### (1) 상호 배타성의 원칙

연구대상은 한 가지 속성만을 가져야 한다는 것으로, 두 가지 속성을 동시에 지닐 수 없다. 성별을 예로 들면, 인간은 남성의 속성을 가진 집단과 여성의 속성을 가진 집단으로 구분될 뿐이지 남성이면서 여성일 수 없는 것이다. 또 다른 예로, 나이를 구분할 때, 한 대상은 여러 속성 중 한 연령집단에만 속해야만 하고, 두 연령집단에 속할 수는 없다.

### (2) 포괄성의 원칙

모든 대상은 반드시 한 가지 속성을 가져야 한다는 것으로 문항에 대한 답변에 종교를 '① 불교 ② 천주교 ③ 개신교 ④ 종교 없음' 등과 같이 분류한다고 가정한다면, 이 문항은 포괄성의 원칙을 위반하고 있다고 말할 수 있다. 왜냐하면 '불교, 천주교, 개신교, 종교 없음'을 제외한 나머지 종교가 포함되어 있지 않기 때문이다. 따라서, 종교에 관한 문항을 작성할 때 포괄성의 원칙을 지키려면 '① 불교 ② 천주교 ③ 기독교 ④ 종교 없음 ⑤ 기타'로 작성해야 한다.

측정은 이론과 현실을 연결해 주는 매개체이기 때문에 가능한 범위 내에서 이론과 현실을 정확하게 연결할 수 있도록 측정의 원칙을 지켜야 한다.

## 2) 측정의 역할과 기능

### (1) 측정의 역할

측정은 이론적·관념적 세계와 구체적·경험적 세계 간의 교량 역할을 한다. 즉, 추상적 개념들을 구체적인 측정도구를 통해 조작적으로 측정하여 경험적으로 인식하게 한다. 또한 측정은 주관적인 개념들을 객관화하여 표준화하는 역할을 수행한다. 이를 통해 후속연구나 관련연구를 가능하게 한다. 또한 측정은 자료를 수집하고 조직화하는 가장 기본적인 단계로서 후속연구나 관련연구를 가능하게 하는 필수적인 작업이다. 이를 위해 반복실험과 의사소통의 역할을 수행하기도 한다. 추상적인 개념이 측정을 통해 표준화됨으로써 특정 연구에 대한 반복실험을 가능하게 하고, 그 결과를 서로 간에 혼란 없이 상호 교류할 수 있게 한다.

측정의 주요 역할은 다음과 같다(이세형, 2019: 81).
① 측정은 가장 표준화된 묘사의 방법이다.
② 측정은 가장 간편한 요사의 방법이다.
③ 측정은 자료를 수집하고 조직화하는 기본적인 단계로서, 통계적으로 분석될 수 있도록 자료를 처리함에 있어서 필수적인 절차이다.
④ 측정은 관념적 세계와 경험적 세계 간의 교량 역할을 해 준다.

### (2) 측정의 기능

측정은 일치 또는 조화의 기능을 수행한다. 측정은 경험적인 현실세계와 추상적인 개념의 세계를 조화시키고 일치시키는데 사용되는 규칙과 절차를 제시해준다. 일체 또는 조화는 이론적 모델을 현실 세계와 연결하는 측정의 규칙이다. 측정은 관찰 자체를 주관적 판단보다 훨씬 더 객관적인 것이 되도록 함으로써 관찰에서 추리를 할 수 있도록 도와준다. 또한 측정의 주요 기능은 계량화 기능이다. 측정은 사건이나 현상을 세분화 시키고 통계적 분석에 활용할 수 있는 정보를 제공해 준다. 측정은 반복과 의사소통의 기능을 갖고 있다. 측정은 연구결과를 다른 사람들과 반복하고, 그 결과를 확인하고, 반증할 수 있도록 해준다.

측정의 기능은 다음과 같다.
① 일치, 조화의 기능
② 객관화, 표준화의 기능
③ 계량화의 기능
④ 반복, 의사소통의 기능

## 3) 측정의 유형

측정의 유형은 다음과 같다(홍봉수 외, 2018: 93-94).

### (1) 추론측정

추론측정(derived measurement)은 어떤 사물이나 사건의 속성이 다른 사물이나 사건의 속성과 관련지어서 나타나는 것을 측정함을 의미한다. 즉, 어떤 사물 혹은 다른사물 간의 속성 사이에 일정한 관계가 성립되었을 때, 그 관계를 측정하는 것이며, 밀도(density)를 대표적인 예로 들 수 있다. 밀도는 어떤 사물의 부피와 질량의 비율로 정의되며, 부피와 질량의 관계를 결정짓는 법칙이다. 추론측정은 기본적으로 확고한 이론적 배경이 있어야 가능하다. 따라서, 추론측정은 법칙의 수준으로 특정 속성 간의 관계가 결정된 후 이것을 측정하는 것이기 때문에 자연과학에서는 추론측정이 자주 이루어질 수 있다. 그러나 사회과학에서는 법칙이라기보다는 가설 혹은 검증되고 있는 이론에 불과한 관계가 많아서 추론측정이 존재하기는 사실상 힘들다.

### (2) 임의측정

임의측정(measurement by flat)은 일시적으로 어떤 사물의 속성과 측정값 간에 관계가 있다고 가정하고 측정하는 것으로 연구자가 생각하는 특정 개념이 자신이 생각하고 있는 조작적 정의에 의한 척도로써 측정된다고 가정하고 측정하는 것을 의미한다. 대표적으로 IQ테스트를 들 수 있다. 지적 능력을 연구자들이 만든 IQ 테스트를 통해 측정하는 것에는 확고한 법칙이 없다. 이는 사실에 근거하기보다는 논리적 근거나 논리적 가정에 의존하고 있으며, 사회과학 대부분이 임의측정이라고 할 수 있다. 따라서, 어떻게 조작적인 정의를 내리는가에 따라 여러 가지 측정값이 나올 수 있으며, 오차의 개입 여지도 크다.

### (3) 본질측정

본질측정(fundamental measurement)은 어떤 사물의 속성을 표현하는 본질적인 법칙에 따라 숫자를 부여하는 것이다. 본질측정은 다른 사물이나 다른 속성을 개입시키지 않고 해당 속성만을 고려하는 것으로서 가장 기본적인 측정이다. 키를 재는 행위나 무게를 측정하는 행위가 이에 해당한다. 후에 다른 변수들과 관련지어 분석할 수도 있으며, 법칙에 의해 다른 변수와 관련을 짓게 되면 관련된 다른 변수를 측정하는 것도 가능해진다.

## 4) 측정수준

알고자 하는 개념을 측정하는데 있어서 중요한 것은 연구자가 알고자 하는 추상적 개념을 연구주제에 적합하도록 조작적으로 정의하는 것과 이를 일정한 규칙에 맞춰 수치화하는 것이다. 예를 들어, 청소년의 학업스트레스가 우울에 미치는 영향을 연구하고자 할 때, 학업스트레스라는 독립변수와 우울이라는 종속변수를 관찰 가능한 속성으로 만들어 주기 위해 숫자를 부여할 수 있다. 즉, 학업스트레스의 수준을 현실 세계 속의 경험 및 지각 가능한 속성으로 전환시켜 '1=전혀 그렇지 않다, 2=조금 그렇지 않다, 3=그저 그렇다, 4=조금 그렇다, 5=매우 그렇다'로 측정할 수 있다. 이때 점수가 높을수록 청소년들이 지각하는 학업스트레스 수준이 높은 것으로 해석하는 식이다.

측정하고자 하는 변수가 가지고 있는 속성의 차이에 따라 명목측정, 서열측정, 등간측정, 비율측정의 네 가지 측정수준을 가질 수 있다. 그 내용은 다음과 같다 (송진영, 2020: 82-84).

### (1) 명목측정

성, 종교, 출생지, 소속학과 등과 같이 서로 구분할 수 있는 속성을 가진 변수들을 가리켜 명목변수라고 한다. 그리고 이러한 변수들을 대상으로 한 측정은 측정대상의 특성을 확인하거나 분류하기 위하여 이들에 수치를 부여하는 것을 말한다.

명목수준의 측정에 있어서 각각의 수치는 단순한 구분의 의미이며 산술적 의미가 없다. 예를 들어, ①이 ②보다 우월하다거나 우선한다는 의미가 없다. '다음 중 귀하의 성별은 무엇입니까? ① 남성 ② 여성'.

명목측정(nominal measurement)은 선택지들이 상호 배타적(mutually exclusive)이어야 하며 모든 대상을 총망라(exhaustive)하여야 한다. 먼저, 상호 배타적이어야 한다는 말은 표본연구대상자들이 선택지들 가운데 두 개 이상의 범주에 속하는 혼선을 피해야 한다는 것이다. 예를 들어, 연구대상자들이 가장 혼란을 겪는 질문을 받는 경우가 있다.

> 다음 중 귀하의 종교는 무엇입니까?
> ① 기독교 ② 불교 ③ 천주교 ④ 증산도 ⑤ 이슬람교

이 경우 어떤 사람이 기독교인이라면 ① 기독교와 ③ 천주교 사이에서 어느 하나를 선택하거나 둘 다 선택할 수밖에 없는 갈등과 혼란을 느끼게 된다. 즉, 기독교는 개신교와 천주교로 분류되기 때문이다. 따라서, 하나의 대상이 두 개 이상의 범주에 속하지 않도록 주의하여야 한다.

모든 대상을 총망라하여야 한다는 것의 의미는 다음과 같다. 위의 예에서 어떤 연구대상자의 경우 자신의 종교가 주어진 예에서 없다면, 다섯 가지 선택지들 가운데 아무것도 선택할 수 없게 된다. 따라서, 이 경우에는 다음과 같이 '⑤ 기타'를 포함시켜 선택지들 가운데 어딘가에는 연구대상자들이 속할 수 있도록 만들어 측정하고자 하는 변수의 모든 속성이 포함되어야 한다.

> 다음 중 귀하의 종교는 무엇입니까?
> ① 기독교 ② 불교 ③ 천주교 ④ 이슬람교 ⑤ 기타

### (2) 서열측정

서열측정(ordinal measurement)은 측정대상들의 순서관계를 나열하여 해당 순위에 수치를 부여하는 것을 말한다. 하지만 이 역시 명목측정에서와 같이 부여된 수치 자체에 어떤 수나 양, 크기 등과 같은 의미는 없다. 단지 수치가 속성의 전후관계나 높고 낮음만을 알 수 있도록 도와준다(예, 학력, 사회계층, 연령대, 장애등급 등).

서열측정은 측정대상인 사물이나 현상을 분류하고 명칭을 부여할 뿐만 아니라, 더 나아가 순서 또는 서열까지 부여한다. 서열수준의 측정에서는 한 집단이 다른 집단보다 '더 높다', '더 탁월하다', '더 바람직하다', '더 어렵다' 등으로 비교하거나, 하나의 대상에 대해서도 '가장 좋아한다, 좋아한다, 그저 그렇다, 싫어한다, 매우 싫어한다' 등으로 서열화하여 비교 판단을 할 수가 있다.

서열측정의 예로는 학력을 들 수 있다. 학력은 '1=무학, 2=초졸, 3=중졸, 4=고졸, 5 =대졸 이상'과 같이 측정대상 간에 서열적인 속성이 있다.

### (3) 등간측정

등간측정(interval measurement)은 측정대상 간의 순위를 나열할 뿐만 아니라, 주어진 수치 간의 간격이 동일하여 측정대상 간의 크기 비교가 가능하다. 일반적으로 사회과학에서 인간의 심리사회적 특성과 행동을 측정하는데 많이 사용되는 측정수준이다. 하지만 등간수준의 측정에서는 절대 영점이 존재하지 않는 한계가 있다. 예를 들어, 온도계 상의 눈금은 그 간격이 동일하기 때문에 등간수준의 측정을 대표적으로 보여주고 있다. 그런데 등간수준의 측정에서 0이라는 수치에 주의를 기울여야 한다. 즉, 온도계에 나와 있는 0은 그 의미가 무엇일까? 온도가 없는 지점을 뜻할까? 물론 온도가 없다는 의미가 아니다. 섭씨 0도를 의

미하며, 화씨(Fahrenheit)로는 32도에 해당되는 온도이다.

어떤 대입 수험생이 수학능력시험에서 0점을 받았다면, 그 의미는 수능시험이라는 특정한 시험성적이 0점이라는 것이지 공부할 수 있는 능력이 완전히 없다는 의미는 아닌 것이다. 이처럼 등간수준의 측정에서는 '0'이라는 수치의 의미에 주의를 기울일 필요가 있다. 그렇기 때문에 등간측정에서 엄격한 의미의 수학적 계산을 통한 분석은 불가능하다.

한편, 등간수준의 측정은 앞서 명목과 서열 수준의 측정이 가지고 있는 분류와 순서의 의미를 모두 포함하는 특징을 가지고 있다(예, 지능지수, 시험성적, 온도, 자아존중감 점수 등).

### (4) 비율측정

비율측정(ratio measurement)은 측정대상 간의 분류, 순위구분도 가능하고 수치 간 간격도 동일한 것을 말한다. 그리고 절대 영점까지 가지고 있어 곱하기와 나누기를 포함한 계산이 가능하다. 즉, 무게, 길이, 소득, 자녀 수, 가격 등과 같은 측정대상의 속성에 수치를 부여하는 것을 말한다.

## 5) 측정오류

측정오류(error of measurement)는 변수를 측정하는 과정에서 발생하는 오류이다. 측정오류는 측정하려는 개념을 정확하게 묘사하지 못하거나, 데이터를 확보하는 과정에서 발생한다. 이를 측정오차라고도 한다.

일반적으로 사회복지조사에서 측정하고자 하는 변수들은 자존감, 우울, 자살생각 등과 같은 추상적인 개념인 경우가 많다. 즉, 이러한 개념들은 실제 세계 속에서 눈에 보이는 형태로 존재하지 않는 개념들인 것이다. 따라서, 이러한 개념들을 현실 세계 속에서 측정하기 위한 첫 단계는 조작적 정의부터 시작된다. 하지만 추상적인 개념을 아무리 조작적으로 정의한다고 하더라도, 측정과정에서 측정오류가 발생하여 측정하려고 하는 개념을 정확히 파악하지 못할 위험도 따른다. 이처럼 측정하려는 개념을 정확하게 묘사하지 못하는 데이터를 얻을 때를 가리켜 측정오류라고 말한다. 예를 들어, 아들의 반사회적 행동에 대한 인지행동 수정 개입에 참여한 부모가 아들이 지난 주 10번 충동적이고 부적절한 욕설을 한 것 중에 두 번을 잊어버리고 8번이라고 보고하는 것과 같은 오류가 있을 수 있다(이봉재, 2018: 108).

측정오류는 체계적 오류와 무작위 오류로 구분할 수 있다. 그 내용은 다음과 같다(김동기 외, 2021: 109-112).

### (1) 체계적 오류

체계적 오류(systematic error)는 수집한 정보가 측정하려는 개념을 지속적으로 잘못 묘사할 때 발생하는데, 자료를 수집한 방법 때문에 발생하거나, 자료를 제공하는 연구대상자, 즉 자료 제공자들의 상황에 의해 발생한다. 체계적 오류는 다음의 유형으로 구분하여 설명된다.

#### ① 인구사회학적 · 사회경제적 특성으로 인한 오류

성별, 소득수준, 교육수준, 종교, 인종, 사회적 지위, 직업 등의 인구사회학적 또는 사회경제적 특성으로 인해 연구대상자의 응답이 일정하게 나타나, 측정의 오류가 나타나는 경향을 의미한다. 예를 들어, 응답자의 교육 수준이 상위계층일수록 정치적인 보수성에 응답하는 경향이 많다. 반대로, 교육 수준이 낮을 경우 정치적 진보성에 응답하는 경향이 많다.

#### ② 응답자의 개인적 성향에 의한 오류

응답자의 개인적 성향에 의한 오류로서 무조건 긍정적이거나 부정적 또는 중립적인 개인적 성향에 따라 나타나는 오류다. 예를 들어, 무조건 긍정적인 개인적 성향을 갖고 있는 응답자의 경우는 관용의 오류를 나타낼 경향이 많다.

#### ③ 측정개념의 태도와 행동에 대한 오류

태도(attitude)를 측정하려는 것인지 행동(behavior)을 측정하려는 것인지 모호할 때, 측정의 오류가 나타난다. 즉, 행동을 측정하면서 실제로는 태도를 예측하거나, 태도를 측정하면서 실제로는 행동을 예측하는 것은 체계적인 측정오류를 발생시킬 수 있다. 예를 들어, 설문지 조사에서 연구자가 자살행동에 대해 측정하려고 했는데, 자살태도에 대한 측정을 하여 자살행동을 예측하는 것은 오류를 발생시킬 수 있다.

### ④ 편향에 의한 오류

편향(편견, bias)이 자료수집과정에서 개입될 때, 체계적 오류가 발생할 수 있다. 연구대상자에게 연구자가 원하는 응답을 하기 쉽도록 질문을 하거나, 가설을 지지하는 응답을 얻을 때 호의적인 반응을 보이는 경우, 또는 연구대상자가 자신의 실제 행동이나 태도를 숨기고 다른 방식으로 응답하는 경우, 편향에 의한 체계적인 오류가 발생할 수 있다. 편향에 의한 체계적인 오류는 순응적 반응양식에 의한 편향, 사회적 바람직성 편향, 문화적 차이에 의한 편향으로 구분할 수 있다.

첫째, 순응적 반응양식에 의한 편향(고정반응에 의한 편향)

측정의 내용에 상관없이 문장의 대부분 혹은 전부에 동의하거나 동의하지 않는 것을 의미한다. 또한 설문지에서 일정한 유형의 문항이 계속해서 부과될 때, 응답자가 고정된 반응을 보이는 것을 의미한다. 즉, 응답자는 문항의 내용을 하나 하나 읽어 보지 않고, 내용에 상관없이 질문에 전부 동의하거나, 반대로 동의하지 않거나 하는 태도를 보인다.

둘째, 사회적 바람직성 편향(사회적 적절성 편향)

연구대상자 자신이나 그들의 준거집단을 좋게 보이기 위해 말하거나 행동하려는 성향을 의미한다. 연구대상자가 연구자의 의도에 맞추어 응답하려는 경향이나, 집단의 규정 또는 준거 기준에 맞추어 응답하려는 경우를 의미한다. 이러한 경우는 연구대상자의 개인적인 생각을 측정하기보다는 사회적으로 무엇이 바람직한가 하는 사회적 기대에 부응한 생각을 측정하는 결과가 나타날 수 있다.

셋째, 문화적 차이에 의한 편향

측정과정에서 문화적 차이가 나타나 측정의 체계적 오류를 일으키는 경우를 의미한다. 어떤 문화적 집단에서는 기본적으로 이해가 되는 단어 혹은 문항의 내용이지만, 다른 집단에서는 그 단어 혹은 문항의 내용이 다르게 이해되거나, 이해를 못하는 문제가 발생할 수 있다. 예를 들어, 1세대 또는 1.5세대에 대한 조사를 할 때, 언어적인 문제로 인해 질문지 질문을 다른 집단과 같은 의미로 이해하지 못한다면 집단 간 자료의 차이가 발생할 수 있다.

### (2) 무작위 오류(비체계적 오류)

체계적 오류와 달리, 오류의 값이 일관적인 유형의 영향이 없다. 따라서, 다양하게 분산되어 있어 무작위적으로 발생하는 오류(random error)이다. 측정대상, 측정과정, 측정수단, 측정자 등에 일관성 없이 영향을 미침으로써 발생하는 오류이다.

① 측정자로 인한 오류 : 건강, 사명감, 기분, 관심사 등과 같은 신체적·정신적요인
② 측정대상자로 인한 오류 : 긴장, 피로, 불안 등과 같은 신체적·정신적 요인
③ 측정상황요인으로 인한 오류 : 측정장소, 측정시간, 좌석배열, 소음, 조명, 부모참석 등
④ 측정도구로 인한 오류 : 측정도구에 대한 사전교육이 충분하지 못했을 때

### (3) 무작위 오류를 줄이는 방법

무작위 오류는 신뢰성과 관계가 되므로, 무작위 오류가 발생할 가능성을 최대한 줄여야 한다. 무작위 오류는 측정도구, 측정대상, 측정상황의 세 가지 측면에서 모두 발생하는데, 이를 감소시키기 위한 방안을 고려해야 한다.

① 측정도구의 모호성을 제거하여 측정도구의 내용을 명확히 한다.
② 측정항목 수를 가능한 한 늘린다. 동일한 개념이나 속성을 측정하기 위해 문항 수를 늘리면 신뢰도가 높아져 무작위 오류를 줄일 수 있다.
③ 측정자의 면접방식과 태도에 일관성이 있어야한다.
④ 연구대상자가 잘 모르거나 전혀 관심이 없는 내용에 대한 측정은 하지 않는 것이 좋다.
⑤ 동일한 질문이나 2회 이상 유사한 질문하는 방법이 있을 수 있다.
⑥ 표준화된 측정도구를 사용하는 것이 좋다.
⑦ 연구자 및 측정자에게 측정도구에 대한 사전교육을 실시하는 것이 좋다.

### (4) 측정오류의 확인

측정오류를 확인하기 위하여 측정의 결과가 어느 정도 정확하게 측정대상을 반영하고 있는지를 나타내는 것이 '타당도'와 '신뢰도'라는 개념이다. 타당도는 체계적 오류와 관계가 있고, 신뢰도는 무작위 오류와 관계가 있다.

## 2. 척도

### 1) 척도의 개념

우리는 일상생활에서 측정을 위한 도구들을 쉽게 접한다. 길이를 측정하는 '자', 온도를 측정하는 '온도계', 무게를 측정하는 '체중계', 시간을 측정하는 '시계' 등은 대표적인 측정도구들이다. 이러한 도구들은 표준화된 수치를 이용하기 때문에 동일한 측정도구로 측정된 측정치를 서로 비교할 수 있다는 장점이 있다. 또한 동일한 대상을 반복적으로 측정할 경우 사물이 갖고 있는 동일한 속성의 변화도 파악할 수 있다. 그러나 측정이 갖는 이러한 특성들은 측정된 수치를 다수의 사람들이 합의를 통해 표준화했기 때문에 가능한 일이다. 예를 들어, 특정 사물의 정확한 길이나 무게 등은 전 세계 과학자들이 공통된 기준에 합의하였고, 특정 수치를 기준값으로 설정해 놓았다. 그렇기 때문에 신뢰할 수 있는 측정도구만 있다면 누구나 사물의 길이나 무게를 정확하게 측정할 수 있다. 과학의 발전은 측정의 정확성을 높이는데 기여하였으며, 인간의 감각기관으로 파악할 수 없는 미세한 수준의 측정이나 우주 천체 간의 엄청난 거리도 측정할 수 있게 하였다(유영준, 2021: 102).

척도(scale)는 광의의 의미로는 '측정도구'를 말하며, 협의의 의미로는 측정도구 중에서도 둘 이상의 지표(문항)로 구성된 도구를 말한다. 사회과학에서는 어떤 개념을 한 문항으로만 측정하기 어려운 경우가 많아 보통 다수의 문항으로 구성된 척도를 사용해 측정하게 된다. 유사한 용어로 '지수'가 있다. 지수와 척도라는 용어를 구분하는 기준은 명확하지 않아 혼용하기도 하는데, 지수와 척도는 둘 다 한 개념을 복수 지표로 측정한다는 점에서 공통점을 갖는다. 그러나 경험적으로 쉽게 인식할 수 있는 보다 객관적인 지표들로 구성된 것을 지수라고 하고, 사람들의 태도 등 주관적인 변수를 측정하기 위한 것은 척도라고 하는 경우가 많다.

척도는 측정대상의 개별적 속성들을 종합적으로 측정함으로써 변수와 관련된 여러 차원을 측정하고 각각의 차원에(각각의 지표에) 점수를 할당하여 항목 간(지표 간)에 서열을 가릴 수 있도록 한다. 대부분 척도는 단일 차원성(unidimensionality)의 원칙에 근거해 만들어진다. 단일 차원성의 원칙은 척도의 구성항목(문항, 지표)이 단일한 차원을 반영해야 한다는 뜻이다 예를 들어, '자존감'을 측정하기 위해 10문항짜리 척도를 구성하는 경우, 이 자존감 척도의 10문항은 모두 하나의 차원(자존감)을 반영해야 한다. 만일 자존감을 측정하는 척도 안에 자아통합이나 행복감 등 다른 개념(혹은 차원)을 측정하는 문항이 포함되어 있다면, 이는 단일 차원성의 원칙에 위배되는 것이다.

자연과학에서는 측정대상이 주로 물질적이기 때문에 척도는 온도계, 체중계, 자, 저울 등이지만, 사회복지와 같은 사회과학에서는 측정대상이 대부분 비물질적이기 때문에 기술적으로 좀 더 복잡하고 다양한 기법을 요하는 척도를 사용하는데에는 몇 가지 이유가 있다. 즉, 척도는 하나의 단순지표로서는 제대로 측정하기 어려운 복합적인 개념들을 측정할 수 있다. 그리고 여러 개의 지표를 하나의 점수로 나타냄으로써 자료의 복잡성을 덜어 주고, 변수에 대한 양적 측정치를 제공함으로써 정확성을 높일 수 있다. 특히, 단일 문항보다 다수의 문항이 본래 의도한 속성을 정확히 측정하고, 보다 일관성 있는 결과를 제공한다는 측면에서는 측정치나 측정도구의 오차를 줄이고 타당도와 신뢰도를 높이기 때문에 많이 활용된다고 할 것이다. 척도를 사용하는 이유는 다음과 같다(홍봉수 외, 2018: 99).

① 척도는 하나의 단순지표로서는 제대로 측정해 내기 어려운 복합적인 개념들을 측정할 수 있다.

② 척도는 여러 개의 지표를 하나의 점수로 나타냄으로써 자료의 복잡성을 덜어준다.

③ 척도는 변수에 대한 양적인 측정치를 제공함으로써 정확성을 높인다.

④ 측정치나 측정도구의 오차를 줄이고 타당도와 신뢰도를 높인다. 단일 문항보다 여러 개의 문항이 본래 의도한 속성을 정확히 측정하고 보다 일관성 있는 결과를 제공한다.

척도의 작성과정은 다음과 같다(유영준, 2021: 152).
첫째, 문제에 관한 속성을 인지하고, 이것을 표현하는 이론적 개념을 형성한다.
둘째, 이론적 개념의 내용을 특정화하여 경험적 관찰이 가능한 변수로 전환한다.
셋째, 변수(개념)의 속성을 파악하기 위해 경험적 지표를 선정한다.
넷째, 선정된 지표를 활용하여 지수와 척도를 작성한다.

사회복지전문가들은 사회복지 환경이나 클라이언트의 욕구 및 문제를 정확하게 기술하고, 문제의 변화과정을 통해 전문적 개입의 효과성과 효율성을 상세하게 파악하기 위해 과학적인 척도를 사용한다. 이때 전문적 척도를 사용하기 위한 지침은 다음과 같다.
① 척도는 과학적이어야 한다. 즉, 체계적이고 논리적이어야 한다.
② 척도는 실용적이어야 한다. 사용하기 쉽고 편리하게 응답자가 쉽게 완성할 수 있어야 한다.
③ 척도는 변화를 시도하는 욕구나 문제 자체를 측정할 뿐만 아니라, 변화의 가능성과 그 결과에 대한 정보를 제공해야 한다.
④ 척도는 신뢰성과 타당도가 있어야 한다.

## 2) 척도의 유형

척도는 의사결정을 위한 연구에서 안내자 역할을 하는 것으로 서로 다른 기관들에게 영향을 준다. 즉, 노인의 생활만족 측정척도는 보건복지부의 의사결정, 노인재가복지센터의 노인 사례관리 또는 노인복지관의 프로그램 결정 등을 하는데 도움이 된다. 기본적으로 척도는 피험자 집단(예, 노인)을 측정(예, 생활만족도)한 분석을 기초로 하는 예측척도라고 할 수 있다. 그 내용은 다음과 같다(송진영, 2020: 90-96 ; 홍봉수 외, 2018: 100-107 ; 이봉재, 2018: 117-120).

### (1) 리커트 척도

1930년대 초 미국 사회심리학자 리커트(Rensis Likert, 1903-1981)가 개발한 것으로, 그의 이름이 붙여진 리커트 척도(Likert scale)는 보통 태도측정의 질문을 할 때 주로 사용된다. 리커트 척도는 여러 개의 문항으로 응답자의 태도를 측정하고 해당 항목에 대한 측정치를 합산하여 평가대상자의 태도점수를 얻어내는 척도로서 사회과학이나 여론조사에서 가장 흔히 사용되는 척도이다.

렌시스 리커트

리커트 척도의 형식은 기본적으로 피험자는 일련의 진술에 응답하도록 요청받고 질문지의 진술에 대해서 강하게 동의하면 '동의함', 확실치 않거나 강하게 반대하면 '동의하지 않음'이라는 표시를 하는 것이다. 이런 방식으로 리커트 척도는 일반적으로 피험자가 표시하는 감정의 강도(세기)를 측정한다. 따라서, 척도의 각 항목은 모호해서는 안 된다. 그것들은 연구되는 태도에 관한 명백한 의견을 반영하여야 한다.

리커트 척도의 특징은 다음과 같다.

첫째, 응답범주에는 순위성이 있어야 한다.

응답자가 질문 문항에 대해서 자의적으로 응답하도록 허용한다면, 연구자가 그 의미를 제대로 파악하는데 어려움을 느낄 수밖에 없다. 또한 응답범주가 순위를 가지지 않고, '대충 찬성한다', '아주 많이 찬성한다', '정말로 찬성한다' 등과 같은 식으로 제시되었을 때, 응답자와 연구자에게 각각 의미하는 찬성의 정도가 상호불일치하는 현상을 보일 수 있다. 따라서, 제시된 응답범주는 명백히 순위성을 나타내야 한다.

둘째, 각 문항은 일률적인 방식으로 점수화될 수 있다.

측정하고자 하는 개념을 측정하기 위해 여러 개의 문항을 동일한 응답범주가 사용하기 때문에 각 문항은 일률적인 방식으로 점수화될 수 있다. 예를 들어, 5개의 응답범주가 있을 때, 문항의 내용에 따라 일정한 방향으로 1점에서 5점까지 할당하게 된다. 즉, '매우 찬성'이라는 긍정적 문항이나 '매우 반대'라는 부정적인문항에 5점을 할당하는 식이다. 그러면 각 응답자는 개별 문항에 응답해 얻은 점수를 합산한 전체 점수를 할당받게 된다.

 셋째, 각 문항은 거의 동일한 강도를 가지는 것으로 가정한다.

 리커트 형식 응답범주의 일률적인 점수 매기기는 각 문항이 나머지 문항들과 거의 동일한 수준의 강도를 가지는 것으로 간주하여야 가능하다.

 리커트 척도의 구성절차는 다음과 같다.

 ① 연구자가 연구하고 싶은 어떤 문제에 관한 긍정적 문항 및 부정적 문항들을 선정한다.

 ② 각 문항에 대하여 그 쟁점이나 평가대상의 성격에 따라서 찬/반, 호의적/비호의적, 인정/불인정 등의 정도를 나타내는 5개의 응답범주를 작성한다.

 ③ 많은 응답자에게 각 항목에 대하여 자기의 의견에 맞는 응답범주 하나를 선택하게 하여 각 문항에 대한 응답을 받아낸다.

 ④ 각 문항에 대한 응답자의 반응을 점수로 환산하는데, 가장 우호적인 것에는 높은 점수, 비우호적 일수록 낮은 점수를 부여한다.

 ⑤ 문항분석(item analysis)을 시행하여 내적 일관성을 측정한 후 일관성이 낮은 문항을 제거한다.

 ⑥ 응답자의 총점으로 그 사람의 태도를 측정한다.

 리커트 척도는 척도구성이 간단하고 편리하며, 실용적인 특성으로 인해 대부분의 사회과학 연구에서 널리 쓰이고 있지만 단점 또한 존재한다. 단점은 다음과 같다.

 첫째, 엄격한 의미에서 응답범주들의 간격이 등간격을 이룬다고 보기 어렵다. 예를 들어, 특정 정책에 대해 찬반 여부를 측정하는데, '매우 찬성', '찬성', '보통', '반대', '매우 반대'의 5개 응답범주로 구성했을 경우, 본 질문을 접한 응답자들은 5개 응답범주 중에서 하나에 응답함으로써 자신의 감정상태를 표현한다. 각각의 감정등급이 정확하게 등간격을 이룬다고 할 수는 없을 것이다. 이와 같이 '매우 찬성'과 '찬성', '찬성'과 '보통', '보통'과 '반대', '반대'와 '매우 반대' 간의 간격이 모두 동일하게 등간격을 이룬다고 단언하기가 쉽지 않다.

둘째, 총점이 뜻하는 바가 개념적으로 분명하지 않을 수 있다. 리커트 척도는 점수의 합계를 이용해 태도를 측정하기 때문에 각 항목이 표현한 응답자의 태도에 강도가 묻혀버리게 되는 것이다. 예를 들어, 1번부터 5번까지 다섯 개의 문항으로 제품만족도를 측정한다고 했을 때, A와 B 두 응답자가 1번에서 5번 문항까지의 문항에 응답하는데, A는 '5, 5, 3, 1, 1'이라고 응답했고, B는 '1, 1, 3, 5, 5'라고 응답을 했다. 두 사람은 총점이 15점으로 동일한 수준의 태도를 보인다고 해석을 하게 된다. 그러나 5개의 문항에서 1번과 2번은 가격에 대한 부분이고, 4번과 5번은 디자인에 대한 문항이라고 본다면, 두 사람의 태도는 동일한 수준이라고 보기는 어렵다. A는 가격에 대한 부분은 매우 긍정적이지만, 디자인에 대한 사항에서는 매우 부정적인 태도를 보였다. 반면, B는 이와 반대로 가격 관련사항은 매우 부정적이지만, 디자인에 대해서는 매우 긍정적인 태도를 취하고 있다. 이와 같이 리커트 척도는 개별항목들이 뜻하는 바와 이에 대한 태도가 전체에 묻혀 희석되어 버리는 단점을 가지고 있다.

셋째, 결측치(missing value)의 영향을 많이 받는다. 위의 예에서 A는 1번부터 4번까지를 5로 답했으나 5번은 실수로 응답하지 않았고, B는 1번부터 5번까지 모두 4를 답했다고 가정했을 때를 생각해 본다면 두 사람 모두 20점으로 동일한 태도를 보이는 결과를 갖게 된다. 그러나 만일 A가 실수를 하지 않았다면 25점으로 보다 긍정적인 태도를 보였을 가능성이 높다. 이처럼 총점을 이용하게 되면 결측치의 영향으로 태도가 왜곡될 여지가 있다. 그렇기 때문에 실제로는 평균점수를 이용하여 태도를 관측한다. 평균을 산출할 때는 결측치를 제외하고 연산하게 되므로 A=[(5+5+5+5)/4]=5점, B=[(4+4+4+4+4)/5]=4점으로 A가 상대적으로 강한 긍정상태임을 알 수 있는 것이다.

설문 시 리커트 척도를 이용한 예는 다음과 같다.

〈표 4-1〉 리커트 척도를 이용한 설문

| 문 항 | 매우 만족 | 만족 | 보통 | 불만족 | 매우 불만족 |
|---|---|---|---|---|---|
| 1. 귀하는 보수수준에 대해 만족하십니까? | | | | | |
| 2. 귀하는 업무에 대해 만족하십니까? | | | | | |
| 3. 귀하는 후생복리수준에 대해 만족하십니까? | | | | | |

자료: 홍봉수 외(2018: 103).

### (2) 써스톤 척도(동일간격 척도)

써스톤 척도(thurstone scale)는 써스톤(Louis Leon Thurstone)에 의해 1929년에 개발되었다. 이 척도는 항목 간에 동일한 간격의 강도로 고안되기 때문에 '동일간격 척도'라고도 불린다. 써스톤 척도는 어떤 사실에 대하여 가장 우호적인 태도와 가장 비우호적인 태도를 나타내는 양 극단을 등간격으로 구분하여 여기에 수치를 부여하는 등간척도이다.

써스톤 척도는 리커트 척도에 의해 얻은 자료가 등간격을 이룬다는 명확한 근거가 없기 때문에 구성된 척도이다. 이 척도의 구성과정에는 평가자가 참여한다. 평가자들은 연구대상으로서 최소 50개 이상의 설문을 통해 어떤 개념들에 대한 의견(동의 정도)을 개진하게 된다. 이들은 전문성을 갖춘 사람들로 구성되므로 그들의 의견은 전문성이 있는 것으로 인정된다. 그들의 반응들은 보통 서열화된 형태로 정리된 후 어떤 형상을 측정하는 척도를 형성하는데 활용된다. 평가자들은 가장 우호적인 것, 중립적인 것, 가장 비판적인 것에 이르기까지 다양한 범위의 진술을 하게 된다. 연구자는 이 서열화체계에서 집단 간의 간격을 거의 동일하게 세팅한다. 이것이 써스톤 척도가 동일간격 척도라고 불리는 이유이다. 이 새로운 척도에 포함된 진술의 척도값은 평가자들의 각 진술에 할당한 중앙값이다.

평가자들에 의해서 할당된 값들이 광범위한 분포로 나타나는 진술들은 그 척도에서 배제된다.

써스톤 척도의 구성 절차는 다음과 같다.

① 연구자가 연구하고자 하는 태도와 관련된 다양한 의견을 수집한다.
② 수집한 의견의 객관성을 높이기 위해 평가자다수를 선정하여 선호성의 정도를 측정한다.
③ 평가자들에게 각 의견을 선호수준에 따라 일정하게 지시된 범주로 분류하도록 하고, 호의성 정도에 따라 분류된 각 집단에 적절한 수치를 부여한다.
④ 척도상의 각 점수를 대표할 수 있는 문장을 몇 개씩 선정하여 척도를 구성하되, 평가자들 간에 견해차가 큰 문항은 제외해야 한다.
⑤ 선정된 항목에 대해 각각 중앙값을 구하여 그 문항의 척도치로 삼고, 이것을 순서대로 배열한다.

이와 같이 최종적인 써스톤 척도의 형태는 여러 개의 문항으로 구성되며, 문항마다 특정 척도값이 부여된다. 써스톤 척도의 측정방식은 해당 문항에 동의하면 해당 문항의 척도값을 얻게 되고, 반대하면 0으로 처리하여 동의한 문항에 대한 척도값을 합산·평균하여 해당 개념에 대한 측정값을 얻게 된다.

써스톤 척도구성의 단점으로는 많은 수의 의견수집이 곤란하며, 문항의 등간격성 확보가 어렵다. 또한 평가자의 편견이 개입될 여지가 있으며, 비용과 시간의 소요가 과다할 수 있다는 단점을 가진다.

써스톤 척도의 예는 다음과 같다.

〈표 4-2〉 써스톤 척도의 예

| 문 항 | 척도치 | 찬성 |
| --- | --- | --- |
| 1. 사회 전체를 위해 개인의 행복을 희생하는 것은 옳은 일이다. | 4.5 | |
| 2. 아동복지시설이 우리 동네에 신축되는 것은 반가운 일이다. | 5.4 | O |

| | | |
|---|---|---|
| 3. 주말에 자원봉사하는 것이 그 시간에 돈 버는 것만큼 즐거운 일이다. | 9.2 | o |
| 4. 소득이 많을수록 높은 비율의 소득세를 내는 것은 바람직한 일이다. | 3.8 | |
| 5. 장애인 의무고용제도는 사회를 발전시키는데 기여한다. | 6.7 | o |
| 6. 건강보험 적자분을 세금으로 메우는 것은 옳은 일이다. | 4.2 | |
| 7. 농어촌 출신 고등학생의 대학우선입학제도는 바람직한 일이다. | 5.6 | |

자료: 송진영(2020: 93).

위의 사람들의 이타주의(altruism)의 평가에 대한 써스톤 척도의 예이다. 평가방법은 응답자가 찬성한 문항의 척도치를 평균하여 산정한다. 여기서 각 문항의 척도치가 0~10점 사이에 편재되어 있다고 가정하면, 척도치는 다음과 같이 계산되고 해석된다. 척도치=(5.4+9.2+6.7)/3=7.1. 따라서, 응답자의 이타주의는 높은 편에 속한다고 평가할 수 있다.

### (3) 요인척도

요인분석(factor analysis)은 변수들 간에 존재하는 상호관계의 유형을 밝히고, 상호 간에 밀집하게 연관되어 있는 변수들의 묶음을 발견하여 요인들로 축소시키기 위한 통계적 기법이다.

선택된 교사 사기 항목에 대한 요인분석의 예는 다음과 같다.

〈표 4-3〉 요인분석의 예

| 문 항 | 요인1 | 요인2 | 요인3 |
|---|---|---|---|
| 1. 교장은 나의 일을 제대로 평가해 준다. | | | |
| 2. 교사 간 다툼이 거의 발생하지 않는다. | | | |
| 3. 가르치는 것이 개인적 만족을 준다. | | | |
| 4. 교사들은 서로 협조한다. | | | |

| | | | |
|---|---|---|---|
| 5. 가르치는 것을 좋아한다. | | | |
| 6. 교장은 나의 일을 더 쉽고 더 즐겁게 해준다. | | | |
| 7. 교장은 훌륭한 교수 절차를 인정해 준다. | | | |
| 8. 교수진은 즐거이 함께 일한다. | | | |
| 9. 나의 동료들은 잘 준비되어 있다. | | | |
| 10. 나는 문제를 교장과 상의한다. | | | |
| 11. 만일 내가 다시 선택할 수 있다면, 나는 가르치는 일을 택하겠다. | | | |
| 12. 교장은 나에게 관심을 갖고 있다. | | | |
| 13. 학교에서 교사들은 함께 잘 일한다. | | | |

자료: 송진영(2020: 94).

### (4) 거트만 척도

고안자인 거트만(Louis Guttman)의 이름을 딴 태도척도로서, 거트만 척도(Guttman's scale)는 척도 도식법(scalogram method)이라고 부른다. 이는 척도를 구성하는 문항들이 내용의 강도에 따라 일관성 있게 서열을 이루고 있어 문항들의 단일차원성이 경험적으로 검증되도록 설계된 척도이다.

거트만 척도는 누적적인 성격을 지니며 경험적 관측을 토대로 구성된다. 거트만 척도의 장점은 예측성이 높다는 것이다. 모든 질문문항들이 측정대상 속성의 정도에 따라 누적적으로 되어 있기 때문에 응답결과로부터 다른 모든 문항에 대한 응답을 예측할 수 있다. 또한 복잡한 계량적 과정 없이 쉽게 서열상으로 척도화할 수 있다. 반면, 척도를 구성하는 질문문항의 내용을 강도에 따라 일관성 있게 누적적이 되도록 작성하기가 쉽지 않으며, 두 개 이상의 변수를 동시에 측정하는 다차원적인 척도로 사용되기는 어렵다는 단점을 가진다.

거트만 척도의 구성 절차는 네 단계를 거친다. 그 내용은 다음과 같다.

① 척도 구성항목 선정

② 응답자의 응답을 반응지(scalogram)에 기재
③ 재생계수 계산
④ 구성항목을 조정하여 척도를 구성

거트만 척도의 예는 다음과 같다.

〈표 4-4〉 거트만 척도의 예

| 문 항 | A | B | C | D |
|---|---|---|---|---|
| 1. 쓰레기 소각시설이 우리 시에 있는 것을 어떻게 생각하십니까? | O | O | O | O |
| 2. 쓰레기 소각시설이 우리 구에 있는 것을 어떻게 생각하십니까? | O | O | O | X |
| 3. 쓰레기 소각시설이 우리 동에 있는 것을 어떻게 생각하십니까? | O | O | X | X |
| 4. 쓰레기 소각시설이 우리 이웃 동네에 있는 것을 어떻게 생각하십니까? | O | X | X | X |
| 5. 쓰레기 소각시설이 우리 동네에 있는 것을 어떻게 생각하십니까? | X | X | X | X |

자료: 홍봉수 외(2018: 106).

위의 예를 보면, 쓰레기 소각시설에 대한 태도가 1에서 5로 갈수록 서열성을 보인다. 1부터 5까지 문항의 근접거리와 강도에 따라 각각문항에 2점, 4점, 6점, 8점, 10점의 가중치를 부여한다면 서열성은 더욱 확연해진다.

### (5) 보가더스 척도

보가더스 척도(Bogardus scale)는 1920년대 미국 사회학자 보가더스(Emory Stephen Bogardus, 1882-1973)에 의해 개발된 것으로, 인종, 사회계급과 같은 형태의 사회집단에 대한 사회적 거리를 측정하는 척도로서, 하나의 집단이 다른 집단에 대해 어느 정도 거리감을 느끼는지 측정할 때 이용된다.

보가더스 척도는 가장 친밀한 진술에서 시작하여 점차중립적인 진술로 진행되다가 다시 가장 위협적 진술로 진행되는 연속성을 두고 보통 5~9개의 질문을 배열한다. 사회집단마다 질문별로 '예'와 '아니요'로 응답을 하도록 하며, 가장 친밀한 진술에서 가장 위협적인 진술까지의 '예'에 대한 응답비율을 종합하여 비교하게 된다.

보가더스의 척도의 예는 다음과 같다.

〈표 4-5〉 보가더스 척도의 예

응답요령 : 각 국민에 대한 귀하의 일반적 생각을 토대로 귀하의 생각을 응답자의 해당 빈칸에 'O' 표를 하십시오.

| 문 항 | 한국인 | 일본인 | 미국인 | 중국인 |
| --- | --- | --- | --- | --- |
| 결혼하여 가족성원으로 받아들임. | | | | |
| 개인적 친구로 클럽에 받아들임. | | | | |
| 이웃으로 우리 동네에 받아들임. | | | | |
| 같은 직장인으로 받아들임. | | | | |
| 우리나라의 국민으로 받아들임. | | | | |
| 우리나라 방문객으로 받아들임. | | | | |

자료: 홍봉수 외(2018: 107).

이 척도는 단순히 사회적 거리에 대한 원근의 순위만을 표시한 것이지, 민족 간에 친밀한 정도의 크기를 나타내지는 않는다.

### 3) 척도구성을 위한 고려사항

연구조사에서 연구자는 연구대상자의 생각이나 행동, 관점, 태도 등을 관찰하기 위해 질문형태로 변수들을 조작하게 된다. 연구자는 연구대상자에게 이 질문을 제공하면 그 질문에 대해서 응답자는 매우 동의, 동의, 반대 또는 매우 반대 등으로 대답하게 된다. 이처럼 질문 형태로 이루어진 측정도구를 개발하는데 있어서 활용 가능한 몇 가지 선택사항과 질문을 위한 지침을 살펴보면 다음과 같다(Rubin & Babbie, 2016).

### (1) 질문하기의 방법: 개방형 질문과 폐쇄형 질문

설문지를 통한 연구에서 이루어지는 질문은 개방형과 폐쇄형으로 구분된다. 먼저, 개방형 질문에서 응답자는 직접 질문에 대한 자신의 의견을 표시할 수 있도록 요청받게 된다. 이에 비해, 폐쇄형 질문에서 응답자는 연구자가 제공하는 질문문항에서 응답을 선택하게 된다. 특히, 폐쇄형 질문을 고안할 때 연구자가 응답자에게 제공하는 응답범주에는 다음과 같은 세 가지 구조적 요건이 요구된다.

첫째, 제공된 응답범주는 총망라적(exhaustive)이어야 한다.

이는 응답자로부터 얻을 수 있을 것으로 예상할 수 있는 모든 가능한 응답이 포괄적으로 포함되어야 한다는 말이다. 이를 위해 연구자는 주로 "기타(상세히 설명해 주시기 바랍니다._____)"를 응답범주에 제시하게 된다.

둘째, 응답범주는 상호 배타적(mutually exclusive)이어야 산다.

응답자는 선택지들 가운데 하나 이상의 답을 선택해야 한다고 느껴서는 안 된다. 이를 위해 연구자는 응답자들이 하나 이상의 응답을 고를 수 있는 가능성이 있는지를 충분히 숙고하여야 한다. 예를 들어, 응답자의 종교를 묻는 질문문항에서 응답자들이 개신교, 천주교, 불교, 이슬람교, 천도교, 전통종교, 기타로 되어 있을 때, 천도교인들은 자신들의 종교가 전통종교에 속하기 때문에 하나 이상의 응답을 고르는 결과를 가진다. 따라서, 응답지들은 상호 배타적이 될 수 있도록 신중하게 고안되어야 한다.

셋째, 문항선택에 있어서는 단일차원성(unidimensionality)이 요구된다.

만약 자기주장성을 측정하는 경우라면 자기주장성을 반영하는 문항만을 포함시켜야 하며, 공격성향을 반영하는 문항을 포함해서는 안 된다. 즉, 자기주장성을 측정하는데 있어서 공격성향이 단지 자기주장성과 관련이 있다는 이유로 "사람들이 내말에 동의하지 않을 때는 논쟁하는 것이 당연하다.", "나는 상대방과 다른 의견이 있을 때, 상대방의 입장을 고려하지 않고 나의 입장을 말한다." 등과 같이 공격성향에 대해서 묻는 문항이 포함되어서는 안 된다.

### (2) 질문 시 주요한 지침들
#### ① 문항을 명료하게 만든다.
설문지 문항은 명료해야 하고 모호해서는 안 된다. 예를 들어, "정신장애인을 위해 제안된 주거시설에 관해 어떻게 생각하십니까?"라는 질문은 응답자로부터 "어느 주거시설 말인가?"를 생각하게 만든다. 따라서, 설문지 문항은 연구자가 원하는 답이 무엇인지를 응답자가 정확하게 알 수 있도록 명료해야 한다.

#### ② 복수응답 유발형 질문을 피해야 한다.
예를 들어, 연구자는 응답자에게 "정부는 국방예산을 줄이고 대신 그 예산을 복지사각지대를 줄이는데 써야 한다."라는 진술문에 찬성하는지 반대하는지 묻는 질문을 할 수 있다. 그런데 비록 많은 사람이 이 진술에 찬성하거나 반대할 수 있지만, 이 진술에 대해 찬성 혹은 반대 가운데 하나를 선택할 수 없는 사람도 있을 것이다. 즉, 정부에서 국방예산을 줄이고 그 예산만큼을 감세하길 원하거나, 국방예산의 규모를 유지하기를 원하지만 사회복지부문에도 더 많은 돈을 쓰기를 원하는 사람도 있을 것이다. 이런 경우, 응답자들은 제시된 진술에 찬성 또는 반대 가운데 하나를 선택하기가 힘들다.

#### ③ 응답자의 역량을 고려해야 한다.
질문에 대해서 응답자가 정확한 기억에 근거해서 질문에 답할 수 있는지, 신뢰할 만한 응답을 할 수 있을지를 고려해야 한다. 그리고 연구자는 질문에 답하기 위해서 일정 수준의 지식이 요구될 때 응답자들이 의미 있는 대답을 할 수 있는 능력이 있는지 등에 대해서도 검토하여야 한다.

#### ④ 응답자의 자발적 응답이 필요하다.
타당하고 신뢰할 만한 자료를 수집하기 위해 응답자들이 기꺼이 대답할 수 있는 질문을 마련하여야 한다. 하지만 응답자들이 처한 상황이나 사회적 위치 등으로 인해 정확한 답변을 하기 힘든 경우도 있을 수 있다.

#### ⑤ 응답자와의 관련성이 요구된다.

질문은 대다수 응답자들에게 관련된 사항이어야 한다. 즉, 응답자가 거의 생각해 본 적이 없거나, 관심 밖의 주제에 대한 질문이 주어졌을 때, 응답자로부터 의미 있는 대답을 구하기 힘들 것이다. 따라서, 동일한 개념구성체라도 연령별, 인종별 차이를 고려한 질들이 개발될 필요가 있다.

### ⑥ 가능한 짧고 간단한 문항이 필요하다.

많은 정보를 한꺼번에 얻고자 길고 복잡한 문항을 만들기 쉽다. 하지만 이런 경우, 응답자들은 주의 깊게 그 질문을 살피기보다는 대충대충 넘어가기 십상이다. 따라서, 응답자가 문항을 빨리 읽고, 그 의도를 이해하고 어려움 없이 응답을 고르거나 제공할 수 있도록 명료하고 짧은 문항을 지향해야 한다.

### ⑦ 부정적인 문항은 지양해야 한다.

질문에 대한 응답자의 응답은 질문의 표현에 영향을 받게 된다. 따라서, 응답자들이 잘못 해석할 가능성이 있는 부정적 문항은 지양해야 한다. 예를 들어, "지역 내에 교도소를 짓지 말아야 한다."라는 문항에 찬성 또는 반대하라는 질문의 경우, 응답자들은 '말아야'라는 단어를 주의 깊게 읽지 않고 응답할 수가 있다. 즉, 교도소가 들어서는 것을 반대하지만, 이 문항에 반대하는 응답자도 있을 수 있다.

### ⑧ 편견이 내포된 문항은 지양해야 한다.

응답자가 특정 방식으로 대답하도록 유도하는 질문을 편견 있는 질문이라고 한다. 특히 응답자들에게 정보를 요청할 때는 질문에 이런 편견이 내포되지 않도록 주의해야 할 필요가 있다.

### ⑨ 문화적 민감성이 반영된 질문이어야 한다.

측정도구가 특정 문화권에서는 타당하고 신뢰도가 높을 수 있다. 하지만 동일한 측정도구의 신뢰도와 타당도가 다른 문화권에서도 동일한 수준에서 충분히 보장되는 것은 아니다.

## ⟨연습문제⟩

1. 측정에 관한 설명으로 옳은 것은?
   ① 하나의 변수는 하나의 측정수준만을 갖는다.
   ② 지수(index)는 척도(scale)보다 추상적 개념을 측정하는 지표로 구성된다.
   ③ 등간변수는 변수값을 질적으로만 처리할 수 있다.
   ④ 같은 개념을 단일 문항으로 측정하는 것보다는 복수의 문항으로 구성된 척도로 측정하는 것이 신뢰도가 더 높다.
   ⑤ 서열변수는 비율변수보다 고급통계분석을 사용할 수 있다.

2. 다음 측정수준에 관한 설명으로 옳은 것은?
   ① 성별, 인종, 종교 등은 등간척도에 해당한다.
   ② 서비스에 대한 만족도를 서열척도로 측정할 경우에 만족도의 정확한 양과 차이를 비교할 수 있다.
   ③ 200kg은 50kg보다 4배 무겁다고 할 수 있어 무게는 비율척도이다.
   ④ 온도계로 측정했을 때 20℃의 온도는 비율척도이다.
   ⑤ 비율척도는 절대 영점이 존재하지 않는다.

3. 측정도구를 구성할 때 고려해야 할 요건으로 옳은 것은?
   ① 범주는 상호 중복 가능하게 구성해야 한다.
   ② 다차원성이 확보되어야 한다.
   ③ 추상적 개념에 대한 척도일수록 단일한지표로 구성되어야 한다.
   ④ 가능한 한 최고 수준으로 측정하는 것이 바람직하다.
   ⑤ 같은 대상을 일관성 있게 측정하는 타당도를 확보해야 한다

4. 리커트(Likert) 척도에 관한 설명으로 옳은 것은?
   ① 비율척도이다.
   ② 개별 문항의 중요도는 동등하지 않다.
   ③ 단일 문항으로 측정하는 장점이 있다.
   ④ 질적 연구에서 보편적으로 사용된다.
   ⑤ 척도나 지수 개발에 용이하다.

5. 척도에 관한 설명으로 옳지 않은 것은?
    ① 보가더스의 사회적 거리척도는 누적척도의 한 종류이다.
    ② 의미분화(semantic differential) 척도는 한 쌍의 반대가 되는 형용사를 사용한다.
    ③ 리커트 척도의 각 문항은 등간척도이다.
    ④ 거트만 척도는 각 문항을 서열적으로 구성한다.
    ⑤ 써스톤 척도를 개발하는 과정은 리커트 척도와 비교하여 많은 시간과 노력이 요구된다.

6. 척도에 관한 설명으로 옳지 않은 것은?
    ① 보가더스의 사회적 거리 척도는 누적척도의 한 종류이다.
    ② 의미분화(semantic differential)척도는 한 쌍의 반대가 되는 형용사를 사용한다.
    ③ 리커트척도의 각 문항은 등간척도이다.
    ④ 거트만척도는 각 문항을 서열적으로 구성한다.
    ⑤ 써스톤척도를 개발하는 과정은 리커트척도와 비교하여 많은 시간과 노력이 요구된다.

7. 크론바 알파(Cronbach's alpha)에 관한 설명으로 옳은 것은?
    ① 척도를 구성하는 전체 문항 조합들의 상관관계 평균값을 계산한 것이다.
    ② 척도의 문항을 절반으로 나누어 두 부분 간의 상관관계를 계산한 것이다.
    ③ 복수의 연구자를 통해 측정한 점수를 비교하여 의견 일치도를 평가한 것이다.
    ④ 비슷한 두 개의 척도로 동일한 대상을 측정한 점수들 간의 상관관계를 계산한 것이다.
    ⑤ 동일한 척도를 사용하여 동일 대상에게 서로 다른 시점에 측정한 점수 간의 상관
       관계를 계산한 것이다.

8. 명목척도에 부여되는 숫자의 의미에 관한 설명으로 옳은 것은?
    ① 덧셈과 뺄셈이 가능하다.
    ② 계량적 의미를 갖는다.
    ③ 숫자의 크기에 따라 양의 많고 적음을 말할 수 있다.
    ④ 단지 숫자가 다르면 대상의 특성이 다름을 의미한다.
    ⑤ 대상 자체가 갖는 속성의 실제값을 나타낸다.

    정답 1. ④ 2. ③ 3. ④ 4. ⑤ 5. ③ 6. ③ 7. ① 8. ④

# Chapter 5
# 신뢰도와 타당도

### 학습목표

1. 신뢰도의 내용 이해
2. 타당도의 내용 이해
3. 신뢰도와 타당도의 관계 설정
4. 내적·외적 타당도 구별 이해

### 학습내용

1. 신뢰도
2. 타당도
3. 신뢰도와 타당도

### 학습목표

측정도구의 신뢰도 개념은 측정도구가 측정하고자 하는 현상을 얼마만큼 일관성 있게 측정하는가를 말한다. 측정도구의 신뢰도가 높다는 것은 동일한 사람에게 같은 측정도구를 적용했을 때 유사한 점수가 나오는 것을 의미한다. 타당도란 측정하고자 하는 것을 얼마나 실제에 가깝게 측정하고 있는가 하는 정도를 말한다. 즉, 타당도는 측정개념에 대한 개념적 정의와 조작적 정의의 타당성을 의미한다. 여기에서는 신뢰도와 타당도를 학습하고자 한다.

# Chapter 05
# 신뢰도와 타당도

## 1. 신뢰도

### 1) 신뢰도의 개념

측정도구의 신뢰도 개념은 측정도구가 측정하고자 하는 현상을 얼마만큼 일관성 있게 측정하는가를 말한다. 측정도구의 신뢰도가 높다는 것은 동일한 사람에게 같은 측정도구를 적용했을 때 유사한 점수가 나오는 것을 의미한다. 예를 들어, 신뢰도가 높은 온도계가 있다면, 온도를 측정하는 사람이 일정 시간 동안 외부의 영향을 통제한 상황에서 측정한 체온은 거의 유사하게 나타날 것이다. 이와 마찬가지로, 측정도구를 구성하고 있는 다수의 문항을 유사한 질문으로 구성한다면, 아마도 응답결과는 비슷하게 나타날 것이다. 이는 측정문항들의 내적일관성이 높다고 볼 수 있다. 그러나 측정도구의 응답이 일관성 있게 나타나는 것과 측정문항이 측정하고자 하는 개념을 정확하게 질문하고 있는가는 무관할 수 있다는 점에 유의해야 한다. 즉, 측정도구의 신뢰도가 높다고 해서 척도의 타당도가 높은 것은 아니기 때문이다(유영준, 2021: 133-134).

측정의 오류와 측정도구의 신뢰도는 측정의 비체계적 오류와 관련되어 있다. 측정의 비체계적 오류는 응답자들이 설문을 하는 상황이나 자신의 상태에 따라 일관성 없이 응답하는 경우에 발생하는데, 응답자들이 평소보다 측정 점수를 더 높게 평가하거나 낮게 평가하는 경우에 발생한다. 따라서, 측정의 비체계적 오류는 다수의 응답자가 참여하는 경우 측정치는 상충하기 때문에 거의 발생하지 않는 것으로 가정할 수 있다.

  측정도구의 신뢰도를 높이기 위해서는 척도의 문항들을 명료하게 구성하는 것이 가장 중요하다. 설문지의 모호한 문구 때문에 응답자마다 상이한 해석을 하게 되면 측정결과의 일관성을 확보하기 어렵다. 이와 함께 측정도구의 신뢰도는 측정항목 수가 충분할수록 높아지는 경향이 있다는 점에 주목할 필요가 있다. 측정항목이 유사한 내용을 질문하고 문항들이 많으면 측정값들의 평균치는 측정하고자 하는 속성의 실제 값에 가까워진다. 그러나 측정문항이 많다고 해서 측정도구의 신뢰도가 무조건 높아지는 것은 아니며, 측정문항의 내적 일관성을 유지하는 것이 중요하다. 또한 측정도구의 신뢰도를 높이기 위해서는 응답자에게 명백하게 응답요령을 설명해야 하고, 연구자가 행하는 면접방식과 태도에 일관성이 있어야 한다. 따라서, 연구원이 있는 경우, 설문지를 수거하기 전에 연구원의 개인적 성향이 설문지를 작성하는 과정에 영향을 미치지 않도록 사전에 충분히 교육할 필요가 있다. 한편, 측정도구의 신뢰도를 높이기 위해서는 연구대상자가 잘 모르거나 전혀 관심이 없는 내용은 측정하지 않는 것이 좋으며, 이전 연구에서 이미 신뢰성이 있다고 인정된 측정도구를 이용하는 것도 좋은 방법이 될 수 있다.

## 2) 신뢰도 검사방법의 종류

  신뢰도 검사방법의 종류는 다음과 같다(유영준, 2021: 135-145 ; 조학래, 2020: 146-150 ; 서정민 외, 2019: 111-112).

### (1) 검사-재검사법

  검사-재검사법(test-retest method)은 동일한 연구대상자들에게 동일한 측정도구를 일정한 시간 간격으로 두 번 시행한 측정값 간의 상관관계에 의하여 신뢰도를 측정하는 방법이다. 이때 두 측정값 간의 상관관계가 높으면, 측정도구의 신뢰도가 높다고 평가한다. 이 방법은 측정도구가 일정한 시간 간격을 두고 어느 정도의 안정성을 보이는가를 평가하는 것으로 측정결과의 일관성을 나타내는 지표이다.

검사-재검사법의 장점은 적용이 매우 간편하다는 것과, 측정도구 자체를 직접 비교할 수 있다는 것이다. 그러나 단점으로는 일정한 시간 간격을 두고 동일한 연구대상자들에게 두 번 측정한다는 것이 현실적으로 어렵다. 또한 반복 측정으로 인해 연구대상자의 검사효과가 나타날 가능성이 있고, 시간 간격이 너무 길면 성숙효과와 외부사건과 같은 외생변수가 작용할 수 있다. 따라서, 연구자는 검사-재검사법에 따른 신뢰도 계수를 제시할 때는 측정의 시간 간격을 언급해야 한다.

### (2) 복수양식법

같은 개념을 측정하는 다른 두 척도가 있는데, 서로 다른 두 척도의 점수가 특정 값이 나온다면, 두 척도는 신뢰도가 높다고 말할 수 있다. 재검사법과 본질적으로 원리는 유사하지만, 재검사법은 같은 척도로 시간적 차이를 두고 반복 측정하는 방법인 반면, 복수양식법(multiple forms techniques)은 같은 시기에 다른 두 척도 값을 비교하여 신뢰도를 평가한다는 점에서 차이가 있다. 두 척도 간 상관관계가 높다면, 신뢰도가 높다고 평가한다. 복수양식법은 '동형검사법(equivalent-form test)'이라고도 한다.

복수양식법에 의한 신뢰도 측정이 이루어지려면 같은 개념을 측정하는 두 개의 척도가 필요하다. 같은 측정도구를 일정 시간 간격을 두고 재측정하여 신뢰도를 파악하는 방법이다. 그런데 시간 간격이 짧으면 사전검사의 영향을 발생하며, 기간이 길면 다른 요인에 의해 신뢰도가 다르게 나올 수도 있게 된다. 다른 항목으로 구성된 동형의 측정도구를 만들면 척도의 영향으로 인한 오염(사전검사효과)을 막을 수 있으나 제작이 쉽지 않고, 제작하더라도 결과값의 차이를 해석하기 어렵다.

### (3) 내적 일관성법

내적 일관성법(internal consistency method)은 어떤 개념을 측정하기 위해 다수의 문항으로 구성된 측정도구가 그것을 얼마나 잘 측정하는지를 나타내는 지표로 문항 간의 상관관계를 비교하여 신뢰도를 평가하는 방법이다. 즉, 측정도구의 모든 문항이 동일한 개념을 측정하는 것이라면, 각 문항 간의 상관관계는 높으리라는 것이 원칙이다. 이런 원칙에 따라 각 문항 간의 상관관계가 높은 것부터 선택하거나, 혹은 낮은 문항을 제외함으로써 측정도구의 신뢰도를 높이는 방법이다.

내적 일관성법은 가장 일반적인 신뢰도 평가방법으로 반분법과 크론바의 알파 등이 여기에 해당한다.

### ① 반분법

반분법(split-half method)은 다수의 문항으로 구성된 측정도구를 무작위로 절반을 나누어 각각 독립된 두 개의 측정도구로 보고, 동일한 연구대상자들이 응답한 후에 그 측정값 간의 상관관계를 비교하여 신뢰도를 검증하는 방법이다. 예를 들어, 학교 적응유연성 척도의 신뢰도를 측정하기 위해 22개의 질문 문항을 무작위로 각각 n개 문항을 추출한 다음 연구대상자들의 응답을 받는다. 각 집단에 속한 11개 응답의 평균값 간의 상관관계가 높을수록 학교 적응유연성 척도의 신뢰도는 높은 것으로 판단한다.

반분법 적용의 전제조건으로는 측정도구가 동일한 개념을 측정한다는 것이 증명되어야 하며, 양분된 측정도구의 문항 수는 그 자체가 완전한 측정도구가 되려면, 적어도 여덟 개 이상은 되어야 한다는 것이다. 이처럼 반분법은 문항의 동질성을 의미하는 내적 일관성을 강조하는 방법으로 동시에, 측정할 수 있으므로 검사-재검사법의 단점을 보완할 수 있다. 또한 서로 다른 측정 시점 때문에 파생되는 외생변수의 영향과 동일한 연구대상자들의 속성을 한 번만 측정함으로써 검사효과를 배제할 수 있다. 하지만 측정도구의 문항을 어떻게 절반으로 나누느냐에 따라 상관관계가 달라질 수 있다는 것과 각 문항의 신뢰도를 파악할 수 없다는 것, 즉 어떤 개별 문항이 측정도구의 신뢰도를 낮추는 문항인지를 정확히 확인할 수 없다는 것이 단점이다.

### ② 크론바의 알파

『다변량 데이터 분석』
(2018년 출판)

헤어(Joseph F Hair)와 그의 동료들의 저서 『다변량 데이터 분석(*Multivariate Data Analysis*, 2018)』에 따르면, 내적 일관성법을 이용한 신뢰도 추정방법 중에서 가장 일반적인 방법은 크론바의 알파(Cronbach's a)이다. 크론바의 알파는 반분법을 전체 문항으로 확대한 방법으로 각 문항 간의 모든 상관관계를 계산하고, 이를 평균한 값을 구하는 방법이다. 즉, 어떤 개념을 측정하는 전체 문항을 둘씩 짝을 짓고 각 짝 간의 상관관계를 구한 후에 이를 평균하는 방법으로 서로 다른 문항들이 얼마나 잘 보완하여 전체적으로 그 개념을 잘 측정하는지를 나타낸다. 크론바의 알파는 0에서 1 사이의 값을 가지며, 전체 문항 간의 상관관계의 평균값이 높을수록 그리고 전체 문항 수가 많아질수록 1에 가까워진다. 일반적으로 Cronbach's a=.70 이상일 때 척도의 내적 일관성 신뢰도를 갖추었다고 판단한다(Hair et al., 2006).

SPSS 통계프로그램의 신뢰도 검사는 내적 일관성 신뢰도를 통해 크론바의 알파를 산출한다. 또한 각 문항과 전체 값과의 상관계수를 통해 신뢰도 계수(Cronbach's a)를 계산해 주므로 사전조사를 통해 신뢰도가 낮은 문항을 제외해 측정도구의 신뢰도를 어느 정도까지 높일 수 있다.

### (4) 관찰자 간 신뢰도

측정도구의 신뢰도는 표준화된 측정도구를 사용하는 것이 일반적이지만, 관찰자가 연구대상자의 행동을 직접 관찰하는 것도 있다. 즉, 관찰자 간 신뢰도(inter-observer reliability)는 두 명 이상의 관찰자가 관찰 내용을 숙지한 후에 관찰하여 각 관찰자의 관찰 결과가 얼마나 유사한지 혹은 상관관계가 높은지를 알아보는 것이다. 따라서, 관찰자 간 신뢰도가 높다는 것은 여러 관찰자가 부여한 점수들의 일치도가 높다는 것을 의미한다. 이처럼 관찰자 간 신뢰도는 두 명 이상의 관찰자가 독립적인 평정을 수행할 수 있거나, 설문지를 이용한 조사보다는 관찰결과에 따른 측정의 신뢰도를 측정할 때 자주 사용된다.

### 3) 신뢰도 향상 방안

신뢰도는 측정의 비체계적 오차와 관련이 있으므로 비체계적 오차의 발생 가능성을 줄이는 것이 신뢰도를 높이는 방법이다. 즉, 측정의 비체계적 오차는 측정도구, 측정대상, 측정상황 등의 측면에서 모두 발생할 수 있다. 일반적으로 사용 가능한 측정도구의 신뢰도 향상 방안은 다음과 같다(조학래, 2020: 151-152).

첫째, 측정도구의 문항 내용은 분명하고 명확해야 한다.

측정도구의 문항 내용이 모호하다면, 연구대상자는 그 의미를 정확히 이해하지 못한 채 임의로 해석할 수 있다. 즉, 모든 연구대상자가 측정도구의 문항 내용을 같은 의미로 해석할 수 있도록 명확하게 작성해야 하며, 추상적이거나 전문적인 용어는 사용해서는 안 된다.

둘째, 측정도구의 문항 수를 늘리고, 선택범위도 넓혀야 한다.

일반적으로 측정도구의 문항 수가 많거나 선택 범위가 넓을수록 측정값의 평균치는 측정하려는 속성의 실제값에 더욱 가까워지기 때문에 신뢰도는 높아진다. 그러나 측정도구의 문항 수를 늘린다고 해서 신뢰도가 무조건 높아지는 것은 아니며, 문항들의 내적 일관성을 유지하는 것이 중요하다.

셋째, 자료수집과정에서 연구자는 면접 방식과 태도에서 일관성이 있어야 한다.

자료수집 과정에서 연구자가 측정의 일관성을 유지하지 못하면, 연구대상자들은 같은 문항에 대해서도 서로 다른 반응을 보이는 비체계적 오차가 발생할 수 있다. 따라서, 연구자는 연구원을 대상으로 자료수집 과정에 대한 사전교육을 시행해야한다.

넷째, 연구대상자가 관심이 없거나 알지 못하는 내용은 측정도구에 포함해서는 안 된다.

일반적으로 연구대상자는 관심이 없거나 잘 모르는 내용에 대해서 불성실하게 답변할 가능성이 크다. 따라서, 연구대상자가 알고 있는 내용만 측정도구에 포함해야 신뢰도를 높일 수 있다.

다섯째, 측정도구에서 중요한 문항은 유사한 두 개의 문항으로 시행한다. 유사한 두 개의 문항을 배치하여 응답의 신뢰도를 파악한다면, 연구대상자가 일관성 있게 응답하는지를 확인할 수 있다.

여섯째, 신뢰도가 검증된 측정도구를 사용하거나 측정도구의 사전검사(pretest)를 시행한다. 선행연구에서 신뢰도가 높다고 검증된 표준화된 측정도구를 이용하는 것이 바람직하며, 사전검사를 시행하는 것이 신뢰도를 높일 수 있다.

## 2. 타당도

### 1) 타당도의 개념

사회과학의 경우 자연과학과는 다르게 연구대상의 특성상 간접적으로 측정해야 할 경우가 대부분이다. 이런 점 때문에 사회현상을 측정할 때에는 연구자가 확실히 자기가 측정하고자 하는 것을 측정했다는 확신을 할 수 없는 경우가 많다. 연구대상을 측정할 때 연구자가 처음 측정하고자 하는 것을 얼마나 실제에 가깝게 측정하고 있는가 하는 정도가 타당도의 문제이다. 즉, 타당도는 측정하고자 하는 개념이나 속성을 얼마나 정확하게 실제에 가깝도록 측정했는가 하는 정도를 뜻한다.

타당도(validity)란 측정하고자 하는 것을 얼마나 실제에 가깝게 측정하고 있는가 하는 정도를 말한다. 즉, 타당도는 측정개념에 대한 개념적 정의와 조작적 정의의 타당성을 의미한다. 따라서, 연구자가 척도를 사용하여 처음 측정하고자 한 것을 제대로 측정하였다면 타당도는 높아질 것이다. 타당한 측정수단이란 측정하고자 하는 것을 측정할 수 있는 도구이다. 즉, 어떤 측정수단이 연구자가 의도하는 개념을 정확히 측정할 수 있다면, 그 측정도구는 타당성이 있다고 할 수 있다(송진영, 2020: 99).

일반적으로 연구도구가 측정하고자 의도했던 것을 측정할 때, 그 연구도구는 타당성이 있다고 말하며, 타당도는 측정의 체계적 오류를 해결하는 것과 관련이 있다. 이는 이용된 측정도구가 측정하고자 하는 개념이나 속성을 정확하게 반영하고 있는 것과 같은 의미이다. 다시 말해서 타당도는 측정도구 자체가 측정하고자 하는 개념이나 속성을 정확하게 반영할 수 있어야 하며, 이는 측정하고자 하는 개념을 어떻게 정의했는지, 이 개념적 정의를 어떻게 조작화하였는지에 상당한 영향을 받게 된다. 이러한 점에서 측정의 타당도는 측정도구의 타당도이며, 또한 측정개념에 대한 개념적 정의와 조작적 정의의 타당도를 의미한다고 할 수 있다. 따라서, 타당도는 측정도구를 평가하는데 가장 중요한 기준이라고 할 수 있다. 왜냐하면 측정도구가 측정하고자 의도한 것을 실제로 잘 측정하지 못한다면 측정도구로서 별 가치가 없기 때문이다. 타당도가 높은 연구설계를 위해서는 될 수 있으면 명확하게 정의된 모집단으로부터 최대한 대표성을 확보할 수 있는 추출방법으로 표본을 선정하고, 가능한 한 많은 외생변수를 파악하여 이를 통제할 방법을 구상하는 것이 바람직하다(홍봉수 외, 2018).

### 2) 타당도의 유형

타당도 유형은 다음과 같다(유영준, 2021: 147-149 ; 조학래, 2020: 153-158 ; 서정민 외, 2019: 113).

#### (1) 액면타당도

액면타당도(face validity)는 측정하고자 하는 개념과 측정도구 간의 관계성에 대해 안면타당도 또는 표면타당도라고도 한다. 액면타당도는 피검사자의 판단에 근거하는 타당도로 피검자가 측정하고자 하는 의도를 어느 정도 파악한 정도를 평가하는 타당도이다. 그러나 액면타당도가 너무 낮다는 것은 척도가 소기의 목적을 달성하기 어렵다는 것을 의미하지만, 액면타당도가 너무 높다는 것은 피검사자가 척도의 의도를 파악하고 있다면, 동기나 태도에 따라 반응하여 정확한 측정을 이루어지기 어려울 수 있다. 예를 들어, 입사에 관한 직무적성을 검사하기 위한 직무적성검사의 각문항의 의도를 피검자가 간파하고 있다면, 입사를 희망하는 지원자들은 검사의 결과를 고려하여 응답하게 될 것이다. 이러한 이유로 액면타당도는 적절한 수준을 유지하는 것이 바람직하다.

### (2) 내용타당도

내용타당도(content validity)는 '척도를 구성하고 있는 하위문항들은 측정개념과 관련된 내용을 묻는 것이어야 한다.'는 가정하에 측정도구의 문항을 전문가에게 검토를 하게 하는 방법이다. 내용타당도를 확인하는 절차는 먼저 측정하고자 하는 개념을 명확히 한 후, 측정개념을 주요 영역별로 나누고, 각 영역이 뜻하는 의미를 모두 포함할 수 있도록 세부내용을 정하고, 그런 다음 이에 맞추어 질문항목이 구성되어 있는지를 확인하는 것이다.

내용타당도는 측정도구가 측정하려는 개념의 영역을 얼마나 포괄적으로 잘 대표하는 정도를 전문가가 주관적으로 판단하는 방법이다. 이처럼 내용타당도는 전문가의 주관적 판단에 근거하므로 객관적 자료를 사용하지도 않고 특정한 수치로 제시하지 않기 때문에 통계적 검증의 어려움이 있다. 예를 들어, 사회복지조사론 시험에서 양적 연구와 관련된 문제만 출제되었다면, 이 시험은 내용타당도가 낮다고 볼 수 있다. 질적 연구를 포함한 사회복지조사론의 전반적인 내용을 포함한 시험 문항이어야 사회복지조사론의 실력을 측정하는 측정도구라고 할 수 있다. 다른 예로는, 사회복지사 1급 국가시험 출제를 위해 대학교수들이 출제하고 현직 사회복지사들이 검토하여 부적절한 문제를 제외하는 절차를 거치는 과정도 결국 내용타당도를 높이기 위한 것이다.

내용타당도는 측정도구의 타당도를 비교적 단시일 내에 확보하는 방법으로 많이 사용되고 있지만, 문항구성을 확인하는 연구자의 주관적 해석과 판단에 의존하므로 판단에 오류나 착오가 발생할 수 있다. 측정도구의 내용타당도는 측정개념과 관련성 있는 전문가를 대상으로 확인을 요청하지만 측정문항의 타당도를 누구에게 의뢰하느냐에 따라 결과는 달라질 수 있다. 왜냐하면 전문가에 따라서도 특정 개념에 대한 내용타당도의 근거가 달라질 수 있기 때문이다. 따라서, 측정도구의 내용타당도를 확보하기 위해서는 검사자들의 의견이 일치해야 하는 어려움이 있다. 또한 내용타당도는 측정하려는 속성과 항목 간의 상관관계를 파악할 수 없기 때문에 통계적 검정이 어렵다는 한계를 가지고 있다.

### (3) 기준타당도

기준타당도(criterion validity)는 측정도구가 측정하고자 하는 개념과 밀접한 연관성이 있는 별도 기준들을 이용하는 방법이다. 이때 타당도의 기준은 이미 타당도가 높다고 인정된 척도가 되며, 비교하는 척도와 기준이 되는 척도의 시간적 순서에 따라 예측타당도와 동시타당도로 구분할 수 있다. 예를 들어, 예측타당도(predictive validity)는 수능시험 점수와 대학에서의 학업수행 능력의 관계를 통해 확인할 수 있다. 만약 수능시험이 대학 학업수행 능력을 정확하게 예측할 수 있는 타당도가 높은 시험이라면, 실제로 수능시험 점수가 높은 고등학생은 대학에 가서 좋은 학점을 받을 수 있어야 할 것이다. 그러나 수능시험 점수의 예측타당도는 동시적으로 확인하기 어렵기 때문에 대학생의 성적과 그의 과거 수능시험 점수의 상관관계를 파악함으로써 확인할 수 있을 것이다. 이에 비해, 측정도구의 동시타당도(concurrent validity)는 비교대상이 되는 기준과 측정도구가 시간상 동시에 발생하는 경우라고 볼 수 있다. 예를 들어, 어떤 연구자가 인지능력을 검사하는 측정도구를 새롭게 개발하였는데, 그 측정도구의 타당도를 확인하고자 한다고 하자. 이를 위해 인지능력을 측정하는 척도를 개발한 연구자는 이미 타당도가 높다고 인정받은 IQ 검사지를 함께 측정하여, 두 척도의 점수를 비교하여 상관계수를 구할 수 있을 것이다. 만약 동시에 측정한 2개의 측정치가 높은 상관관계를 보인다면, 새롭게 개발한 인지능력 척도의 타당도를 확보할 수 있을 것이다.

기준타당도 확보를 위한 또 다른 방법은 집단비교법(known-groups validity)이다. 이 방법은 특정 개념에 대한 태도, 의식, 성향이 잘 알려져 있는 집단을 대상으로 척도를 측정하여 두 집단의 평균이 유의미한 차이를 보이는지 검정하는 방법이다. 만약 특정 개념에 대한 태도가 상반되는 두 집단을 대상으로 연구자가 개발한 척도를 측정하고, 두 집단 간에 통계적으로 유의미한 차이를 확인한다면 그 척도의 기준관련 타당도를 확보할 수 있을 것이다.

이러한 기준타당도의 유형에는 측정도구의 외부기준이 현재의 기준이 되는 동시타당도와 미래의 시점에 발생하는 기준인 예측타당도가 있다.

### ① 동시타당도

동시타당도(concurrent validity)는 평가대상인 측정도구와 외부기준인 검증된 측정도구를 동일한 연구대상자에게 동시에 시행한 결과 간의 상관관계를 분석하여 타당도를 확인한다. 이때 두 측정도구의 결과 간에 상관관계가 높으면 동시타당도를 확보할 수 있지만, 상관관계가 낮으면 동시타당도는 낮다고 할 수 있다. 예를 들어, 최근에 개발된 불안척도를 사용하여 불안으로 치료 중인 집단과 일반인 집단의 불안 수준을 측정하였다. 측정 결과, 치료집단의 평균이 일반인 집단의 평균보다 통계적으로 유의미하게 높아 불안척도는 두 집단을 잘 구별하였다면 동시타당도가 높은 것으로 평가할 수 있다. 이처럼 동시타당도는 기존의 측정도구를 사용하는 것이 불편하거나 시간이나 비용이 많이 들 때, 그 측정도구를 개선할 목적으로 사용한다. 이러한 동시타당도의 장점은 조사에서 사용된 측정도구의 타당도를 계량화하여 객관적인 정보를 제공할 수 있다는 것이다. 예를 들어, 새로 개발된 주관적인 행복감 A 측정도구(10개 문항)의 측정결과와 이미 타당도가 경험적으로 검증되어 사용되는 주관적인 행복감 B 측정도구(15개 문항)의 측정결과를 비교하였다. 측정결과, 두 측정도구의 상관관계가 높은 것으로 나타났다면, 주관적인 행복감 A 측정도구는 동시타당도가 높다고 할 수 있다.

### ② 예측타당도

예측타당도(predictive validity)는 평가대상인 측정도구의 측정결과가 미래시점의 기준을 얼마나 정확하게 예측하는가에 관한 내용이다. 예측타당도의 확인방법은 먼저, 연구대상자에게 평가 대상인 측정도구를 이용하여 조사를 시행한다. 다음으로 일정 기간이 지난 후에 평가대상인 측정도구에서 측정했던 연구대상자의 행위를 측정한다. 마지막으로, 처음의 측정값과 이후의 측정값 간의 상관관계를 통하여 추정한다. 그 결과, 평가대상인 측정도구가 미래시점에 발생하는 기준과 유의미한 상관관계가 있을 때, 예측타당도는 높다고 할 수 있다. 이처럼 예측타당도는 상관관계로 추정할 수 있으므로 계량화되는 특징이 있다. 예를 들어, 대학수학능력시험에서 높은 점수를 받은 고등학생이 대학입학 2년 동안 높은 학점을 받았다면, 대학수학능력 점수와 대학입학 후의 학점 간에는 상관관계가 높은 것으로 볼 수 있다. 따라서, 대학수학능력시험은 대학생들의 학점을 타당하게 예측하므로 대학입학의 평가기준으로 예측타당도가 높은 측정도구라고 평가할 수 있다.

### (4) 구성타당도

구성타당도(construct validity)는 측정도구를 구성하는 문항들과 측정하고자 하는 개념이나 관련 이론들이 서로 밀접하게 연관되어 있을 것이라는 가정에서 출발한다. 따라서, 측정도구의 구성타당도는 예측되는 여러 개념의 상호관련성을 보고 타당도를 판단하게 된다. 구성타당도는 크게 수렴타당도(convergent validity)와 판별타당도(discriminant validity)로 구분할 수 있으며, 다소 상반된 방법으로 구성타당도 확인하는 절차를 거친다. 우선, 측정도구의 수렴타당도는 이론적으로 연관성이 높다고 예상되는 개념들 간에 높은 상관관계를 보이고, 판별타당도는 서로 관련성이 없을 것으로 예측되는 개념들 간에 낮은 상관관계를 보일 것이라는 가정을 확인함으로써 구성타당도를 확인하게 된다.

구성타당도는 측정도구의 타당도를 확인하는 방법 중에 가장 이론적이다. 측정도구의 구성타당도를 확인하는 방법은 측정도구와 관련성이 높은 개념을 측정하여 본 척도와 상관관계를 구하거나 SPSS를 통해 요인분석을 실시하여, 개념을 설명하는 이론에서 제시하는 요인들이 통계결과에서도 나타나는지 확인함으로써 구성타당도를 확인하는 것이다. 특히, 다수의 개념을 동시에 측정하는 다속성·다측정 방법(multitrait-multimethod matrix)은 2개 이상의 개념을 측정할 수 있는 도구를 2개 이상 이용하여 수렴타당도와 판별타당도를 동시에 평가하는 방법이다. 요인분석의 경우는 개별 문항들을 상관관계가 높은 것끼리 하나의 요인으로 묶어 내는 통계방식이며, 요인들 간에는 어느 정도 상호독립성을 유지하도록 한다. 따라서, 요인분석은 이론적 근거를 가지고 하위영역을 구성한 척도라면 하위영역별로 개별 문항들이 요인으로 묶이게 될 것이고, 서로 다른 개념으로 구성된 하위영역은 별도의 요인으로 구성될 것이라고 가정할 수 있게 된다. 이때 요인 내 항목들은 수렴타당도에 해당되고, 요인 간 항목들은 판별타당도가 적용되는 것으로 해석된다.

구성타당도의 하위영역에는 수렴타당도와 판별타당도가 있다. 수렴타당도는 평가 대상인 측정도구와 이론적으로 관련 있는 개념을 측정하는 측정도구 간의 상관관계가 높을 때 확보된다. 반면에, 판별타당도는 평가대상인 측정도구와 이론적으로 관련 없는 개념을 측정하는 측정도구 간의 상관관계가 낮을 때 확보된다.

일반적으로 구성타당도는 요인분석을 통해 검증할 수 있다. 요인분석(factor analysis)은 상관관계가 높은 문항들을 하나의 요인으로 묶는 통계방식으로 요인 간에는 어느 정도 상호 독립성을 유지하는 방법이다. 요인분석을 통해 문항들의 단일차원성과 문항들이 하위척도로 존재하는 것을 확인하는 것은 수렴타당도이다. 또한 각 문항의 상대적 영향력을 비교하여 적절한 문항으로 묶이지 않는 문항은 해당 요인과는 관계가 없는 것으로 간주하여 제외하거나 수정하는 것은 판별타당도에 해당한다. 이러한 수렴타당도와 판별타당도는 서로 독립된 것이 아니라, 보완적으로 상호작용하므로 이런 타당도들이 모두 높아야 구성타당도가 높다고 볼 수 있다.

### ① 수렴타당도

수렴타당도(convergent validity)는 같거나 이론적으로 관련 있는 개념을 측정하기 위해 서로 다른 측정도구로 측정한 측정값 간의 상관관계가 높다는 것을 의미한다. 즉, 수렴타당도는 동일한 개념을 측정하는 서로 다른 측정도구를 사용하더라도, 그 측정값들은 하나의 차원으로 수렴한다는 원리에 기초하고 있다. 이 원리를 이용하여 측정값들이 일치할수록 측정도구의 수렴타당도는 높다고 할 수 있다. 예를 들어, Q 사회복지관의 직원 선발기준은 주관식 시험과 사회복지 관련 주제에 대한 집단토론 점수를 합산한 것이라고 하자. 이때 두 가지 측정도구의 측정값 간의 상관관계가 높게 나왔다면, 수렴타당도는 높다고 할 수 있다.

### ② 판별타당도

판별타당도(discriminant validity)란 이론적으로 관련 없는 개념을 측정하기 위해 서로 다른 측정도구로 측정한 측정값 간의 상관관계가 낮다는 것을 의미한다. 즉, 서로 다른 개념을 측정하는 각각의 측정도구로 측정한 측정값 간의 상관관계가 낮다면, 그 측정도구는 판별타당도가 높다고 할 수 있다. 예를 들어, 충동성과 자존감은 이론적으로 서로 관련 없는 개념이다. 충동성과 자존감의 측정도구로 측정한 측정값 간의 상관관계가 낮다면, 판별타당도는 높다고 할 수 있다.

타당도의 유형과 검증방법은 다음과 같다.

〈표 5-1〉 타당도의 종류와 검증방법

| 구 분 | | 타당도 평가기준 | | 검 증 방 법 |
|---|---|---|---|---|
| 액면타당도 | | 피검자 | | 피검자에 의한 주관적 평가 |
| 내용타당도 | | 전문가 판단 | | 전문가에 의한 주관적 평가 |
| 기준 타당도 | 동시타당도 | 외부 (기준) | 현재 | 현재 알 수 있는 외부기준과의 상관 |
| | 예측타당도 | | 미래 | 미래 알 수 있는 외부기준과의 상관 |
| 구성 타당도 | 수렴타당도 | 이론 (개념) | 유사성 | 유사개념과의 수렴적 상관 또는 요인구조 |
| | 판별타당도 | | 이질성 | 이질개념과의 판별적 상관 또는 요인구조 |

자료: 서정민 외(2019: 116).

### 3) 내적 타당도와 외적 타당도

#### (1) 내적 · 외적 타당도의 개념
① 내적 타당도의 정의

내적 타당도는 인과관계의 정확한 추론 정도를 의미하는 것으로, 정교한 실험설계, 즉 최대한 진(true) 실험설계를 통해 외생변수를 통제하면 높일 수 있다. 내적 타당도를 확보하기 위한 방법은 다음과 같다(홍봉수 외, 2018: 125).

첫째, 무작위 배정 또는 난선화(randomization)의 방법이 있다. 실험대상에게 실험집단과 통제집단에 배정될 기회를 동등하게 보장한 상태에서 어느 한 집단에 배정하는 것이다. 이로써 실험 이외의 조건들은 동일한 상황이 되는 것이다.

둘째, 짝짓기가 있다. 유사한 속성을 지닌 것끼리 둘씩 짝을 만든 후 하나는 실험집단, 다른 하나는 통계집단에 배정하여 동등성을 확보하는 것이다.

### ② 외적 타당도

외적 타당도는 결과의 일반화 가능성 수준을 의미하는 것으로, 타당도가 정확성을 의미한다는 것으로 볼 때, 외적 타당도는 실험의 결과를 외적, 즉 외부에 적용하는 것이 어느 정도 정확한지에 대한 논의라고 할 수 있다. 외적 타당도가 높다는 것은 연구결과가 다른 환경과 집단에서도 보편적으로 적용될 가능성이 높다는 것을 의미한다.

이러한 외적 타당도를 높이기 위해서는 첫째, 최대한 무작위 표본추출을 통해 표본을 구성하고, 둘째, 표본추출에서 계획적으로 이질적인 요소를 포함하거나, 셋째, 대표적인 사례만을 표본으로 선정하여 연구에 적용하는 세 가지 방법이 있다.

### (2) 내적 타당도를 저해하는 요인

내적 타당도(internal validity)란 독립변수가 확실히 종속변수의 변화에 중요한 차이를 가져왔는가에 관한 것이며, 종속변수의 변화가 독립변수의 변화에 의한 것이라고 할 수 있는 정도를 말한다. 인과성에 대한 추론가능성이 얼마나 높은지를 나타내는 것이 바로 내적 타당도이다. 내적 타당도가 높다는 것은 인과성에 대한 경험적 검증능력이 강하다는 것을 의미한다. 그 내용은 다음과 같다(박선희 외, 2018: 118-121).

### ① 외부사건(history)

연구조사과정에서 통제 불가능한 외부적인 사건이 발생하여 연구결과에 영향을 미칠 수 있다 예를 들어, 금연률을 높이기 위한 금연특별 프로그램을 실시하고, 그 효과성을 검증하기 위해 프로그램 실시 전과 후의 금연률 차이를 검증하였는데, 금연률이 프로그램 실시 전에 비해 높아져 있다면, 이를 근거로 프로그램의 효과성을 주장할 수 있다. 그러나 문제는 프로그램과 금연률에 대한 인과관계에서 외부사건에 대한 설명을 배제할 수 있는 방법이 없다는 것이다. 즉, 금연

프로그램이 진행되는 동안 다른 일들, 국가 차원의 금연캠페인이 있었다든가, 유명인이 흡연으로 사망한 사건 등이 발생하여 금연에 영향을 미칠 수도 있다는 것을 배제할 수 없다.

### ② 시간 경과에 따른 성숙의 효과(maturation)

인간은 고정되어 있지 않으며, 시간이 경과함에 따라 자연적으로 성숙하는 측면들이 많은데, 이런 자연적인 성장이 서비스나 실험적 개입의 효과인 것처럼 여겨지는 경우가 많다. 청소년들의 사회성 향상 프로그램을 1년간 실시하고 프로그램의 효과를 검증하기 위해 전후연구를 실시하고 점수를 비교하였을 때, 사회성이 향상되었다는 결과가 나왔다 하더라도, 이것이 프로그램의 효과인지, 1년 동안 청소년들이 사회적으로 성장하면서 자연스럽게 사회성이 향상된 것인지 알 수 없다.

### ③ 테스트 효과(testing)

두 번 이상의 동일한 테스트를 실시하는 연구조사에서 나타나는 현상으로 테스트 자체만으로 결과에 영향을 미칠 수 있는 경우를 말한다. 즉, 전 검사가 후 검사에 영향을 미치는 것이다. 피실험자들의 테스트에 대한 기억들의 작용으로 생길 수 있는 요인으로 연구대상자들이 문항에 대해 기억하고, 이전에 응답했던 것을 그대로 응답하기 위해 노력하거나, 바람직하다고 여겨지는 응답을 골라서 응답할 수 있다.

### ④ 도구 효과(instrumentation)

전-후의 테스트를 다른 것으로 실시하였을 때 발생하는 내적 타당도 저해요인을 말한다. 테스트 효과가 같은 실험으로 인해 생길 수 있는 저해요인이라면, 도구효과는 다른 실험으로 인해서 생기는 요인이다. 우울증 환자들의 집단 프로그램을 실시하면서 효과성 검증을 위해 전후연구를 실시하였을 때, 전 연구에 사용한 도구와 후 연구에 사용한 도구가 다르다면, 프로그램의 효과 때문에 점수 차이가 발생했는지, 도구가 달라져서 점수가 달라진 것인지 알기 어렵다.

### ⑤ 통계적 회귀(statistical regression)

프로그램 실시 전의 결과가 정상치보다 지나치게 낮은 경우 프로그램이나 연구

개입을 하고 난 후의 결과는 프로그램의 효과에 관계없이 상승하게 될 수도 있다는 것이다. 정상치로 접근하려는 회귀성향은 프로그램 개입과 관련된 인과관계를 흐리게 한다. 이는 종속변수 값의 극단치를 근거로 실험집단을 선택했을 때 발생한다.

### ⑥ 편향된 선별 (selection biases)

집단들의 비교연구에서 나타날 수 있는 요소로 비교되는 집단들이 비교될 수 없는 성격들을 가지고 있을 때 나타나는 어떤 결과에 대해서는 프로그램의 효과라고 말하기에 근거가 부족하다. 실험 및 통제 집단의 선택에 있어 동질성이 없는 각 집단의 최초 상태가 상이하여 실험효과의 왜곡이 일어나거나, 실험 및 통제 집단이 다른 사회적 상황에서 선택되어 그러한 상호작용이 종속변수에 영향을 미치게 된 것이다. 이를 방지하기 위해서는 무작위적인 표본추출과 집단배정이 필요하다.

### ⑦ 실험 도중 탈락(experimental mortality)

실험설계에서 나타날 수 있는 요인으로 실험대상자들이 질병, 이사, 사망, 실험처리에 대한 싫증 등 여러 가지 이유로 실험 도중 그만두게 됨으로써 인과관계를 밝히는데 장애요인으로 작용할 수 있다. 실험에서 중도 탈락하는 사람은 나름대로의 특성을 가지고 있으며, 그것을 배제한 상태에서 사전 및 사후 시험결과를 비교하는 것은 문제가 된다.

### ⑧ 인과적 시간-순서의 모호성(causal time-order)

시간적인 우선성에 대한 불확실성은 원인변수와 결과변수와의 인과관계에 대한 효과적인 입증이 어려운 경우를 만든다. 즉, 독립변수와 종속변수 간에 어느 것이 원인인지 불확실해서 인과관계의 방향을 결정하기가 곤란한 경우가 발생한다.

### ⑨ 개입효과의 확산 혹은 모방(diffusion or imitation of treatment)

분리된 집단을 비교하는 연구에서 적절한 통제가 부재할 경우 잘 나타나는 문제로써 실시한 프로그램이 어떤 자극에 의해 실험집단 외의 다른 집단에 전파되어 집단 간의 차이가 불분명하게 되는 것을 말한다.

### (3) 외적 타당도의 관련 요인

외적 타당도(external validity)는 표본에서 얻어진 연구의 결과를 두고 연구조건을 넘어선 환경이나 다른 집단들에까지 확대 해석 혹은 일반화할 수 있는 정도를 가리킨다. 내적 타당도가 표본자료에 한정시켜 결과를 해석한 것이라면 외적 타당도는 표본자료의 결과가 얼마만큼 일반화될 수 있는 것인지를 말해 주는 것이다. 외적 타당도와 관련된 요인은 다음과 같다(박선희 외, 2018: 121-123).

#### ① 연구의 대표성

모든 연구대상자들을 연구할 수 없으므로 표본(sampling)을 가지고 연구를 하게 되며, 이 표본은 모집단을 대표할 수 있어야 하고, 연구 환경이나 절차 등도 모집단을 대표할 수 있어야 한다.

#### ② 연구 반응성

연구대상자들이 자신들이 특정한 연구조사의 대상이 되고 있음을 인식한다면, 그에 대한 반응이 생겨날 것이며, 그 결과를 일반화하는 데에는 무리가 있을 것이다. 연구 반응성(research reactivity)은 다양한 방식으로 나타나는데, 연구대상자가 연구자가 원하는 방식으로 반응하는 경우가 가장 대표적인 반응성의 유형이다. 호손효과(Hawthorne effect)는 조사나 실험에 참여하는 사람들이 다른 비교집단과의 사람들에 비하여 그들이 특별한 취급을 받는다고 느낌으로써 의식적으로 나타내는 효과로, 이 효과를 예방하기 위해서는 실험실 연구에서는 어렵지만, 언제 어떻게 관찰되는지 알려주지 않는 방법이 있다.

#### ③ 플라시보 효과

플라시보 효과(placebo effects)는 가실험효과, 위약효과라고도 하며, 약물실험 등에서 종종 문제가 되는 요인이다. 실제로 프로그램의 개입이나 실험 처치가 이루어지지 않았음에도 불구하고, 그것을 받은 것과 유사한 효과가 나타나는 경우를 말한다. 이 문제를 개선하기 위해서는 실험집단 이외에 두 개의 비교집단을 설정하여 무관심집단에는 아무런 처치를 하지 않고 다른 비교집단에는 관심을 보이지만, 실험집단과 같은 개입은 하지 않는 위약처치를 받게 하여 실험집단, 무관심집단, 위약집단을 비교하는 설계를 하는 방법이 있다.

#### ④ 사전검사와 독립변수의 상호작용

사전검사를 실시하는 과정이 연구참여자들의 독립변수에 대한 관심이나 태도 등에 어떠한 영향을 미치게 되는 양상으로 나타나 종속변수에까지 영향을 미치게 되는 것을 말한다. 이러한 결과를 사전검사를 받지 않은 사람에게까지 일반화하는 것은 어려운 일이다. 이 같은 사전검사와 독립변수의 상호작용이 연구대상자의 관심이나 동기에 미치는 효과를 '민감화 효과(sensitizing effect)'라고 한다.

#### ⑤ 보상적 경쟁효과(compensatory rivalry)

실험집단과 통제집단을 만들어 실험하는 경우, 통제집단이 자신들이 어떤 이점을 박탈당했다고 느끼게 되어 기대 이상 혹은 기대 이하의 효과를 나타내는 경우이며, 이 경우 독립변수의 영향을 알 수 없게 된다.

#### ⑥ 연구원 기대효과

연구원이 기대하는 긍정적이고 바람직한 결과가 은연 중에 연구대상자에게 전달되어 기대 이상의 긍정적 효과가 나타나는 경우를 말한다. 이 문제를 예방하기 위해서는 이중맹검과정(double-blind procedures), 즉 누가 실험대상자인지 통제집단인지 연구원이 모르게 하는 방법을 사용할 수 있다.

## 3. 신뢰도와 타당도

### 1) 신뢰도와 타당도의 관계

신뢰도는 타당도를 확보하기 위한 기본적인 전제 조건, 즉 신뢰도는 타당도의 필요조건이지만 충분조건은 아니다. 어떤 측정도구의 신뢰도가 높아도 타당도는 낮을 수 있음을 의미한다. 즉, 하나의 측정도구로 반복해서 측정하여 비슷한 결과를 얻을 수 있지만, 그 결과가 반드시 그 구성개념의 정의와 일치한다고 볼 수는 없다. 예를 들어, 연구대상자들이 거짓말을 계속하면 결과는 거의 똑같아서 신뢰도는 높지만, 타당도는 낮다고 볼 수 있다. 또한 어떤 측정도구의 타당도가 높다면, 그 측정도구의 신뢰도는 높을 가능성이 크다. 그러나 어떤 측정도구의 신뢰도가 높다고 하더라도, 반드시 타당도가 높은 것은 아니다. 이처럼 신뢰도와 타당도의 관계는 비대칭적 관계이므로 사용하는 측정도구로 의미 있는 결과를 얻으려면 타당도와 신뢰도 모두 높아야 한다(조학래, 2020: 158).

신뢰도와 타당도의 관계는 다음과 같다.

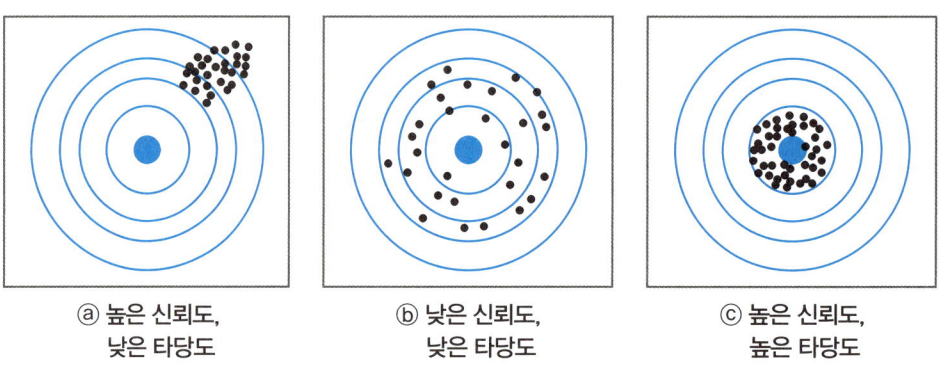

ⓐ 높은 신뢰도, 낮은 타당도    ⓑ 낮은 신뢰도, 낮은 타당도    ⓒ 높은 신뢰도, 높은 타당도

자료: 조학래(2020: 159).

[그림 5-1] 신뢰도와 타당도의 관계

위의 그림은 신뢰도와 타당도의 관계를 설명한 것으로, 사격장에서 흔히 영점사격할 때 사용되는 표적지를 사용한 예이다. 점으로 표시된 것은 측정도구의 문항을 의미하고, 정중앙은 연구자가 측정하려는 측정내용을 의미한다. 타당도와 관련된 개념인 체계적 오차는 어떤 대상을 측정해도 항상 같은 크기와 방향으로 발생하는 오차를 말한다. 체계적 오차가 발생하는 이유는 측정도구나 측정방법의 타당도가 부족하기 때문이다. 그림에서도 표적의 원점에 정확히 맞지 않는 총탄의 경우, 타당도가 부족한 측정도구로 볼 수 있다. 특등사수라도 성능이나 상태가 나쁜 총을 사용한다면, 그 결과는 표적의 원점에서 멀리 벗어날 수밖에 없다.

반면에, 신뢰도와 관련된 개념인 비체계적 오차는 측정자의 상태나 감정의 변동, 능력 등의 차이에서 발생하는 무작위적 오차를 말한다. 즉, 측정도구와 관계없이 측정상황에 따라 발생할 수 있는 오차이다. 그림에서 사수의 능력과 관련하여 그를 얼마나 믿을 수 있는가, 즉 사수의 신뢰도와 관련된 내용이다. 특등사수라면 여러 번 사격한 결과는 매우 비슷하게 나타날 것이다. 여러 번 사격한 결과, 신뢰도가 높다는 것은 그 결과의 일관성이 있다는 것이므로 탄흔이 좁은 범위에 집중된 ⓐ와 ⓒ의 경우이다. 반면에, 타당도가 높다는 것은 탄흔이 표적 중심부 주위에 모여 있는지의 정도로 평가할 수 있으므로 타당도가 높은 경우는 ⓒ이다. ⓑ는 ⓐ와 ⓑ에 비해 탄흔이 산만하여 신뢰도와 타당도가 낮으므로 사수가 사격 결과를 평가하는데 어려움을 겪는다.

그러므로 신뢰도와 타당도의 두 개념은 서로 분리된 것이라기보다는 다소 복합적으로 상호 연계되어 있다. 즉, 측정도구가 타당도가 있는 경우라면 어느 정도 신뢰도는 확보된 것이라고 볼 수 있다. 하지만 신뢰도가 확보된 측정도구라 할지라도, 타당도가 확보되지 않은 경우가 있다. 만약 연구자로서 측정도구의 신뢰도나 타당도에 대해 알 수 없다면, 그 측정결과는 별 의미가 없는 경우가 많다. 따라서, 측정도구의 타당도와 신뢰도는 그 중요성이 매우 크다고 할 수 있다(홍봉수 외, 2018: 134).

신뢰도와 타당도의 관계는 서로 분리된 것이 아니라 연계되어 있는데, 신뢰도와 타당도의 관계를 살펴보면 다음과 같다(조학래, 2020: 160).

첫째, 신뢰도와 타당도는 항상 정적(+) 관계를 갖는 것은 아니다. 즉, 측정도구의 신뢰도가 높다고 하더라도, 타당도가 반드시 높은 것은 아니다. 그 이유는 비체계적 오차가 없더라도, 체계적 오차는 있을 수 있기 때문이다.

둘째, 측정도구의 신뢰도가 낮으면, 타당도는 말할 수 없다. 즉, 신뢰도는 타당도의 기본적인 전제 조건이기 때문이다.

셋째, 타당도가 높은 측정도구는 일반적으로 신뢰도가 높은 경향이 있다.

넷째, 측정도구의 타당도가 낮더라도, 신뢰도가 반드시 낮은 것은 아니다. 즉, 측정도구의 타당도가 낮더라도, 신뢰도는 높은 때도 있다.

## 2) 신뢰도와 타당도에 영향을 미치는 요인

신뢰도와 타당도에 영향을 미치는 요인으로는 측정도구, 연구환경, 연구대상자, 연구자의 해석 등으로 분류할 수 있다. 그 내용은 다음과 같다(곽미정 외, 2018: 126-128).

### (1) 측정도구

측정도구에 따라서 신뢰도나 타당도에 영향을 받을 수 있다. 즉, 질문내용이 애매하고, 응답 기입란이 불분명하거나, 관례상 사용하지 않는 문구들을 포함한 측정도구는 응답자의 설문결과 같은 결과가 연구를 통해 도출될 수 있는 신뢰도가 떨어지며, 이에 따라 타당도에도 영향을 미칠 수 있다. 이를 방지하기 위해서는 연구대상자가 동일한 의미로 해석할 수 있도록 측정도구의 내용을 명확히 하는 것이 필요하다.

한편, 중요한 개념으로 동일한 개념이나 변수를 측정할 때 문항수를 늘리면 신뢰도와 타당도를 높일 수 있다. 그러나 설문응답자에 비하여 문항수가 많아지는 경우에는 신뢰도가 낮아질 수 있는 것도 유념할 필요가 있다. 따라서, 연구대상자가 잘 모르거나 관심이 없는 내용에 대해서는 설문응답을 받지 않는 것이 바람직하다. 설문지의 작성은 따라서 질문지의 오탈자, 읽기 어려운 단어 등이 있을 경우에는 오해를 유발하여 측정의 신뢰도와 타당도를 저하시키지 않도록 하는 것이 중요하다.

### (2) 연구환경

연구조사에서는 설문조사의 응답과정에서 시간이 급박한 상황, 강압적인 상황, 연구자와 얼굴을 대면한 상황이거나, 그렇지 않은 상황 등에 따라서 응답에 영향을 미칠 가능성이 있다. 따라서, 가능한 한 자유스러운 분위기에서 응답자가 본인의 의사를 정확히 표현할 수 있는 상황을 만들어 주는 것이 중요하다. 조사시간이 너무 길지 않아야 하며, 응답자들이 이해하고 응답할 수 있는 충분한 시간이 주어져야 하는데, 그렇지 않은 경우 무성의한 응답을 통해 신뢰도가 저하될 수 있으므로 설문응답에 필요한 시간을 미리 안내하는 것도 바람직하다.

연구자가 측정도구를 완성하는데 필요한 절차를 정확하게 준수하느냐 그렇지 않느냐에 의해서도 설문의 응답에 영향을 미친다. 예를 들어, 연구 완성에 필요한 지시나 연구자의 측정방식이나 태도에 연구자는 필요한 교육을 받는 것이 좋으며, 가급적 일관성을 유지해야 한다.

### (3) 연구대상자

연구자는 설문 대상자의 연령, 교육수준 및 사회경제적 수준을 고려하여 측정도구를 작성하여야 한다. 예를 들어, 다문화여성인 경우에는 한국말의 통역사가 동행하기도 하여 설문응답의 정확성을 기해야 하며, 연령이나 지각 혹은 사회문제에 있어서 응답자의 이해도가 고려되어야 한다. 또한 조사대상집단이 다양한 배경을 가질 때 응답의 신뢰도는 증가할 수 있으며, 조사대상자가 조사에 대한 흥미가 높고 연구선택의 동기가 높으면, 신뢰도와 타당도가 높아진다. 지나치게 편향된 집단을 연구대상으로 정하지 않도록 유의한다.

### (4) 연구자의 해석

설문의 조사자가 결과를 어떻게 분석하고 해석하는가에 따라 신뢰도와 타당도에 영향을 미칠 수 있다. 예를 들어, 개방형 질문의 경우에는 질문하는 방식이나 태도에 따라 조사자의 주관이 개입될 여지가 많으며, 폐쇄형 질문의 경우에도 수집된 자료를 어떻게 부호화하느냐 혹은 측정결과를 어떻게 해석하느냐에 따라서 영향을 미칠 가능성이 있다.

## 3) 신뢰도와 타당도를 높이는 방법

신뢰도와 타당도를 높이는 방법으로 신뢰할 수 있는 검증된 측정도구를 사용하는 것이 중요하다. 즉, 연구대상자에게 동일하거나 유사한 질문을 2회 이상하여 일관성 있는 응답을 하는지에 대한 점검이 필요하다. 그리고 설문 조사자에게 측정도구와 측정방법에 대한 사전교육을 철저히 실시하는 것이 바람직하다.

## 〈연습문제〉

1. 주요 개념에 대한 연결이 잘못 된 것은?
    ① 신뢰도 : 반복 측정하여도 같은 값이 재현되는 정도(재현성)
    ② 타당도 : 측정하고자 하는 바를 측정하는 정도(정확성)
    ③ 구성타당도 : 이론적 구성개념을 반영도를 측정하는 타당도
    ④ 기준타당도 : 외부의 기준에 의해 평가하는 타당도
    ⑤ 비체계적 오류 : 작위적으로 발생하는 오류

2. 타당도와 신뢰도에 대한 설명이 잘못된 것은?
    ① 타당도가 있으면 신뢰도가 있다.
    ② 신뢰도가 높다고 하더라도 타당도가 높은 것은 아니다.
    ③ 신뢰도는 타당도의 필요충분관계이다.
    ④ 타당도는 신뢰도에 대한 충분관계이다.
    ⑤ 신뢰도가 낮으면 타당도도 낮다.

3. 신뢰도 평가방법으로 외생변수, 반복검사로 인한 주시험 효과가 큰 방법은?
    ① 검사-재검사법    ② 반분법    ③ 질문지법
    ④ 크론바 알파    ⑤ 대안법

4. 3학년 1반이라는 동일한 집단에 대해 똑같은 시험문제로 월요일에 시험보고 다시 수요일에 시험을 보았다. 무엇을 측정하려는 것인가?
    ① 공정성    ② 책임성    ③ 신뢰도
    ④ 타당도    ⑤ 상관도

5. 신뢰도와 타당도의 관계로 맞는 것은?
    ① 타당도와 신뢰도는 대칭적인 관계이다.
    ② 신뢰도가 확보되면 타당도도 확보된다.
    ③ 신뢰도가 높으면 반드시 타당도도 높다.
    ④ 타당도가 높으면 높은 신뢰도가 확보된다.
    ⑤ 신뢰도와 타당도는 관계가 없다.

6. 신뢰도와 타당도에 관한 설명으로 옳은 것은?
   ① 체계적 오류는 신뢰도에 문제를 야기한다.
   ② 타당도 문제는 자료수집 과정에서, 신뢰도 문제는 측정도구 작성 과정에서 발생
   ③ 복수양식 법을 통해 동시 기준타당도를 확인할 수 있다.
   ④ 신뢰도는 타당도의 필요조건이다.
   ⑤ 타당도는 신뢰도의 필요조건이다.

7. 신뢰도의 평가방법이 아닌 것은?
   ① 검사-재검사법    ② 대안법    ③ 반분법
   ④ 요인분석    ⑤ 관찰자 신뢰도

8. 신뢰도를 높이는 방법으로 적합하지 않은 것은?
   ① 개념적 정의를 명확히 한다.
   ② 측정하고자 하는 개념을 가능한 한 높은 수준으로 측정한다.
   ③ 척도를 구성하는 문항의 수를 최소화한다.
   ④ 같은 개념을 측정하는 신뢰도와 타당도가 검증된 기존 척도가 있다면 이를 활용
   ⑤ 지시문을 명확히 이해할 수 있도록 서술한다.

9. 내적 일관성 신뢰도에 관한 설명으로 옳지 않은 것은?
   ① 반분법은 내적 일관성 신뢰도를 평가하는 방법이다.
   ② 척도 내 문항들 간상관관계를 분석하여 평가한다.
   ③ 가장 일반적인 신뢰도 평가 방법이다.
   ④ 크론바 알파(Cronbach's alpha)를 사용하여 나타낼 수 있다.
   ⑤ 동등한 것으로 추정되는 2개의 측정도구를 사용하여 평가하는 방법이 최근 추세이다.

정답 1. ⑤  2. ③  3. ①  4. ③  5. ④  6. ④  7. ④  8. ③  9. ⑤

## Chapter 6
# 표본조사

### 학습목표

1. 주요 개념 숙지
2. 표본 오차와 크기에 대한 이해
3. 추출 과정과 방법의 실제 적용

### 학습내용

1. 표본조사의 개념
2. 표본조사의 주요 개념
3. 표본오차
4. 표본크기
5. 표본추출과정
6. 표본추출방법

### 개 요

표본조사는 연구대상 모집단의 특성을 대표할 수 있는 일부를 표본 추출하고 추출된 표본을 대상으로 연구를 시행하는 방법이다. 표본조사는 모집단의 특성인 모수를 알기 위해 무작위표집으로 표본을 선정해 통계치를 얻고, 그 통계치를 이용하여 실제 모집단의 특성인 모수를 추정하는 과정을 거친다. 여기에서는 표본조사를 학습하고자 한다.

# Chapter 06
# 표본조사

## 1. 표본조사의 개념

표본조사(sample survey)는 연구대상 모집단의 특성을 대표할 수 있는 일부를 표본추출하고 추출된 표본을 대상으로 연구를 시행하는 방법이다. 기본적으로 연구자는 연구대상 모집단의 특성을 나타내는 수치인 모수를 알고자 한다. 모수를 알기 위해 전수조사를 시행하거나, 표본조사를 통해 얻은 통계치를 통해 모수를 추정할 수도 있다. 표본조사는 모집단의 특성인 모수를 알기 위해 무작위표집으로 표본을 선정해 통계치를 얻고, 그 통계치를 이용하여 실제 모집단의 특성인 모수를 추정하는 과정을 거친다. 표본조사에서 가장 중요한 것은 모집단의 특성을 정확하게 반영하는 대표성 있는 표본을 추출하여 그 결과를 모집단으로 일반화하는 것이다. 이를 위해서 중요한 두 가지 과정은 표본크기를 결정하는 것과 대표성 있는 표본을 추출하는 방법을 선택하는 것이다. 따라서, 표본크기가 지나치게 작을 때는 표본추출의 의미가 없으며, 추출된 표본이 모집단의 특성을 대표하지 못할 때는 모집단으로 일반화 가능성이 작아진다.

표본조사의 장단점은 다음과 같다(김기동 외, 2021: 232-233 ; 최세영 외, 2020: 193-194).

〈장점〉
첫째, 표본조사는 전수조사에 비해 소표본이기 때문에 훨씬 적은 비용으로 신뢰할만한 정보를 얻어낼 수 있다. 전수조사로부터 수집된 자료는 표본조사보다 상대적으로 정확한 결론을 도출할 수 있으나, 모집단이 방대하면 많은 시간과 비용을 투입해야 하는 한계를 가지고 있기 때문에 표본조사는 경제적이라고 할 수 있다.

둘째, 표본조사는 자료의 수집 및 분석을 신속히 처리할 수 있어 신속성과 시의성(timeliness) 있는 결과를 얻어 낼 수 있다. 다시 말해서 단기간에 걸쳐 수행할 수 있으므로 관련 현상에 대한 변화가 일어나기 전에 조사를 마칠 수 있다.

셋째, 표본조사는 전수조사보다 자료의 수집 및 분석과정을 통제하기가 수월하여 비표본오차를 줄일 수 있어 정확도를 높일 수 있다. 비표본오차가 발생하기 쉬운 전수조사보다 표본조사에서 오히려 더 정확한 결과를 얻어 내는 경우가 종종 발생한다.

넷째, 표본조사는 정확한 모집단을 알 수 없거나, 모집단이 무한히 많은 경우 등과 같이 전수조사가 불가능한 경우에 활용할 수 있어 연구의 실현 가능성이 높다.

이러한 표본조사의 장점은 제대로 된 표본설계 계획과 진행이 전제되어야 가능하다. 주어진 제약 조건하에서 최적의 표본추출방법과 적정 표본 수를 결정하는 작업인 표본설계(sample design)는 표본조사의 장점을 극대화시킬 것이다.

〈단점〉

첫째, 표본조사는 모집단을 완벽하게 설명할 수 있는 대표성 있는 표본을 선정하는 것이 쉽지 않다. 표본의 대표성이 낮아진다면 일반화의 가능성도 낮아지게 되어 모집단을 정확히 설명할 수 없게 된다. 잘못된 표본추출은 그 자체로 편향된 결과를 만들어 낸다.

둘째, 표본조사는 복잡하고 치밀한 표본설계를 필요로 하는 경우에는 오히려 시간과 비용이 더 많이 소요될 수 있으며, 오차를 발생시킬 수 있다.

셋째, 표본조사는 연구자의 편향된 표본으로 오류를 발생시킬 수 있다. 연구교육을 잘 받은 연구원이라도 거리에 나가 여론조사를 할 경우, 연구대상자의 외모나 호감도에 따라 표본을 구하는 오류를 범할 수 있다.

이러한 단점은 모집단을 대표할 수 있는 표본추출방법을 활용하거나, 표본크기를 어느 정도만 확보한다면 극복할 수 있고 오차를 최소화할 수 있다.

이러한 장단점의 이유를 살펴보면 사회조사에서 표본조사를 실시하는 이유에 대한 해답을 찾을 수 있을 것이다. 효과적이고 잘 계획된 표본조사는 표본오차만 줄여준다면, 많은 경우 전수조사보다 더욱 신뢰할 만한 연구결과를 얻을 수 있다.

## 2. 표본조사의 주요 개념

표본의 논리와 방법을 이해하기 위해서는 표본에 사용되는 주요 개념 및 용어에 대한 숙지가 필요하다. 사회연구와 통계분석에서 일반적으로 사용되는 주요 개념 및 용어는 다음과 같다(김동기 외, 2021: 229-232 ; 최세영 외, 2020: 195-197 ; 최성철 외, 2019: 119-123).

### 1) 모집단과 모수

모집단(population)은 연구자가 관심을 갖는 연구대상이 되는 집단 전체이며, 모수(parameter)는 모집단의 특성이 수치로 표현된 것을 의미한다. 연구자는 모집단 가운데 표본이 실제로 추출되는 모집단을 구체화시키는데, 이를 연구모집단(조사모집단, survey population)이라고 한다. 개념적으로 볼 때, 모집단은 연구모집단보다 넓은 개념으로 이해되나, 실제 연구에서 모집단과 연구모집단이 동일한 경우도 많다. 예를 들어, A지역의 고등학생의 학교폭력실태를 연구한다면, A지역의 고등학생은 모집단이 된다. 또한 A지역이 고등학생의 실제적인 학교폭력 수준은 모수가 된다. 다만, 연구자는 A지역 고등학생 중 일부를 표본으로 선별하여 모수를 예측하는 것이다. 따라서, 모집단은 표본 연구를 통한 연구결과를 일반화시킬 수 있는 범위가 되므로 명확하고 구체적으로 규정해야 한다.

연구모집단(study population)은 실제로 추출된 표본들의 집합이다. 실제적 상황으로서, 이론적으로 확립된 정의를 충족시켜 주는 모든 요소들이 실질적으로 그 표본추출에서 추출될 가능성을 보장하기는 거의 어렵다. 요소들의 목록이 표본추출 목적을 위해 존재함에도 대체로 그 목록은 다소 불완전하다. 예를 들어, 부주의로 빠트릴 수도 있다. 일부 전화 가입자들은 이름이나 번호가 누락되어 있다. 그래서 연구모집단은 표본이 추출될 요소들의 집합이다. 연구자들은 흔히 자신들의 연구모집단을 이전의 사례들에서 나타난 것보다 아주 많이 제한한다. 모집단과 연구모집단 사이에는 일정한 격차가 있는데, 가급적 그 격차를 좁히는 노력이 필요하다. 현실적으로 남겨질 수밖에 없는 격차는 명확히 제시되어야 한다.

### 2) 표본요소

표본요소(sample element)는 모집단을 구성하는 개별단위로 개인, 가족, 집단, 조직 등이 될 수 있다. 즉, 요소들의 총집합을 모집단이라고 한다. 일반적으로 자료가 수집·분석되는 단위와 요소는 일치하는 경우가 많다. 예를 들어, A지역 고등학생은 요소이면서 자료의 수집 및 분석단위가 된다. 연구목적에 따라서는 개인, 가족, 사회모임, 기업, 집단 등이 표본선정의 요소가 될 수 있다.

### 3) 표집틀, 표본단위

표집틀(sampling frame)은 표본이 실제로 선정되는 표본추출 단위의 실제 목록 또는 모집단 전체 목록을 말한다. 즉, 표집틀은 표본을 추출하기 위한 모집단의 목록으로 모집단의 요소를 모두 포함하여야 하며, 최근의 자료를 확보함으로써 중요한 요소가 빠지지 않도록 해야 한다. 예를 들어, A지역 고등학생의 학교폭력을 연구할 경우, A지역 고등학생의 모든 명단이 표집틀이 된다. 다른 예로, 지역주민의 욕구를 전화연구로 파악할 경우에는 전화번호부가 표집틀이 될 수 있다.

표본단위(표본추출단위, sampling unit)는 표본이 추출되는 각 단계에서 표본으로 추출한 요소를 담고 있는 요소들의 묶음이다. 즉, 표본을 할 때 적용되는 단위로서, 대개 분석단위 혹은 요소와 일치하지만, 반드시 일치하지 않을 수도 있다. 예를 들어, A지역 고등학생을 대상으로 학교폭력을 연구할 때, 학생은 연구의 분석단위이며, 요소가 되는 동시에 표본단위가 된다. 그러나 A지역에 위치한 전체 고등학교 중 일부를 표본추출한 후 그 학교에서 학생을 조사하였다면, 최초의 표본추출 단위는 학교가 되며, 두 번째 표본단위는 학생이 된다. 즉, 표본방식에 따라 표본단위와 분석단위가 다를 수 있다.

### 4) 표본간격, 관찰단위

표본간격(sampling interval)은 모집단으로부터 표본을 추출할 때 추출되는 간격을 의미한다. 예를 들어, 모집단 100명 중에서 10명을 표본으로 선정한다면 표본간격은 10이 된다.

관찰단위(observational unit)는 관찰하는 대상으로 실제 자료가 얻어지는 단위를 말한다. 인문사회과학 분야에서는 보통 피실험자 또는 응답자가 관찰단위가 되는 경우가 많지만, 가족, 학교, 지역 등도 관찰단위가 되기도 한다.

### 5) 통계치와 모수

통계치(statistic)는 표본추출이 가지고 있는 값이고, 모수(parameter)는 모집단이 가지고 있는 값이다. 어떤 시의 모든 가족들의 평균 소득과 시 인구의 연령분포는 모수이다. 사회연구의 중요한 부분은 추출된 표본을 관찰하여 모수를 측정하고자 한다. 이를 추론통계(inferential statistics)라 하며, 표본에서 나온 통계치로부터 모수를 측정하거나 가설을 검증하는데 사용하는 통계적 방법이다. 그래서 표본추출과 표본추출의 연령분포로부터 계산된 평균소득은 통계치이다. 통계치들은 모수들을 측정하도록 만드는데 사용된다.

## 3. 표본오차

조사를 할 때 불가피하게 발생하게 되는 것이 오차이다. 조사에서 오차는 존재하는 실제 상태와 조사로 얻어지는 결과의 차이를 의미한다. 조사과정에서 오차의 발생이 불가피한 것이라 해도, 연구자는 오차를 최소화하기 위해 노력해야 한다. 오차가 많은 연구는 신뢰할 수 없기 때문이다. 따라서, 조사과정에서 발생하는 오차를 이해하는 것은 매우 중요한 일이다. 오차는 크게 두 가지 분류체계, 즉 표본오차와 비표본오차, 체계적 오차와 무작위 오차로 구분된다(송진영, 2020: 125-127).

### 1) 표본오차와 비표본오차

표본오차는 표본을 대상으로 한 연구결과와 모집단을 직접 조사했을 경우에 얻을 수 있는 가상의 결과 간의 차이라고 할 수 있다. 모든 연구조사는 정도상의 차이만 있을 뿐 표본오차를 완전히 극복하기란 거의 불가능하다. 표본오차는 모집단과 표본의 차이 때문에 표본과정에서 생기는 오차로서, 표본크기에 반비례한다. 즉, 표본크기가 크면 클수록 표본오차는 감소한다.

비표본오차는 표본 이외의 과정에서 발생하는 것으로서, 일반적으로 측정상의 오차를 의미한다. 비표본오차의 원인으로는 질문지의 무응답, 기재상의 오류, 기계제작상의 오류, 연구자의 편견 등을 들 수 있다.

표본오차와 비표본오차의 관계를 살펴보면, 표본크기가 증가할수록 표본오차는 감소하고, 표본크기가 감소할수록 표본오차는 증가하며, 표본크기가 커질수록 비표본오차는 증가하고, 표본크기가 작아질수록 비표본오차는 감소한다.

#### (1) 표본오차

표본오차(sampling error)는 모수와 통계치의 차이를 말한다. 즉, 표본의 통계치로 모수를 추정할 때 발생하는 오차다. 표본오차는 표본을 선정하는 과정에서 발생하는 오차이기에 표본오차를 줄이기 위한 방법은 두 가지로 압축된다.

첫째, 표본 수를 늘리는 것이다. 표본 수가 증가할수록 일부 표본으로 인해 발생하는 오차는 줄어들게 되며, 표본오차가 작을수록 표본은 모집단의 특성을 정확히 반영하게 된다. 그러나 표본크기의 증가는 일반적으로 비용의 증가를 의미하므로 적정 표본 수를 결정하는 것은 중요하다. 또한 표본 수가 동일하다면, 모집단의 요소들이 동질적일 때보다 이질적일 때, 표본오차는 증가할 수 있다는 것도 고려하여 표본을 추출하여야 표본오차를 줄일 수 있다.

둘째, 확률표집을 하는 것이다. 확률표집은 편향된 표본추출을 하지 않는 것을 의미한다. 예를 들어, 서울시민을 대상으로 한 생활실태연구에서 표본이 수월하다고 판단된 일부 지역만을 연구한다면, 왜곡된 결과를 초래하게 될 것이며, 표본오차는 커지게 된다.

### (2) 비표본오차

비표본오차(non-sampling error)는 조사과정에서 발생하는 오차이다. 예를 들어, 연구자가 누군지에 따라, 응답자의 개인적인 특성에 따라, 조사 시의 주변 환경에 따라, 측정도구에 따라 수집된 자료를 편집하고 부호화(coding)하는 과정 중에 오차가 발생한다. 이를 비표본오차라고 한다. 비표본오차는 전수조사와 표본조사 모두에서 발생하지만, 모집단 규모가 큰 전수조사가 상대적으로 비표본오차가 발생할 여지가 높다. 예를 들어, 표본 수가 매우 크면 설문 조사원에 대한 관리가 힘들어지고, 질문 연구원의 면접기술, 성별, 나이 등으로 인해 오차가 발생할 위험성도 커지게 된다. 따라서, 비표본오차를 줄이기 위해서는 '연구방법에 대한 충분한 검토 및 사전연구(pre-test)'와 '설문 조사원에 대한 충분한 훈련'을 실시할 필요가 있다.

비표본오차는 체계적 오차(systematic error)와 무작위오차(random error)로 구분한다. 체계적 오차는 측정과정에서 규칙적으로 발생하는 오차로, 측정도구가 잘못 선정되어 측정대상 모두에게 동일하게 나타나는 오차를 말한다. 무작위오차는 우연적이거나 일시적인 상황에 의해 불규칙적으로 발생하는 오차다. 예를 들어, 응답자의 감정, 날씨 등은 조사응답에 영향을 주어 오차를 발생시킬 수 있다. 즉, 무작위 오차는 사전에 예측하기가 어려워 오차를 통제하기가 쉽지 않은 특징이 있다.

## 2) 체계적 오차와 무작위 오차

오차는 체계적 오차와 무작위 오차로 구분하기도 한다. 체계적 오차와 무작위 오차 모두 표본과 관련된 것이 아니라는 점에서 비표본오차라고 할 수 있다. 체계적 오차는 연구체계상의 문제로 인해 발생하는 오차를 일컫는다. 가장 일반적인 것이 개념화·조작화의 미흡함으로 인해 측정도구가 타당성 있게 만들어지지 못해서 발생하는 오차이다. 또한 편견이 개입된 문항이나 사회적 당위성을 묻는 질문이 포함되어 있을 때도 발생하게 된다. 이런 경우에는 연구체계 자체가 잘못된 탓에 모든 연구대상자에게서 잘못된 정보를 얻게 된다. 따라서, 체계적 오차를 줄이기 위해서는 개념화 및 조작화 과정을 엄밀하게 거쳐서 타당성 있는 측정도구를 개발하여 조사해야 한다. 따라서, 체계적 오차는 타당도와 관련이 있다.

무작위 오차는 연구체계와는 상관없이 발생하는 오차이다. 즉, 연구체계에 문제가 없어서 타당성 있는 측정도구를 만든다고 하더라도 오차는 발생하게 된다. 가장 일반적인 예가 질문이 연구대상자의 이해능력을 넘어서는 경우이다. 예를 들어, 연구대상자가 글을 못 읽거나 인지능력이 떨어지면, 아무리 개념화·조작화를 제대로 해서 타당성 있는 측정도구를 개발하였다고 하더라도 정확한 조사가 어려워진다. 이렇듯 연구체계와는 무관하게 무작위적으로 발생하는 오차를 무작위 오차라고 한다. 이는 대부분 연구대상자의 상황에 따라 발생하므로, 체계적 오차와 같이 모든 연구대상자에게 잘못된 정보를 얻는 것이 아니라, 특정한 연구대상자에게서 잘못된 정보를 얻게 된다. 무작위적으로 발생하기 때문에 이것은 신뢰도와 관련이 있다.

연구결과를 신뢰할 수 있느냐 없느냐는 오차를 얼마만큼 줄일 수 있느냐에 달려 있다. 조사는 오차와의 싸움이란 말이 있다. 그만큼 오차를 인식하고 이를 줄이기 위해서 노력해야 한다는 의미이다. 오차를 줄이기 위해서는 타당도와 신뢰도를 확보한 측정도구를 개발해서 활용해야 함은 물론이고, 연구대상자 선정이 적절하게 이루어져야 하며, 연구방법도 연구대상자에 적합하게 운용되어야 한다.

### 3) 신뢰수준

신뢰수준은 표본에 의한 연구결과의 확실성 정도이며, 신뢰구간은 통계적 추정에서 구간으로 추정된 추정치가 실제 모집단의 모수를 포함하고 있을 가능성의 범위, 즉 모집단에서 추출한 표본의 정확도를 말한다. 예를 들어, 통계치가 95% 신뢰수준을 갖는다면, 모수와 통계치가 ±5% 간격의 오차를 갖는다는 의미로 해석할 수 있다.

## 4. 표본크기

표본크기는 다음과 같다(곽미정 외, 2018: 158-159).

### 1) 표본의 대표성

대표성(representativeness)의 개념은 추출된 표본의 특성이 모집단 전체의 특성과 얼마나 일치하는가의 정도를 의미한다. 만일 추출된 표본의 특성이 모집단 전체의 특성과 거의 동일한 특성을 갖고 있다면, 그 표본은 모집단에 대하여 대표성을 갖는다고 할 수 있다. 표본의 대표성은 표본을 조사한 결과가 모집단 전체를 조사한 결과와 같다는 것을 논리적으로 주장할 수 있는 근거를 제공한다. 이러한 대표성을 갖추기 위해서 충분한 표본크기와 타당한 표본설계가 필요한데, 그 중 표본크기는 모집단의 동질성, 표본추출의 방법, 신뢰도 등에 따라 달라질 수 있다.

## 2) 표본크기

표본크기의 개념은 모집단으로부터 추출한 표집단위의 총수를 의미한다. 표본의 수는 모집단의 크기와 동질성 여부에 의하여 좌우되며, 모집단의 크기가 작은 경우에는 전수조사를 하는 것이 바람직하다. 그러나 모집단이 동질적인 개체로 구성되어 있다면, 어느 요소든 표본으로 선택하는 것이 바람직하다. 모집단을 대표할 수 있는 정확한 모수를 구하기 위해서는 되도록 많은 표본 수를 뽑아 통계치로 분석하는 것이 가장 바람직하나, 이것은 현실적으로 너무 많은 시간과 비용이 들 수 있다. 따라서, 연구목적에 맞는 모집단의 특성을 반영한 표본을 추출하여 정확한 통계분석 결과를 얻는 것이 무엇보다 중요하다.

## 3) 표본크기의 결정요인

### (1) 연구목적과 방법
표본크기는 기본적으로 연구의 목적과 주제, 전반적인 연구수행의 절차와 방법 등을 고려해서 결정하는 것이 중요하다.

### (2) 모집단의 크기
모집단의 크기가 크다면 상대적으로 표본 수를 크게 하는 것이 표본의 통계치가 모집단의 모수치에 근접할 확률이 높으며, 정확한 추정이 가능할 수 있을 것이다. 그러나 모집단의 크기가 크면 표본크기도 커야 하겠지만, 반드시 모집단의 크기에 비례해서 표본크기가 커지는 것은 아니다.

### (3) 모집단의 특성 반영
모집단 내의 특성들이 서로 상이한 정도를 고려해서 표본크기를 증가시켜야 하는 것이 필요하다. 즉, 모집단이 동질적인 경우에는 표본크기가 작아도 되겠으나, 질적인 경우에는 표본크기를 증가시켜 대표성을 높이는 것이 바람직하다.

### (4) 표집 및 연구 방법의 유형

확률표집방법의 구체적인 표집방법에 따라서 요구되는 신뢰도와 정확도의 수준이 달라지고, 필요한 표본크기도 달라질 수 있다. 예를 들어, 사례연구나 질적 연구의 경우에 사례의 수로 표본크기가 작으며, 서베이(설문)조사의 경우에는 표본크기가 대체적으로 크다.

### (5) 분석범주 및 변수의 수

표본 수를 결정하려면 한 변수 내에서 분석되는 범주 수를 고려하는 것이 중요하다. 분석하려고 하는 변수가 여러 개의 범주로 구성되어 있는 경우에는 오차를 줄이고 측정의 신뢰도를 높이기 위해 분석에 필요한 표본 수를 충족시키는 것이 중요하다. 즉, 표본크기가 일정하더라도, 변수의 범주가 많으면 많을수록 각 범주에 속하는 표본 수는 적어지게 되는 것을 고려하여 범주와 변수를 선정하는 것이 중요하다.

### (6) 표본설계

표본을 선정할 때 검증된 이론 등을 고려하여 선정한다면 비록 작은 크기의 표본일지라도, 의미 있는 정보를 충분히 얻을 수 있다.

### (7) 소요되는 시간과 비용 및 인력

대개 표본크기가 크면 클수록 표본의 평균이 모집단의 평균과 유사해질 수 있으므로 자료의 신뢰도와 정확도는 높아진다. 그러나 표본크기에 따라 면접자 및 응답자의 사례비, 통신비 등과 같은 조사비용이 많이 소요되게 된다. 특히, 같은 크기의 표본이라도 연구대상자가 전 지역에 광범위하게 걸쳐 분포되어 있는 경우에 조사비용은 더 많이 들 수 있다. 또한 시간의 제약도 표본크기에 영향을 미치게 되는데, 어떤 때는 적절한 시기, 일정한 시간 내에 조사가 이루어져야 되는 경우도 있으므로 유의한다.

## 5. 표본추출과정

모집단에서 표본을 추출하는 표본추출과정(sampling procedure)은 일반적으로 모집단 확정, 표집틀 선정, 표집방법 결정, 표본추출 크기 결정, 표본추출이라는 다섯 단계로 진행된다(최성철 외, 2019: 123-125).

### 1단계 : 모집단 확정

1단계는 집단을 확정한다. 연구자의 연구목적에 부합하며 모집단에 대하여 높은 대표성을 가진 표본추출을 얻기 위해 무엇보다도 먼저 모집단을 명확하게 확정하는 것이 선결작업이다. 분명하게 확정된 모집단의 개념과 내용은 향후 진행될 표집절차의 방향을 제시하는 역할을 한다. 이를 위해서 연구자는 조사의 내용과 범위, 표본추출단위, 조사기간 등을 명백하게 확정하여야 한다.

### 2단계 : 표집틀 선정

2단계는 표집틀을 선정한다. 모집단이 분명하게 확정되고 나면 실제로 표본이 추출될 표집틀을 확보하여야 한다. 표집틀은 연구대상이나 표본단위가 수록된 명단을 말한다. 좋은 표집틀은 첫째 단계에서 확정된 모집단의 모든 구성요소들을 포괄적으로(exhaustively) 확보하고 있으면서도 이러한 요소들이 이중으로 포함되지 않는 배타성(exclusiveness)을 가지고 있어야 한다.

### 3단계 : 표집방법 결정

3단계는 표집방법을 결정한다. 연구자의 목적과 연구의 대상인 모집단이 정확하게 확정되고, 표본이 추출될 표집틀이 확보되면, 가정 적절한 표집방법을 결정하여야 한다. 자신의 연구목적 및 상황에 가장 적절한 것인가를 고려하여 다양한 확률표집 및 비확률표집 방법들 중에서 효과적인 표집방법을 선택하면 된다.

### 4단계 : 표본추출 크기 결정

4단계는 표본추출의 크기를 결정한다. 표본추출의 크기는 표본추출이 모집단을 얼마나 적절하게 대표할 수 있는지의 여부에 직접적으로 영향을 미치는 요인이기 때문에 표집절차를 고려하는 과정에서 매우 중요한 결정사항이 된다. 연구자는 가장 적절한 대표성을 확보할 수 있을 정도의 표본추출 크기를 표집방법, 모집단의 성격, 조사기간과 비용, 연구자 및 연구자의 능력 등의 관련요인들을 상세히 고려하여 결정하여야 한다.

### 5단계 : 표집(표본추출)

5단계는 결정된 지침에 따라 실제로 표집을 행한다. 모집단이 확정되고, 표집방법 및 표본추출의 크기가 결정되면 연구자는 결정된 방법에 따라 실제 표집을 실시하여 표본을 확보하게 된다.

## 6. 표본추출방법

표본추출방법은 다음과 같다(김동기 외, 2021: 235-244 ; 최성철 외, 2019: 128-138).

### 1) 확률표집

모집단으로부터 표본추출집단을 만들어 내는데 있어서 가장 유의해야 할 점은 표본추출의 크기만큼 중요한 요인이 바로 표본추출의 질이라는 점이다.
확률표집(probability sampling)은 표본을 추출하는 과정에서 무작위표집(random sampling)방법이 사용되는 표본방법이다. 일반적으로 무작위표집방법을 사용하여 모집단에서 표본을 추출하는 경우 모집단을 구성하는 요소들이 표본에 추출될 확률을 알 수 있을 뿐만 아니라, 그 확률이 모든 요소들에 대하여 모두 동일하기 때문에 무작위표집을 사용하는 것이 가장 대표성이 높은 표본추출을 얻을 수 있는 방법으로 알려져 있다. 그러나 이 방법을 현실세계에 적용하려면 많은 노력을 기울여야 하는 문제점이 있다. 실용적인 방법들은 다음과 같다(김동기 외, 2021: 238-240 ; 최성철 외, 2019: 128-131).

### (1) 단순무작위표집

단순무작위표집(Simple Random Sampling)은 무작위 방법을 통해 모집단에서 표본추출을 추출하는 방법으로서, 확률표집방법 가운데 가장 간단하면서도 기본적인 것이다. 조사과정은 ① 조사하고자 하는 전체 대상의 모집단을 확보한 후 일련번호를 부여한다. ② 모집단으로부터 무작위로 선택하기 위하여 난수표를 이용하여 크기가 n인 난수를 선택한다. ③ 해당하는 번호와 일치하는 모집단의 대상을 표본추출로 구성한다.

예를 들어, 어떤 연구자가 10,000명의 요소로 구성된 모집단에서 단순무작위표집방법을 사용하여 100명의 표본을 추출하려 한다. 이들 10,000명의 요소들을 식별할 수 있는 각각의 요소들에게 1번부터 10,000번까지의 일련번호를 부여한다. 그런 다음 이렇게 만들어진 표집틀에서 무작위로 번호를 선택하기 위하여 난수표를 이용하여 연구자가 원하는 표본추출 크기인 100명의 요소를 선발하면 된다. 따라서, 단순무작위표집은 모집단의 명부인 표집틀과 연구자가 사전에 정한 표본크기 그리고 난수표 등과 같은 무작위추출에 필요한 도구만 있으면 언제든지 사용 가능한 간단한 표본방법이다. 그러나 모집단이 매우 클 경우 표본을 일일이 무작위로 뽑는 불편함을 감수해야 한다는 단점이 있다.

### (2) 체계적 표집

체계적 표집(systematic sampling)은 일련번호가 부여된 모집단에서 첫 번째 표본추출을 임의로 추출하고, 두 번째 표본추출부터는 k번째 원소를 계통적으로 추출하는 방법으로, '1/k 계통표본추출법'이라고도 한다.

단순무작위표집방법은 모집단의 크기가 작거나, 연구자가 필요로 아는 표본추출의 양이 그다지 크지 않은 경우에는 매우 효과적인 표본방법이지만, 모집단과 표본추출의 크기가 매우 클 경우에는 표본추출을 추출하는데 시간과 노력이 많이 든다. 따라서, 10,000명의 원소들 중에서 첫 번째 표본추출을 임의로 추출하고, 두 번째부터는 100번째 요소를 계통적으로 추출하게 되는 과정을 거쳐 100개의 표본추출을 추출하는 방법이다.

체계적 추출법은 계통추출이라고도 하는데, 이 방법의 장점은 다음과 같다.

첫째, 체계적 추출법은 실제조사에 있어서 표본추출이 용이하며, 좋은 추출틀을 활용할 수 없을 경우에 실제 연구자가 범하는 추출오차가 단순무작위추출이나 층화추출(stratified sampling)보다 작다.

둘째, 체계적 추출법은 단위비용 당 얻을 수 있는 정보가 단순무작위추출보다 많다. 즉, 정도가 높다.

셋째, 실제 연구현장에서 직접 이용이 가능하다.

이러한 장점에도 불구하고, 체계적 표집방법을 사용할 경우에 주의해야 할 점이 있다. 만약 모집단(population)의 요소들이 주기성(periodicity)이라고 불리는 일정한 패턴이나 규칙을 가지고 배열되어 있을 경우에 체계적 표집방법을 사용하여 표본추출을 일정하게 선발하게 되면, 그 표본추출이 모집단이 가지고 있는 특정한 패턴이나 규칙에 영향을 받아 대표성이 현저히 떨어지는 표본추출을 얻을 수 있는 위험성이 있다. 따라서, 모집단이 가지고 있는 주기성에 표본에 영향을 미치지는 않는가를 반드시 검토하여야 한다.

### (3) 군집(집락)표본

대규모 사회연구, 예를 들어 '인구·주택 총연구보고서' 혹은 모집단이 상대적으로 넓은 지역을 대상으로 연구를 해야 하는 경우에는 단순무작위표집이나 체계적 표집방법을 사용하기가 대단히 어렵다. 왜냐하면 이들 방법으로 표본추출 단위를 추출하려면 모집단 전체에 대한 표집틀의 확보와 비용과 시간이 엄청나게 소요된다. 따라서, 이에 대한 대안으로 군집표집(cluster sampling)을 사용하는 것이 매우 유리하다. 이를 '집락추출(Cluster sampling)'이라고도 하는데, 이 방법은 모집단의 대상들을 여러 개의 집락 또는 군집으로 묶어서 군집들을 추출단위로 하여 확률적인 방법으로 표본추출군집을 추출한 후, 추출된 표본추출군집 내의 대상들을 표본추출로 선택하는 방법이다.

예를 들어, 서울의 초등학교 1학년 학생들에 대한 조사에서 1,000명의 학생을 표본추출로 추출한다고 가정할 때, 단순무작위표집이나 체계적 표집은 표본추출을 추출하기 위해서는 서울 모든 초등학교 학생들에 대한 명부, 즉 표집틀을 확보하여야 한다. 또한 전체 학생 수에 대해 일련번호를 부여하고 난수표를 이용하여 추출한다는 것은 시간과 노력이 엄청나게 소요된다. 그러나 군집표집에서는 무작위표집이나 체계적 표집방법을 사용하여 확률표집을 할 수 있다. 서울시라는 넓은 지역에서 하위행정구역인 구들을 군집으로 구성한 다음, 이들 25개의 구 가운데 5개의 구를 단순무작위로 표집한다. 두 번째 단계로 연구자는 선발된 5개의 구별로 각각의 구에 소재하고 있는 초등학교들로 구성된 군집에서 각각 10개씩의 학교를 무작위로 선발할 수 있다. 그리고 마지막 단계로 이들 선발된 학교별로 1학년 학생이라는 최종표본에서 20명씩의 학생을 무작위로 선발하면 된다. 이와 같이 여러 단계에 걸쳐 군집표집이 이루어지는 경우를 특히 '다단계 군집표집(multi-stages cluster sampling)'이라고 한다.

군집표집은 다음과 같은 경우들 때문에 매우 효율적이다.

첫째, 군집들(clusters)로 구성된 표집틀은 쉽게 얻어질 수 있으나, 표집틀을 얻는 비용이 아주 비싼 경우에 사용할 수 있다. 전부 포함된 명부를 구해야 하는 힘든 작업을 피할 수 있다. 즉, 군집표집에서는 각각의 표본추출단계에서 해당 군집 명부만 확보할 수 있으면 된다.

둘째, 표집틀뿐만 아니라, 원소들 간의 거리가 멀어서 관측값을 얻는 비용이 증가하는 경우에 매우 유용하다. 즉, 최종적으로 선발된 요소들이 단순무작위표집을 사용했을 때보다 지리적으로 적게 분산된다. 그러므로 군집표집은 시간과 노력을 많이 절감할 수 있다.

### (4) 층화표집

층화표집(stratified sampling)은 모집단이 특성에 따라 층화된 곳에서 각 층마다 표본을 무작위로 추출하는 방법이다. 모집단 내의 이질적인 하위집단을 우선적으로 구분하고, 각 하위집단에서 표본을 무작위로 추출하는 것이다. 따라서, 연구자는 모집단에 대한 층별 특성과 비율에 대한 사전지식이 있어야 한다.

예를 들어, A초등학교 전교생은 500명이고 남녀의 성비는 4:6이라고 하자. 100명을 표집하여 학교생활적응을 조사할 경우, 남자 200명 중 40명을 무작위로 추출하고, 여자 300명 중 60명을 무작위로 표집하는 것이다. 이처럼 층화표집은 모집단의 특성을 반영하므로 대표성 있는 표본이 선정될 가능성이 높아진다. 모집단이 동질적인 경우보다 이질적일 때 표집오차는 커지므로 이질적인 특성을 고려한 층화표집은 표집오차를 줄이기 위한 방법이 될 수 있다. 따라서, 동일한 크기의 표본일 경우 단순무작위표집보다는 층화표집의 표집오차가 작게 나타난다. 다른 예로, 서울시 가구의 소득과 지출을 분석하고자 할 때, 어느 특정 지역에서 표본가구가 대부분 뽑힌다면 표본의 모집단 대표성을 많이 훼손시킬 것이다. 이러한 위험을 방지하기 위해 구별로 층화를 한 후에 그 층 내에서 무작위로 표본을 뽑으면 층화추출을 하지 않는 경우보다 훨씬 더 모집단의 대표성을 확보할 수 있게 된다. 또한 층별로 독립적인 추출을 하게 되므로 전체 모집단에 일률적인 추출방법을 적용하지 않고 각 층 내에서 각 층별 형편에 맞는 별개의 추출방법을 적용할 수 있게 됨으로써 전체적인 표본추출이 보다 원활하고 효율적으로 구현될 수 있는 장점이 있다.

층화표집에서 각 층에 얼마만큼의 표본 수를 배정할 것인지는 매우 중요한 문제가 되며, 그 비율을 어떻게 적용하는지에 따라 비례층화표집과 비비례층화표집으로 구분한다. 비례층화표집(proportionate stratified sampling)은 각 하위집단의 표집비율을 모집단의 비율과 동일하게 구성하여 표집하는 방법이다.

예를 들어, A지역 60세 이상노인의 삶의 만족을 조사하려고 한다. A지역에 거주하는 노인은 1,000명이며, 연령대는 60대가 40%, 70대가 50%, 80대 이상이 10%이다. 만약 120명의 표본을 추출한다면, 60대 48명, 70대 60명, 80대 이상

12명을 추출하게 된다. 표본 120명을 통해 어떠한 연령층에 국한되지 않으면서 모집단 A지역 노인의 삶의 만족도를 보여줄 수 있게 된다. 그러나 각 연령층에 대한 세부적인 분석을 시도할 경우에 사례 수가 적은 연령대의 결과를 일반화하는데 어려움을 겪게 된다. 앞의 예처럼, A지역에 거주하는 80대 이상 노인의 삶의 만족을 12명의 표본으로 일반화하기에는 문제가 있다. 이러한 문제를 해결하기 위하여 소규모 하위집단은 더 높은 비율로 표본을 선정하게 되는데, 이를 '비(불)비례층화표집(disproportionate stratified sampling)'이라고 한다.

비비례층화표집은 각 하위집단의 표집비율을 모집단의 비율과 상이하게 구성하여 표집하는 방법이다. 예를 들어, A지역 노인의 연령대의 비율은 60대 40%, 70대 50%, 80대 이상이 10%이지만, 각 연령대의 비율과 상관없이 표본을 추출하는 것이다. 만약 120명의 표본 중 연령집단별로 동일한 수로 표집을 하게 되면, 하위 연령대별 40명씩 표집을 하게 된다. 이렇게 되면 연령별 세부적인 분석을 수행할 수 있다.

층화표집의 장점은 모집단 내의 이질성이 존재하는 경우 이질적인 집단을 표본에 포함시킴으로써 추출된 표본이 모집단의 특성을 잘 반영할 수 있으며, 최소한의 사례로 일정한 정확도를 확보할 수 있다는 점이다. 단점은 모집단에 대한 정확한 정보와 지식이 필요하며, 표본추출 과정에서 비용과 시간이 많이 들 수도 있다는 점이다.

### 2) 비확률표집

뉴만(W. Lawrence Neuman)의 저서 『사회조사의 기본: 질적 및 양적 접근(Basics of Social Research: Qualitative and quantitative approaches, 2009)』에 따르면, 비확률표집(non-probability sampling)은 모집단의 범위를 한정할 수 없거나 구체적인 모집단의 요소들을 파악할 수 없는 경우, 다시 말해서 모집단에 대한

『사회연구방법』
(2009년 출판)

지식과 정보가 제한되어 있을 때에 주로 사용된다. 비확률표집은 모집단의 구성요소가 표본으로 선택될 확률이 알려져 있지 않고, 연구자의 판단에 의하여 표본을 선정한다. 비확률표집은 확률표집에 비해 표집절차가 복잡하지 않으며, 비용이 적게 드는 장점이 있는 반면에, 선정된 표본의 대표성 및 연구의 일반화에서 자유롭지 않은 한계가 있다. 비확률표집으로 임의표집, 할당표집, 판단표집, 눈덩이표집 등이 사용되고 있다. 그 내용은 다음과 같다.

### (1) 임의(편의)표집

임의표집(convenience sampling)은 연구자의 임의(편의)대로 표본을 추출하는 방법으로 매우 작위적이며, 표본크기도 임의로 정하기에 비확률표집 중에서 가장 표본의 대표성을 고려하지 않는 표집방법이라 할 수 있다 대표적인 예로, TV 방송에 자주 등장하는 길거리 인터뷰를 들 수 있다. 접근하기 쉬운 소수 몇 명에게 인터뷰를 실시하여 그들의 의견을 방송으로 내보낸다. 그러나 그들의 의견이 모든 사람을 대표한다고 보기에는 매우 어렵다. 표본을 선정할 때 면접자들이 호감이 덜하거나, 가난해 보이거나, 너무 나이가 많은 사람을 회피하고, 연구자가 접근하기 편한 사람들을 선택하는 경향이 있다.

임의표집은 다른 표집방법에 비해 표본추출 과정이 용이하여 쉽게 표본을 확보할 수 있어 비용과 시간 면에서 가장 효율적이지만, 표본을 임의대로 선정하기에 표본이 모집단을 대표하는지는 알 수 없다.

### (2) 할당표집

할당표집(quota sampling)은 모집단을 몇 개의 범주로 구분하고 각 범주 내에서 임의적으로 표본을 선정하는 것이다. 할당표집과 층화표집은 특성 변인의 범주별 할당 수를 정하는 기준은 동일하나, 정해진 할당량을 뽑는 과정이 다르다. 층화표집은 무작위적인 방법으로 할당된 표본 수를 추출하지만, 할당표집은 작위적으로 표본을 추출한다는 점에서 근본적인 차이가 있다. 예를 들어, A지역 노인들의 생활만족도를 조사하기 위하여 거주지역(도시, 농촌)과 성별(남자, 여자)

로 구분하여 할당표본추출을 할 수 있다. 거주지역과 성별은 각각 2개의 범주로 구성되어 총 4개의 할당(2깁=4)이 만들어진다. 연구자는 모집단에서 차지하는 범주의 비율에 따라 할당하고 각 범주로부터 할당된 수의 표본을 확률에 근거하지 않는 임의적인 방법을 활용하여 추출하는 것이다.

할당표집의 예는 다음과 같다.

〈표 6-1〉 할당표집의 예

| 구 | 분 | 모집단 분포 | 표본 분포 |
|---|---|---|---|
| 남자 | 도시지역 | 30만 명 | 300명 |
|  | 농촌지역 | 10만 명 | 100명 |
| 여자 | 도시지역 | 32만 명 | 320명 |
|  | 농촌지역 | 13만 명 | 130명 |

할당표집의 장점은 모집단에 대한 지식과 정보만 있다면 적은 비용으로 각 계층별 대표성을 지닌 표본을 얻을 수 있다는 점이다. 그러나 실제적으로 적절한 할당량을 정하기가 어렵고, 최종적으로 표본은 연구자의 편의에 의해 선택되어 표본이 모집단을 대표하는데 일정 부분 한계를 가진다.

### (3) 판단(의도적, 유의)표집

판단표집(judgemental or purposive sampling)은 연구자의 주관적 판단 또는 연구목적에 적합한 사람을 의도적으로 선정하는 방법이다. 연구자는 모집단을 대표하고 유용한 정보를 제공할 수 있는 좋은 표본을 자신의 판단으로 선택하는 것이다. 따라서, 연구자는 연구문제와 모집단에 대한 충분한 지식과 경험을 갖추어야 한다. 즉, 모집단의 특성에 대해 정확히 알고 있는 경우에 제한적으로 사용될 수 있는 방법이라 할 수 있다. 예를 들어, 노숙인에게 제공될 사회복지서비스 방법에 대한 조사를 한다고 가정하자. 노숙자 문제 및 해법에 대한 전문적 지식을 갖고 있는 학계 전문가, 실천전문가, 지역사회 지도자 등을 활용하여 의도적으로 표본을 선정하는 것이다.

　판단표집의 연구자는 모집단에 대한 사전지식이 있기 때문에 모집단을 대표할 수 있는 좋은 표본을 얻을 수 있다. 표본을 선정하는 방법도 용이하며, 비용이 적게 들고 편리하다는 장점이 있다. 그러나 연구자의 판단으로 표본추출이 행해지므로 표본의 대표성을 확인할 방법이 없으며, 모집단에 대한 충분한 지식이 없다면 활용하기 어렵다는 단점이 있다.

### (4) 눈덩이표집(누적표집)

　눈덩이표집(snowball sampling)은 소수의 표본에서 다른 사람을 소개받아 점차 표본 수를 늘리는 방법이다. 연구자는 연구의 특성에 적합한 소수의 표본을 찾고, 그 사람과 직간접으로 상호 연계망을 형성하고 있는 사람을 소개받는 과정을 반복하면서 표본을 추출하는 것이다. 이러한 반복을 통해 표본이 눈덩이를 굴리는 것처럼 늘어난다는 뜻으로 눈덩이(눈사태)표집 또는 누적표집이라고 부른다.

　눈덩이표집은 모집단의 구성원을 찾기 어려운 연구에 사용된다. 예를 들어, 마약중독자, 동성연애자, 불법이민자, 비행청소년 등을 연구하는 경우에 사용할 수 있는 표집방법이며, 양적 연구보다 질적 연구에서 많이 활용되는 방법이다.

〈연습문제〉

1. 표본조사를 하는 이유로 적절하지 않은 것은?
   ① 시간을 절약할 수 있다.　　② 조사의 신속성이 있다.
   ③ 표집오차가 발생하지 않는다.　④ 비용을 절약할 수 있다.
   ⑤ 전수조사가 불가능할 경우에 이용할 수 있다.

2. 표본추출에 관한 설명으로 옳지 않은 것은?
   ① 개인과 집단은 물론 조직도 표본추출의 요소가 될 수 있다.
   ② 표본추출단위와 분석단위가 일치하지 않을 수 있다.
   ③ 전수조사에서는 모수와 통계치 구분이 불필요하다.
   ④ 표본의 대표성은 표본오차와 정비례한다.
   ⑤ 양적 연구에서 표본크기가 클수록 유의미한 결과를 얻는 데 유리하다.

3. 난수표를 이용하여 표본을 추출하는 방법은 무엇인가?
   ① 임의표집　　② 할당표집　　③ 판단표집
   ④ 단순무작위표집　⑤ 눈덩이표집

4. 표본의 대표성에 관한 설명으로 옳지 않은 것은?
   ① 표본이 모집단이 지닌 다양한 성격을 골고루 반영하느냐의 문제이다.
   ② 표본 자료가 계량통계분석기법을 적용해도 적합한 자료인지의 문제이다.
   ③ 표본의 통계치가 모집단의 모수에 얼마나 근접하는가의 문제이다.
   ④ 표본을 이용한 분석 결과가 모집단 단위까지 일반화될 수 있을지를 결정한다.
   ⑤ 표본의 대표성은 연구설계의 외적 타당도에 영향을 미친다.

5. 확률표집에 대한 설명으로 옳지 않은 것은?
   ① 모집단으로부터 표본으로 추출된 확률을 알 수 있다.
   ② 모집단의 요소들은 표본으로 선택될 동등한 기회를 갖는다.
   ③ 연구자의 편향된 표본추출을 방지할 수 있다.
   ④ 비확률표집에 비해 대표성 있는 표본을 얻을 수 있다.
   ⑤ 질적 연구자가 주로 활용하는 표집방법이다.

6. 표본크기에 관한 설명으로 옳지 않은 것은?
   ① 사용하려는 통계분석의 성격을 고려하여 표본크기를 결정한다.
   ② 단순무작위표집과 층화표집으로 각각 뽑은 동일 크기의 표본은 표집오차가 같다.
   ③ 표본크기는 처음 생각보다 다소 크게 잡는 것이 좋다.
   ④ 요구되는 신뢰수준이 높을수록 표본크기를 늘린다.
   ⑤ 허용되는 오차의 정도가 작을수록 표본크기를 늘린다.

7. 전수조사보다 표본조사가 더 적절한 경우에 해당하지 않는 것은?
   ① 모집단의 소재 파악이 어려운 경우
   ② 모집단 규모를 정확히 파악하기 어려운 경우
   ③ 조사기간이 촉박한 경우
   ④ 사용할 수 있는 조사예산이 많지 않을 경우
   ⑤ 모집단 규모가 크지 않은 경우

8. 눈덩이표집(snowball sampling)에 관한 설명으로 옳지 않은 것은?
   ① 최초의 표본은 무작위로 추출한다.
   ② 연구내용이 민감한 현상일 경우 적절하다.
   ③ 질적 연구나 현장연구에서 많이 사용된다.
   ④ 약물중독자나 비행청소년 조사의 표집 방법으로 유용하다.
   ⑤ 연결되어 있는 사람들의 특성을 파악하기 용이하다.

9. 비확률표집에 관한 설명으로 옳은 것은?
   ① 일반화가용이하다.
   ② 표집과정에 비용과 시간이 많이 든다.
   ③ 모수를 추정할 때 편의(bias)가 발생한다.
   ④ 표집틀의 각 요소가 표본으로 선정될 확률을 계산할 수 있다.
   ⑤ 모집단을 대표하는 표본을 선출할 수 있다.

정답 1. ③ 2. ④ 3. ④ 4. ② 5. ⑤ 6. ② 7. ③ 8. ① 9. ③

## Chapter 7
# 자료수집방법

### 학습목표

1. 자료수집의 중요성 인식
2. 1, 2차 자료의 중요성
3. 유형별 실제 적용

### 학습내용

1. 자료수집의 개념
2. 1차 자료와 2차 자료
3. 자료수집방법의 선택기준
4. 자료수집방법의 유형

### 개 요

자료수집은 연구설계과정에서 결정된 연구방법론에 따라 설계된 연구를 실행에 옮기기 위해 자료를 수집하는 과정이다. 가설검증을 하는 설명적 조사나 정확성과 객관성을 중시하는 양적 연구의 경우는 자료수집과정에서 구조화 정도 또는 연구도구의 엄격성이 더 강조되어야 한다. 여기에서는 자료수집방법을 학습하고자 한다.

# Chapter 07
# 자료수집방법

## 1. 자료수집의 개념

　사회·문화 현상을 연구할 때에는 해당 주제에 적합한 자료를 수집하고 분석하는 과정을 거치게 된다. 어떤 자료를 어떻게 수집하는지에 따라서 연구의 내용과 결과가 달라질 수 있기 때문에 자료수집은 매우 중요한 절차이다. 자료(data)는 문서나 구두에 상관없이 연구보고서에 직접 또는 간접적으로 이용되는 일체의 정보를 뜻한다. 연구자는 연구의 목적을 달성하기 위하여 분석에 필요한 자료를 수집해야 한다.

　자료수집(data collection)은 연구설계과정에서 결정된 연구방법론에 따라 설계된 연구를 실행에 옮기기 위해 자료를 수집하는 과정이다. 가설검증을 하는 설명적 조사나 정확성과 객관성을 중시하는 양적 연구의 경우는 어떤 현상에 대한 이해의 수준을 높이기 위한 질적 연구보다 자료수집과정에서 구조화 정도 또는 연구도구의 엄격성이 더 강조되어야 한다. 이러한 자료들의 성격을 고려하여 연구문제와 환경에 맞추어 적절하게 자료수집이 이루어져야 한다(이세형, 2019: 136).

　연구에 있어 자료수집은 매우 핵심적 과정이다. 이것은 연구의 주된 내용을 생산할 수 있는 원천으로서의 자료가 가진 중요성 때문이기도 하지만, 자료수집의 과정이 상당한 수준의 시간, 비용과 노력의 집중을 필요로 하는 특성상 수집된 자료에 문제가 발견될 경우 이를 되돌리기 쉽지 않다는 물리적 한계 때문이기도 하다. 연구자는 자료수집의 단계를 진행하기 전에 충분한 준비와 이론적 검토를 선행하여 자료수집과정에서 나타날 수 있는 오류를 최소화할 필요가 있다(서정민 외, 2019: 151).

## 2. 1차 자료와 2차 자료

자료의 유형은 자료가 만들어진 원천에 따라 1차 자료(primary data)와 2차 자료(secondary data)로 구분된다. 1차 자료는 연구를 위해 연구자가 직접 수집하거나, 작성한 원형 그대로의 자료를 의미한다. 2차 자료는 1차 자료를 활용하여 이를 수정하고 가공 처리한 자료를 가리킨다.

### 1) 1차 자료

1차 자료는 연구자가 현재 수행중인 연구조사의 목적을 달성하기 위해 직접 수집하는 자료이다. 주로 실험, 설문지, 관찰, 면접 등을 통해서 수집되며, 무엇보다도 높은 효과성을 가진다. 연구자가 직접 수집하거나 작성하기 때문에 연구목적을 달성하는데 필요한 정보를 얻는데 효과적이다. 구체적이고 체계적인 연구설계를 통해 수집된 자료는 신뢰도와 타당도를 적절히 평가할 수 있으며, 필요할 때는 언제든지 사용 가능한 장점을 가지고 있다. 수집된 자료를 의사결정에 필요한 시기에 적절히 이용할 수 있다. 이에 반해, 1차 자료의 단점은 자료를 수집하기 위한 시간과 비용이 많이 소요되기 때문에 효율성이 낮다는 점이다(이세형, 2019: 137).

### 2) 2차 자료

2차 자료는 1차 자료를 제외한 모든 자료를 뜻한다. 2차 자료는 다른 연구자에 의해 수집되어 공개된 자료를 말한다. 즉, 연구자가 직접 수집하지는 않았지만, 연구목적에 도움이 될 수 있는 모든 종류의 자료이다. 2차 자료는 정부 혹은 연구기관의 간행물, 학술지 발표논문, 기업에서 수집한 자료, 그리고 신문기사 등이 포함된다. 2차 자료는 존재하는 자료이므로 수집에 따른 시간과 비용의 경제성이 높다. 특히, 공공자료의 경우 신뢰성이나 타당성 등을 재차 분석하여 연구결과를 일반화하기가 용이하다. 이러한 2차 자료는 1차 자료에 비해 수집비용이 저렴하고 시계열자료의 수집이 가능하지만, 가능한 범위 내에서 2차 자료를 활용하고 1차 자료로 보완하는 방법을 사용하는 것이 연구조사의 효율을 위하여 바람직하다. 2차 자료수집의 장점과 단점은 다음과 같다(이종하 외, 2019: 184-186).

### (1) 2차 자료수집의 장점

① 2차 자료는 무엇보다도 시간과 경제면에서 경제적이다. 일반적으로 설문지 인쇄, 연구원 수당, 답례품 구입, 자료처리비용 등 많은 비용과 시간이 드는 자료수집과정을 거치지 않기 때문에 시간과 비용 측면에서 경제적이라고 할 수 있다. 또한 연구자가 관심을 가지고 있는 연구주제에 관해 다른 연구자들이 이미 자료를 수집하였다면, 자신이 자료를 수집하는데 쏟아야 하는 많은 시간과 노력을 절약할 수 있을 것이다. 따라서, 연구자는 평소에도 관심 분야에 대해 유용한 정보를 제공하는 데이터베이스에 대해 알고 있어야 하며, 수시로 검색을 함으로써 새로운 연구결과에 대한 정보를 파악하기 위해 노력해야 한다.

② 2차 자료수집 방법의 가장 큰 장점으로 부각되는 것이 장기간에 걸친 사회문제의 변화에 대한 분석과 비교연구가 가능하다는 것이다. 기존에 수집된 자료들을 활용하는 경우, 기존의 자료수집과정에서 발생하였던 오류가 이미 일반적으로 널리 알려지고 인정된 상태에 있다. 또한 모든 연구는 대체로 몇 가지 한계점을 가지고 있다. 따라서, 기존의 자료를 활용하는 경우 이미 존재하고 있는 한계점과 오류 등에 관해 연구자가 이를 인지한 상태에서 자료를 활용할 수 있다는 장점이 있다.

③ 장애인, 아동, 노인 등 인간을 대상으로 한 연구조사에 있어서 엄격히 적용되고 있는 기관생명윤리위원회(IRB)의 심사과정을 1차 자료가 이미 거쳤기 때문에 2차 자료분석에서는 이 기관의 심사과정을 중복해서 받을 필요가 없는 이점도

있다. 이 역시 시간을 아낄 수 있는 효용성이 큰 부분이다. 또한 이미 존재하고 있는 자료를 활용하기 때문에 연구자는 자료수집과정 중에 클라이언트나 연구대상자와 상호작용을 걱정할 필요가 없다. 즉, 연구대상자와 직접적인 상호작용이 없는 상태에서 자료를 수집하기 때문에 자료수집과정에서 연구자가 연구대상자에게 미치는 영향과 연구대상자의 반응성, 자료수집과정에서 발생할 수 있는 연구대상자의 권익을 해칠 가능성(사생활침해, 익명성)에 대한 염려를 하지 않아도 된다.

④ 연구자가 직접 자료를 수집하고 관찰하는 데에서 올 수 있는 호손효과의 문제를 예방할 수 있다. 즉, 연구자가 직접적인 설문조사를 실시하지 않고 이미 구축되어 있는 자료를 활용함으로써 연구자로 인해 발생할 수 있는 오류를 방지할 수 있다. 따라서, 연구자가 관찰하는 시선을 의식하여 발생할 수 있는 문제나 연구자와 연구대상자 간의 상호작용의 문제가 발생하지 않는다.

이와 같이 2차 자료는 찾아내기 힘든 연구대상에 대한 접근, 변화추이의 연구, 비교연구 등이 용이한 장점을 가지고 있다. 하지만

### (2) 2차 자료수집의 단점

① 원래 2차 자료는 다른 연구목적을 위하여 수집된 자료이기 때문에 현재 수행하고자 하는 연구목적과 관련하여 적합성이 떨어질 가능성이 있다. 따라서, 이 문제에 대한 심사숙고가 요구된다.

② 2차 자료는 자료의 정확성이나 적합성 차원에서 현재의 연구문제에 대한 답을 적절하게 제시할 수 없는 한계가 있을 수 있다. 신뢰할 만한 자료이긴 하지만, 변수의 종류, 측정방법, 표본 등이 정확하게 현재의 연구문제나 연구목적과 부합하지 않을 때, 연구문제의 정확한 답을 찾기 어려운 문제가 있을 수 있다. 종종 연구에 필요한 자료가 수집된 기준이 지나면서, 정책의 변화나 자료수집과정의 변화를 거쳐 기존의 자료와 현실 사이에 차이(gap)가 존재할 수 있다.

③ 연구자는 연구에 필요한 가장 최근의 자료를 구할 수 없는 경우가 종종 있다. 왜냐하면 보통 사회복지기관이나 공공기관에서는 가장 최근의 자료를 생산하는데, 보통 6개월에서 1년 정도가 소요되기 때문이다.

## 3. 자료수집방법의 선택기준

자료수집방법 가운데 어느 방법을 선택할 것인가를 결정하기 위해서는 자료의 다양성, 자료수집에 소요되는 시간과 비용, 그리고 자료의 객관성과 정확성 등에 대한 고려를 해야 한다(강영걸 외, 2018: 317).

### 1) 다양성

관찰법은 연구자가 원하는 행동을 연구대상이 할 때만 자료수집이 가능하기 때문에 다양한 자료를 수집하기 힘들다. 그러나 연구자와 연구대상 사이의 의사소통을 통해서 자료를 수집하는 서베이법—특히, 면접법—은 관찰법과 같은 문제를 가지고 있지 않아서 이 방법을 활용하면 다양한 자료의 수집이 가능하다.

### 2) 자료수집에 소요되는 시간과 비용

일반적으로 자료수집의 신속성과 비용은 비례한다. 자료를 신속하게 수집하려면, 고비용을 감수해야 하기 때문이다. 예를 들어, 다양한 자료를 수집할 수 있는 면접법은 설문조사법보다 비용은 많이 들지만, 면접 종료와 동시에 모든 자료의 수집이 끝나기 때문에 매우 신속하다. 우편설문조사 같은 방법은 면접조사에 비하면 비용이 매우 적게 들지만, 많은 시간이 소요된다.

관찰법의 경우 관찰에 소요되는 시간과 비용은 대상과 상황에 따라 많은 차이가 있다. 관찰대상이 관찰자가 원하는 행동을 보일 가능성은 연구대상의 행동유형과 관찰 상황에 따라 다르기 때문이다.

### 3) 자료의 객관성과 정확성

자료의 객관성이란 연구자·시간·상황 등에 변화가 있더라도 동일한 자료를 수집할 수 있는 정도를 말하며, 정확성이란 올바른 자료가 수집되는 정도를 뜻한다. 대체로 서베이법은 관찰법보다 자료의 객관성과 정확성 측면에서 문제 있는 경우가 많다. 일반적으로 서베이법 가운데 설문조사법은 설문의 특성이나 응답자의 능력과 태도 등의 요인과, 면접법의 경우에는 면접자의 의사전달능력 등의 요인이 자료의 객관성과 정확성에 영향을 미칠 수 있다. 서베이법에 비해서 관찰법은 사람이 직접 관찰하는 경우에 객관성이나 정확성의 문제가 있기는 하지만, CCTV나 표준관찰서식을 이용하는 구조적인 관찰의 경우에는 매우 객관적이면서도 정확한 자료를 수집할 수 있다.

## 4. 자료수집방법의 유형

자료수집은 연구설계에서 결정한 표본추출방법에 따라 표본을 선정하고, 질문지법, 면접법, 관찰법 등의 방법을 통해 자료를 수집하는 과정을 의미한다. 자료수집과정에서 유의해야 할 점은 선정된 표본이 연구문제를 해결하는데 적합하여야 하며, 자료를 수집하는 방법이 연구참여자와 연구내용에 적합한 방법이어야 한다는 점이다. 그 내용은 다음과 같다(유영준, 2021: 85-99 ; 박옥희, 2020: 115-150).

### 1) 질문지법

(1) 질문지법의 개념

질문지법이란 질문지(questionnaire)를 작성하여 질문지에 들어 있는 문항들에 대해 대답을 기입하는 방법이다. 질문지는 조사할 내용을 체계적으로 정리한 문제집으로서 보통 직접 전달되거나 우편으로 배달된다. 질문지가 우편으로 배달되는 경우 이를 우편설문법(mailed questionnaire)이라고 한다. 질문지법은 연구문제와 관련된 많은 양의 정보를 표준화된 질문지에 따라 일관적으로 얻을 수 있는 방법으로서, 오늘날 가장 많이 사용되는 자료수집방법이다. 질문지를 사용함으로써 연구내용을 표준화, 객관화할 수 있고, 응답을 객관적이고 정확하게 비교·측정할 수 있다. 이것은 일반적으로 객관적이고 양적인 자료, 용이하게 관찰되는 자료, 검토할 수 있는 확실한 자료 등을 얻는데 사용한다. 질문지법의 장점과 단점은 다음과 같다.

〈장점〉
① 다른 방법에 비하여 일시에 많은 대상으로부터 필요한 정보를 얻을 수 있으며, 비용이 적게 들고 제작이 간편하다. 필요에 따라서는 우편이나 전화로 조사할 수도 있고, 동시에 많은 사람에게 실시할 수도 있으므로 시간, 노력, 비용이 적게 소요된다.
② 표준화된 언어구성, 질문순서, 지시 등으로 인해 상황에 따라 변하지 않고, 질문의 일관성을 기할 수 있다.
③ 응답자가 익명으로 응답할 수 있으므로 자유롭게 응답할 수 있다. 특히, 사회적으로 바람직하지 못하거나, 민감한 조사에서 익명으로 대답하게 하면 진솔한 답을 얻을 수 있다.
④ 응답자가 시간적 여유가 있기 때문에 심사숙고하여 정확하게 응답할 수 있다
⑤ 질문지법은 응답자의 과거행동이나 개인적 행위에 관한 정보도 얻을 수 있다.

〈단점〉
① 응답자의 문장이해력과 표현능력에 크게 의존하기 때문에 이러한 능력이 부족한 대상에게는 적용하기 어렵다.
② 필요에 따라 질문의 요지를 설명할 수 없어 융통성이 결여된다.
③ 질문지에 응답한 내용의 진위를 확인하기 어렵다. 필기에 의한 응답만을 취급하기 때문에 비언어적 행위나 개인적인 특성에 관한 자료를 수집할 수 없다. 즉, 응답자가 응답한 내용만을 그대로 활용하기 때문에 응답자의 심리상태 등 응답자에 대한 지식을 활용할 수 없다.

④ 질문지법은 응답에 비밀이 보장되기 때문에 무응답에 대한 통제가 어렵다.
⑤ 응답자가 응답할 의사를 가지고 있고, 응답할 수 있는 부분에 대해서만 자료를 수집할 수 있다.
⑥ 연구자가 직접 응답자들에게 질문지를 실시하는 경우에는 별로 문제가 없지만, 질문지를 우송하는 경우에는 일반적으로 회수율이 낮아진다.

### (2) 질문유형

질문유형은 개방식 질문과 폐쇄식 질문으로 나눌 수 있다. 보통 한 질문지에 두 가지 질문형태를 혼용하는 경우가 많다. 폐쇄식 질문을 주로 사용하는 경우에도 응답자의 건의사항이나 의견을 개진할 수 있도록 적어도 하나의 개방식 질문을 삽입하는 것이 바람직하다.

#### 개방식 질문

선택할 수 있는 답들을 제시하지 않고 응답자로 하여금 자신의 대답을 자유로이 기술하도록 되어 있는 질문이다. 이것은 몇 개의 단순한 응답카테고리로는 대답할 수 없고 더 자세하고 토론을 요하는 복잡한 질문에 주로 사용된다. 질문의 내용상 일정한 기준을 찾기 어렵고, 응답자의 독특한 관점이나 주관적 체험, 의견, 이유 등 내면적이고 주관적인 것을 묻는 경우에 개방식 질문을 사용한다.
개방식 질문의 장점과 단점은 다음과 같다.

〈장점〉
① 모든 가능한 응답카테고리를 알 수 없거나, 너무 많은 응답카테고리가 있어 일일이 열거하기 곤란한 경우에 유용하다.
② 응답자가 무엇을 적절한 응답카테고리로 보는지 알고자 할 때 유용하다.
③ 응답자로 하여금 자세하고 명료하게 대답할 수 있게 한다.
④ 창조적이고 다양한 대답을 할 기회를 제공한다.
⑤ 응답자의 내면상태에 대한 파악이 가능하다.

〈단점〉

① 응답하는데 시간과 노력이 많이 들어 응답률이 감소된다.
② 가치 없고 부적절한 자료를 수집할 수 있다.
③ 자료가 표준화되지 않아 비교하거나 통계적 분석을 하는 것이 어렵고, 응답을 재분류해야 한다.
④ 부호화하기 까다롭고 부호화하는 사람에 따라 부호화가 다를 수 있다.
⑤ 폐쇄식 질문보다 응답자의 더 높은 문장력과 표현력, 교육수준이 요구된다.

### 폐쇄식 질문

응답자로부터 나올 수 있는 가능한 대답을 미리 제시하여 응답자로 하여금 제시된 답 중에서 선택하게 하는 것이다. 이러한 질문은 응답카테고리가 명확하고 그 수가 적을 때 사용한다. 폐쇄식 질문에서의 응답카테고리는 포괄적이고 상호 배타적이어야 한다. 폐쇄식 질문의 장점과 단점은 다음과 같다.

〈장점〉

① 응답하기 편하여 응답률이 증가한다.
② 응답이 표준화되어 비교하기 쉽다.
③ 응답을 부호화하고 분석하기 쉽다.
④ 질문의 의미가 더 명확하여 모른다는 응답이나 무응답의 비율이 감소된다.
⑤ 모든 적당한 답이 제시된 경우 응답이 상대적으로 완전하여 부적절한 답이 감소된다.
⑥ 소득이나 교육 정도같이 응답하기 꺼리는 민감한 질문인 경우에 응답률을 높일 수 있다.

〈단점〉

① 답을 모르거나 의견이 없는 응답자가 적당한 답을 추측하여 응답하기 쉽다.
② 제시된 답이 제한적이므로 응답자가 생각하는 답이 없는 경우, 답을 대충 선

택할 수 있다.
　③ 너무 많은 응답카테고리가 있어 모두 나열하기 곤란한 경우가 있다.
　④ 질문의 의미가 달리 해석되었는지 확인하기 어렵다.
　⑤ 응답의 다양성이 제시된 답으로 인해 인위적으로 제거될 수 있다.

　폐쇄식 질문을 사용하는 경우에 응답카테고리에 중간 입장을 삽입하는지의 여부에 따라 연구결과가 달라지므로 잘 생각해서 결정해야 한다. 또 '모르겠다'는 응답카테고리를 제시하는데에 따른 장단점이 있으므로 경우에 따라 이것을 삽입하는 것이 바람직한지 아닌지를 잘 결정해야 한다. '기타'라는 응답범주를 삽입하여 제시된 답 중에서 응답자가 생각하는 답이 없는 경우에 선택의 여지가 있도록 하는 것이 좋다.
　폐쇄식 질문에서의 응답카테고리의 형태는 다음과 같다.

### ① 양분형
　'예/아니요'와 같이 이분화된 응답범주를 가진 것이다. 이러한 형태는 예상 가능한 응답이 둘로 구분되는 경우에 사용되지만, 양극단의 대답을 강요하고 '모르겠다'와 같은 중간 위치에 있는 답이 무시될 수 있다는 점에 유의해야 한다.

### ② 선다형
　선택 가능한 여러 개의 답을 제시하여 그 중 하나 또는 둘 이상의 답을 선택하는 형태다. 이 경우, 제시된 답 이외의 대답이 나올 가능성에 대비하여 '기타' 항을 삽입하여 다른 의견을 구체적으로 적게 하는 것이 좋다. 그러나 기타에 해당하는 응답의 비율이 높게 나오는 것은 제시된 답들이 잘 선정되지 못하였음을 의미한다.

### ③ 서열형
　응답자로 하여금 자신이 생각하는 선호도나 중요도 등과 같이 정도에 따라 순서대로 답을 선택하도록 하는 형태다. 예를 들어, 현재 가장 시급히 해결해야 할 국가적 문제가 무엇인지 우선순위대로 번호를 기입하게 한다. 이때 제시된 응답카테고리의 수가 너무 많으면, 응답자가 순위를 매기기 어려우므로 유의해야 한다.

### ④ 평정형

제시된 답들이 연속성을 띠고 있는 형태다. 예를 들어, "현재 당신의 결혼생활에 어느 정도 만족하십니까?"라고 묻고서 이에 대한 응답카테고리를 '매우 만족/약간 만족/그저 그렇다/약간 불만족/매우 불만족'으로 나눈다.

## (3) 질문지 작성 시 고려사항

### 질문내용

질문내용은 가장 기본적인 고려사항으로, 연구자는 얻고자 하는 정보가 무엇인지 명확히 파악하여 이를 기반으로 질문항목을 구체적으로 결정한다.

질문지에 포함된 각 질문의 내용은 연구목적과 관련되어 있어야 한다. 질문내용이 피연구자의 성격에 비추어 적절한 것인지, 연구문제에 적절한 것인지 고려해야 한다. 질문내용을 결정함에 있어서 문헌연구나 전문가의 의견연구 등이 도움이 된다.

### 질문의 수

연구자는 일반적으로 질문지를 통하여 될 수 있는 대로 많은 양의 정보와 자료를 얻으려는 욕심이 있다 그러나 지나치게 많은 질문은 응답자로 하여금 지루함과 피로감을 느끼게 하여 부정확하고 성실하지 못한 답변을 이끌 수 있다. 따라서, 기본적으로 질문지 완료시간 이외에 자료의 집계와 분석에 소요되는 시간과 비용문제, 연구원 1인당 하루에 완료할 수 있는 질문지의 수 등을 고려하여 적정한 선에서 조사항목 수를 조절해야 한다. 질문지 완료에 소요되는 시간이 어느 정도이어야 하는지는 한마디로 말할 수 없으나, 보통 1시간을 넘지 않는 것이 좋다.

### 질문의 배열

문항들을 배열할 때는 질문지가 전체적으로 잘 짜인 느낌이 들고, 문항들이 자연스럽게 연결된 느낌을 가질 수 있도록 유기적이고 연관성 있게 배열해야 한다.

문항들이 잘 배열되었을 때 응답하기 편하고 응답하는 시간도 절약되며, 조사의 정확도도 높아진다. 질문을 배열할 때 지켜야 할 사항은 다음과 같다.

① 일반적인 질문, 예를 들어 응답자의 인구사회학적 특성을 묻는 질문에서부터 시작하여 점차 연구문제와 관련된 특수한 질문으로 옮겨 간다

② 처음에는 응답하기 쉽고 간단한 질문, 명확한 응답범주가 있는 질문을 배열함으로써 응답자가 처음부터 지치지 않게 한다. 첫 질문은 보통 나이, 성, 혼인상태, 직업, 교육정도 등과 같은 것으로, 의견을 묻는 질문보다 사실에 관한 질문이어야 한다.

③ 중요한 핵심이 되는 질문은 질문지의 중간 이후에 오도록 하는 것이 좋다.

④ 민감한 질문이나 개방식 질문은 질문지의 후반부에 삽입하여 중간에 응답하기 싫어하지 않게 한다.

⑤ 논리적 순서대로 배열한다. 시간순서대로 질문하거나, 관련되는 질문들을 묶어서 배열하는 것이 좋다. 즉, 질문을 내용에 따라 주제별로 구분하여 한 주제에 관한 질문을 배열한 후 다른 주제와 관련된 질문들을 배열한다.

⑥ 다음에 올 질문에 필요한 정보를 먼저 묻는다. 예를 들어, 사용한 피임법을 순서대로 물을 때, 자녀의 이름을 순서대로 물은 후 해당 기간별 피임방법을 질문함으로써 기억이 잘나도록 한다.

⑦ 응답자가 흥미를 느낄 수 있는 질문을 앞에 배열하여 응답자의 흥미를 유도한다.

⑧ 질문의 길이나 형태 등을 다양화해서 응답 시 지루함을 방지한다.

⑨ 응답군(response set)이 발생하지 않도록 주의한다. 사회적으로 바람직하다고 생각되는 응답을 하는 경향(socially desirable bias)이나 부정적인 답보다 긍정적인 답을 하는 경향은 질문의 표현을 바꿈으로써 해결할 수 있다. 질문의 연속적 순서에 의해 야기되는 응답군도 있다. 예를 들어, 처음부터 지금까지의 직업에서 얻은 수입을 각각 물을 때, 사실 여부와 상관없이 수입액을 점차 늘려서 응답하는 경향과 같은 것이다. 이 문제는 질문의 순서를 바꿈으로써 해결할 수 있다.

⑩ 신뢰도를 검토하기 위해 만들어진 쌍을 이루는 질문들은 분리하여 배치한다. 한 질문지 안에 표현만 다를 뿐 동일한 것을 묻는 두 개의 질문을 포함시키는 경우에는 두 질문을 분리하여 배치함으로써 응답자가 같은 것을 묻는 질문임을 눈치채지 못하게 한다.

### 질문의 언어화

질문의 언어화(wording)는 질문 어구를 정하는 문제다. 즉, 질문을 기술하는데 사용하는 용어를 선정하고 문장화하는 것을 말한다. 질문을 언어화할 때에 유의할 점은 다음과 같다.

① 질문은 될 수 있는 대로 간결해야 한다. 긴 질문은 질문에 대한 이해도를 저하시키고, 응답자로 하여금 대답하고 싶은 마음을 감소시킨다.

② 질문을 만들 때는 보통사람이 이해할 수 있는 수준의 단어와 문장을 구사하는 것이 좋다. 부득이 어려운 전문용어를 사용하는 경우에는 그 뜻을 명시해야 한다. 질문의 수준은 응답자의 특성에 적합해야 한다. 질문의 난이도는 응답자의 교육수준에 따라 다를 수 있다. 보통 연구원이 없는 우편설문조사인 경우에는 더 단순하고 쉽게 표현해야 한다.

③ 질문은 명확해야 한다. 질문이 명확하지 않으면 응답자들이 같은 질문이라도 다르게 이해할 수 있다. 따라서, 이를 방지하기 위해서는 애매한 질문이 되지 않아야 한다. 삶의 질 같은 추상적인 단어처럼 그 의미가 애매모호하거나, 여러 가지 의미로 해석되는 경우에는 주의해야 한다. 또한 교육수준이 높은 사람만 아는 단어를 사용해야 하는 경우에도 조심해야 한다.

④ 질문은 구체적이고 특수해야 한다. 예를 들어, 성이나 나이를 묻는 질문은 특수하며, 특정한 역사적 사실에 대한 질문은 구체적이다. 행복이나 사랑 같은 추상적인 개념에 대한 질문은 응답하기가 어려우며 응답의 신뢰도가 낮아진다.

⑤ 질문은 긍정문 형태로 표현해야 한다. 부정문 형식으로 물어보면 응답자가 혼동할 우려가 있다.

⑥ 질문은 중립적이고 객관적으로 서술되어야 한다. 응답을 특정한 방향으로

유도하는 질문을 유도질문이라고 하는데, 이런 질문은 피해야 한다. 연구자 개인의 의견이나 가치판단, 암시 등이 질문에 표현되어서는 안 된다.

⑦ 하나의 질문에 둘 이상의 내용을 동시에 물어보는 질문을 이중 의미를 갖는 질문(double barreled question)이라고 하는데, 이런 질문은 하지 말아야 한다.

⑧ 질문은 표준말을 사용해야 하며, 속어나 방언이 포함되어서는 안 된다.

⑨ 민감한 질문인 경우에는 솔직한 대답이 나오도록 유도해야 한다. 예를 들어, 성 행태 같이 민감한 주제를 다루는 질문을 받는 경우, 사람들은 자신이 일탈자로 비춰지는 것을 원치 않으므로 자신은 그렇게 생각하지 않더라도, 사회규범에 동조하는 대답을 하기 쉽다. 답변이 사회규범에 어긋나는 것일지라도, 응답자로 하여금 솔직한 답을 하도록 유도해야 한다. 예를 들어, 응답자가 비규범적인 행동을 한다고 가정하는 식의 질문을 하거나("당신은 자위행위를 하십니까?"라고 묻고서 이에 대해 '예/아니요'를 표시하게 한 후 '예'라고 응답한 사람들에게 "얼마나 자주 하십니까?"라고 묻기보다는 처음부터 "당신은 얼마나 자주 자위행위를 하십니까?"라고 묻는다.), 규범에 대한 합의가 없음을 전제하고 묻거나("어떤 의사들은 음주가 해롭다고 하고 다른 의사들은 이롭다고 합니다. 당신은 어떻게 생각하십니까?"라고 묻는다.), 그러한 행동이 일탈적이 아니라 널리 행해진다고 말하는 방법 등이 있다.

## 질문지의 체제

질문지의 첫 장에는 질문지에 부여되는 일련번호, 연구기관, 연구구명, 연구일자, 연구원 이름, 연구표 완료 여부, 연구표 미완료 사유 등을 표시하기 위한 공간을 마련한다. 질문지를 구성하는데 있어 외관적 측면도 고려해야 한다. 질문지의 크기와 길이, 용지의 종류와 색깔, 글자체의 종류와 크기, 질문지의 형태 등을 결정해야 한다. 질문지의 외관은 특히 우편설문조사인 경우에 더 중요하다. 조사시의 편리성이나 조사 후 보존성 등을 고려하여 책자형이나 평면형 등 질문지의 형태를 결정한다.

질문지에는 서두에 인사말이나 인사장을 삽입한다. 인사말이나 인사장에는 연구기관과 연구자 이름을 밝히고, 연구의 목적과 필요성, 응답의 중요성을 설명하고, 연구에 협조해 줄 것을 요청하고, 옳고 그른 답이 있는 것이 아니라는 것을 명시하고, 비밀이 보장된다는 점 등을 기재한다.

### (4) 질문지법 사용 시 유의사항

응답자가 그릇된 답변을 하거나 응답하지 않는 경우가 있다. 이러한 일이 일어나는 이유와 그에 대한 대책은 다음과 같다.

① 응답자가 연구의 목적이 순수하지 않고 연구자가 자신에게 이로운 무엇인가를 얻기 위한 전술이라고 느끼는 경우이다. 이를 방지하기 위해서는 연구를 합법화하는 설득력 있는 인사말을 이용한다. 때로는 신문지상을 통하여 미리 연구의 실시를 알리기도 한다.

② 응답자가 자신이 제공하는 정보가 자신에게 불리하게 이용되거나, 사생활을 침해하는 것이라고 느끼는 경우이다. 이 문제는 불필요하게 민감한 질문은 피함으로써 방지할 수 있으며, 민감한 질문이 사용되는 경우에는 질문지 마지막에 삽입한다. 그리고 응답자에게 익명성이 보장됨을 확신시킨다.

③ 응답자가 이전 조사에 응함으로써 할 일을 다 했다고 생각하여 협조를 거부하거나, 그 사회의 특수한 소수집단으로서 많은 관심의 대상이 되어 조사에 염증을 느끼거나, 질문지를 많이 받아 보아 연구자가 어떤 정보를 원하는지 아는 경우 등이다. 조사를 많이 받음으로써 발생하는 이러한 문제는 오늘날 많이 제기되는 문제이다. 이에 대한 처방으로 연구자는 동일한 응답자가 선정되지 않도록 표본을 추출한다든가, 동일한 응답자를 조사해야만 할 경우에는 응답자에게 표본이 과학적이므로 다른 응답자로 대체할 수 없음을 설득하거나, 조사의 필요성을 확신시킨다.

④ 응답자가 규범적으로 대답하는 경우다. 즉, 어떻게 응답해야 하는지를 생각하여 이에 따라 응답하는 것이다. 이는 민감한 질문을 피함으로써 방지할 수 있다.

⑤ 응답자가 자신의 대답이 교육 정도가 낮거나 어리석음을 나타낼까 봐 두려워하는 경우다. 이러한 경우에는 옳고 그른 답이 없음을 강조하고, 익명성을 확신시킨다.

⑥ 응답자가 시간이 소중하여 조사에 소비할 수 없다고 하는 경우이다. 이러한 경우에는 조사의 필요성을 강조하고, 다른 사람으로 대체하기가 불가능하다는 것을 설명한다.

⑦ 응답자가 질문이 너무 애매하고 일반적이거나, 생각해 본 적이 없어 대답할 수 없다고 하는 경우다. 이러한 경우에는 특수한 예를 들어 질문한다.

질문지를 확정하기 전에 사전검사(pretest)를 해야 한다. 사전검사는 질문지 초안을 만든 후에 이를 가지고 소수의 사람들을 대상으로 조사를 실시하여 질문내용이나 질문어구, 질문의 배열 등에 문제점이 있는지를 파악하여 이를 수정, 보완하기 위해 실시한다. 사전검사는 표본의 수가 적다는 점 외에는 가능하면 본조사의 대상과 유사한 특성을 가진 사람을 대상으로 하는 것이 좋고, 모든 연구절차를 본 연구와 동일하게 해야 한다. 세심하게 작성된 질문지라 할지라도 실제로 사용하는 경우에 미처 생각하지 못한 문제점을 발견하는 경우가 있으므로 사전검사가 필요하다.

사전검사를 통하여 하나의 질문지를 완료하는데 걸리는 시간을 파악하고, 응답이 어느 한 방향으로 편향되는지의 여부를 검토하며, 의미가 불명확한 질문이나 응답자의 곡해 여부를 검토한다. 또 질문의 표현과 배열에 문제가 있는지, 내용상의 문제로 인해 응답을 기피하게 되는 질문이 있는지 등을 검토하고, 새로운 질문을 추가할지 또는 기존의 질문을 삭제할지 등을 결정한다. 사전검사자료를 분석함으로써 조사결과가 조사자의 예측과 일치하는지 알아볼 수 있다. 응답자에게 조사에 대한 전반적인 의견이나 비판사항 등을 적어 달라고 요청하여 이를 참고하는 것도 도움이 된다.

### (5) 우편설문법(우편조사)

우편설문법(mailed questionnaires)은 질문지를 우편으로 전달하는 방법으로서 사용하기 편리하므로 흔히 사용된다. 우편설문조사의 장점과 단점은 다음과 같다.

〈장점〉

① 조사시간과 비용을 절감할 수 있다 면접법에 비하여 훨씬 더 적은 비용으로 같은 크기의 표본을 조사할 수 있으며, 질문지를 모든 응답자에게 동시에 배포하여 짧은 기간 내에 회수할 수 있다.
② 광범위한 지역과 많은 대상을 조사할 수 있다.
③ 접근하기 어려운 대상을 조사할 수 있다.
④ 익명성이 보장되어 응답자의 솔직한 답변을 얻을 수 있다. 따라서, 민감하거나 사회적으로 바람직하지 않은 주제에 관한 정보를 얻기에 좋다.
⑤ 면접법처럼 면접자의 편견이 개입될 염려가 없다.
⑥ 응답자가 편리한 시간과 장소를 택하여 응답할 수 있다.
⑦ 더 정확히 답변하기 위해 기록을 뒤져 보거나 주위사람들의 의견을 들을 수 있다.

〈단점〉

① 일반적으로 질문지 회수율이 낮다. 질문지의 회수율은 최소한 50%는 유지되는 것이 바람직하지만, 질문지를 처음 발송했을 때 회수율이 50% 미만인 경우가 대부분이다.
② 조사원이 없으므로 응답자의 답변이 불명확할지라도 보충질문을 할 수 없고, 응답자가 질문내용을 오해하더라도 고쳐줄 수 없다.
③ 응답자 스스로 질문지를 해독해야 하므로 이해하기 어려운 질문이나 복잡한 질문지 형식을 사용하기 곤란하다. 따라서, 우편조사 시의 질문과 질문지 형식은 될 수 있는 한 간단한 것이 좋다.
④ 응답자가 대답하지 않고 넘어가는 질문이 발생할 가능성이 많다.
⑤ 질문순서를 통제할 수 없다.
⑥ 언어로 표현된 것만 조사할 수 있고 비언어적 행동에 대한 조사는 불가능하다.
⑦ 응답자 대신 다른 사람이 응답해도 확인할 방법이 없다.

⑧ 응답자 주위에 있는 사람들이 답변하는데 관여할 수 있다.
⑨ 즉각적인 응답을 얻기 어렵다.
⑩ 연구대상자가 이사한 경우에 질문지가 폐기되거나, 잘못된 주소로 배달될 수 있다.
⑪ 응답하는 시기를 통제할 수 없으므로 질문의 대상이 된 특정 사건이 조사기간 중에 일어난 경우, 그 사건이 발생하기 전과 후의 응답 간에 차이가 있을 수 있다.
⑫ 응답자와 무응답자는 보통 어떤 특성을 가지므로 표본이 편향될 수 있다. 일반적으로 무응답자는 교육수준이 낮거나 자주 이동하는 특성이 있다. 논쟁적인 주제를 다루는 조사인 경우, 강한 반대나 찬성 의견을 가진 사람들은 적극적으로 응답하고 뚜렷한 의견을 갖지 않은 사람들은 응답하지 않을 수 있다.

우편설문조사의 가장 큰 문제점은 질문지 회수율이 낮다는 것이다. 즉, 어느 정도의 회수율을 얻는지는 부분적으로 조사비용과 조사시간에 좌우된다. 회수율이 높을 때 응답의 편향이 줄어들게 되므로 높은 회수율을 확보하는 것은 우편설문조사 시 매우 중요한 문제이다. 이를 위해 표본선정 시 특별히 고려되어야 할 사항 및 확인 우편의 발송절차 등에 관한 사항은 다음과 같다(조은희 외, 2015: 184-185).

① 50%의 설문지가 최소한 회수되어야 하므로 조사자는 요구되는 표본 수의 2배 정도 표본을 선정하여 설문지를 우송해야 한다. 특히, 조사목적상 모집단의 계층마다 적절한 표본수를 확보(층화표집)해야 하는 경우에도 요구되는 표본수의 2배 정도 또는 그 이상의 표본을 선정하여 설문지를 우송해야 한다.
② 우편조사 시에는 회송할 곳의 주소를 적고 우표를 붙인 회송용 봉투를 동봉해서 발송하는 것이 바람직하고, 설문지를 일관성 있게 관리할 수 있도록 설문지에 각각 고유번호를 부여해 둔다.
③ 일반적으로 설문지를 회송할 마감일을 처음 설문지를 발송한 날로부터 약 3주후가 되도록 지정해 두고, 처음 설문지를 우송한 후 2주가 경과할 무렵에 1차 확인 우편을 보낸다. 1차 확인 우편은 이미 설문지를 완성해서 우송한 경우는 이

우편을 무시해도 좋으며, 응답자의 협조에 감사하다는 내용 등을 다시 언급한 안내문을 부드러운 문구로 작성해서 발송한다.

④ 설문지 발송 후 4주가 지나도 회수되지 않으면, 2차 확인 우편을 발송한다. 재확인 우편은 마감일자를 지정하지 않는 대신에, 설문지 응답의 중요성을 강조하는 내용을 담은 새로운 안내문과 설문지를 동봉해서 발송하고, 2차 확인 우편을 발송한 후 약 2주가 지나면 우편조사를 마무리한다.

## 2) 면접법

### (1) 면접법의 개념

면접법(interview)은 면접자(interviewer)가 피면접자(interviewee)를 직접 대면하여 질문과 응답을 통하여 자료를 수집하는 방법이다. 면접과정은 조사자인 면접자와 연구대상자인 피면접자가 대면적 상태에서 질문하고 응답하는 문답방식을 통하여 피면접자의 답변을 면접자가 기록하는 형식을 취한다. 면접은 면접자와 피면접자 간에 이루어지는 사회적 상호작용의 한 형태이다. 면접이 진행되면서 면접자와 피면접자 간에는 일시적인 이차적 관계가 형성된다. 이차적 관계는 일차적 관계와 달리, 특정 목적을 위해 인위적으로 이루어진 관계이다. 면접자와 피면접자 간에 일시적이나마 인간관계가 형성되고 심리적 상호작용이 존재하게 되므로 양자의 관계가 조사결과에 영향을 미친다.

면접법은 피면접자의 의견이나 태도, 가치관 같은 내면적 상태와 미묘하거나, 복합적인 측면을 파악하기에 좋은 방법이다 면접법에서는 면접자의 역할이 매우 중요하여 조사의 성패를 좌우하는 주요 요인이 된다.

면접법의 장단점은 질문지법의 장단점과 상반되는 내용이 많다. 예를 들어, 면접법은 질문지법과 달리, 교육정도에 관계없이 조사원과 피면접자가 원활한 의사소통만 가능하면 자료수집이 이루어질 수 있다. 또한 질문지법과 달리, 피면접자를 직접 선정할 수 있기 때문에 모집단의 대표성을 확보하는데 상대적으로 용이하다. 한편, 면접법은 응답자의 개별 상황에 맞도록 조사원이 추가질문을 할 수 있고, 복잡한 질문이 가능해 응답자의 정확한 의도를 파악하는데 유리하다. 이와 함께 면접법은 면접이 이루어지고 있는 상황에 대한 환경통제가 용이하기 때문에 제3자의 영향력을 배제하면서 응답자의 과거 행동과 사적 행위에 대한 정보를 획득할 수 있다.

이에 비해 면접법이 갖는 단점은 절차가 복잡하고, 면접을 수행하는 과정에서 다른 자료수집방법에 비해 시간과 비용이 상대적으로 많이 들어간다. 또한 면접법은 표준화된 자료를 수집할 수 있는 질문지법에 비해 조사원에 따른 편의가 발생할 수 있어서 분석결과에 영향을 미치기도 한다. 이와 함께 면접법은 조사원이 직접 피면접자를 방문하는 경우가 많아 지역이 넓은 범위일 경우 자료수집이 어렵고, 피면접자의 익명성이 보장되지 못해 응답자가 신분을 밝히기 꺼리는 경우, 필요한 자료수집이 어려울 수 있다.

### (2) 표준화면접과 비표준화면접

면접의 종류는 조사내용의 표준화와 통제 여부에 따라 다음과 같이 구분된다.

#### 표준화면접

표준화면접(standardized interview)은 구조화면접(structured interview) 또는 통제적 면접이라고도 한다. 미리 마련된 면접조사표(interview schedule)를 가지고 이에 의거하여 면접하는 방법으로서 면접내용이 통제되고 표준화된 것이다. 모든 응답자에게 똑같은 내용과 순서대로 질문함으로써 응답의 차이를 비교한다. 여기서는 면접자가 자의로 말을 바꾸거나 면접상황에 따라 적절한 질문을 할 자유가 없다. 표준화면접의 장점과 단점은 다음과 같다.

〈장점〉
① 자료의 신뢰도가 높다.
② 조사결과를 비교할 수 있다.

③ 조사내용이 표준화되어 있으므로 자료의 정확성과 체계성이 높다.
④ 질문의 언어표현상의 오류가 적다.
⑤ 피면접자의 잘못된 해석을 감소시킬 수 있다.
⑥ 덜 숙련된 면접자도 할 수 있다.

〈단점〉
① 정해진 내용만을 조사하므로 새로운 사실을 발견하기 어렵다.
② 피면접자의 특성이나 면접상황에 따라 질문을 조절하면서 조사할 수 있는 융통성이 없다.
③ 딱딱한 면접상황이 이루어지는 경우 피면접자로 하여금 방어의식을 갖게 하고 면접자와 피면접자간의 라포(rapport)형성을 저해할 수 있다.

### 비표준화면접

비표준화면접(unstandardized interview)은 비구조화면접, 비통제적 면접, 비지시적 면접이라고도 한다. 조사문제만 주어지고 사전에 준비된 구체적 질문 없이 진행되는 면접이다. 면접조사표 없이 면접자가 재량권과 융통을 갖고서 질문내용이나 순서에 구애받지 않고 상황에 따라 자유로운 상태에서 면접을 실시한다. 비표준화면접은 원래 심리치료에서 유래된 방법으로서, 피면접자의 무의식적 경험이나 내면상태를 알아내기 위한 것이다. 비표준화면접의 장점과 단점은 다음과 같다.

〈장점〉
① 면접상황이나 피면접자의 특성에 따라 융통성 있게 질문함으로써 새로운 사실을 발견할 수 있다.
② 면접자와 피면접자 간에 쉽게 라포형성이 된다.
③ 면접자의 생각의 흐름에 따라서 자연스럽게 진술이 이루어지므로 보다 생생하고 정확한 정보를 얻을 수 있어 타당도가 높은 자료를 구할 수 있다.

④ 피면접자가 기억을 잘 못하는 경우에 여유 있는 분위기를 제공하고 피면접자로 하여금 자연스럽게 자유연상을 하게 함으로써 더 타당한 응답을 얻을 수 있다.

〈단점〉
① 표준화면접에 비하여 조사결과가 면접자의 능력에 더 좌우된다.
② 숙련된 면접자가 필요하다.
③ 면접자에 따라 어떤 내용은 깊이 다루어지고, 어떤 측면은 소홀히 다루어질 수 있다.
④ 일반적으로 표준화면접에 비하여 자료의 신뢰도가 더 낮다.
⑤ 자료의 정리, 분류, 부호화에 시간이 걸린다.

### 준(반)표준화면접

준표준화면접(semi-standardized interview)은 준구조화면접이라고도 한다. 표준화면접과 비표준화면접을 혼합한 방법으로, 주요 핵심질문은 표준화하고, 그 밖의 질문은 비표준화해서 면접자가 그때그때 적합한 질문을 사용한다.

준표준화면접의 하위영역에는 집중면접 또는 초점면접(focused interview)이 있다. 이것은 특정한 구체적 상황에 접한 사람들을 대상으로 하여 이러한 상황에 대한 태도나 심리적 반응 같은 주관적인 경험을 집중적으로 묻는 방법이다. 이를 통하여 피면접자의 진실한 감정이나 동기, 특정 자극에 대한 반응과 그 영향 등에 대해 중점적으로 파악한다.

집중면접의 과정은 우선 피면접자가 특수한 상황에 개입되어야 한다. 즉, 피면접자는 특정 영화를 보았거나, 특정한 라디오 프로그램을 들었거나, 어떤 논설이나 책을 읽었거나, 폭동, 시위, 의식 등에 참여한 사람이다. 그 다음으로는 이러한 상황의 주요 요소, 유형, 과정 그리고 구조 등을 분석한다. 조사자는 이러한 상황분석을 통하여 그 상황의 결정적인 측면의 결과에 관한 일련의 가설을 도출한다. 이러한 분석에 기반하여 면접가이드를 개발하고, 면접에서 수집된 자료가 적절한 것인지의 기준을 제공하는 질문과 가설의 주요 영역을 결정한다. 그 후

면접을 실시하는데, 면접은 피면접자의 상황정의를 확인하기 위한 노력으로서 미리 분석한 상황에 노출된 피면접자의 주관적 경험에 조점을 둔다. 마지막 단계로, 피면접자의 응답에 의거하여 가설을 검증한다.

이렇듯 집중면접에서 면접자는 미리 피면접자가 접한 사건 자체를 조사하여 그것의 어떤 측면을 탐구할 것인지를 결정하고 가설을 구성한다. 피면접자에게 물어볼 질문을 미리 자세히 언어화하지는 않지만, 대략적인 질문내용은 면접 전에 미리 결정한다. 집중면접에서 사용되는 질문은 개방식이면서 융통적이어서 연구가설이나 주제에 적절한 정보를 탐색하는데 효과적이다

### (3) 전화면접법

오늘날에는 전화보급률이 매우 높으므로 전화를 통하여 면접하는 전화면접법(telephone interview)을 많이 사용한다. 이 방법은 여론조사나 시장조사에 흔히 사용된다. 전화면접법은 전화의 속성상 신속히 여론조사를 하고자 하는 경우에 유용하다. 최근에는 컴퓨터를 활용하여 더욱 편리하고 신속하게 전화면접을 할 수 있게 되었다. 전화면접법의 장점과 단점은 다음과 같다.

〈장점〉

① 접근이 용이하고 경제적이다. 전화설문은 거리 등 물리적 환경에 대응하기 용이하여 교통비 등의 비용부담이 상대적으로 크지 않다. 또한 응답가능 시간 등 응답자의 상황에 손쉽게 대응할 수 있어 상대적으로 높은 응답률을 확보할 수 있다.

② 정확성이 높다. 일반적으로 전화설문은 자료의 질적인 수준에서 면접과 크게 차이가 나지 않는다고 알려져 있다. 이것은 전화설문이 응답자의 상황이나 태도 등을 인지하여 적절히 대응하는데 있어서, 우편조사보다 용이하다는 특성에 기인한다.

〈단점〉

① 응답자 통제가 어렵다. 전화설문은 응답자가 설문과정에서 불편함을 느낄 때, 통화를 거부하거나 전화를 끊을 수 있어 자료수집에 영향을 줄 수 있다.

② 주제가 제한된다. 전화설문에서 응답자의 설문응답을 유지하기 위해 조사자는 응답자의 의견이나 상황을 고려하지 않을 수 없다. 즉, 전화설문에서는 응답자를 자극할 수 있는 주제가 회피되는 경향이 있다.

③ 설문의 신뢰성에 한계가 있다. 전화면접에서는 대면을 통해 수집 가능한 비언어적 표현을 확인할 수 없다. 이 때문에 설문내용의 신뢰성과 의미를 파악하는데 일정한 한계를 갖는다.

### (4) 면접과정
#### ① 초기접촉단계

면접자가 피면접자를 만나서 처음에 해야 할 일은 자신의 신분과 소속기관을 밝히는 것이다. 그리고 피면접자에게 관계기관의 협조 의뢰서나 소개장, 추천장 등을 보여준다.

피면접자가 어떻게 조사대상으로 선정되었는지 설명해 주고, 조사의 목적과 필요성을 설명해야 한다. 피면접자의 응답이 소중한 자료가 된다는 점을 강조하고, 피면접자에게 가치 있는 일을 한다는 것을 주지시킴으로써 면접에 응하도록 유도해야 한다. 면접에 응하도록 하기 위하여 선물을 제공할 수도 있다. 피면접자에 대한 정보를 가지고 있는 경우에는 개인적인 관심사나 취미 등에 대한 이야기를 하여 호감을 이끌어 내도록 한다.

초기단계에서는 면접자와 피면접자 간에 라포형성이 중요하다. 면접자의 첫인상이 중요하므로 옷차림, 말투 등에 신경을 써야 한다. 옷차림은 면접장소나 피면접자의 특성에 따라 적절하게 선택해야 한다. 피면접자의 가정을 방문하여 면접하는 경우에는 그 집의 관습이나 분위기를 파악하여 이를 존중하고 배려하는 태도를 가져야 한다. 대화를 처음 시작할 때는 일상적인 잡담이나 흥미를 끌 수 있는 이야기를 먼저 함으로써 피면접자의 긴장을 풀어 주고 부드러운 분위기를 유도한 후에 차츰 본론으로 들어간다. 피면접자에게 비밀이 보장된다는 점을 주지시켜야 한다.

### ② 면접실시단계

면접실시단계에서 면접자가 주로 해야 할 일은 대화를 인도하면서 질문하고 대답을 경청하고 기록하는 것이다. 면접자는 질문하는 동안에 피면접자를 직시하고 관찰해야 한다. 질문을 할 때는 피면접자로 하여금 시험을 치는 것과 같은 느낌이 들게 해서는 안 된다. 면접자는 질문내용을 숙지해야 함은 물론 질문하는 태도나 음성, 어조 등에도 신경을 써야 한다. 질문은 솔직하고 객관적이며 쉽게 이해할 수 있도록 하고, 답을 암시하는 것과 같은 표현은 하지 말아야 한다.

표준화면접에서는 면접조사표에 있는 대로 질문한다. 면접자는 피면접자가 질문을 올바르게 이해하였는지 확인하고 잘못 이해한 경우에는 수정해 주어야 한다. 때로는 피면접자가 면접자의 의견을 알아서 이에 동조하는 답변을 하려 하기도 한다. 그러나 면접자는 피면접자를 특정한 방향으로 유도해서는 안 된다. 피면접자가 모른다고 하는 경우에는 재차 물어보아서 답변을 유도해야 하지만, 지나치게 답변을 강요해서는 안 된다. 피면접자의 진술이 산만하고 중복되더라도, 도중에 중단시키기보다 끈기 있게 경청해야 한다. 주제를 벗어난 진술을 할 때는 피면접자의 기분이 상하지 않게 하면서 올바른 방향으로 대화를 유도해야 한다. 피면접자의 응답내용이 불일치하는 경우에는 지적해 주고 반복적인 표현 등에 유의해야 한다.

피면접자가 진술할 때는 기록하는 순간을 제외하고는 눈을 마주보고 경청해야 한다. 면접자는 피면접자가 말하고자 하는 모든 것에 대해 관심을 보이고 적절하게 대화의 보조도 맞추어야 한다. 면접과정에서 피면접자의 표정이나 태도, 진술내용의 일치 여부 등을 통하여 응답의 진위 여부를 가려야 한다.

### ③ 종결단계

종결단계에서 유의해야 할 점은, 피면접자가 면접에 싫증내기 전에 면접을 종결해야 한다는 것이다. 면접은 면접자와 피면접자 간에 좋은 감정 속에서 종결되어야 한다. 면접을 완전히 종결하기 전에 면접자는 피면접자에게 더 하고 싶은 이야기가 있는지 물어보아야 한다. 면접이 끝나면 최종적으로 면접의 성패 여부를 검토한다.

### (5) 면접 시 유의사항
#### ① 면접내용에 대한 세밀한 점검

피면접자를 선정할 때는 누구를 면접해야 얻고자 하는 자료를 얻을 수 있을지 결정해야 한다. 면접 시 면접 거부, 소재지불명, 피면접자의 부재나 기타 사유로 인한 면접불능 등 여러 가지 현실적인 장애가 따른다. 표본으로 선정된 연구대상자가 면접 의 거부는 여러 가지 이유가 있을 수 있다. 즉, 단순히 관심이 없는 경우, 조사실시기관에 대해 반감이 있는 경우, 조사가 무가치하다고 생각하는 경우, 면접자에 대해 적대감을 갖는 경우, 시간이 없는 경우, 할 일이 많은 경우 등 다양한 이유로 인해 면접에 응하지 않을 수 있으므로 면접자는 면접을 거부하는 이유를 파악하여 문제를 해결해야 한다.

면접자는 면접이 실시되는 물리적 환경을 잘 선택하여야 한다. 면접장소는 피면접자가 안정된 심리상태를 가질 수 있도록 조용한 곳이어야 하며, 면접자와 피면접자 이외의 다른 사람이 주위에 있는 것은 피해야 한다. 면접시간은 너무 이른 아침이나 늦은 밤은 피하고, 피면접자의 편의를 고려하여 정해야 하며, 불필요한 시간이 소요되지 않도록 유의해야 한다.

면접과정에서 여러 가지 오류가 발생할 수 있으므로 유의해야 한다. 면접자 측에서 일어날 수 있는 오류로는 면접자의 특성이나 태도로 인한 것, 질문의 언어화에 의한 것, 확인질문에서 오는 것, 기록상의 오류 등이 있고, 피면접자 측의 오류로는 면접자로부터 오는 영향에 의한 잘못된 진술, 질문내용에 대한 곡해, 불완전한 기억, 의식적인 응답의 회피, 허위진술, 선다형 질문이 적합하지 않을 경우, 적당한 응답의 선택 등이 있다. 면접을 할 때는 이러한 오류를 가능한 한 줄임으로써 조사의 정확도와 신뢰도를 제고해야 한다.

면접내용을 정확히 기록하는 것도 중요하다. 기본적으로 기록할 것은 피면접자의 인적 사항, 면접일시, 면접장소 등이다. 기록은 그때그때 즉시 하는 것이 바람직하다. 보통 기록하는 속도가 답변하는 속도보다 느리므로 녹음기를 사용하기도 한다. 기록할 때는 답변 이외의 다른 의견도 기록한다.

  면접자는 피면접자로 하여금 기록하는 도중에도 계속해서 말하도록 하는 것이 좋다. 비표준화면접에서는 보통 진술내용이 요약되어 기록된다. 면접자는 기록한 내용을 응답의 일관성 여부, 피면접자의 편견 여부 등과 관련하여 검토해야 한다.

  비표준화면접에서는 면접자가 면접의 성패를 좌우하는 주요 요인이 된다. 면접자의 능력이나 개인적 특성 등이 조사결과에 영향을 주므로 면접자를 선발할 때는 신중해야 한다. 면접자를 선정할 때는 조사내용, 조사지역, 피면접자의 특성 등을 고려해야 한다. 피면접자에게 영향을 줄 수 있는 주요 특성으로는 성, 연령, 사회계층 등과 같은 인구사회학적 특성과 외모 등이 있다.

### ② 면접자의 자세

  일반적으로 면접자와 피면접자 간에 유사성이 클수록 라포가 잘 형성된다. 피면접자와 면접자의 성별 차이에 따라 다른 응답을 보인다는 조사도 있다. 성 행태에 관한 조사 같은 경우에는 면접자와 피면접자의 성이 같은 것이 좋다. 면접자의 사회계층도 영향을 줄 수 있는데, 면접자와 피면접자 간의 계층적 차이가 크면 라포형성에 부정적인 영향을 미칠 수 있다. 면접자의 나이나 외모도 중요하다. 옷차림은 면접자로서의 인상을 풍길 수 있고 단정하고 단순한 것이 좋다. 조사지역이 폐쇄적인 지역인 경우에는 그 지역을 잘 아는 면접자를 활용하는 것이 도움이 될 수 있다

  면접자가 여러 명인 경우에는 이들을 교육하고 감독하고 통제하는 것이 필요하다. 면접자에게 조사의 목적과 필요성, 의의, 질문내용, 질문에 포함되어 있는 주요 개념의 의미, 면접기술, 기록방법 등을 교육해야 한다. 이러한 교육을 통하여 면접자는 조사내용에 대해 충분한 지식을 가져야 하며, 면접기술에 능해야 한다. 면접자는 기본적으로 객관적, 중립적, 일상적, 우호적 태도를 가져야 하며, 성실성과 정직성을 갖추어야 한다. 면접에 임해서는 피면접자를 존중하고, 그의 문화적 배경을 이해하도록 노력해야 한다. 면접을 할 때는 다른 사람을 동반해서는 안 되며, 연구대상자 이외의 사람을 면접하지 말아야 한다.

  면접을 통해서 알게 된 정보를 누설해서는 안 되며, 조사할 내용에 대해 조사하

고 면접한 내용을 자의적으로 수정해서는 안 된다.

### ③ 프로빙 실시

피면접자가 부적합하거나, 불명료하거나, 미완성된 답변을 할 경우, 추가질문을 통해 답변을 다시 확인하여 정확한 답을 알아내는 것을 프로빙(probing)이라고 한다. 프로빙의 기능은 응답자가 정확하고 완전하게 대답하도록 유도하고, 부적절한 자료를 줄이는 것이다. 프로빙은 면접 도중이나 면접 종료 후에 한다. 면접 종료 후에 하는 프로빙은 주로 응답자에게 답에 대한 예를 들게 하고, 이를 이용하여 나중에 부호화를 통하여 답의 정확도를 검토한다. 면접 도중에 하는 프로빙은 예상 가능한 특정한 대답에 대한 특수한 프로빙용 질문을 미리 작성하거나, 면접자에게 일반적인 프로빙 방법을 교육함으로써 이루어진다.

일반적인 프로빙은 다음과 같은 방법을 통해 이루어진다.

① 질문을 반복한다. 이것은 피면접자가 응답하는 것을 망설이거나, 질문을 이해하지 못하는 경우에 사용한다.

② 답변을 반복한다. 이것은 면접자가 피면접자의 응답을 정확히 이해하지 못한 경우에 사용한다.

③ 피면접자에게 이해와 관심을 표시한다. 면접자는 피면접자의 응답을 듣고서 시인했음을 나타냄으로써 피면접자가 계속 진술하도록 격려한다.

④ 응답이 불완전한 경우, 아무 말 없이 잠시 쉰다.

⑤ 더 말해 달라고 하는 등 응답을 요구하는 중립적인 질문을 한다.

## 3) 관찰법

### (1) 관찰법의 개념

관찰법(observation)은 관찰자가 자신의 감각기관을 사용하여 조사대상의 행동을 파악하는 방법이다. 관찰은 일상생활에서 일어나는 현상에 대한 정보를 얻는 가장 기초적인 방법이다. 우리는 생활 속에서 항상 일상적인 관찰을 하게 되는데, 이러한 일상적 관찰과 연구조사를 위한 과학적 관찰의 차이점은 과학적 관찰은 일정한 목적하에 이루어지고, 체계적으로 계획되고 무엇을 관찰할 것인지가 연구가설과 연관되어 규정되며, 관찰내용이 체계적으로 기록되고 관찰결과의 타당도와 신뢰도에 대한 검토와 통제가 가해진다는 점 등이다.

『사회관계연구방법』
(1959년 출판)

셀티즈(Claire Selltiz)와 그의 동료들의 저서『사회관계연구방법(Research Methods in Social Relations, 1959)』에 따르면, 과학적 연구방법으로서의 관찰은 일상적인 관찰과 다음과 같은 차이가 있다. 과학적 관찰(scientific observation)은 첫째, 일정한 연구목적에 도움을 주고, 둘째, 체계적으로 계획되며, 셋째, 그 결과가 체계적으로 기록되며, 넷째, 타당도와 신뢰도에 대한 검증과 통제가 가능해야 한다.

관찰법은 연구자가 어떤 특수한 상황에서 일어나는 행동을 자세히 연구하고자 할 때 선호하는 방법이다. 이것은 신념이나 가치, 태도, 의견보다 겉으로 드러난 행동에 대한 자료를 수집하고자 할 때 적절한 방법이다. 관찰법은 다른 자료수집 방법을 보완하여 보완적 자료를 수집할 목적으로 사용되기도 한다. 관찰법은 탐색적 목적을 가진 예비조사에서 흔히 사용된다. 관찰법의 장점과 단점은 다음과 같다.

〈장점〉

① 관찰법은 조사자가 조사대상이나 행위가 일어나는 현장에서 즉시에 어떠한 사실을 포착할 수 있다.

② 조사대상이 아동이나 동물과 같이 구두표현능력이 없는 경우에는 관찰이 유일한 자료수집 방법이 될 수 있다.

③ 구두표현능력이 있다 하더라도, 조사대상이 조사에 비협조적이거나 조사를 거부할 경우가 있는데, 이때에는 응답자의 협력을 덜 필요로 하는 관찰이 더 효과적이다.

④ 응답자에게는 일상생활에서 너무나 익숙한 것이어서 그들의 관심이 미치지 못해 면접법이나 질문지법에 의해 얻을 수 없는 자료에 대해서도 관찰에 의해 수집이 가능할 때가 있다.

⑤ 장기간의 종단분석이 가능하다.

⑥ 조사대상이 질문지조사나 면접조사에 의해 파악하기에는 너무 복합적인 상황인 경우에는 관찰이 가장 효과적인 방법이 될 수 있다.

〈단점〉

① 관찰의 대상이 되는 행위를 현장에서 포착해야 하므로 그러한 행위가 발생할 때까지 기다려야 한다.

② 외부로 나타나지 않는 사실이나 인간의 사사로운 문제들은 관찰이 곤란하다.

③ 큰 규모의 집합체를 한꺼번에 관찰하기가 어렵다.

④ 피관찰자나 피관찰 집단에 대한 접근이 어려운 경우가 많다.

⑤ 시간, 비용, 노력이 많이 든다.

⑥ 관찰자의 선호, 관심, 가치관, 지식의 범위, 조사목적 등에 의해서 선택적 관찰을 하게 됨으로써 객관적으로 중요한 사실을 지나치는 경우가 생긴다.

⑦ 전부를 동시에 관찰하지 못하는 한계성을 가지고 있다.

⑧ 관찰한 사실만을 기록할 때에는 별로 문제가 안 되나 관찰한 사실을 해석해야 할 경우에는 관찰자마다 구구한 해석을 하게 되어 객관성이 저하될 수 있다.

⑨ 관찰 당시의 특수성 때문에 관찰대상이 그때에만 특수한 행위를 하였는데, 이를 식별하지 못하고 일상적으로 그러한 행위를 하는 것으로 기록하는 오류를 범할 수 있다.

⑩ 자료처리, 즉 조사결과의 분석, 해석이 어렵다.

### (2) 참여관찰과 비참여관찰

관찰은 조사목적에 맞게 다양하게 적용된다. 이러한 관찰법은 용도와 방법에 따라 광범위하게 적용되며, 다양한 형태로 분류된다. 주요 분류로는 참여정도에 따른 분류와 절차의 조직성에 따른 분류가 있다.

### 참여관찰

참여관찰은 명칭 그대로 참여해서 생활하고 관찰하며 자료를 수집하는 방법이기 때문에 가장 정확하고 확실한 자료수집 방법이다. 주로 말이나 글이 통하지 않는 대상을 조사할 때 주로 사용하는 방법이다. 질문지법과 면접법이 모두 불가능한 경우에도 사용할 수 있는 자료수집방법이다.

〈장점〉

① 체험을 통해 자료를 수집하기 때문에 현장의 생생하고 확실한 자료를 얻을 수 있다.
② 관찰대상의 자연성과 유기적 전체성을 보장할 수 있다.
③ 의사소통이 불가능한 대상에게서도 자료를 수집할 수 있다.

〈단점〉

① 조사자가 일일이 체험하고 관찰하면서 자료를 수집해야 하기 때문에 시간과 비용이 많이 든다.
② 원하는 현상이 발생할 때까지 기다려야만 한다.
③ 관찰대상의 구성원으로 가장하고, 역할을 수행하는 것이 어렵다.
④ 관찰 기준과 현상을 해석하고 이해하는 기준은 편의상 조사자의 주관적 가치와 편견에 영향을 받기가 쉽기 때문에 조사자의 주관과 편견이 개입될 가능성이 매우 크다.
⑤ 같이 생활함으로써 동조현상이 생겨 객관성을 잃게 되고, 관찰해야 할 대상에 주의를 기울이지 못할 수 있다.

### 비참여관찰

비참여관찰은 관찰자가 조사대상의 활동에 참여하지 않고 제삼자의 입장에서 관찰하는 것을 말하며, 대부분의 관찰은 비참여관찰로 이루어진다.

〈장점〉
① 상대적으로 객관성을 확보할 수 있다.
② 조직적이고 계획적으로 관찰을 수행할 수 있다.
③ 역할수행이 어려운 상황도 관찰할 수 있다.
④ 관찰행동에 제약을 받지 않는다.

〈단점〉
① 관찰이 피상적으로 되기 쉽다.
② 심층적인 자료를 얻기 어렵다.

### 준참여관찰

준참여관찰은 관찰자가 피관찰자의 생활의 일부에만 참여해서 관찰하는 방법으로 장·단점은 참여관찰과 비참여관찰의 장단점의 중간에 속한다. 이러한 방법들 중 어떤 방법을 사용할 것인지는 조사대상이나 조사내용 등에 따라 선택할 수 있다.

## (3) 구조적 관찰과 비구조적 관찰

### 구조적 관찰

구조적 관찰(structured observation)은 체계적 관찰, 통제적 관찰 또는 조직적 관찰이라고도 하는데, 관찰할 내용이 표준화되어 있고 통제된 상태에서 관찰이 이루어지는 것이다. 관찰자는 가설을 검증하기 위하여 관찰할 내용과 방법을 미리 계획하여 관찰한다. 구조적 관찰은 관찰자로 하여금 특정한 부분에 주의를 집중하게 함으로써 조사대상의 특정 측면에 관찰의 초점을 둘 수 있게 하여 비구조적 관찰에서 간과하기 쉬운 측면을 파악하게 해 준다. 구조적 관찰은 자연적 환경에서보다는 실험실에서 빈번히 이루어진다.

구조적 관찰을 할 때는 관찰한 것을 체계적으로 기록하는 관찰조사표(observation schedule)를 작성하여 관찰내용을 기록한다. 관찰조사표는 관찰내용과 기록방법을 표준화하는 도구로서, 이를 사용함으로써 관찰자는 관찰내용을 자의적으로 선택하지 않고 일관된 내용을 관찰하여 기록하게 된다. 이처럼 구조적 관찰은 관찰조사표를 사용함으로써 관찰내용이 구조화, 표준화되기 때문에 신뢰도 높은 자료를 얻을 수 있다.

구조적 관찰을 할 때는 단위시간의 결정, 관찰대상이 될 행동의 결정, 기록방법, 행동유형의 보존 등을 고려해야 한다. 단위시간은 관찰에 소요되는 시간으로서 짧게는 수 초에서 길게는 수 시간이 될 수 있다. 행동은 보통 연속적으로 이루어지므로 하나의 행동을 다른 행동과 명확히 구분하기 어렵기 때문에 관찰대상이 되는 행동을 결정하는 일은 단순한 것이 아니다. 따라서, 관찰조사표에 기재되어 있는 행동유형별로 각각의 대상행동에 대하여 명확한 정의를 내려야 한다. 관찰한 것을 기록하는 방법으로는 양분형, 선다형 등 여러 가지가 있다. 기록할 때는 피관찰자가 한 행동의 원형을 그대로 보존하는 것이 중요하다.

### 비구조적 관찰

비구조적 관찰(unstructured observation)은 비체계적 관찰, 비통제적 관찰, 비조직적 관찰 또는 단순관찰이라고도 한다. 구조적 관찰과는 반대로, 관찰할 내용이 표준화되어 있지 않고, 관찰자가 미리 정해진 기준에 의거하여 관찰하지 않는 방법이다. 이러한 관찰은 주로 탐색적 목적의 조사에서 사용된다. 비구조적 관찰에서는 관찰의 목적과 배경, 관찰자와 피관찰자의 관계, 피관찰자의 특성 등이 중요하다. 비구조적 관찰을 할 때 관찰자는 자신의 편견이나 선택적 지각 등에 대한 이해를 통해 객관적 태도를 유지해야 한다.

### (4) 직접관찰과 간접관찰

#### 직접관찰

직접관찰(direct observation)은 피관찰자의 행동이 일어난 순간, 이를 직접 보고서 관찰하는 방법이다. 반면에, 간접관찰은 과거에 일어났던 행동의 결과로 나타난 물리적 흔적을 관찰하는 방법이다. 간접관찰은 피관찰자를 직접 관찰할 수 없거나, 조사자가 피관찰자로부터의 반작용을 우려하여 직접 관찰하지 않는 경우에 사용할 수 있다. 간접관찰은 행동이 일어날 때 관찰자가 그 자리에 없으므로 피관찰자로부터의 반작용효과도 없다.

#### 간접관찰

간접관찰(indirect observation)은 지나간 시점을 관찰하는 것을 말한다. 간접관찰 시에 과거 행동의 물리적 흔적을 조사하는 방법에는 두 가지가 있다. 하나는 어떤 물질의 닳아 없어진 정도를 측정하는 것(erosion measures)이고, 다른 하나는 물질의 축적된 정도를 측정하는 것(accretion measures)이다. 전자의 예로는, 어떤 전시품이 가장 인기 있는지를 알아보기 위하여 전시장 주위의 마룻바닥의 닳은 정도를 연구한다거나, 어떤 책이 가장 잘 읽히는지 알기 위해 책이 닳은 정도를 연구하는 것이다. 후자의 예로는, 식습관을 알기 위해 쓰레기를 연구한다거나 경찰이 범인을 찾기 위해 범인의 신발에 묻은 흙을 연구하는 것이다.

### (5) 관찰과정

관찰이 이루어지는 과정은 다음과 같다.

첫째, 연구의 목적과 관찰대상을 정한다. 관찰대상을 정할 때는 접근성을 고려해야 한다.

둘째, 관찰할 내용을 정한다. 연구문제와 가설검증에 적합한 자료를 찾기 위해서는 어떠한 것을 관찰해야 할 것인지 관찰의 초점을 분명히 해야 하며, 이를 위해서는 관찰할 내용을 명료화, 세분화해야 한다.

셋째, 관찰단위를 정한다. 관찰할 내용을 정한 후에는 개개의 행동을 단위로 관찰할 것인지, 연속적인 일련의 행동들을 단위로 관찰할 것인지 관찰단위를 결정해야 한다.

넷째, 관찰방법을 정한다. 참여관찰을 할 것인지, 비참여관찰을 할 것인지, 구조적 관찰을 할 것인지, 비구조적 관찰을 할 것인지, 현지관찰을 할 것인지, 실험실관찰을 할 것인지 등을 결정한다.

다섯째, 관찰상황에 들어가서 관찰하고 기록한다. 관찰을 할 때는 피관찰자의 행동을 유발하는 사건이나 자극, 행동의 목적, 행동의 대상과 방향, 행동의 구체적인 표현형태, 행동의 결과, 행동의 발생시기와 지속기간, 발생빈도 등을 주시해야 한다.

여섯째, 관찰을 종료한다. 관찰을 종료한 후에는 기록한 내용을 검토한다.

### (6) 관찰기록

관찰할 내용과 관찰할 대상을 정하는 것도 중요하지만, 관찰한 내용을 정확하게 기록하는 것도 매우 중요하다. 관찰기록은 기록의 시기와 방법 등 두 가지 측면으로 구분해 볼 수 있으며, 언제 어떻게 기록하는가는 관찰이 조직화된 정도에 따라 달라질 수 있다. 그 내용은 다음과 같다(이세형, 2019: 162-163).

#### 관찰내용

① 참여자 : 관찰대상이 되는 집단구성원인 인적 상황 예, 성별, 노소, 직업, 상호 간의 관련성

② 배경 : 관찰대상이 처해 있는 배경, 사회적 상황 예, 폭력집단의 경우 생존하기 위해 정치적·경제적·사회적 집단과 어떻게 조직망이 연결되어 있는가?

③ 목적 : 관찰대상인 집단의 참여자들이 모인 목적과 동기가 무엇인가? 예, 골프모임의 경우 성원들이 골프를 즐기기 위한 목적인가, 사교가 목적인가, 사업상 고객 대접이 목적인가?

④ 행위 : 참여자가 누구와 무엇을 어떻게 행하였는가? 행위의 원인, 행위의 종

류 및 형태, 행위의 질, 행위의 영향 등을 고려한다.

이 모든 사항을 빠짐없이 모두 관찰하는 것은 사실상 불가능할 때가 많기 때문에 어느 것에 중점을 둘 것인가를 결정하고 관찰내용을 선택하며, 위 사항 이외의 중요한 관찰내용이 있다는 점도 유의한다.

### 관찰기록방법

① 즉시 기록하는 방법 : 사후에 기록하면서 오는 약점들을 제거할 수 있어 효과적이지만 실제에 있어서 즉시 기록할 수 없는 경우가 많다. 특히, 참여관찰할 때는 피관찰자의 앞에서 기록하면 의심을 품거나, 자연스런 상태의 진행을 저해할 수 있다. 또 기록에 전념하다보면 주의가 분산되어 관찰 자체를 그르칠 수 있다.

② 관찰 후 적당한 시기에 알맞은 장소에서 기억을 더듬어 기록하는 방법 : 기록의 정확성을 저해시킬 염려가 있다.

③ 중요한 사건을 기억하는데 실마리를 제공해 주는 글자나 기호를 기입했다가 후에 좀 더 완전한 기록하는데 이용하는 방법 : 비교적 정확하게 기록할 수 있고, 기록으로 인한 관찰의 소홀함을 방지할 수도 있다.

④ 녹음기, 촬영기를 이용하는 방법 : 현장을 생생하게 기록할 수 있으나, 법적·윤리적 문제가 제기될 수 있다.

### (7) 관찰의 신뢰도와 타당도를 높이는 방법

관찰의 신뢰도와 타당도를 높이기 위해서는 다음과 같은 사항이 고려되어야 한다(이승현 외, 2019: 240).

① 관찰자의 훈련이 필요하다. 관찰의 질은 관찰자의 능력에 달려 있으므로 관찰을 제대로 수행할 수 있도록 사전훈련이 필요하다.

② 질문문항이 정확하게 기록될 수 있도록 작성되어야 한다.

③ 동일한 관찰대상이라도 관찰시간이 달라짐에 따라 다른 내용으로 취급될 가

능성이 있다는 것을 인식해야 한다.

④ 때때로 녹음기 등을 통해 같은 사실을 기록할 필요가 있다. 그러나 이러한 기구의 사용은 윤리적·법적 문제가 따를 수 있으므로 신중을 기해야 한다.

### 〈연습문제〉

1. 2차 자료분석의 특징으로 옳지 않은 것은?
   ① 비교적 적은 비용으로 대규모사례 분석이 가능하다.
   ② 자료의 결측값을 추적할 수 있다.
   ③ 자료를 직접 수집하지 않아도 된다.
   ④ 기존 데이터를 수정·편집해 분석할 수 있다.
   ⑤ 정부나 연구소 등의 통계자료를 활용할 수 있다.

2. 우편설문조사의 장단점으로 옳은 것은?
   ① 회수율이 높다.
   ② 응답자 환경의 통제에 유리하다.
   ③ 응답자의 익명성 보장이 어렵다.
   ④ 비용부담이 크다.
   ⑤ 접근성이 좋다.

3 전화설문의 장단점으로 옳지 않은 것은?
   ① 경제적이다.
   ② 접근성이 높다.
   ③ 응답자 환경의 통제에 유리하다.
   ④ 정확성이 높다.
   ⑤ 제한된 주제에 대해서만 조사할 수 있다.

4. 비구조화된 면접에 비해 구조화된 면접의 장점으로 옳은 것은?
   ① 신뢰도를 높일 수 있다.
   ② 타당도를 높일 수 있다.
   ③ 융통성을 가질 수 있다.
   ④ 불분명한 경우 보충질문을 할 수 있다.
   ⑤ 미개척 분야에서 가설을 세울 수 있다.

5. 면접설문조사와 비교할 때 자기기입식 설문조사가 갖는 장점은?
   ① 복잡한 쟁점을 다룰 때 효과적이다.
   ② 설문의 응답률이 높다.
   ③ 혼동을 일으키는 질문에 대한 추가 설명이 가능하다.
   ④ 개인의 민감한 문제를 다루는 데 유리하다.
   ⑤ 일반적으로 시간이 덜 걸리지만, 비용 면에서는 별 차이가 없다.

6. 관찰법에 관한 설명으로 옳지 않은 것은?
   ① 행위가 일어나는 현장에서 즉시 자료수집이 가능하다.
   ② 관찰자의 주관성이 개입될 수 있다.
   ③ 비언어적 상황에 대한 자료수집이 가능하다.
   ④ 서베이에 비해 자료의 계량화가 쉽다.
   ⑤ 질적 연구나 탐색적 연구에 사용하기 용이하다.

7. 질문지를 작성할 때 고려할 사항으로 옳은 것은?
   ① 만약을 위해 조사문제와 관련이 없는 문제를 포함시키는 것이 좋다.
   ② 개념의 이론적·조작적 정의에 부합하지 않는 질문은 포함시키지 않아야 한다.
   ③ 질문지 작성은 조사문제가 아니라 응답자를 기준으로 해야 한다.
   ④ 개별 문항이 잘 작성되었다면 문항의 정렬 방식은 중요하지 않다.
   ⑤ 응답자가 조사목적을 알아채지 못하도록 질문지를 구성해야 한다.

8. 내용분석에 관한 설명으로 옳지 않은 것은?
   ① 코딩 작업과 같은 수량화 과정을 포함한다.
   ② 비관여적인조사이다.
   ③ 조사대상에 대한 자료를 직접적으로 수집한다.
   ④ 실제적인 타당도 확보가 어렵다.
   ⑤ 질적 내용을 양적 내용으로 바꾸는 작업이다.

정답 1. ② 2. ② 3. ③ 4. ① 5. ④ 6. ④ 7. ② 8. ③

# Chapter 8
# 실험설계

### 학습목표

1. 실험설계의 유형 정리
2. 유형에 따른 구별
3. 유형별 실제 적용

### 학습내용

1. 실험설계의 개념
2. 실험설계의 주요 용어
3. 실험설계의 유형
4. 실험설계의 타당도
5. 실험설계의 한계

### 개 요

실험설계는 실험의 원리를 적용하여, 독립변수와 종속변수에 영향을 미칠 가능성이 있는 다른 변수들의 영향을 통제하여, 독립변수와 종속변수의 인과관계를 확인하는 탐구방법이다. 여기에서는 실험설계를 학습하고자 한다.

# Chapter 08
# 실험설계

## 1. 실험설계의 개념

### 1) 실험설계의 정의

사회과학에서 연구설계의 가장 중요한 요소는 변수 간의 인과관계를 설명해 주는 것으로 연구설계의 여러 가지 유형 중 인과관계를 가장 잘 검증할 수 있는 연구설계가 실험설계이다. 사회현상에서의 인과관계를 탐구하는 과학적 연구방법으로 실험설계를 사용하며 실험실 내 실험으로 이루어지는 경우도 있지만, 자연적 상황인 현지에서 이루어지는 현지실험설계가 주를 이룬다.

실험은 원래 자연과학에서 많이 사용되는 방법이나 사회과학에서도 때때로 활용되고 있다. 실험은 연구대상에 대한 여러 변수 간의 인과관계를 인위적으로 규정하여 조작된 변수의 효과를 파악하는 방법이다. 즉, 외부변수를 통제하고 독립변수를 조작하여 종속변수를 관찰함으로써 그 인과관계를 파악하는 방법이다. 즉, 실험설계는 과학적 문제해결을 위해서는 특정한 사회현상이 야기된 원인과 그 결과 사이의 관계를 정확히 밝혀내야만 현상에 대한 근본적 이해와 올바른 의사결정을 할 수 있게 된다. 이러한 인과관계의 규명을 위해 주로 사용되는 방법이 실험설계(experimental design)이다. 실험설계는 현상들 간의 원인과 결과를 구분하고 그들 간의 상호관계에 대해 보다 정확한 이해와 예측을 위한 정보를 얻기 위하여 실시된다(이세형, 2019: 189).

실험설계(experimental design or classical experimental design)는 실험의 원리를 적용하여, 독립변수와 종속변수에 영향을 미칠 가능성이 있는 다른 변수들의 영향을 통제하여, 독립변수와 종속변수의 인과관계를 확인하는 탐구방법이다. 실험설계를 하는 이유는 첫째, 특정 상황 하에서 발생하는 현상이나 개인의 행동에 대한 과학적 설명, 즉 명확한 근거를 알고자 하는 것이며, 둘째, 다른 목적 또는 문제가 되는 특정현상이나 인간행동 개선에 필요한 변화요인을 실험을 통해 밝히기 위해서이다(박선희, 2018: 165).

## 2) 실험설계의 기본조건

변수들 간의 인과관계를 규명하기 위한 가장 과학적인 연구방법이라 할 수 있는 데, 완벽한 실험을 위해서는 다음과 같은 세 가지 조건들이 충족되어야 한다. 그 내용은 다음과 같다(최세형, 2020: 120-123 ; 이세형, 2019: 190-191).

### (1) 독립변수의 조작

연구자는 관찰하고자 하는 현상이 일어나는 조건을 인위적으로 조작(manipulation)함으로써 연구에 보다 적합한 현상을 선별하여 관찰할 수 있다. 즉, 인위적으로 독립변수의 종류 및 변화의 강도를 조절하여 실험대상에 가함으로써 독립변수의 변화가 종속변수에 미치는 영향을 관찰하게 된다. 즉, 실험집단은 개입을 하고 통제집단은 개입을 하지 않았을 때, 실험집단에 가하는 개입이다.

### (2) 외생변수의 통제

외생변수는 독립변수 이외에 결과변수에 영향을 미칠 수 있는 모든 변수로서, 이러한 외생변수의 영향을 제거하지 못하면 실험변수와 결과변수의 사이의 인과관계를 정확히 파악하는 데 문제가 생기게 된다. 따라서, 독립변수만의 순수한 영향력을 연구하기 위해서는 외생변수가 통제되어야 한다. 따라서, 과학적이고 정밀한 연구방법이 되기 위해서는 이러한 외생변수의 영향을 체계적으로 방지 또는 제거할 수 있도록 실험이 설계되어야 한다.

### (3) 실험대상의 무작위 할당

변수들 간의 인과관계를 연구한 실험결과가 일반화되기 위해서는 실험대상들이 무작위로 추출되어져야 한다. 실험대상의 무작위화(randomization)는 전체 집단에서 각 대상들이 실험대상으로 선택될 확률이 모두 동일하도록 하는 것을 말한다. 실험설계에서 집단 간의 비교를 하기 위해서는 두 집단(실험집단, 통제집단)이 동일해야 하는데, 이렇게 하기 위해서는 무작위로 각 집단에 대한 연구대상자의 배정이 이뤄져야 한다. 두 집단에 대한 배정이 무작위로 이루어져야 두 집단이 동일하게 되며, 순수한 개입효과에 방해가 되는 불필요한 외생변수를 통제할 수 있다.

## 2. 실험설계의 주요 용어

실험설계에서 가장 많이 쓰이는 단어는 통제, 처치변수, 통제집단, 처치집단 등이다. 그 내용은 다음과 같다(성태제 외, 2006: 235-238).

### 1) 통제

실험설계는 실험상황을 통제하는 연구라고 할 수 있다. 여기서 통제(control)란 처치변수를 조절(manage)한다는 것과, 매개변수를 규제 혹은 고정(fixed)시킨다는 두 가지 의미를 포함하고 있다. 어떤 기계를 통제(control)할 수 있다는 말은 기계를 자유자재로 다룰 수 있다는 뜻이며, 온도를 통제(control)하고 부피를 증가시킬 때 압력이 내려간다고 할 때의 통제(control)는 고정시킨다는 의미이다. 예를 들어, 초등학교 3학년 학생의 어휘력 향상에 있어서 전통적 교수법과 멀티미디어를 사용한 교수법이 어떤 영향을 미치는지를 연구할 때, 두 집단에 할당되는 연구대상들이 다른 능력을 소유하였다면, 그 다른 능력이 어휘력에 주는 영향을 제거하여야 한다. 즉, 이 연구에서는 다른 능력, 즉 교수법을 제외하고 어휘력에 영향을 줄 수 있는 능력을 모두 배제하여야 한다. 매개변수가 되는 능력을 같게 하여 두 집단의 연구 시작 전 단계를 같게 하거나, 그 능력의 영향을 제거하는 것을 통제라고 한다.

### 2) 처치변수와 매개변수

실험설계는 인과관계를 밝히는 것이 조사의 목적이므로 무엇이 영향을 주는 변수이고, 무엇이 영향을 받는 변수인지를 규명해야 한다. 독립변수는 영향을 주는 변수이고, 종속변수는 영향을 받는 변수다. 실험설계에서는 독립변수를 처치변수라고 하며, 처치변수(treatment variable)는 연구상황에 가해지는 변수로서 연구결과의 변화를 유도하는 변수를 말한다.

실험설계에서 처치에 따라 어떤 변화가 일어났는지는 종속변수를 통해서 알 수 있다. 즉, 종속변수의 변화는 처치에 의한 것이라고 분석하게 된다. 이런 과정에서 처치변수 이외의 다른 변수가 종속변수에 영향을 줄 수 있는데, 이와 같은 변수를 매개변수라고 한다. 매개변수는 종속변수에 영향을 주는 독립변수 이외의 변수를 말한다.

『교육연구』
(2005년 출판)

베스트와 칸(John W. Best & James V. Kahn)은 그들의 저서 『교육연구(Research in education, 2005)』에서 매개변수를 혼재변수(confounding variable)라고 하고, 매개변수를 간섭변수(intervening variable)와 외재변수(extraneous variable)로 구분한다. 간섭변수는 독립변수와 종속변수의 관계에 개입되는 변수를 말한다. 예를 들어, 직접강화가 말하기 학습효과에 미치는 영향을 알아보는 예에서는, 불안, 피로, 동기 등이 간섭변수로 취급될 수 있다. 외재변수는 종속변수에 영향을 주는 독립변수 이외의 변수로서, 연구자가 통제할 수 없는 나이, 성별, 사회계층 등의 변수를 말한다.

사전적으로는 종속변수에 영향을 주는 독립변수 이외의 변수를 매개변수(intervening variable), 혼재변수(confounding variable), 잡음변수(nuisance variable), 외재변수(extraneous variable), 관련변수(concomitant variable) 등으로 불리고 있으며, 통계적으로는 공변인(공변량, covariate, 실험 처치와 관련된 피험자의 능력이나 특성)이라고 한다. 물론 용어들의 영문표기가 다르므로 다소 다른 의미로 정의될 수 있다. 실험설계에서는 매개변수의 통제 여부가 실험설계의 성패를 좌우한다.

두 교수법에 따른 어휘력의 차이를 비교할 때, 지능이나 사전 어휘능력 등이 매개변수로 작용할 수 있다. 이 같은 매개변수는 실험설계로 통제되거나, 통계적으로 통제할 수 있다.

실험설계 중 연구자가 고려하여야 할 매개변수로는 반복설계에서 초래될 수 있는 처치변수의 누적효과, 실험기간 중에 발생할 수 있는 피험자의 성숙, 사전 사후검사 시에 나타날 수 있는 기억이나 검사에 대한 지혜, 측정도구의 난이도 등이 있다. 특히, 검사로 피험자의 능력을 측정할 때 매우 어려운 검사라면 처치효과가 있었다 하여도 처치효과가 측정되지 않으며, 너무 쉬울 경우에도 처치효과를 밝혀낼 수 없다. 왜냐하면 전자의 경우 모든 피험자의 점수가 매우 낮을 것이고, 후자의 경우 모든 피험자의 점수가 높을 것이기 때문이다. 처치가 매우 효과적이거나 검사의 난이도가 너무 낮아서, 모든 피험자가 검사에서 높은 점수를 얻는 경우를 천장효과(ceiling effect)라고 한다. 반대로, 처치효과가 전혀 없거나 검사의 난이도가 높아서 모든 피험자가 매우 낮은 점수를 얻는 경우를 '바닥효과(bottom effect)'라고 한다. 천장효과나 바닥효과가 있을 경우에는 집단비교가 불가능하다.

### 3) 통제집단과 실험집단

실험설계 시 처치효과를 알아보기 위하여 사전검사를 실시하고 처치를 가한 뒤

사후검사를 실시하여 사후검사에서 변화된 양이 처치에 기인한 것이라고 분석할 수 있다.

그러나 사전검사의 경험이 사후검사에 영향을 주는 경우가 있다. 즉, 검사를 두 번 실시하므로 검사에 대한 기억이나 검사지혜가 발생할 수 있다. 이와 같은 문제를 제거하기 위하여 두 집단비교를 실시할 수 있다. 한 집단에는 처치를 가하지 않고, 다른 집단에는 처치를 가한 뒤 두 집단 간에 차이가 있는지를 비교한다. 이럴 경우 처치를 가하지 않은 집단을 통제집단(control group)이라고 하고, 처치를 가한 집단을 실험집단(experimental group)이라고 한다.

## 3. 실험설계의 유형

실험설계는 독립변수의 조작으로 발생할 수 있는 변수 간의 인과관계를 규명하기 위한 것으로, 실험살계의 기본 조건을 제대로 갖추고 있는지에 따라 구분할 수 있다. 그 내용은 다음과 같다.

### 1) 순수실험설계

순수실험설계(pure experimental design)는 진실험설계(true experimental design)라고도 하며, 실험의 기본 요소인 독립변수의 조작, 외생변수의 통제, 무작위 배정을 모두 충족함으로써 실험설계 중 인과관계를 확인할 수 있는 가장 이상적인 방법이다. 즉, 연구대상을 무작위 배정으로 실험집단과 통제집단으로 배정하고 독립변수를 실험집단에만 도입하고, 통제집단에는 도입하지 않고 두 집단 간 종속변수의 변화를 비교하여 인과관계를 확인하는 것이다.

순수실험설계는 내적 타당도의 저해요인에 대한 통제가 가능하여 매우 이상적인 설계유형이지만, 사회복지실천현장에서는 독립변수의 조작 등으로 인한 윤리적 측면을 비롯하여 통제집단과 실험집단을 무작위로 배정하는 것의 어려움 등 현실적용의 한계가 존재한다(원석조, 2018 : 197). 그 내용은 다음과 같다(조학래,

2020: 192-198 ; 최세영 외, 2020: 123-128 ; 원석조, 2018: 198-199).

### (1) 통제집단 사전사후 검사설계

통제집단 사전사후 검사설계(control-group pretest-posttest design)는 인과관계 주정을 위한 가장 전형적이고도 고전적인 실험설계이다. 이 설계유형은 연구대상을 실험집단과 통제집단에 무작위로 배치하고 실험집단에 독립변수를 도입하기 전에 양 집단에 사전검사를 실시한다. 다음으로 실험처치 이후 양 집단에 사후검사를 실시하여 두 결과 간의 차이를 비교하는 설계유형이다.

통제집단 사전사후검사 설계의 과정은 다음 그림과 같이 이루어진다. 그림 중앙의 실선은 집단 간 확산이 이루어지지 않는다는 것을 의미하며, 실험집단과 통제집단은 무작위로 배정이 됨으로 인해 최초의 상태가 동일한 상태이기 때문에 두 집단 간 교류나 결과의 확산이 통제될 수 있다.

|  | | 사전검사 | | 개입 | | 사후검사 | |
|---|---|---|---|---|---|---|---|
| $R$ | 실험집단(de) | $O_1$ | → | $X$ | → | $O_1$ | $de = O_2 - O_1$ |
|  | 통제집단(dc) | $O_1$ | → | $X$ | → | $O_1$ | $D = de - dc$ |
|  |  |  |  |  |  |  | $dc = O_4 - O_3$ |

R : 실험집단과 통제집단을 무작위 배정하는 것
X : 독립변수의 도입(개입)
O : 종속변수의 관찰
D : 독립변수의 영향

[그림 8-1] 통제집단 사전사후검사설계

위의 도식에서 실험의 효과를 계산하는 방법은 다음과 같다.
① 실험집단의 전·후검사 점수 차이를 계산한다.
② $dc = O_4 - O_3$: 통제집단의 전·후검사 점수차이를 계산한다.
③ $Ex = de = dc = (O_2 - O_1) - (O_4 - O_3)$ 개입의 효과를 계산한다.

이 설계유형은 내적 타당도가 높은 설계유형이나 사전검사에 의한 검사효과가 발생할 수 있어 내적 타당도를 저해할 수 있으며, 상호작용 시험효과로 인해 일반화시키기 어려운 외적 타당도 문제가 발생할 수 있다는 한계를 가진다. 예를 들어, 우울감 완화 프로그램에 참여한 대상자가 사전연구 결과, 다른 대상자에 비해 자신의 우울감 점수가 매우 높다는 것을 알았다고 하자. 이후 프로그램에 참여하면서 자신의 우울감 점수를 낮추기 위해 다른 대상자들보다 더 열심히 참여하였으며, 사후검사에서 의식적 반응을 일으켜 우울증 점수가 현저하게 낮아졌다면, 이는 우울증 완화 프로그램의 효과라기보다는 사전검사와 대상자의 반응성이 상호작용을 함으로써 결과에 영향을 미친 것으로 볼 수 있다. 이처럼 대상자의 반응성은 연구결과의 외적 타당도를 저해하는 요인으로 작용하여 일반화 가능성을 낮추게 된다.

### (2) 통제집단 사후검사 설계

통제집단 사후검사 설계(control-group posttest design)는 통제집단 사전사후검사 설계의 검사효과와 상호작용 시험효과를 배제하기 위해 사전검사를 실시하지 않고 실험집단에 바로 독립변수를 도입한 후, 양 집단에 사후검사를 실시하여 두 결과 간의차이를 비교하는 설계유형이다. 즉, 실험집단과 통제집단의 유일한 차이는 개입 여부가 되기 때문에 두 집단 간 차이는 개입의 차이라고 볼 수 있다. 예를 들어, 장애인복지관을 이용하는 50명의 장애아동을 무작위 배정으로 25명씩 두 집단으로 구분한 후 실험집단에만 사회적응 프로그램을 5주간 시행한 다음 두 집단 모두 사후검사로 사회적응도를 측정하여 그 결과를 비교하였다. 그 결과, 통제집단보다 실험집단의 사회적응도 점수가 높게 나왔다면 이는 독립변수인 사회적응 프로그램 때문으로 해석할 수 있다.

이 설계 유형은 두 집단을 무작위 배정함으로 선택의 편의도 통제 가능하여 내적 타당도를 높일 수 있지만, 사전검사를 하지 않음으로써 종속변수의 변화를 최초의 상태와 비교할 수 없는 한계를 가진다. 통제집단 사후검사 설계의 과정은 다음과 같이 이루어진다.

```
                    개입         사후검사
      실험집단(de)    X            O₁
  R   ─────────────────────────────────
      통제집단(dc)                 O₂
```

[그림 8-2] 통제집단 사후검사 설계

### (3) 솔로몬 4집단설계

솔로몬 4집단설계(Solomon four-group design)는 통제집단 사전사후 검사설계와 통제집단 사후검사설계를 혼합한 유형으로 모든 외생변수의 통제가 가능한 실험설계이다. 통제집단 사전사후 검사설계와 통제집단 사후검사설계는 실험설계유형이지만, 검사효과와 연구대상자의 선정 편향을 통제하지 못한다는 단점 때문에 독립변수인 실험 처치의 효과를 정확하게 검증하기 위해 두 실험설계를 통합한 것이 솔로몬 4집단설계이다. 즉, 연구대상자를 무작위 할당으로 실험집단과 통제집단으로 구분한 후, 사전검사와 사후검사를 시행한 실험집단과 통제집단, 사후검사만 시행한 실험집단과 통제집단 등 네 개의 집단을 비교하는 형태이다.

다음 그림에서와 같이 실험대상자들은 4집단으로 무작위 배정되고, 각각의 집단은 각기 다른 경로로 실험이 진행되며, 무작위 배정으로 집단 간 교류는 엄격하게 통제된다. 집단 1과 2는 통제집단 사전사후 검사설계의 방법으로, 집단 3과 4는 통제집단 사후검사설계의 방법으로 실험이 이루어진 후 각 집단들의 변화를 계산하여 순수한 독립변수의 효과를 검증하고자 한다.

```
              사전검사    개입     사후검사
      집단1(de)   O₁      X         O₂
      집단2(dc)   O₃                O₄
  R   ─────────────────────────────────
      집단3(de)           X         O₅
      집단4(dc)   O₁      X         O₆
```

[그림 8-3] 솔로몬 4집단 설계

솔로몬 4집단설계의 가장 큰 장점은 다른 실험설계 유형에서 불가능한 내적 타당도 저해요인의 대부분을 통제할 수 있다는 것이다. 즉, 사전검사와 사후검사를 시행하면서도 사전검사의 영향을 통제하고자 할 때 사용하는 실험설계로, 각종 외생변수의 영향을 거의 완벽하게 통제할 수 있다. 이처럼 솔로몬 4집단설계는 인과관계를 가장 잘 설명해 주는 이상적인 실험설계 형태이다. 하지만 현실적으로 네 개의 집단을 무작위 할당으로 선정하는 데 어려움이 있고, 네 개의 다른 집단을 구성하고 유지하는데 시간과 비용이 많이 드는 것이 단점이다. 따라서, 실제 상황에서는 거의 적용하지 않는다.

### (4) 플라시보 통제집단 설계

플라시보 통제집단 설계(placebo control group design)는 가실험 통제집단 설계라고도 하며, 플라시보 효과가 강하게 의심되는 실험설계에서 많이 활용되는 설계유형이다. 플라시보 효과(placebo effect)는 특정 상황에 대한 사람들의 믿음으로 인해 나타나는 심리적 반응성을 의미한다. 예를 들어, 위장장애가 있는 환자에게 신빙성 있는 위장장애 신약이 개발되었다고 하고 비타민제를 복용하게 하였다고 하자. 참여한 환자가 비타민을 실제 위장장애를 치료할 수 있는 신약이라고 믿고 일정 기간 복용한 후에는 실제 위장장애 치료약을 복용한 효과와 같은 결과가 나타날 수 있다. 이는 비타민제를 위장장애를 치료할 수 있는 신약이라고 믿는 심리적 반응성으로 인한 효과라는 것이다.

플라시보 통제집단 설계에서는 실험집단과 통제집단에 플라시보 효과를 확인할 수 있는 집단을 하나 더 추가 배치하게 된다. 실험 후 플라시보 통제집단의 결과는 플라시보 효과가 나타난 결과로 본다. 플라시보 통제집단의 검증과정은 다음과 같다.

```
                    개입      사후검사
         집단1(de)   X         O1       실험효과 E = O1 - O2
    R    집단2(dc)             O2       플라시보효과 Ep = O3 - O2
         집단3(dc)   Xp        O3       순수실험효과 E - Ep = O1 - O3
```

[그림 8-4] 플라시보 통제집단 설계

## 2) 유사실험설계

 유사실험설계(quasi-experimental design)는 준실험설계라고도 한다. 이 설계유형은 실험실이 아닌 현장에서 실험하는 것으로 실험상황은 아니더라도, 실험실과 유사한 효과를 얻을 수 있는 경우를 말한다. 유사실험설계는 실험실 상황이 아닌 실제 상황에서 독립변수를 조작하여 연구하는 설계를 말하는 것으로, 현장실험설계(field experimental design)라고도 한다(이세형, 2019: 197).

 유사실험설계는 독립변수인 실험처치는 있지만, 연구대상자를 무작위 할당으로 실험집단과 통제집단에 배정하지 못할 때 사용한다. 즉, 유사실험설계는 실제 상황에서 실험설계의 기본 조건을 모두 갖출 수 없어서 연구자가 대안적인 방법을 통해 통제집단을 설정한다. 실제로 연구대상자의 무작위 할당을 통해 연구결과의 내적 타당도를 확보해야 하지만, 사회복지실천현장에서는 현실적인 어려움 때문에 무작위 할당이 불가능하거나 비윤리적인 경우가 있다. 따라서, 유사실험설계는 실험설계의 대안으로 주로 사회복지 프로그램과 정책을 평가하는 데 널리 사용된다. 유사실험설계는 연구대상자를 무작위 할당을 통해 실험집단과 통제집단으로 배정하지 않기 때문에 통제집단보다는 비교집단(comparison group)이라는 용어를 사용하기도 한다(조학래, 2020: 198).

 유사실험설계의 장점은 첫째, 실제 상황에서 이루어지므로 다른 상황에 대한 일반화가능성(외적타당성)이 높다. 둘째, 일상생활과 동일한 상황에서 수행되므로 이론검증 및 현실문제해결에 유용하며, 복잡한 사회적·심리적 영향과 과정 변화 연구에 적절하다. 단점으로는 첫째, 현장 상황에서는 대상의 무작위화와 독립변수의 조작화가 어려운 경우가 많다. 둘째, 실제 상황에서의 실험이므로 독립변수의 효과와 외생변수의 효과를 분리해서 파악하기 어렵다. 셋째, 측정과 외생변수의 통제가 어려우므로 연구결과의 정밀도가 떨어진다. 따라서, 유시실험설계는 순수실험설계보다 현실성·일반화는 좋으나, 통제력이 훨씬 약하기 때문에 인과관계의 명확한 규명은 다소 뒤떨어진다(이세형, 2019: 197). 그 내용은 다음과 같다(조학래, 2020:198-202 ; 최세영 외, 2020: 128-131 ; 이세형, 2019: 197-200 ; 원석조, 2018: 200-201)

### (1) 시계열 설계

시계열 설계(time-series design)는 단순 시계열 설계(simple time-series design)라고도 하며, 통제집단을 두지 않고 실험집단을 대상으로 독립변수를 도입하기 전후에 일정 기간을 두고 몇 차례 종속변수를 측정하여 점수 또는 경향을 연구하는 방법이다. 예를 들어, 안전벨트 착용 의무화 정책의 정착을 위해 경찰청에서 안전벨트 착용 의무화에 대한 홍보 및 캠페인과 함께 안전벨트 착용 현황 연구를 주 1회 4주 동안 실시한 후 한 달 동안 안전벨트 미착용에 대한 집중단속을 실시하였다. 이후 주 1회 4주 동안 안전벨트 착용에 대한 연구를 한 결과, 안전벨트 착용률이 향상된 것을 확인하였다면 이는 시계열 연구에 해당한다.

시계열 설계는 개입 이전에 변화가 일어나지 않고 개입시점 이후부터 변화가 나타난다는 것을 보여 줌으로써 내적 타당도를 저해하는 일부 요인을 통제한다고 전제한다. 하지만 오랜 연구기간으로 인해 발생할 수 있는 우연한 사건과 반복되는 검사로 인한 측정효과나 도구효과로 내적 타당도를 저해할 수 있다. 시계열 설계의 과정을 도식화한 것은 다음과 같다.

| 사전검사 | 개입 | 사후검사 |
|---|---|---|
| $O_1$ $O_1$ $O_1$ | $X$ | $O_4$ $O_5$ $O_6$ |

[그림 8-5] 시계열 설계

### (2) 복수 시계열 설계

복수 시계열 설계(multiple time-series design)는 단순 시계열 설계의 우연한 사건 등에 의한 내적 타당도 문제를 해결하기 위하여 통제집단을 추가한 설계유형으로, 시계열 설계에 비동일 통제집단 설계를 가미한 설계이다.

이 설계유형은 유사한 성격을 가진 두 집단을 실험집단과 통제집단으로 선정한 다음(비동일 통제집단 사전사후 비교연구) 실험집단을 대상으로 시계열연구와 같이 개입 전후 세 번 이상 연구를 실시하고(시계열연구), 통제집단은 개입 없이 연구만 실시하여 이 두 집단의 변화의 차이를 비교한다.

이 설계는 무작위로 배정하는 설계만큼 좋지는 않지만 통제집단과의 비교 없이 시계열 자료를 평가하는 것보다는 개선된 형태라고 볼 수 있다. 따라서, 통제집단을 사용함으로써 내적 타당도 저해요인을 크게 감소시킬 수 있지만, 무작위 배정을 하지 않음으로써 실험집단과 통제집단이 이질적일 가능성이 크다는 한계를 가진다.

복수 시계열 설계의 과정을 도식화한 것은 다음과 같다.

|  | 사전검사 | 개입 | 사후검사 |
|---|---|---|---|
| 실험집단($de$) | $O_1\ O_1\ O_1$ | $X$ | $O_4\ O_5\ O_6$ |
| 통제집단($dc$) | $O_1\ O_1\ O_1$ |  | $O_4\ O_5\ O_6$ |

[그림 8-6] 복수 시계열 설계

### (3) 비동일 통제집단 설계

비동일 통제집단 설계(non-equivalent control group design)는 순수실험설계의 통제집단 사전사후검사 설계와 유사하지만 무작위 배정을 하지 않은 점에서 차이가 있다. 무작위 배정이 어려운 경우, 가능한 범위 내, 즉 배합의 방식 등을 활용하여 실험집단과 통제집단을 유사하게 구성하게 된다. 즉, 무작위할당이 아닌 임의적인 방법으로 실험집단과 통제집단을 선정하고 양 집단에 대해서 사전검사를 실시하고, 실험집단에는 독립변수를 도입하고 통제집단에는 독립변수를 도입하지 않고 양 집단을 사후검사하여 종속변수의 변화를 비교하는 것이다. 양 집단 간의 초기상태를 모르기 때문에 사전검사($O_1$, $O_3$)를 통해서 양 집단 간의 초기상태가 동질적인지 아니면 이질적인지 여부를 확인하고, 만일 차이가 있다면 그 차이를 고려하여 해석해야 한다.

비동일 통제집단 설계는 사회복지 현장에서 프로그램의 효과성을 평가하는 데 많이 활용된다. 그 이유는 사회복지 현장에서 실시하는 프로그램 참여자는 참여하기를 원하는 신청자이거나 특정 기관에서 의뢰가 된 경우가 많고, 사회복지실천현장의 현실적인 여건으로 인해 무작위 배정에 의해 집단을 배치하는 데 한계가 있기 때문이다.

이 설계는 연구실행 환경에 비교적 쉽게 적용할 수 있다는 장점이 있지만 무작위배정이 이루어지지 않아 두 집단의 초기 상태가 동일하지 않을 가능성이 크다. 따라서, 이러한 표본의 편중이 다음 그림에서 나타난 실험집단과 통제집단 사이의 점선과 같이 두 집단 간의 교류를 명확하게 통제하지 못하여 실험집단의 결과가 통제집단으로 확산되는 것을 통제하지 못한다. 또한 우연한 사건, 성숙효과 등으로 인해 내적 타당도를 저해할 수 있으며, 사전검사로 인한 상호작용 시험효과로 인해 외적 타당도가 저해될 수 있다.

|  | 사전검사 | 개입 | 사후검사 |
|---|---|---|---|
| 실험집단(de) | $O_1$ | X | $O_2$ |
| 통제집단(dc) | $O_3$ |  | $O_4$ |

[그림 8-7] 비동일 통제집단 설계

### 3) 전실험설계

전실험설계(pre-experimental design)는 원시실험설계 또는 선실험설계라고도 하며, 무작위 배정을 하지 않고 연구대상자를 선정하고 통제집단을 갖추지 못하는 상황에서 선택하는 가장 낮은 수준의 설계유형이다(Cambell & Stanley,

2015).

 이 설계는 내적 타당도와 외적 타당도를 거의 통제하지 못하기 때문에 인과적 추론에 한계를 가진다. 하지만 이러한 한계에도 불구하고, 현실적으로 순수실험설계나 유사실험설계를 활용할 수 없을 때, 대안적인 방법으로 활용된다. 그 내용은 다음과 같다(최세영 외, 2020: 131-134 ; 곽미정 외, 2018: 276-279 ; 강영걸 외, 2018: 188-189).

### (1) 단일집단 사후검사 설계

 단일집단 사후설계(one-group posttest-only design)는 일회사례설계(one-shot case study)라고도 하는데, 이는 단일집단에 실험개입을 실시한 후 사후검사에 종속변수를 측정하는 설계유형이다. 예를 들어, 사회적 기능 향상을 위한 프로그램을 전달하고 나서 서비스대상자의 사회적 기능을 측정할 수 있을 것이다.

 이 설계는 사전검사를 실시하지 않고 통제집단도 설정하지 않기 때문에 사회적 기능의 수준이 처음보다 얼마나 높아졌는지 또는 서비스를 받지 않은 사람들보다 기능이 높아졌는지 객관적으로 확인할 방법이 전혀 없다. 따라서, 선험적 경험이나 전문가의 판단에 의존할 수밖에 없다. 따라서, 이 설계의 경우 어떤 내적 타당도도 통제하지 못하기 때문에 인과관계를 검증한다는 것은 불가능하다.

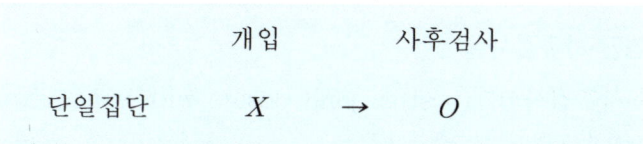

[그림 8-8] 단일집단 사후설계

### (2) 단일집단 사전사후 검사설계

 단일집단 사전사후 검사설계(one-group pretest-posttest design)는 단일집단 사후검사설계에 사전검사를 추가한 것으로서 연구대상에게 사전검사를 실시하고 독립변수를 개입한 후 사후검사를 실시하는 설계유형이다

이 설계에서 효과를 측정하는 방법은 사후검사의 결과를 사전검사의 측정값과 비교하고 차이가 있으면 개입의 효과라고 보는 것으로서, 사전검사를 통해 사후검사의 비교기준을 제시하고 있다는 점에서 일회 사례 설계에 비해 최소한의 내적 타당도 조건을 충족한다고 할 수 있다. 하지만 이 설계는 내적 타당도 저해요인 중 우연한 사건, 상호작용 시험효과, 성숙 및 검사효과, 통계적 회귀 등을 통제하지 못한다. 예를 들어, 새로 개발한 수업방식이 학생들의 학습능력 향상에 효과적인지 알아보고자 할 때, 학기 시작 전과 학기를 마친 후에 학습능력을 측정하고 사후검사의 결과가 향상되었다면 개발한 수업방식이 효과가 있다고 주장하고 싶다고 하자. 이때, 사후검사의 결과가 새로운 수업방식의 순수한 효과라고 확신하기 위해서는 수업방식 이외에 결과에 영향을 미치는 요인들, 즉 교사의 수용적인 태도, 학기 중 교실의 환경, 다른 수업의 영향, 학교생활 외부의 영향 등이 개입했을 가능성을 배제해낼 수 있어야 한다. 하지만 단일집단 사전사후 검사설계는 이러한 영향력을 통제하지 못한다.

|  | 사전검사 |  | 개입 |  | 사후검사 |
|---|---|---|---|---|---|
| 단일집단 | $O_1$ | → | $X$ | → | $O_1$ |

[그림 8-9] 단일집단 사전사후 검사설계

### (3) 비동일집단 사후검사설계

비동일집단 사후검사설계(posttest only design with nonequivalent groups)는 정태적 집단비교설계(statistic group comparison design)라고도 하며, 연구대상을 두 개의 집단으로 나누어 실험개입을 하는 집단과 그렇지 않은 집단으로 구분하여 사후 측정결과를 비교하는 설계유형이다. 이러한 방식은 순수실험설계의 통제집단 후 비교설계와 유사하지만, 무작위 배정을 하지 않는다는 점에서 차이가 있다.

이 설계는 무작위 배정이나 배합이 이루어지지 않는다는 점에서 두 집단의 최초의 상태가 동일한지 확인할 수 없어 선택의 편의가 발생할 수 있고, 종속변수의 변화가 이질적인 집단 특성이 반영된 것인지 아니면 실험개입으로 인한 것인지 확인하기 어렵다. 또한 선택의 편의가 독립변수의 조작과 상호작용을 하는 경우 내적 타당도와 외적 타당도가 낮아진다. 다른 특성의 영향 때문인지를 설명할 수 없다. 이러한 단점에도 불구하고, 비동일집단 사후검사 설계는 실험의 간결성, 시간과 조사비용의 절감 등의 이유로 사회복지실천 현장에서 활용되기도 한다.

|  | 개입 | 사후검사 |
|---|---|---|
| 실험집단($de$) | $X$ | $O_1$ |
| 통제집단($dc$) |  | $O_2$ |

[그림 8-9] 정태적 집단 비교 설계

### 4) 비실험설계

비실험설계(non-experimental design)방식은 독립변수의 조작이나 외생변수의 통제나 결과의 비교 등이 필요한 실험적인 연구방법을 사용할 수 없는 경우에 불가피하게 시용되는 방법이다. 따라서, 이 설계는 인과관계를 규명하기가 어려워 연구결과의 해석을 부적절하게 할 위험성이 있는 설계방식이다. 또한 실험설계는 윤리적 문제가 발생할 수 있기 때문에 사회과학연구에서는 많은 경우 비실험설계가 사용되기도 한다. 그 내용은 다음과 같다(최세영 외, 2020: 134-135 ; 곽미정 외, 2018: 280-282).

#### (1) 횡단적 실험설계(cross-sectional experimental research design)
#### ① 일원적 설계

일원적 설계(univariable design)는 독립변수를 조작하지 않으며, 이미 일어난 일을 연구하는 것으로, 사회의 어떤 특정 현상이나 사건, 사회 및 인구집단의 특성, 개인 및 집단적 경험 등을 있는 현 상태 그대로 관찰하여 각 변수들 값의 비율, 분포 등 빈도를 기술하는 경우에 사용되는 방법이라 할 수 있다.

### ② 상관관계 설계

상관관계 설계(correlational design)방식은 독립변수의 변수와 종속변수의 변수의 속성을 분류하거나 교차시켜서 통계기법을 활용하여 비교하는 방법으로 교차분석 설계(cross-sectional design)라고도 부른다. 실험설계에서 가장 많이 이용되는 방법으로 두 변수의 상관관계를 추정하여 상관관계로부터 인과관계를 추정하는 방법이다. 그러나 상관관계 설계가 개입 전후 비교나 무작위 할당이 없으므로 두 변수 간 상관관계를 인과관계로 추정하는 것은 위험성이 있으며, 변수 간의 관계성만을 파악하는 것에 준하는 경우가 많다.

### ③ 비실험적 요인설계

비실험적 요인설계(factorial design)방식은 두 가지 이상의 독립변수와 하나의 종속변수의 관계 및 독립변수 간의 상호작용의 관계를 교차분석을 통하여 결과를 확인하는 방법으로, 독립변수의 독립적인 효과와 두 가지 이상의 독립변수가 결합되어 생기는 효과를 동시에 알 수 있으므로 두 변수 간 관계를 보다 명확히 알 수 있는 특성이 있다.

## (2) 종단적 실험설계(longitudinal experimental research design)

### ① 경향연구설계

경향연구설계(trend study design)방식은 다른 설계에 비해 비교적 큰 동일 모집단 내에서 각각 다른 표본내의 변수를 선정하여 여러 차례 시간간격을 두고 관찰하는 방법이다. 이 연구의 일차적 목적은 일정 기간 동안 특정 집단을 반복 관찰하여 변화의 추세를 파악하고자할 때 사용하는 방식이다. 그러나 연구할 때마다 표본이 매번 바뀌므로 표본의 동질성을 확보하기는 어렵고, 내적 타당도를 저해하는 요인들이 있다.

### ② 동년배집단 설계

동년배집단 설계(cohort study design)방식은 동일 연령대의 사람들을 모집단으로 설정하여 일정 시간의 간격을 두고 같은 모집단에서 각각의 다른 표본을 선정하여 이를 관찰하는 방법이다. 경향연구설계와 비교하면, 경향연구설계방식은 어떤 특성을 갖고 있는 다양한 연령층을 포함하고 있는 모집단인데 반하여, 동년배집단 설계는 일정한 연령층으로 한정된 모집단이라는 특성에서 차이가 있다.

### ③ 패널연구설계

패널연구설계(panel study design, 동일집단연구설계)방식은 동일 모집단에서 동일한 표본을 선정하여 일정한 시간간격을 두고 지속적으로 관찰하는 방법이다. 이러한 패널연구설계방식은 표본의 동일성을 완전하게 유지할 수는 있으나, 현실적으로 일부 이탈한 경우를 제외하고는 동일한 표본을 유지하도록 한다. 그러나 변동되는 변수 등과 성숙이나 역사적 사건과 같은 내적 타당도를 저해하는 요인들의 통제는 어렵다.

## 4. 실험설계의 타당도

실험설계에서 내적 타당도와 외적 타당도는 실험설계의 결과가 무엇으로 인한 결과인가를 명확히 하는 것과, 실험설계의 결과를 어떻게 일반화할 수 있는가에 관한 내용이다. 실험설계에서 내적 타당도는 실험의 결과가 의미 있게 나타났을 때, 이 결과가 독립변수로 인한 결과임을 보여 주는 정도라고 할 수 있다. 만약 실험의 결과가 독립변수로 인한 결과가 아니라, 독립변수 이외의 다른 요인의 영향을 받은 것이라면 실험설계의 내적 타당도를 확보하는 데 실패한 것으로 볼 수 있다. 실험설계에서 내적 타당도는 다른 영향을 배제한 상태에서 실험의 결과가 독립변수의 영향을 받았으며, 그 결과 의미 있는 차이를 가져왔다면, 독립변수 혹은 실험변수의 개입이 실험설계의 종속변수 변화에 영향을 미쳤다는 것을 의미한다. 이는 실험의 전체 과정에서 종속변수의 변화가 독립변수로 인해 발생한 결과라는 것이 명확하다는 것을 뜻한다. 따라서, 내적 타당도를 저해하는 요인은 독립변수 이외의 여러 요소가 실험결과에 영향을 미칠 수 있는 요인들이 된다(유영준, 2021: 263).

이에 비해, 실험설계에서 외적 타당도는 실험결과를 전체 모집단에 일반화할 수 있는가에 대한 내용이다. 따라서, 실험설계에서 외적 타당도는 실험결과가 과학적 지식으로서 보편성과 객관성을 확보하였는가에 초점을 둔다. 실험설계에서 외적 타당도를 저해하는 요인은 표본의 대표성 문제, 내적 타당도를 저해하는 요인들 간의 상호작용 등으로 인해 실험결과를 일반화하기 어려운 경우에 발생하게 된다.

### 1) 내적 타당도 저해요인

내적 타당도 저해요인은 다음과 같다(이봉재, 2018: 166-169).

#### (1) 측정편향

실험설계 또는 유사실험설계가 내적 타당도를 위협하는 다른 요인을 잘 통제할지라도 측정절차가 편향되었다면 인과적 추론에 대한 신뢰성이 심각하게 위협받을 수 있다. 예를 들어, 연구가설을 알고 있으며, 그 가설이 지지되기를 바라는 연구참여자를 실험집단에 속하도록 함으로써 개입의 효과를 주장하는 경우를 가정하자. 이 경우 측정절차의 편향으로 인해 해당 연구결과를 신뢰하기 어렵다. 이러한 측정편향(measurement bias)을 해소하기 위해 평가자가 평가대상의 신분을 알지 못하도록 하는 눈가림 평가(blind rating)나 신뢰도와 타당도가 입증된 표준화된 척도를 사용하여 종속변수를 측정하게 된다.

#### (2) 연구반응성

자료를 수집하는 동안 연구자가 편향된 언급을 하는 것은 연구반응성(research reactivity)으로 인해 내적 타당도를 위협할 수 있다. 연구참여자는 자신의 언행과 관련해 실험자가 원하는 것을 알게 되면 그런 요구나 기대에 부응하려고 한다. 그로 인해 독립변수가 아니라 연구자 또는 연구절차에 의해 결과자료가 변화하면 연구결과의 내적 타당도를 위협할 수 있다. 예를 들어, 외상 후 스트레스 치료 프로그램에 참여한 클라이언트들은 시간이 지남에 따라 치료자가 자신에 대한 개입의 효과성을 기대하는 것을 알게 된다. 그로 인해 사전연구에 비해 사후

연구결과에 더 개선된 점수를 보고하는 경향을 나타낼 수도 있다. 이러한 연구반응성은 내적 타당도를 위협하여 개입의 인과성 추론을 저해할 수 있다. 따라서, 실험자 기대와 실험적 요구 특성의 영향을 줄임으로써 인과적 추론에 대한 내적 타당도를 높이기 위해 측정절차와 개입절차를 분리하거나, 비관여적 관찰방법을 사용함으로써 연구반응성을 줄일 수 있다.

### (3) 개입의 확산 또는 모방

종종 서비스 수혜자들은 자신들에 대한 개입이 비교대상인 집단에서 실행되는 방식 때문에 예견된 차이가 줄어드는 예상치 못한 결과를 얻을 수도 있다. 이런 현상을 개입의 확산 또는 모방(diffusion or imitation of treatments)이라고 한다. 예를 들어, 가족치료에 있어서 체계이론을 중심으로 한 MRI(Mental Research Institute)모델의 효과와 정신역동적 접근을 중심으로 한 가족치료 서비스 제공자 사이의 효과를 비교하는 연구를 진행한다고 가정하자. MRI모델에서는 가족의 상호작용적 의사소통을 강조한다. 반면에, 정신역동적 접근에서 가족치료자의 주된 관심은 어디까지나 개인이다. 따라서, 이들이 추구하는 변화의 중심에는 개체화 또는 분화가 자리잡고 있다. 그런데 가족치료현장에서 시간이 흐르면서 정신역동적인 가족치료 서비스 제공자들이 MRI모델의 이론과 기술을 받아들이고 배우면서 정신역동적인 가족치료자들도 MRI모델을 적용하는 시도를 하는 것으로 가정하자. 그렇다면 MRI모델이 정신역동적인 가족치료 서비스 제공자들에게 확산되고 정신역동적인 가족치료 서비스 제공자들이 MRI모델을 모방하게 되어, MRI모델과 정신역동적인 가족치료 서비스 사이에 차이를 발견할 수 없게 되고, 둘 사이에 유사성이 증가하는 모습을 발견하게 된다. 그에 따라 두 개입 집단이 명칭은 다르지만, 독립변수인 개입의 차이는 크지 않다고 할 수 있다.

개입의 확산 또는 모방을 미리 예방하는 일은 어려울 수가 있다. 따라서, 실험이 진행되는 동안 개입의 확산이나 모방이 탐지된다면 연구자와 사회복지사는 더 많은 대화를 나눠 문제가 실험의 내적 타당도를 심각하게 해치는 수준으로 옮겨가는 것을 방지해야 한다.

### (4) 보상적 평등, 보상적 경쟁

보상적 평등(compensatory equalization)은 개입 및 치료와 같은 독립변수에 뭔가 보태지는 것과 관련이 있다. 예를 들어, 불안장애 환자의 치료과정에 가족을 참여시키는 것이 개입효과를 높이는지 알아보기 위한 실험을 가정하자. 이 과정에서 가족치료에 관한 특별훈련과 클라이언트 가족의 개입참여를 증가시키는 교육을 받은 사회복지사 집단이 있고, 그런 훈련이나 교육을 받지 않은 사회복지사 집단이 있다고 하자. 이러한 차이를 인지한 사회복지사나 가족 및 클라이언트는 서비스 공급에서 불평등한 점이 있기 때문에 그것을 상쇄하려는 시도를 할 수 있다. 이러한 노력은 실험결과의 타당도를 위협하는 또 다른 요인이 되어 가족참여의 효과를 관찰하고자 한 실험의 의도가 달성될 수 없을 것이다.

한편, 보상적 경쟁(compensatory rivalry)은 통제집단의 연구참여자들이 경쟁의식을 느끼는 것과 관련이 있다. 위의 경우 훈련이나 교육을 받은 적이 없는 사회복지사들이 훈련과 교육을 받은 사회복지사들과 비교됨으로써 자신들의 위치가 위협받는 느낌을 받았다고 가정하자. 따라서, 그들은 자발적으로 자신들의 부족함을 보완하기 위해 관련 연구논문을 찾아서 읽고, 전문가 자문을 구하며, 클라이언트와의 치료적 관계를 개선하는 등의 시도를 할 수 있다. 이에 따라, 통제집단의 연구참여자들이 교육, 훈련의 경험은 부족하지만 다른 노력들을 통해 단기간에 그 차이를 상쇄시키는 결과를 가져올 수도 있다. 만약 그렇다면 두 집단 간의 개입결과가 많은 차이를 보이지 않을 것이며, 가족참여의 증가가 개입효과를 개선하지 않고 있다는 것을 의미한다는 잘못된 연구결과에 이를 수도 있다.

### (5) 상실 또는 실험대상의 소멸

연구참여자들이 연구가 종료되기 전에 연구참여를 그만두거나, 여러 가지 이유로 인해 연구에 탈락하는 경우가 발생하는데, 이러한 상실(attrition) 또는 실험대상의 소멸(experimental mortality)은 인과적 추론의 내적 타당도를 저하시키는 요인이 된다. 그리고 내적 타당도 차원에서 연구참여자의 상실도 문제이지만 다른 연구참여자가 탈락했음에도 불구하고, 실험집단에 남아 있는 경우도 문제가 된다. 예를 들어, 학교부적응 청소년들의 경우 정서적 문제를 경감시키는 개입의 효과를 평가하는 사전사후 통제집단설계에서 개입 이후 문제 개선의 효과가 없다고 판단한 연구참여자들이 실험을 떠나는 경우를 가정하자. 실험집단의 연구참여자들 가운데 남아 있는 클라이언트는 자신의 상태가 개선되고 있다고 느끼는 사람만 사후검사에 참여하였다. 그런데 실제적으로는 아무런 개입효과가 없었다고 한다면, 실험집단 참가자들 가운데 개입이 효과적이지 못하다고 느낀 클라이언트의 상실로 인해 실험집단의 사후검사 평균점수가 통제집단보다 높게 나타날 수가 있다. 이로 인해 개입의 실제 효과는 없었음에도 불구하고, 사후검사결과는 개입효과가 있는 것으로 나타남으로써 인과관계를 왜곡시킬 수 있다.

## 2) 내적 타당도 향상 방안

실험설계에서 가장 중요한 것은 내적 타당도 저해요인, 즉 외생변수가 종속변수에 영향을 미칠 모든 가능성을 파악하여 그 영향을 철저하게 통제하거나 제거할 방안을 모색하는 것이다. 내적 타당도 저해요인인 외생변수를 통제하려는 방안을 살펴보면 다음과 같다(조학래, 2020: 189-191).

### (1) 무작위할당

무작위 할당(random assignment)은 연구대상자를 실험처치나 개입상황에 균등하게 노출하기 위한 절차, 즉 모든 연구대상자가 실험집단과 통제집단에 뽑힐 확률을 동일하게 만드는 것이다. 내적 타당도를 저해하는 외생변수를 통제하는 가장 좋은 방법은 무작위 할당을 통해 표본의 동질성을 향상하는 것이다. 연구대상자를 무작위로 할당하여 연구자는 변수 간의 인과관계를 분명히 파악할 수 있다.

그러나 연구자는 모집단으로부터 연구대상자를 무작위 할당으로 실험집단과 통제집단에 배정함으로써 동질집단이라고 가정하지만, 실제로 그 집단은 서로 다를 수도 있다. 따라서, 두 집단 간에 유의미한 차이가 있을 확률은 낮지만, 연구자는 통계적 검증을 통해 무작위 할당의 효과가 확인된다는 사실을 제시할 필요가 있다.

### (2) 제거

제거(elimination)는 독립변수 이외에 종속변수에 영향을 미칠 수 있는 다른 외생변수의 개입을 차단하는 것이다. 예를 들어, 특정한 경험이 실험에 영향을 미칠 수 있을 때, 그런 경험의 대상자를 제외하거나, 그런 경험의 대상자만을 표본으로 선정함으로써 그 경험의 효과를 제거하는 방법이다. 하지만 제거는 개방체계를 전제로 하는 사회과학에서는 거의 불가능한 방법이다.

### (3) 배합

배합(matching)은 외생변수로 작용할 수 있는 요인을 알고 있을 때, 그 외생변수가 실험집단과 통제집단에 균등하게 영향을 미칠 수 있도록 두 집단을 동일하게 선정하는 것이다. 이를 균형화라고도 하는데, 독립변수인 실험 처치를 제외하고 실험집단과 통제집단의 모든 속성을 동일하게 만드는 방법이다. 예를 들어, 성별이라는 변수가 외생변수로 작용할 수 있다면, 실험집단과 통제집단의 성별 분포를 동일하게 구성하는 것이 배합이다. 그러나 배합은 외생변수로 작용할 수 있는 요인이 많을 때는 실행하기가 어렵다.

### (4) 상쇄

상쇄(counter balancing)는 외생변수의 강도가 동일하지 않은 상황일 때 서로 다른 실험을 시행함으로써 외생변수의 영향을 제거하는 것을 말한다. 예를 들어, 두 가지 프로그램에 대한 학생들의 선호도를 연구하고자 한다. 이때 두 가지 프로그램의 제시 순서에 따라 선호도의 차이가 발생한다면, 프로그램의 제시 순서를 바꾸어서 재연구를 시행하여 외생변수를 통제하는 것이 상쇄이다.

### (5) 통계적 통제

통계적 통제(statistical control)란 통계분석기법을 사용하여 외생변수를 통제하는 것으로 일종의 사후통제방법이다. 실험설계에서 통제를 시도하는 것이 아니라, 통계분석기법을 통해 외생변수를 배재하는 방법이다. 즉, 통제변수를 독립변수로 간주하여 실험설계에 포함해 실험을 시행한 후, 결과분석에서 통계적으로 그 영향을 통제하거나, 공분산분석(analysis of covariance, ANCOVA)에서 통재변수를 통제한 상태에서 집단평균을 비교할 수 있다.

### 3) 외적 타당도 저해요인

실험설계에서 외적 타당도는 실험결과를 모집단에 일반화하는 정도를 의미한다. 만약 실험설계에서 외적 타당도가 높게 나타난다면, 동일한 프로그램을 모집단에 적용하였을 때, 실험결과는 유사하게 나타나야 할 것이다. 그러나 특정 사회복지기관에서 실시한 사회복지 프로그램이 개입목표의 효과성이 입증되었다고 해서 동일한 프로그램을 실행한 다른 기관에서도 반드시 동일한 효과성을 보일 것이라고 보장하기는 어렵다.

이러한 결과가 나타나는 것에는 다양한 이유가 있을 수 있으며, 외적 타당도를 저해하는 요인들이 작용한 결과라고 볼 수 있다. 예를 들어, 방과 후 프로그램이 그것을 운영하는 기관마다 효과에서 차이가 나타나는 것은 프로그램에 참여한 학생들이 운영기관마다 다르기 때문일 수 있고, 프로그램을 운영하는 실천가와 학생들의 독특한 상호작용이 다르기 때문일 수도 있다. 따라서, 실험설계에서의 외적 타당도를 확보하기 위해서는 외적 타당도를 저해하는 요인들을 사전에 파악하고, 이를 예방하는 것이 중요하다. 실험설계에서 외적 타당도를 저해할 수 있는 요인들은 표본의 대표성이 확보되지 않은 것, 실험설계가 진행되는 상황과 실재의 차이, 선정요인 및 역사요인과의 상호작용, 연구참여자의 반응성 등이 있다. 그 내용은 다음과 같다(유영준, 2021: 274-275).

첫째, 외적 타당도를 저해하는 요인으로서 표본의 대표성은 실험참여자들이 집단을 대표하기에 적합하지 않았을 때 발생한다. 만약 실험참여자들이 모집단의 특성을 잘 반영하지 못하는 집단이라면 실험의 결과는 모집단에 일반화하기 어렵게 될 것이고, 결과적으로 외적 타당도가 저해 받게 될 것이다. 따라서, 표본의 대표성을 확보하기 위해서는 실험참여자들이 다양한 것이 중요하다. 이를 위해 실험설계자는 모집단의 특성에 대해 사전에 충분히 숙지하고 있어야 할 것이며, 모집단의 특성을 갖고 있는 다양한 참여자를 확보할 수 있어야 할 것이다.

둘째, 실험상황에 대한 통제정도는 외적 타당도를 저해할 수 있다. 보통 실험설계는 실험집단과 통제집단을 구성할 때 동질성을 확보하는 것이 필요하고, 독립변수 이외의 요인이 실험에 영향을 미치지 못하도록 통제하는 것이 요구된다. 그러나 실험상황에 대한 통제가 엄격할수록 자연스러운 상황과는 차이를 보일 것이며, 현실성은 떨어진다고 볼 수 있다. 따라서, 실험상황에 대한 통제가 엄격할수록 실험결과를 일반화하는 데 실패할 가능성이 증가하게 될 것이다. 이러한 결과는 실험실에서는 엄격하게 통제된 상황을 유지할 수 있지만, 현실상황에서는 통제가 되지는 요소가 있거나 예상하지 못한 변수들이 드러날 수 있기 때문이다.

셋째, 선정요인과의 상호작용으로 인해 외적 타당도는 저해 받을 수 있다. 특히, 실험설계에서 나타나는 효과가 통제집단과 실험집단을 선정한 특수한 모집단에만 나타날 수 있다면, 이러한 결과를 보편적으로 적용하기가 어려울 것이다. 특히, 호손효과는 실험대상이 된 참여자들이 평소와는 다르게 행동하기 때문에 나타나는 결과를 대표적으로 보여 주는 예로 자주 등장한다. 호손효과는 작업조건이 작업집단의 태도와 반응에 어떠한 영향을 미치는가를 연구한 실험이었으며, 작업조건이 열악한 집단에서 오히려 생산성이 향상되는 결과를 보였다. 이는 작업조건이 열악함에도 불구하고, 실험에 참여하고 있다는 것을 인식한 참여자들이 평소보다 더욱 생산적으로 일한 결과였다. 호손효과는 기존의 조직관리에서 과학적 관리법을 강조하여 왔으나, 인간관계의 중요성을 부각시키는 결과로 이어졌다.

넷째, 역사요인과의 상호작용은 실험이 실시되었던 상황과 결과를 일반화해서 적용할 때 상황이 다를 수 있기 때문에 나타나는 결과이다. 이는 실험이 이루어졌던 시기가 오래 지남에 따라 사회적 환경이 변하였고, 실험의 결과를 지속적으로 일반화하기가 어렵게 된 결과였다.

다섯째, 외적 타당도를 저해하는 요인으로는 사전검사와 실험 처치의 상호작용이 있다. 사전검사와 실험처치의 상호작용은 실험이 이루어지기 전에 행한 사전

점수가 실험대상에 영향을 주어 종속변수를 대하는 방식에 있어서 의미 있는 변화를 가져올 경우, 결과적으로 실험결과를 변화시킬 수 있음을 의미한다. 이는 사전점수에 민감하게 반응하게 되는 경우에 외적 타당도를 저해하는 요인으로 작용하게 된다.

### 4) 외적 타당도 확보방안

외적 타당도의 향상 방안으로는 먼저 표본의 대표성을 향상하는 것이 가장 좋다. 표본의 대표성이란 선정된 연구대상자가 모집단 전체를 얼마나 잘 대표하느냐의 정도를 말한다. 따라서, 표본의 대표성을 확보하기 위해서는 확률표집방법인 무작위표집을 통해 표본을 선정해야 한다. 만약 비확률표집방법을 사용한다면, 모집단의 대표성을 보장할 수 없게 되어 외적 타당도가 낮은 연구결과를 얻게 된다. 다음으로 외적 타당도를 향상하는 방안으로는 연구를 반복해서 시행함으로써 연구결과를 축적하는 것이다.

실험설계 참여자들의 대표성을 확보하는 방법으로는 무작위 표본추출(random sampling)을 활용하여 대상집단을 추출하는 방법이 있다. 이는 외적 타당도를 확보하는 가장 강력한 방법이 될 수 있다. 그러나 이 방법은 모집단을 어떻게 정의 내리는가에 따라 모집단이 달라질 수 있기 때문에 모집단에 대한 정확한 설정이 있어야 한다. 또한 무작위 표본추출이라고 하더라도 모집단의 특성을 대표하는 표본이 선정되는 것은 아니기 때문에 연구참여자를 실험집단과 통제집단에 배치하는 과정에서 무작위배정을 거쳐서 배정하는 것이 요구된다.

무작위 표본추출과 함께 실험설계에서 외적 타당도를 확보하는 현실적으로 가능한 방법은 모집단의 특성을 반영할 수 있는 이질적인 사례를 실험에 참가시키는 방법이다. 무작위 표본추출이 이론상으로는 이상적일 수 있으나, 실제로 모집단 전체를 확보하기가 어렵고 접근성도 낮기 때문에 다양한 특성을 지닌 이들을 실험에 참여시키는 방법을 제언하는 것이다. 이를 위해서는 표본추출을 구상할 때 사전에 계획을 세워서 모집단의 다양한 특성을 갖춘 이들을 확보할 수 있어야 할 것이다. 예를 들어, 프로그램 평가에서 연구대상의 성장배경이나 성취수준, 적성 등이 서로 다른 남녀를 실험에 참여시키는 것이다. 또한 대표적인 사례를 집중적으로 표본으로 선정하는 방법도 외적 타당도를 사전에 확보할 수 있는 방법이다. 이 방법은 이질적인 특성을 지닌 이들을 실험에 참여시키는 것과는 달리, 모집단의 특성을 대표할 수 있는 전형적인 사례들을 실험에 참여시킴으로써 실험결과의 일반화를 가능하게 하는 방법이라고 볼 수 있다.

## 5. 실험설계의 한계

사회복지 분야에서 예상되는 실험설계의 한계는 다음과 같다(최세형 외, 2020: 122-123).

첫째, 실험설계는 가능한 한 다른 변수들의 영향을 통제한 상태에서 독립변수와 종속변수의 인과관계를 검증하는 데 유리하여 높은 내적 타당도를 갖고 있지만, 엄격한 통제의 조건을 갖추어야 하는 조건의 인위성 때문에 외적 타당도를 낮추는 결과로 나타난다.

둘째, 사회복지 분야에서는 프로그램 효과성을 검증하기 위해 실험설계의 형태를 적용하는 경우가 많이 있다. 이 경우, 통제집단의 유지에 대한 윤리적 문제가 제기될 수 있다

셋째, 사회복지조사는 인간을 대상으로 하기 때문에 독립변수를 조작하는 것에 어려움이 존재한다. 예를 들어, 이혼이 아동정서에 미치는 영향을 검증하기 위해 대상자들을 이혼시킬 수는 없는 것이다. 이처럼 실험을 목적으로 개인의 일상적인 삶에 의도적으로 개입하는 것에 대한 문제와 그 이후에 발생하는 후유중이 예상된다면 실험의 수행은 불가능해진다.

넷째, 대부분의 사회복지실천 현장에서는 프로그램에 참여하고자 신청한 사람이나 특정 기관에서 의뢰된 대상자를 중심으로 프로그램을 실시한다. 따라서, 실험의 주요 조건인 무작위 배정을 통해 집단을 구성하는 것은 실제 사회복지실천 현장에서는 적용하기 어려운 한계를 가진다.

## 〈연습문제〉

1. 다음의 타당도의 대한 설명 중 옳지 않은 것은?
   ① 실험설계 시 타당도를 높이는 것을 고려하지 않아도 된다.
   ② 역사적 요인은 내적 타당도를 저해하는 요인이다.
   ③ 성장 요인은 시간의 경과에 따라 나타나는 변화를 말한다.
   ④ 외적 타당도는 일반화 또는 대표성에 대한 문제이다.
   ⑤ 표본의 대표성 문제는 선정된 대상자가 모집단을 대표할 수 없을 때 발생한다.

2. 솔로몬 4집단설계의 특징으로 옳은 것은?
   ① 검사효과는 계산하지 못한다.
   ② 통제집단 사전사후 검사설계와 통제집단 사후검사설계를 한꺼번에 한다.
   ③ 내적 타당도 저해요인은 계산하지 못한다.
   ④ 설계의 타당도는 높으나, 실험의 어려움이 있다.
   ⑤ 비실험설계에 해당한다.

3. 다음 중 실험설계의 조건에 해당하지 않는 것은?
   ① 변수 간의 동일성
   ② 외생변수의 통제
   ③ 내적 타당성과 외적 타당성의 확보
   ④ 실험변수의 조작가능성
   ⑤ 실험대상의 무작위화

4 다음 실험설계 유형 중 성격이 다른 것은?
   ① 단순시계열 설계
   ② 복수시계열 설계
   ③ 비동일 통제집단 설계
   ④ 단일집단 사전사후 검사설계
   ⑤ 분리표본 사전사후 검사설계

5. 인과관계의 확인을 위해 유사실험설계를 하려고 한다. 유사실험설계에 대한 서술 가운데 옳지 않은 것은?
   ① 실험설계보다 내적 타당도가 떨어진다.
   ② 사회복지의 영역에서는 실험설계에 비해 윤리적인 문제를 더 발생시킨다.
   ③ 무작위로 선택된 실험집단과 통제집단을 사용한다.
   ④ 시계열분석을 사용한다.
   ⑤ 사회복지의 영역에서는 실험설계보다 더 많이 사용된다.

6. 실험설계를 위한 기본조건으로만 구성되어 있는 것은?
   ① 독립변수의 조작-외생변수의 통제-실험대상의 무작위화
   ② 종속변수의 조작-내생변수의 통제-실험대상의 유의표집
   ③ 종속변수의 조작-외생변수의 통제-실험대상의 무작위화
   ④ 매개변수의 조작-외생변수의 통제-실험대상의 유의표집
   ⑤ 독립변수의 조작-내생변수의 통제-실험대상의 무작위화

7. 인과관계를 검증하는 데 가장 적합한 조사설계는?
   ① 단일사례설계
   ② 단일집단 사전사후 비교 설계
   ③ 패널조사설계
   ④ 통제집단사후비교설계
   ⑤ 비동일 통제집단 비교 설계

8. 통제집단 사후비교 설계가 통제집단 사전사후비교 설계에 비해 좋은 점은?
   ① 검사효과로 인해 발생하는 내적 타당도 문제를 줄여준다.
   ② 무작위할당을 할 수 있다.
   ③ 종속변수의 변화에 대한 비교 근거가 명확하다.
   ④ 연구대상자의 대표성이 높다.
   ⑤ 독립변수를 조작한다.

정답 1. ① 2. ④ 3. ① 4. ④ 5. ③ 6. ① 7. ④ 8. ①

Chapter 9

# 욕구조사

### 학습목표

1. 욕구에 대한 개념 파악
2. 욕구조사의 내용과 유형 이해
3. 욕구조사의 자료수집방법에 대한 실제 적용

### 학습내용

1. 욕구조사의 개념
2. 욕구조사의 유형
3. 욕구조사의 내용
4. 욕구조사의 자료수집방법
5. 욕구조사의 절차
6. 욕구조사의 평가

### 개 요

욕구조사는 일정한 지역사회 내에서 생활하는 주민들의 욕구수준을 계량적으로 측정하기 위한 방법이다. 즉, 사회복지서비스를 계획하고자 할 때는 어디서, 누가, 어떤 서비스를 필요로 하는지를 정확히 측정하기 위해 필요한 정보를 수집하는 방법이다. 여기에서는 욕구조사를 학습하고자 한다.

# Chapter 09
# 욕구조사

## 1. 욕구조사의 개념

### 1) 욕구의 정의

욕구(needs)는 인간의 생리적·심리적·사회적 필요를 의미한다. 이 같은 필요는 인간이 생각하는 가장 바람직한 상태에 비해 부족(결핍)하거나, 지나치게 많은(과잉) 상황을 해소하고자 하는 의도로 발생한다. 사회복지에 있어서 욕구가 중요한 이유는 개인이 갖는 해결되지 못한 욕구를 사회적으로 해결하려는 노력이 사회복지의 본질이라 할 수 있기 때문이다. 욕구의 해결을 위해서는 욕구가 갖는 속성의 이질성과 위계성을 이해할 필요가 있다(서정민 외, 2019: 237).

이와 관련하여 욕구의 단계와 종류를 구분한 매슬로우의 욕구단계이론은 인간의 욕구를 다섯 가지 단계로 나누고 있는데, 여기에서 각 단계의 욕구는 상호 위계를 가진다. 즉, 하위단계에서 상위단계 욕구로 순차적인 해소를 원한다는 것이다.

매슬로우는 인간의 욕구는 '우성계층(hierarchy of prepotency)'의 순으로 배열되어 있다고 보았다. 즉, 어떤 욕구는 다른 욕구보다 우선권을 가진다는 것인데, 이러한 욕구의 위계적 계층은 고정되어 있다기보다는 상대적으로 나타나는 것으로서, 하위계층의 욕구가 어느 정도 충족되면 상위계층의 욕구가 나타난다. 욕구 피라미드의 하단에 위치한 4개 층은 가장 근본적이고 핵심적인 욕구로 구체적으로는 생리적 욕구, 안전의 욕구, 애정과 소속의 욕구, 그리고 존중의 욕구이다. 이 네 가지 욕구는 충분히 충족되지 않거나, 부족할 경우 문제를 일으킬 수 있기 때문에 매슬로우는 이들을 '결핍욕구(deficiency needs)', 또는 줄여서 'd-욕구(d-needs)'로 명명했다. 이러한 기본적인 욕구가 충족되고 나서야 사람들은 부차적인 또는 상위단계의 욕구에 대해 강한 열망을 가지게 된다. 이러한 현상을 설명하기 위해 매슬로우는 기본적인 욕구충족을 넘어서 지속적인 성장을 위해 노력하는 사람들의 동기를 '상위 동기(meta motivation, 메타 동기)'라는 용어로 설명했다(김보기 외, 2019: 195-196).

이와 같이 매슬로우는 인간의 동기가 작용하는 양상을 설명하기 위해 동기를 생리적 욕구, 안전의 욕구, 애정과 소속의 욕구, 존중의 욕구, 그리고 자아실현의 욕구 등 5단계로 구분한다.

출처: Maslow(2019).

[그림 9-1] 매슬로우의 욕구위계

### 2) 욕구조사의 목적

욕구조사는 일정한 지역사회 내에서 생활하는 주민들의 욕구수준을 계량적으로 측정하기 위한 방법이다. 즉, 사회복지서비스를 계획하고자 할 때는 어디서, 누가, 어떤 서비스를 필요로 하는지를 정확히 측정하기 위해 필요한 정보를 수집하는 방법이다. 이처럼 욕구조사는 다양한 연구유형과 다른 별개의 연구유형이라기보다는 특정목적을 위해 이들을 복합적으로 사용하는 응용연구유형이다.

욕구조사는 다음과 같은 목적을 달성하기 위하여 시행된다(황인옥, 2019: 320).

첫째, 자원배분의 우선순위 결정에 그 근거를 제공한다. 즉, 주민들이 필요로 하는 각종 서비스 또는 프로그램을 수집하여 우선순위를 결정하는 기준으로 활용된다.

둘째, 프로그램 운영에 필요한 예산할당 기준을 마련한다.

셋째, 현재 수행 중인 사업의 평가에 필요한 보조 자료를 마련한다.

넷째, 프로그램을 수행하는 지역사회 내에 기관들 간의 상호 의존 및 협동상황을 파악한다.

다섯째, 지역사회 주민들의 욕구 및 문제를 분석한다.

여섯째, 욕구조사를 통해 기관의 활동과 프로그램을 대상집단이나 지역사회에 홍보한다.

욕구조사는 프로그램 대상의 욕구에 대한 정보를 수집함으로써 발생하는 이점은 다음과 같다(황인옥, 2019: 320).

첫째, 욕구조사는 프로그램 대상이 실제로 필요한 서비스나 프로그램을 개발하는 데 도움을 준다.

둘째, 욕구조사는 사회복지조직의 운영의 효율성과 책임성을 더 높이는 데 기여한다.

셋째, 욕구조사는 사회복지조직이 정당성을 확보하고 예산 지원을 받을 수 있는 근거를 제공해 줄 수 있다.

### 3) 욕구조사의 필요성

욕구조사는 대상집단이 가지고 있는 욕구를 계량적으로 파악하기 위한 사회조사이다. 연구대상자와 연구목적 등에 따라 욕구조사의 필요성은 다르지만, 사회복지에서는 사회복지 프로그램에 대한 의사결정을 할 때, 필요한 정보를 수집하는데 목적이 있다. 욕구조사의 일반적인 필요성을 정리하면 다음과 같다(김동기 외, 2021: 192-193).

첫째, 기관 프로그램의 운영이 수혜대상자의 욕구를 바탕으로 수혜자 친화적인 방향으로 운영되기 위해 욕구조사를 수행할 필요가 있다.

둘째, 기관운영을 체계적·전문적으로 수행하기 위해 필요하다. 프로그램이나 정책을 실행하기 전에 대상집단의 욕구를 파악하여 이를 반영하고, 실제 프로그램이나 정책 실행 후 대상집단의 욕구를 얼마나 충족시켰는지 결과를 평가함으로써 기관운영의 전문성을 확보할 수 있다.

셋째, 기관자원을 효율적으로 활용하고, 체계적으로 조직화하기 위해 욕구조사가 필요하다. 욕구조사를 실시하여 대상집단의 욕구의 종류와 정도, 우선순위를 파악하고, 이를 통해 프로그램의 상대적 우선순위를 정한다. 이에 따라, 기관의 가용자원을 배정함으로써 기관자원을 효율적으로 사용할 수 있다.

넷째, 빠르게 변화하는 환경변화에 대응하기 위해 욕구조사가 필요하다. 사회가 변화함에 따라 대상집단이 가지는 욕구도 변화한다. 이를 파악하기 위해 욕구조사를 실시하여 변화된 욕구를 파악하고, 이를 프로그램이나 정책에 반영하여 융통성 있고 시의적절하게 이루어질 수 있도록 한다.

다섯째, 기관의 정체성을 확립하고 조직의 정당성을 마련할 수 있다. 욕구조사 결과를 바탕으로 기관에서 중점을 두어야 할 사업이 무엇인지 인식함으로써 기관의 정체성과 조직의 정당성을 확보할 수 있다.

여섯째, 욕구조사를 통해 기관의 활동과 사업을 대상집단이나 지역사회에 홍보할 수 있다.

## 2. 욕구조사의 유형

욕구조사는 그것을 행하는 사회복지조직의 형태나 프로그램의 형태에 따라 분류한다. 그 내용은 다음과 같다.

## 1) 클라이언트 중심의 욕구조사

클라이언트 중심(client-oriented)의 욕구조사는 특정 인구집단, 즉 아동, 노인, 장애인 등을 위하여 서비스나 프로그램을 제공하는 조직에 의하여 행해지는 조사이다. 이 조사에서는 먼저 특정 인구집단을 규정하고, 그 집단 내에서 빈번히 나타나고 있는 문제를 확인하며, 이러한 문제를 해결하기 위하여 필요한 서비스의 수준을 산정하게 된다. 예를 들어, 지역 청소년회관에서 청소년 인구를 대상으로, 노인복지회관에서 노인인구를 대상으로 그들이 문제와 서비스의 수준을 연구하는 것 등이다.

## 2) 서비스 중심의 욕구조사

서비스 중심(service-oriented)의 욕구조사는 의료서비스, 재활서비스, 직업훈련 등과 같은 특수한 서비스를 제공하고 있는 조직에 의하여 행해지는 조사이다. 이 조사에서는 먼저 특정한 문제를 해결할 수 있는 서비스 기술, 즉 의료기술, 노인기능 회복훈련 등이 있는 것을 전제로 하여 그러한 문제가 빈번히 발생할 가능성이 있는 표적인구집단을 설정하고, 이들로부터 필요한 서비스의 수준을 산정한다.

## 3) 지역사회 중심의 욕구조사

클라이언트 중심의 욕구조사와 서비스 중심의 욕구조사는 기존 사회복지 조직이나 프로그램의 기획(planning)이나 평가를 위하여 유용하다. 그러나 서비스에 다양한 인구집단을 통합하지 못하거나, 지역사회 내의 다른 서비스 조직과의 관련 속에서 서비스를 통합적으로 제공하지 못하기 때문에 서비스 간 및 기관 간 서비스의 중복과 결여 현상 등을 개선하는 체계적이고 통합 조정된 서비스를 계획하고 수행하는 데는 큰 도움이 되지 못한다.

이와 같은 문제점을 개선하기 위한 것이 지역사회 중심(community-based)의 욕구조사이다. 즉, 지역사회 중심의 욕구조사는 클라이언트 중심의 욕구조사와 서비스 중심의 욕구조사를 통합한 것으로, 지역사회 전반의 문제를 확인하여 문제해결의 우선순위, 적절한 개입대상 인구 및 적절한 서비스 수준 등을 파악하는 것이다. 이러한 조사는 지역의 일반주민들을 대상으로 직접 자료를 수집하여 포괄적이고 많은 정보를 얻을 수 있지만, 실행하는 데는 어려움이 크다는 것이 문제점으로 지적된다.

## 3. 욕구조사의 내용

일반적으로 욕구조사에 포함되는 내용은 다음과 같다(김동기 외, 2021: 193-195).

### 1) 기초자료

기초자료는 지역사회나 집단의 일반적인 특징에 관한 정보를 제공한다. 예를 들어, 연령, 성별, 종교, 소득수준, 국민기초생활보호대상자 등이다. 이들은 통계자료분석 시 통제변수(control variable) 등으로 활용된다.

### 2) 욕구파악을 위한 자료

욕구파악을 위한 자료는 새로운 서비스를 개발하거나 기존의 서비스를 평가하기 위해 필요한 자료이다.

#### (1) 현재의 삶의 상태를 파악하는 자료

사회, 경제, 교육, 건강, 고용, 개인적 상태를 파악하는 자료가 포함된다. 대상집단의 다양한 생활영역에서의 상태를 파악하고, 가정한 바람직한 상태와의 비교를 통해서 욕구 수준을 측정한다. 현재 대상집단의 수준은 프로그램이나 정책이 시행된 후, 대상집단의 삶의 수준과 비교하여 이들 프로그램이나 정책의 효과성을 평가하는데 활용한다. 예를 들어, 국민기초생활보호대상자의 월평균소득액, 건강상태정도, 고용 여부 등에 관한 자료이다.

### (2) 기존의 프로그램이나 정책대안을 평가하기 위한 자료

기존에 시행되고 있는 프로그램이나 정책을 평가하기 위해 이에 대한 이용도, 인지도, 경제적 부담 정도 등을 파악하기 위한 정보를 제공한다. 이러한 정보 등을 통해 프로그램이나 정책 등의 부족한 점을 보완하고 문제점을 개선한다. 또한 새로운 프로그램을 개발하거나, 서비스 개선을 위한 방안을 강구하는데 활용될 수 있다. 예를 들어, 프로그램이나 정책에 대해 들어본 적이 있는지, 내용에 대해 알고 있는지, 프로그램을 이용하면서 장애요소는 없었는지 등에 관한 자료다.

### (3) 신규 프로그램이나 정책대안을 개발하기 위한 자료

대상집단이 가지고 있는 욕구가 무엇인지를 파악하고, 이들 욕구의 우선순위를 파악한 후, 새로운 프로그램이나 정책대안을 수립하기 위해 얻는 자료이다. 예를 들어, 빈곤층이 밀집한 지역사회를 대상으로 어떤 심각한 문제가 있는지, 장기적·단기적으로 어떤 서비스를 필요로 하는지, 소득수준별 계층에 따라 가지고 있는 욕구가 무엇인지 등에 관해 파악하여 신규 프로그램이나 정책대안을 개발하는데 활용하는 자료다.

## 3) 사회자원을 활용하기 위한 자료

프로그램이나 정책대안을 개발하고, 개발 이후 보다 효율성과 실현 가능성을 높이는데 기여할 수 있는 자료이다.

### (1) 의사소통망에 관한 정보

프로그램이나 정책대안의 내용을 전달할 수 있는 공식적·비공식적 의사소통망을 파악해야 한다. 예를 들어, 지역사회의 통장·반장 회의, 읍·면 행정복지센터무소, 지역사회 방송사 및 신문사, 사회복지관, 교육기관, 종교기관, 시민단체 등에 관한 자료이다.

### (2) 지역사회 자원에 관한 정보

프로그램이나 정책대안의 실행을 위해서 활용할 수 있는 지역사회 자원을 파악해야 한다. 집단 또는 지역사회의 욕구뿐만 아니라, 욕구를 충족시키기 위한 자원도 프로그램이나 정책대안의 실행을 위한 중요한 요소이며, 이에 대한 파악이 이루어져야 한다. 예를 들어, 경제적인 후원을 할 수 있는 기관과 개인이 있는지, 지역사회의 공적 재원은 충분한지, 서비스를 제공할 수 있는 전문인력은 있는지, 프로그램을 실시할 시설이 있는지 등에 관한 자료이다

## 4. 욕구조사의 자료수집방법

연구자가 설문조사, 면접, 관찰 등을 통해 직접 수집하는 자료를 1차 자료라 하고, 기존에 존재하는 자료를 수집하여 연구목적을 위해 분석하는 자료를 2차 자료라고 한다. 욕구조사의 방법에는 욕구의 파악과 추정을 위해 1차 자료를 연구자가 직접 수집하는 직접자료수집방법과 2차 자료의 분석을 통해 욕구를 파악하고 추정하는 간접자료수집방법이 있다. 그 내용은 다음과 같다(조학래, 2020: 337-345 ; 황인옥: 2019: 322-327 ; 박선희 외, 2018: 226-229).

### 1) 직접자료수집방법

#### (1) 일반인구 조사방법

일반인구 조사방법(general population survey)은 지역사회 욕구조사에서 가장 중요하게 사용되는 욕구측정기법이다. 이 방법은 연구대상 지역의 지역주민 중에서 대표할 수 있는 표본을 선정하여 면접이나 설문조사를 시행하여 욕구를 측정하는 방법이다. 즉, 전체 주민 중 표본을 뽑아 설문조사를 실시하는 방법인

데, 크게 표본에 포함된 연구대상자들의 욕구와 특성, 또 그와 관련된 서비스 이용도, 기타 여러 관심 문제들을 파악할 수 있게 한다. 이 방법에서는 지역 내 일반적인 특성을 묻는 기초자료와 기존 서비스의 평가 및 새로운 서비스의 개발을 위한 자료가 될 질문, 지역사회의 가용자원에 관한 문항을 포함해야 한다.

### (2) 표적인구 조사방법

표적인구 조사방법(target population survey)은 프로그램 제공을 통해 문제해결의 대상으로 선정된 표적집단에 설문조사를 시행하여 욕구와 서비스 이용상태를 파악하는 방법이다. 이 방법은 전체 주민 중 이미 직접 관심 있는 것으로 파악된 표적집단을 대상으로 설문조사를 실시, 욕구를 파악하는 방법이다. 여기에서 표적집단이라 함은 일반집단 중 서비스의 자격 요건의 변수나 서비스의 이용수준, 혹은 지리적 변수로 층화해 나눈 집단을 말한다. 경우에 따라서는 일반집단서베이와 표적집단서베이 방법을 한 설문지에 넣어 동시에 함께할 수도 있다. 즉, 전체 주민을 대상으로 일반 변수에 대한 의견을 물어보는 것과 동시에, 특정 변수들은 각 하위집단별로 의견을 파악할 수도 있다.

### (3) 주요 정보제공자 조사

주요 정보제공자(key informant)는 기관의 서비스 제공자, 여론 주도층, 공직자 등과 같은 지역사회의 문제와 상황을 잘 아는 것으로 인정되는 사람들이다. 이들을 대상으로 대상집단의 욕구 및 서비스 이용 실태 등을 파악함으로써 구체적이고 실제적인 자료를 수집하는 것이 주요 정보제공자 조사이다. 예를 들어, 다문화가족 프로그램을 기획하기 위해 다문화가족지원센터에서 근무하는 직원, 다문화 관련 분야 전문직 종사자나 사회복지전담공무원 등을 대상으로 어떤 프로그램이 다문화가족에게 필요한지를 연구할 수 있다.

주요 정보제공자 조사의 절차는 다음과 같다.

① 정보제공자를 누구로 할 것인지, 어떤 범주로 분류할 것인지를 선택한다.

② 분류된 각 정보제공자 집단에 속한 사람들의 명단이나 주소를 목록화하고,

각 정보제공자 집단의 비율을 결정한다.
③ 무작위 선택이나 순번을 정해서 표본을 선택해 내는 체계적 방법을 사용하여 표본을 결정한다.
④ 대인면접이나 설문지를 통한 서베이 조사를 통해 실제 데이터를 수집한다.

〈장점〉
① 비용이 적게 든다.
② 표본추출이 용이하다.
③ 양적 정보뿐만 아니라, 질적 정보도 파악할 수 있다.
④ 지역의 전반적인 문제를 쉽게 파악할 수 있다.

〈단점〉
① 의도적인 선정으로 인하여 정보제공자의 편향성(bias)이 나타날 수 있다.
② 표본의 대표성이 낮다.
③ 정보제공자들이 가지고 있는 정보의 양과 질에 의존하게 된다.

그러므로 주요 정보제공자는 지역사회의 의견을 두루 포괄해서 대변할 수 있는 사람으로 선택해야 하며, 주요 정보제공자들 간에 정치적이거나 지리적인 균형을 맞추는 것이 중요하다.

### (4) 지역사회포럼

지역사회포럼(community forum)은 공청회(public hearing)라고도 하는데, 지역사회의 문제나 욕구 또는 특정한 정책적 관심사에 대해 공개적으로 지역주민이 자신의 의견을 발표하는 장을 통해 지역주민의 의견을 파악하는 방법이다. 지역주민들은 지역사회의 상황이나 욕구와 문제 등을 잘 알고 있다는 전제하에 연구자는 지역주민들이 참여하는 공청회에서 제시한 의견들을 지역사회의 욕구나 문제로 파악한다.

〈장점〉

① 매우 경제적이다. 홍보활동, 특별 참가자의 여비, 초청결과 분석을 위한 비용이 드는 정도이다. 그리고 모임을 위한 준비작업도 몇 주일 정도만이 소요된다. 즉, 시간과 비용이 절감된다.

② 광범위한 주민계층 및 집단의 의견을 수집할 수 있다. 사회활동의 기회가 적고 사회경제적 지위가 낮은 주민, 그리고 사회복지기관의 혜택을 받지 못한 주민들의 의견을 파악하도록 하여야 한다.

③ 이러한 모임은 지역사회를 위한 정책의 기획 및 개발을 촉발할 계기가 될 수 있다. 따라서, 이 모임에서 제시된 의견은 현실적 실행가능성이 높다.

④ 연구대상자를 개별적으로 만나 자료를 수집하는 것이 아니라, 공개적인 모임을 통해 여러 주민들의 자유로운 의견이나 분위기를 파악할 수 있다. 또한 문제에 대한 특별한 지식과 관심을 개인이나 집단 또는 기관별로 구별해 볼 수 있으며, 서베이 조사를 위한 사전 준비의 기회가 될 수도 있다.

〈단점〉

① 모든 지역주민이 토론회에 참석하는 것이 아니라, 관심 있는 사람들만이 참석하기 때문에 특정 문제에 직·간접적인 이해관계를 가진 이익집단의 영향을 배제할 수 없다. 또한 표본의 편의현상이 나타나 표본의 대표성이 낮다.

② 모든 지역주민이 동등하게 의견을 제시할 기회를 갖지 못한다. 따라서, 참석자 중 일부 소수만이 의견을 발표하여 많은 정보를 놓칠 수 있는 위험이 있다.

③ 이런 모임을 통해서 그 문제 사항에 대한 관심은 커지지만, 문제해소가 곧 되지 않기 때문에 실망이 뒤따르는 경우가 발생할 수도 있다.

그러므로 이러한 단점을 개선하기 위하여 지역사회 욕구 및 문제에 대하여 소규모의 공청회를 여러 번 개최하거나, 지역사회 내 다른 장소에서 여러 번 회의를 개최하여야 한다.

### (5) 명목집단기법

명목집단기법(nominal group technique)은 집단의 구성원들이 직접 대면하여 공동의 문제나 질문에 대해 각자의 의견과 해결방안을 제시한 후에 그것들을 공유하는 기법이다. 여기서 명목집단이란 이름 그대로 집단을 형식적으로만 운영한다.

이 기법은 성원들이 집단에 참여해서 토의하고 민주적 의사결정을 하지만, 성원 간의 상호작용을 가능한 통제하도록 집단과정을 구조화한다. 즉, 집단의 의사결정과정에서 특정 성원이 과도한 영향력을 미치는 것을 통제하고, 모든 성원의 의견을 보장하여 의사결정에 반영할 수 있도록 구조화한다 이 기법에서 모든 구성원은 돌아가며 말하기(round-robin) 방식을 통해 의견을 발표하며, 의사결정을 위해 성원 간의 합의가 아니라, 표결방법을 사용한다.

집단기법의 절차는 다음과 같다.

① 다양한 특성이 있는 6~8명 정도의 성원으로 명목집단을 구성한다.

② 각자 자신을 소개한 후, 집단리더와 기록자를 선정한다.

③ 선정된 집단 리더는 "우리 지역사회가 당면한 가장 중요한 문제는 (　)이다."라는 개방형의 공동문제를 제시한 후, 각 구성원은 다른 구성원과 의논하지 않고 자기 생각을 기록한다.

④ 작성이 완료되면, 각 구성원은 순서에 따라 돌아가면서 자기 생각을 발표한다. 이때 불명확한 것에 관한 질문과 대답은 허용되지만, 토론은 허용되지 않는다. 기록자는 발표자의 의견을 모든 구성원이 볼 수 있도록 칠판이나 큰 종이에 기록한다.

⑤ 기록된 모든 의견에 대한 찬성이나 반대의 스티커를 붙이거나, 점수를 적는 방법을 통해 3~5개를 우선순위로 선정한다.

⑥ 이런 투표과정에서 모든 성원은 동등한 결정권을 부여받으며, 이런 과정을 통해 명목집단의 과정이 종결된다는 느낌이 들도록 해야 한다.

### (6) 델파이 기법

 델파이 기법(Delphi technique)은 서로 대면하지 않는 익명의 전문가 집단을 패널(토론자, panel)로 활용하여 지역사회문제에 대한 의견의 일치를 찾는 의사결정유형이다. 즉, 지역사회의 주요 인사나 전문가로 구성된 패널을 활용하여 우편이나 메일로 지역사회문제의 아이디어, 해결방안, 제안 등에 대한 합의점을 찾는 구조화된 욕구조사방법이다. 외형적으로는 설문조사방법과 유사하며, 델파이 기법은 한 사람의 의견보다 두 사람의 의견이 정확하다는 계량적 객관의 원리와 다수의 판단이 소수의 판단보다 타당하다는 민주적 의사결정의 원리에 논리적 근거를 두고 있다.

 델파이 기법의 조사과정은 먼저 연구주제의 논의에 적합한 익명의 패널을 선정한다. 조사질문과 관련된 개방형의 1차 설문지를 패널들에게 발송하여 회신된 응답내용을 정리, 분석, 요약한다. 이 과정은 질적 연구의 유형화 및 분류화의 성격을 지니며, 1차 설문결과의 요약을 첨부해서 2차 설문지를 작성하여 동일한 패널들에게 발송한다. 설문지의 각 아이디어에 대해 강점, 약점, 실행 가능성 등을 평가한 패널들의 응답결과를 기초로 처음에 기대했던 수준의 합의점에 도달할 때까지 이런 과정은 반복해서 계속된다.

〈장점〉

① 참가자의 익명성으로 인하여 영향력 있는 특정인의 영향을 줄일 수 있고, 다른 사람의 영향을 받지 않음으로써 집단동조를 줄일 수 있으며, 집단의견에 순종시키려는 집단의 압력을 줄일 수 있다.

② 응답자가 시간을 효율적으로 이용할 수 있다.

③ 응답을 위해 한 곳에 모일 필요가 없다.

④ 질문의 형식이나 질문의 내용을 적절하게 선택함으로써 미래를 예측하거나, 문제해결을 위한 방법을 도출하거나, 요구분석을 하거나, 종합계획을 수립하거나, 교육 목적과 목표를 설정하는 등 매우 다양한 교육활동 분야에서 활용이 가능하다.

〈단점〉
① 반복적인 과정을 거치므로 시간이 많이 걸린다.
② 극단적인 의견은 판단의 합의를 얻기 위해서 제외되는 문제가 있다.
③ 질문지 회수율이 비교적 낮다.
④ 연구자가 사전에 결정한 방향으로 패널들의 의견이 유도될 위험이 있다.

### (7) 초점집단면접

초점집단면접(Focus Group Interview, FGI)은 심층면접을 응용한 방법으로 의도적 표집으로 중요한 정보를 제공할 수 있는 소수의 사람과 직접 대면하여 연구목적과 관련된 주제에 대하여 활발한 상호작용 과정을 통해 필요한 정보나 자료를 수집하는 질적 연구방법이다. 즉, 초점집단면접은 특정 주제에 관한 생각이나 인식을 얻기 위해 하나의 주제에 초점을 맞춘 조직적인 집단토의를 통해 사람들의 심도 있는 생각이나 의견을 끌어낼 수 있는 연구방법이다. 예를 들어, 연구자가 소수의 집단 따돌림과 같은 특정 경험을 공유한 청소년들을 대상으로 '또래관계문제'라는 주제에 대하여 자유토론을 하도록 하여 연구자가 고려하지 못했던 새로운 내용 발견을 목적으로 한다. 따라서, 초점집단면접의 목적은 연구주제나 문제에 대해 구성원들의 의견 일치에 도달하는 것이 아니라, 토론과정을 통해 그들의 욕구발견이나 시사점을 얻는 것이다.

초점집단면접에서 진행자의 역할은 매우 중요하다. 진행자는 연구 주제나 문제에 대한 지식, 기술, 경험이 풍부해야 하며, 능숙한 의사소통기술로 상호작용의 상황을 주도할 수 있어야 한다. 이처럼 진행자의 역할은 구성원들의 활발한 논의를 위해 질문을 하거나, 그들의 논의가 초점에서 벗어나지 않도록 조정하면서 편안한 분위기에서 모든 구성원이 의견을 표현할 수 있도록 참여 기회를 보장하는 것이다. 이때 진행자는 집단 회기를 녹음기나 비디오로 녹화하여 추후 분석에 이용해야 한다.

초점집단면접의 절차는 다음과 같다.
① 초점집단의 토의에 필요한 몇 개의 질문 문항을 개발한 후에 일반적인 것에

서부터 구체적인 것들로 배치한다. 주요 질문문항은 지역사회의 주요 문제, 그 문제의 해결방안, 민간과 공공의 협력관계 형성을 위한 제언 등이다.

② 초점집단에서 다룰 주제에 관한 관심과 지식을 갖춘 전문가나 관련 집단의 대표자인 참여자를 15명 이내로 선정하고, 회기 장소를 준비한다.

③ 회기 동안 진행자는 구성원 간의 상호작용을 촉진하는 역할을 수행한다. 자료수집을 위해 회기 중의 토의 내용은 녹음이나 녹화를 통해 녹취록으로 작성한다.

④ 수집된 자료는 분석과정을 통해 결과보고서로 작성한다.

초점집단면접을 시행할 때는 장단점을 고려하여야 한다. 초점집단면접의 장점은 개별 면접과 비교해서 구성원 간의 활발한 상호작용을 통해 더 포괄적이며, 다양한 의견이 포함된 정보를 얻을 수 있다. 즉, 심층면접을 응용한 방법으로 구성원은 대화나 토론 과정에서 다른 구성원의 생각이나 주장에 자극을 받아 새로운 생각을 떠올리거나, 응답을 강요하지 않는다. 따라서, 구성원들은 솔직하고 정확히 자신의 의견을 표현할 수 있다. 또한 자료수집에 필요한 비용이 많이 들지 않고, 결과를 신속하게 얻을 수 있으며, 수집된 자료는 얻고자 하는 개념에 대한 포괄적인 내용을 포함하고 있어서 내용타당도가 높다.

그러나 초점집단면접의 단점으로는 진행자인 연구자의 능력과 자질과 같은 주관적 개입 때문에 연구결과가 영향을 받을 수 있어서 연구자의 편향이 발생할 가능성이 크다. 참여자가 대면하여 상호작용을 하므로 익명성의 보장이 어려워 자신의 실제 느낌이나 생각과는 다른 의견을 제시할 수 있다. 또한 연구절차가 비체계적이며, 자료는 질적인 특성 때문에 계량화하기 어려워서 수집된 자료의 분석과 해석에 주의가 필요하다. 초점집단의 구성원들은 모집단을 대표하지 못하므로 연구결과를 일반화하기가 어려워서 다른 자료수집방법을 보완하는 방법으로 이용하는 것이 바람직하다.

## 2) 간접자료수집방법

### (1) 사회지표분석

사회지표(social indicator)는 지역이나 인구집단을 특징적으로 나타내는 표준화된 수치를 말한다. 사회지표분석이란 정부나 민간기관이 발표한 통계자료인 사회지표를 활용하여 지역사회의 욕구를 파악하는 방법이다. 일반적으로 사회지표분석은 행정지역의 상태를 파악하기 위해서 공공기록 문서를 이용한다. 사회지표분석을 통해 얻은 정보는 해당 지역의 연구대상집단의 실태와 변화의 차이를 확인하는 데 유용하다. 이처럼 사회지표분석은 해당 지역의 사정이나 지역주민의 욕구를 파악하는 데 매우 적절한 방법이지만, 그 지역에 적합한 사회지표를 찾기가 어렵다. 이러한 사회지표분석에 필요한 사회지표는 다른 목적을 위해 이미 수집된 자료를 활용하므로 이차 자료(secondary data)이다. 이차 자료는 종단적으로 누적된 자료이므로 신뢰도와 타당도가 있어야 하며, 실제로 욕구를 측정할 수 있는 공인된 자료이어야 한다.

사회지표분석의 장점은 많은 영역과 지역에 걸친 사회지표의 수집 비용과 시간은 다른 방법보다 상대적으로 많이 들지 않고, 쉽게 이용할 수 있으며, 객관적인 자료로서 신뢰도가 있다. 하지만 일반적으로 사회지표는 비교적 넓은 지역에 관한 정보이기 때문에 해당 지역의 적합한 자료를 얻기 어려울 뿐만 아니라, 그대로 적용할 때는 타당도의 문제가 발생할 수 있다. 또한 사회지표 작성의 기준이 발행기관마다 다른 경우가 많아서 자료의 분해나 결합에 어려움이 있다.

### (2) 행정자료조사

행정자료조사는 행정기관이나 사회복지기관, 연구소 등의 사회단체에서 행정 및 관리를 위해 수집·기록한 자료를 분석하여 욕구를 파악하는 방법이다. 예를 들어, 사회복지기관의 업무일지, 면접 기록지, 서비스 이용 현황 등 서비스 통계 자료를 이용하여 지역주민이나 서비스 이용자의 욕구를 파악하는 방법이 행정자료조사이다. 이러한 행정자료는 지역주민이나 서비스 이용자의 요청사항, 공익

사업의 동향, 특별한 조사가 필요한 대상 인구나 지역에 관한 중요한 정보를 제공한다.

행정자료조사의 장점은 비용이 적게 들고, 다양한 정보가 포함되어 있어서 다른 욕구조사방법을 보완할 수 있다. 하지만 행정자료는 욕구조사에 적합한 통일된 양식으로 작성되어 있지 않아서 정리하기가 어렵고, 서비스 이용자의 자료이므로 이용하지 않는 지역주민의 자료는 없으며, 비밀보장을 위해 외부에 공개하는 것이 어렵다는 것이 단점이다.

## 5. 욕구조사의 절차

일반적으로 욕구조사는 일종의 사회조사의 형태를 띠고 있기 때문에 사회조사의 절차와 연구방법이 그대로 적용될 수 있다. 즉, 욕구조사의 절차를 ① 무엇이 욕구인가를 명확하게 규정해 가는 문제인식의 단계, ② 욕구를 어떻게 정확하게 측정할 수 있는지를 살펴보는 욕구측정의 단계, ③ 무엇을 측정할 것인가에 관한 이론을 기반으로 연구될 영역에 대한 구체적인 설계안이 제시되는 과정으로 설명할 수 있다.

지역사회 사회복지기관의 차원에서 욕구조사를 시행할 경우, 취할 수 있는 보편적 절차는 다음과 같다(박선희 외, 2018: 221-223).

첫 번째 단계는 욕구조사의 목적 및 자원 확인이다. 욕구조사를 실시하기 전 연구자나 프로그램 개발자는 우선 욕구조사의 목적을 분명히 할 필요가 있다. 그리고 욕구조사에 투입될 수 있는 예산, 인력, 시간을 자원의 관점에서 확인해야 한다.

두 번째 단계는 구체적 정보나 자료의 확인이다. 욕구조사를 시행하기 전 표적집단을 분명히 하고 표적집단의 분포도와 문제의 심각성에 관한 어떤 정보나 자료가 필요한지에 관한 목록이 작성될 필요가 있다.

세 번째 단계는 연구설계의 단계로서, 욕구조사를 설계하는 사람은 타당한 연구방법을 선택해야 한다. 우선 연구목적에 따라 문제나 욕구를 조작적으로 정의하고, 각종 연구방법에 관한 지식을 기초로 연구방법을 결정해야 한다.

네 번째 단계는 자료수집과 분석의 단계이다. 적절한 연구설계에 따라 측정도구들이 선정되면 실제연구에 들어가서 자료를 수집하게 된다.

다섯 번째 단계는 연구보고서 작성의 단계이다. 욕구조사의 결과가 분석되면 욕구조사 보고서를 작성해야 하는데, 이때 내용은 욕구조사의 목적, 연구의 배경, 연구팀의 구성과 역할, 연구대상자, 연구설계 및 자료수집 방법, 연구결과, 연구결과의 함의와 논의, 결론 등으로 구성된다.

〈표 9-1〉 욕구조사의 절차

| 단계 | | 단계별 작업 내용 |
|---|---|---|
| 1단계 | 연구목적 및 자원 확인 | • 욕구조사의 목적 확인<br>• 투입 인력, 예산, 시간 확인 |
| 2단계 | 구체적 정보, 자료 확인 | • 표적집단 선정<br>• 표적집단의 특성에 관한 정보 확인<br>• 질적 또는 계량적 자료의 구분 |
| 3단계 | 연구설계 | • 연구모형의 결정<br>• 연구도구의 신뢰도 및 타당도 검토 |
| 4단계 | 자료수집과 분석 | • 연구방법(직접/간접)의 결정<br>• 통계원리와 기법 숙지 |
| 5단계 | 연구보고서 작성 | • 연구보고서 체제의 구성<br>• 보고서의 검토와 수정, 보완 |

자료: 박선희 외(2018: 222) 재구성.

욕구조사의 절차를 문제 또는 상황에 대한 인지, 목적 확인, 정보의 출처확인, 요구연구 도구선정과 자료수집 방법의 선택, 요구분석 계획, 요구분석 실행, 결과 분석 및 보고 등의 7가지로 구분하여 설명할 수 있다.

첫째, 요구조사분석이 필요한 상황을 이해하고 요구분석에 필요한 정보를 분석해 내는 일이다.

둘째, 요구분석을 해야 하는 상황에 대한 분석이 이루어지면, 이를 통해 어떤 정보를 파악할 것인지의 요구분석 목적을 결정해야 한다. 일반적으로 요구분석을 통해 찾아내고자 하는 정보의 유형으로는 최적(optimal), 실제(actuals), 느낌(feelings), 원인(causes), 해결방안(solutions) 등 다섯 가지로 구분한다. 여기에서 '최적'은 업무수행의 바람직한 상태 또는 최적의 상태를 말하는 것으로, 요구분석이 바람직한 상태와 현재 상태 간의 격차를 찾아내는 과정이므로 바람직한 상태에 대한 정보가 이에 해당한다. '실제'는 현재 수행하고 있는 직무의 상태나 담당자가 알고 있는 것과 할 수 있는 것에 대한 정보이다. '느낌'은 문제나 업무 또는 이와 관련한 능력에 대한 관련자들의 의견을 탐색하는 것이다. '원인'은 무엇이 문제를 야기하는가에 대한 정보이다. '해결방안'은 궁극적으로 요구분석을 통해 얻고자 하는 최종적인 정보이다.

셋째, 누구로부터 필요한 정보를 얻을 것인지의 요구분석 대상자를 선정하는 것이다.

넷째, 요구분석 상황과 목적이 결정되고 그 대상자가 선정되면, 어떤 방법을 사용할 것인지를 결정해야 한다. 방법의 선정은 요구분석 대상자들의 특성을 고려하여 적합한 방법을 선정하는 것이 중요하다.

다섯째, 요구분석 실행계획을 작성하는 것이다. 일정한 형식이 있는 것은 아니지만, 욕구조사 분석의 이유와 목적, 구체적인 일정과 절차를 담고 있어야 한다.

여섯째, 요구분석 계획서가 작성되면, 계획된 일정과 단계에 따라 자료를 수집한다.

일곱째, 자료를 분석하고 요구조사와 분석의 목적에 맞게 자료를 정리하고 해결방안과 대안을 제시하면서 의사결정에 도움이 될 수 있는 정보를 제공한다.

## 6. 욕구조사의 평가

욕구조사분석의 한계점은 다음과 같다(박선희 외, 2018: 230-232).

## 1) 점검사항

욕구 측정 시 점검사항은 다음과 같다.
① 특정 프로그램이 역점을 두고 해결하고자 하는 문제는 무엇인가?
② 그 프로그램이 서비스를 제공하려는 표적집단은 누구인가?
③ 프로그램에 의해서 서비스를 받는 집단의 지리적인 경계가 있는가?
④ 그 지역에 표적집단이 산재되어 있는 정도를 말해주는 공신력 있는 자료가 있는가?
⑤ 프로그램에 참여하는 직원들 간에 문제의 원인과 결과의 관계, 욕구의 범주에 대한 이해에 합의가 이루어져 있는가?
⑥ 규범적 욕구를 측정하기 위한 기준은 마련되어 있는가?
⑦ 인지적 욕구는 측정하고 있는가?
⑧ 서비스를 받기 원하는 사람들 가운데 몇 %가 현재 서비스를 이용하고 있는가?

## 2) 주의사항

첫째, 욕구조사는 지역사회 실태조사나 클라이언트 만족도조사와는 구별되어야 한다. 욕구조사는 욕구의 범위와 수준을 파악하여 프로그램을 개발 또는 개선하거나, 서비스 수요 예측을 하기 위해 실시하는 만큼 지역사회 실태조사식의 욕구조사는 지양되어야 한다. 욕구개념에 따른 충족되어야 할 욕구종류 및 수준, 서비스 제공 우선순위, 추가되어야 할 욕구 등이 연구내용에 포함되어야 한다.

둘째, 적절한 욕구조사 기법의 활용이 필요하다. 청소년단체나 기관, 지역사회복지관, 지방자치단체, 또는 연구기관에 실시되고 있는 선행 욕구조사 대부분이 설문지 조사만을 고집하고 있는 실정이다. 현존하는 클라이언트집단의 요구들을 정확하게 파악하기 위해서는 연구내용이나 연구유형에 적합한 욕구조사 기법들을 적절히 혼용하여 사용함으로써 지역 내 다양한 욕구에 대한 정보를 제공할 수 있다.

셋째, 욕구조사에 이용될 적절한 지표가 선택되어야 한다. 서비스에 대한 욕구수준이 높은 지역사회일수록 건전한 사회 내 순기능을 자체적으로 수행하는 데 다양한 문제를 안고 있는 경우가 많다. 이러한 경우, 클라이언트의 순기능과 역기능에 대한 정보에 대한 자료의 원천을 구하기 어렵기 때문에 클라이언트의 역기능의 정도를 파악한다는 것은 쉽지 않다. 따라서, 지역사회 구성원 전체의 욕구충족을 위해서는 클라이언트 역기능에 대한 지표 측정이 필요하다. 예를 들어, 학교 중퇴율이나 범죄율 같은 청소년과 관련한 지역사회 내 기능장애의 부정적 영향을 간접적으로 보여주는 공공통계수치를 추적하는 방법이 있다.

## 3) 분석의 한계

욕구조사를 통해 프로그램 개발자는 대상집단의 인구사회학적 특성, 욕구의 심각성(수준, 범위와 유형), 대상집단들이 프로그램을 얼마나 이용하기를 원하며(이용 선호도), 어느 정도 참여하기를 원하는가(잠재적 참여 가능성)를 파악하게 된다. 그러나 인간의 욕구가 무한하고 다양한 만큼 욕구조사도 그 범위와 효용성에 있어 한계를 지닐 수밖에 없다.

먼저, 욕구의 범위에 있어 클라이언트의 기초적인 욕구만 충족시켜 주면 되는지, 아니면 상대적 욕구까지 충족시켜 주어야 하는지의 문제에 고심하게 된다. 절대적 욕구만 충족시켜 준다면, 그것이 진정한 욕구충족의 수준인지 의문을 제기할 수 있고, 상대적 욕구까지 충족시켜 준다고 한다면, 그 범위는 어디까지인지가 문제이다.

욕구는 광의적인 욕구와 합의적인 욕구의 형태로 분류될 수 있는데, 실질적 조사를 위해서는 광의보다는 조작적으로 정의될 수 있는 협의적 차원의 욕구 측정이 필요하다. 물론, 욕구조사가 전체적인 프로그램의 개발 및 평가과정에서 어떤 위치를 갖는지를 생각하는 것도 중요하다.

〈연습문제〉

1. 욕구조사의 유형에 관한 설명으로 옳지 것은?
   ① 사회지표조사는 특정 상황에 부합되는 자료의 부재 가능성이 있다.
   ② 지역자원 재고조사는 지역사회 서비스 자원에 대한 정보획득이 용이하다.
   ③ 지역주민 서베이는 수요자 중심의 욕구사정에 적합하다.
   ④ 지역사회 포럼은 연구대상자를 상대로 개별적으로 자료를 수집하는 데 유리하다
   ⑤ 주요 정보제공자 조사는 정보제공자들이 갖고 있는 정보의 양과 질에 의존한다.

2. 욕구조사를 하는 목적으로 보기 어려운 것은?
   ① 지역사회 내의 기관들과 상호의존 및 협동사항을 파악한다.
   ② 욕구조사를 통해 기관의 정체성을 확인한다.
   ③ 프로그램 운영에 필요한 예산할당 기준을 마련한다.
   ④ 욕구조사를 통해 기관활동과 지역사회 홍보를 한다.
   ⑤ 욕구조사를 통해 기관운영에 좋은 프로그램만을 선정할 수 있다.

3. 장애인의 근로욕구조사에 포함될 내용 가운데 기초자료에 우선적으로 포함되지 않는 것은?
   ① 지역적 특성    ② 인구수    ③ 연령분포
   ④ 장애인 고용률    ⑤ 거주형태

4. 욕구조사의 필요성으로 보기 어려운 것은?
   ① 기관 중심적인 프로그램 운영을 위해
   ② 기관운영을 체계적이고 전문적으로 수행하기 위해
   ③ 기관자원을 효율적으로 운영하고 체계적인 조직화를 위해
   ④ 역동적인 환경변화에 적극 대응하기 위해
   ⑤ 프로그램의 필요성을 적극적으로 옹호하기 위해

5. 델파이조사에 관한 설명으로 옳지 않은 것은?
   ① 전문가 패널의 의견을 수렴하는 방법으로 활용된다.
   ② 외형적으로는 설문조사방법과 유사하다.
   ③ 연구자가 사전에 결정한 방향으로 패널의 의견이 유도될 위험이 있다.
   ④ 패널의 후광효과를 방지하기 어렵다.
   ⑤ 반복되는 설문을 통하여 패널의 의견이 수정될 수 있다.

6. 욕구조사를 위한 자료수집방법에 관한 설명으로 옳지 않은 것은?
   ① 지역의 통반장을 통해 자료를 수집한다.
   ② 지역사회 공청회를 통해 자료를 수집한다.
   ③ 지역주민에게 서베이를 실시한다.
   ④ 정부기관에서 발표하는 사회지표를 활용한다.
   ⑤ 일반인을 대상으로 델파이 기법을 활용한다.

7. 대규모 설문조사와 비교하여 주요 정보제공자(key informants)를 활용한 욕구조사에 관한 설명으로 옳지 않은 것은?
   ① 표본추출이 용이하다.     ② 표본의 대표성이 높다.
   ③ 비용이 적게 든다.
   ④ 양적정보 뿐만 아니라, 질적 정보도 파악할 수 있다.
   ⑤ 정보제공자들이 가지고 있는 정보의 양과 질에 의존하게 된다.

8. 욕구조사에 포함되어야 할 내용으로 적절치 않은 것은?
   ① 기존 서비스 평가        ② 새로운 서비스 개발항목
   ③ 지역사회의 일반적 특징   ④ 생활영역에 관한 현재상태
   ⑤ 효율평가를 위한 자료

9. 다음 중 틀린 것을 고르시오.
   ① 수요자 중심의 욕구사정에는 지역주민 서베이가 적절하다.
   ② 지역사회 서비스 자원에 대한 정보는 지역자원재고조사에서 확인할 수 있다.
   ③ 정보제공자의 편향성은 주요 정보제공자 서비스에서 가능성이 높다.
   ④ 이익집단의 영향력 배제는 공개토론에서 가능하다.
   ⑤ 델파이 기법은 일반인을 대상으로 견해를 확인하는데 유용하다.

10. 욕구조사의 자료수집방법으로 맞지 않은 것은?
    ① 지역사회 포럼      ② 초점집단 설문조사
    ③ 서비스 제공자 조사  ④ 2차 자료분석     ⑤ 인근지역 사례조사

    정답 1. ④  2. ⑤  3. ④  4. ①  5. ④  6. ⑤  7. ②  8. ⑤  9. ⑤  10. ⑤

# Chapter 10
## 평가조사

### 학습목표

1. 평가조사의 기준과 요소 이해
2. 평가조사의 종류 이해
3. 평가조사의 절차에 따른 실제 적용

### 학습내용

1. 평가조사의 개념
2. 평가조사의 기준과 평가요소
3. 평가조사의 종류
4. 평가조사의 절차
5. 평가조사의 활용

### 개 요

평가조사는 프로그램의 개선 또는 지속적으로 수행 여부를 결정 짓기 위해 개별적인 개입기술이나 프로그램이 목표하는 바를 어느 정도 달성하였는가를 측정하는 연구를 말한다. 즉, 사회복지기관의 프로그램이 당초에 의도한 대로 그 목적을 다 하고 있는지를 평가하기 위해 실시하는 응용연구의 한 형태이다. 여기에서는 평가조사를 학습하고자 한다.

# Chapter 10
# 평가조사

## 1. 평가조사의 개념

### 1) 평가조사의 정의

평가(evaluation)는 사람, 집단, 조직 등이 이룩한 성과가 미리 정해 목적, 목표, 기준 등에 비추어서 얼마나 달성되었는가를 측정, 분석하고 그 결과를 형식에 맞춰 작성하여 전달하는 과정이다.

평가조사(evaluation research)는 프로그램의 개선 또는 지속적으로 수행 여부를 결정 짓기 위해 개별적인 개입기술이나 프로그램이 목표하는 바를 어느 정도 달성하였는가를 측정하는 연구를 말한다. 즉, 사회복지기관의 프로그램이 당초에 의도한 대로 그 목적을 다 하고 있는지를 평가하기 위해 실시하는 응용연구의 한 형태이다(서정민 외, 2019: 255).

### 2) 평가조사의 목적

개입기술과 프로그램이 목표를 어느 정도 달성했는지를 측정하기 위해 연구하는 평가조사의 목적은 다음과 같다(조학래, 2020: 317-318).

### (1) 프로그램의 계획과 운영과정에 필요한 피드백 제공

기존 프로그램의 성과를 효과성이나 효율성 차원에서 평가함으로써 해당 프로그램의 중단, 축소, 유지, 확대 여부를 결정하는 데 필요한 정보를 제공한다. 이처럼 프로그램의 효과성과 효율성을 모토 고려하여 바람직한 목표를 설정하거나 운영방법을 개선하기 위해 평가조사를 시행한다.

### (2) 기관운영의 책무성 이행

국가나 사회로부터 인가를 받은 사회복지기관은 제도화된 활동으로 그 책무성을 지니고 있다. 특히, 예산을 비롯해 인적·물적 자원을 지원받은 사회복지기관이 그 목적을 얼마나 달성했는가를 객관적으로 평가하여 책무성 이행근거를 찾는 목적으로 평가조사를 시행한다.

### (3) 이론 형성에 기여

프로그램 평가는 프로그램 운영방법부터 그 결과에 이르는 과정을 검토, 분석, 검증하는 것이다. 특히, 프로그램 시행 전후의 차이를 분석하여 프로그램의 시행이 어떤 영향을 주었는지를 평가함으로써 인과관계를 검증한다. 그 결과, 타당성이 있는 것으로 확인된 가설은 이론으로 발전하고, 그렇지 못한 경우라도 이론을 수정하는데 기여할 수 있다.

### (4) 프로그램 진행과정과 전달체계 개선

프로그램 진행과정을 평가하는 형성평가를 통해 프로그램의 저해요인을 개선하는 근거를 제공한다. 또한 전달체계를 평가하여 서비스가 지체되거나, 클라이언트의 접근성이 어렵거나, 목적과 다르게 진행될 때, 서비스 전달이 원활하게 이루어지도록 개선하는 데 기여할 수 있다.

### (5) 합리적인 자원배분

프로그램 평가 결과에 따라 효과적인 프로그램과 단기적인 효과만 있는 프로그램을 선별하여 차등적인 자원배분의 근거를 제공할 수 있다.

## 2. 평가조사의 기준과 평가요소

### 1) 평가조사의 기준

평가조사의 기준은 프로그램 평가를 위한 준거 내지 척도를 의미한다. 프로그램의 성공과 실패 여부를 판단하기 위해 프로그램의 어느 부분을 평가의 대상으로 정해야 할지에 대한 기준이다. 자세한 평가기준을 프로그램 평가의 대상이 되는 요소를 중심으로 살펴보면 다음과 같다(조학래, 2020: 322-324 ; 박선희 외, 2018: 239-247).

#### (1) 노력

노력(effort)은 프로그램 활동의 양으로 프로그램의 투입요소와 이에 따른 전환과정이다. 평가방법으로는 전문인력의 수와 투입시간, 프로그램 예산과 자원, 프로그램 기간 등이 있다.

노력의 기준은 '얼마나 열심히 했는지'를 보는 것이다. 노력 기준의 평가는 보통 프로그램 활동에 관한 정보를 도출한다. 프로그램 참여도, 수행된 활동들의 양이나 질, 투입된 자원의 정도 등이 프로그램의 노력정보에 해당한다. 일반적으로 다음 자료들이 노력 기준의 평가에서 중요시 된다.

① 클라이언트 : 수, 나이, 성별, 소득수준, 가족구성 등
② 표적 인구의 서비스 활용 정도 : 적용범위, % 등
③ 클라이언트의 서비스 경험 : 서비스 접촉의 수와 빈도, 서비스 요청과 최초 접촉 사이의 소요시간(예, 응급구조시간), 중도탈락 사례 수 등
④ 서비스 담당자의 활동 : 케이스 부담률, 서비스 제공 단위(예, 상담시간), 서비스 유형(예, 진단, 치료, 출장, 의뢰), 서비스 방법(예, 개인, 집단, 가족 등)
⑤ 지출과 자원 활용 : 예산항목의 지출, 물품사용, 공간과 시설의 적합성 등

⑥ 서비스 비용 : 서비스 단위생산에 따른 실질적 비용

프로그램 모니터링에 필요한 대부분의 정보들은 이러한 노력 기준의 평가에서 도출될 수 있다. 효과성이나 효율성 평가를 위해서도 노력 기준의 평가정보가 기초자료로서 필요하다.

### (2) 효과성

효과성(effectiveness)은 제공된 서비스와 성취된 결과 간의 관계를 평가하는 것으로, 프로그램 목표의 달성 정도로 목표달성과 프로그램 노력 간의 인과관계이다. 평가방법으로는 프로그램 참여자의 인지적·정서적 변화, 프로그램 참여자의 행동변화 프로그램 참여집단의 사회적 변화 등이 있다.

효과성 기준의 정보들은 '목표들이 성취되었는지, 그것이 프로그램 활동으로 인한 결과인지'를 알려준다. 이를 위해서는 노력 기준의 정보에 성과측정에 관한 정보가 가미되어야 한다.

프로그램의 성과정보는 직접·간접 자료 측정을 통해 도출될 수 있다.

① 직접자료 : 클라이언트에 대한 의도된 성고를 직접적으로 측정한 자료(예, 생활수준 향상, 가족기준 증진 등)

② 간접자료 : 간접적인 지표로 측정해서 성과를 추정하는 자료(예, '노인 여가 선용'의 성과를 추정하기 위한 '서비스 만족도' 자료)

성과기준의 평가에서는 목표의 성취 정도를 확인하는 자료측정이 기본적으로 필요하다. 그럼에도 무형의 장기적 목표를 성과로 두는 경우가 많은 휴먼서비스 프로그램들에서는 이러한 효과성 관련 정보를 직접 획득하는 것이 늘 힘든 문제가 되어 왔다. 대안으로 클라이언트 서비스 만족도나 참여도 등의 간접지표 자료들을 활용하는 경우가 많은 것도 이 때문이다.

### (3) 효율성

효율성(efficiency)은 산출 대비 비용 정도로 서비스 단위의 산출 당 소요비용을 평가한다. 평가방법으로는 프로그램의 투입 비용, 산출을 화폐가치로 환산한 프로그램 결과의 비용 등이 있다.

효율성의 기준은 프로그램의 자원 활용에 따른 정당성 여부에 주로 관심을 둔다. 프로그램에 주어진 자원들(인력, 자산, 공간 등)을 경제적, 효율적인 방법으로 적절히 활용했는지, 서비스의 편익은 과연 비용에 견주어서 합당한지, 동일한 목적을 위해 더 경제적으로 수행할 수 있는 방법들은 없었는지 등을 확인하는데 효율성 기준의 평가정보가 활용된다.

효율성 평가를 위해서는 다음과 같은 비용관련 자료들의 생산이 필요하다.
① 프로그램 산출물의 단위와 관련한 비용(예, 한 아이의 입양에 드는 비용)
② 프로그램 목표들을 성취하는 데 부과된 비용(예, 인력, 재료, 장비 등)
③ 다른 프로그램들과 비교를 통해 나타나는 상대적 비용(예, 기회비용)
④ 프로그램 비용과 편익의 화폐가치 환산

이러한 비용 자료들을 기초로 해서, 투입 대비 산출 혹은 투입 대비 성과라는 두 가지 유형의 효율성 평가가 가능하다.

### (4) 서비스의 질

서비스의 질(quality)은 프로그램 전문성으로 프로그램 제공자의 전문성을 평가한다. 평가방법으로는 서비스 인력의 자격증, 프로그램에 활용된 지식과 기술 수준 등이 있다. 일반적으로 서비스의 '질(quality)'이라는 용어는 효과성을 나타내는 기준으로도 폭넓게 사용된다. 보다 좁은 의미로 사용하자면, 서비스 질은 그 프로그램에서 '전문적인 기준이 채용되는 정도'를 가리키는 것이다. 이 경우, 서비스 질의 전형적인 지표로 프로그램 수행 인력은 어느 정도의 전문적인 교육 수준과 경험 정도를 갖추었는지를 보는 것이다.

실제 평가들에서 서비스 질 기준은 노력 기준 다음으로 많이 쓰이는 것이다. 효과성 측정에 대한 직접 측정이 어려운 상황에서도, 프로그램 자체 평가의 기준을 정도가 아닌 질의 차원으로 높이는 것은 언제나 바람직하기 때문이다. 물론 이때의 가정은 서비스 질과 효과성 기준이 같이 움직인다고 전제하는 것이다.

① 사회복지사 1급이 사회복지사 2급보다는 가족치료를 더 잘할 것이라고 가정한다.
② 직원들의 평균 학력이 높은 기관이 낮은 기관보다 서비스의 효과성이 높을 것이라고 가정한다.
③ 전문의가 있는 병원이 일반의가 있는 병원보다 치료를 더 잘할 것이라고 가정한다.
④ 특급호텔 주방장 출신이 요리하는 식당의 음식이 동네 중국집 주방장 출신의 식당 음식보다 더 맛있을 거라고 가정한다.

전문 평가자들은 서비스 질 기준의 평가를 그다지 선호하지 않는다. 이유는 서비스 질 기준의 평가가 효과성 평가를 직접 대체할 수 있는 근거가 없다는 점 때문이다. 예를 들어, 학력이 높은 서비스 인력이 반드시 높은 서비스 효과를 초래하지 않는다는 것이다.

그럼에도 불구하고, 실제 프로그램 평가에서는 서비스 질 기준이 널리 사용되고 있다. 적어도 서비스의 현재상태에 관한 많은 것들을 시사해 줄 수는 있기 때문이다. 그 결과, 평가에 관여하는 많은 사람들에게 서비스 질 기준은 특정 프로그램을 쉽게 평가해 볼 수 있는 방법으로 널리 사용된다.

### (5) 영향

영향(impact)은 사회문제나 이용자의 욕구변화에 미친 영향으로 프로그램과 사회적 지표 간의 관계이다. 평가방법에는 위험집단과 표적집단의 변화 정도, 지역사회 지표의 변화 등이 있다.

영향기준은 프로그램의 개별적 목표 성과의 기준들과는 다르다. 주로 거시적 기획 차원에서 검토되는 것으로, 어떤 프로그램이 주어진 목표에 대해 특정한 성과를 나타내고 있는지에 더해서 그로 인해 원래 의도했던 사회문제의 해결에는 어느 정도의 영향을 미쳤는지를 파악하는 것이다. 영향평가에는 보통 복잡한 추론과정이 필요하다. 하나의 프로그램 성과에 의해 판단될 수 있는 영역을 벗어나 있기 때문이다.

프로그램의 영향평가는 예를 들어, 청소년 비행률이나 실업률과 같은 사회문제의 지표를 감소시키려는 목적에서 다수의 지역사회 프로그램, 정책, 기타 제반 활동과 노력들이 있었다면, 이 프로그램은 거기에 몇 퍼센트 정도의 기여를 했는지를 확인하려는 것과 같다. 이것은 개별 프로그램 내에서 설정한 목표들에 대해 효과성 기준의 성취를 확인하는 것과는 명백히 구분된다.

### (6) 클라이언트 만족도

클라이언트 만족도(client satisfaction)는 서비스의 주체가 클라이언트라는 관점에서 서비스의 질을 측정한 것으로 효과성, 효율성과 함께 프로그램 평가기준의 3대 기준으로 그 중요성을 인정받고 있다. 클라이언트 만족도는 이용자의 만족 정도로 프로그램 이용자의 만족 정도를 수치화한다. 평가방법에는 프로그램 참가 후의 목표한 만족 정도 등이 있다.

클라이언트 만족도는 단순히 이용자의 서비스에 대한 만족 여부만 묻는 것이 아니라, 불만이나 고충이 무엇이었는지, 그에 대한 해결이 얼마나 잘 되었는지, 어떤 욕구를 가지고 있었는지에 대한 것까지 포함한다(정성적인 특성). 클라이언트 만족도는 주로 서비스 선호도에 대한 연구과정에 많이 이용되는데, 이는 조사비용이 저렴하고 활용이 쉽기 때문이다. 하지만 이때 클라이언트는 좋은 쪽으로 응답하는 경우가 많고, 개인마다 편차가 크기 때문에 신뢰도와 타당도는 낮다. 따라서, 평가자는 클라이언트 만족도를 다른 평가지표와 함께 병행하여 사용해야 한다. 많은 사회복지기관에서 클라이언트의 만족도를 측정하기 위하여 설문지 양식의 표준화된 측정도구를 많이 사용한다. 이는 직접 물어보거나 특별한 지표를 개발하는 것보다 비용이 저렴하고 이용이 쉽기 때문이다.

어떠한 방법을 사용하든지 클라이언트 만족도를 평가할 때는 다음과 같은 점을 유념해야 한다.

첫째, 신뢰성 있는 척도 또는 지표를 사용해야 한다. 이는 개인이나 기관의 새로운 기준이 아닌 외부에서 신뢰성을 인정하고 다른 프로그램에서도 사용된 적이 있는 측정도구를 선호하는 것을 뜻한다.

둘째, 다음으로 반복적인 측정이 행해져야 한다. 이는 타당도의 문제로 여러 번 측정하여 같은 결과가 나올수록 타당도는 높다고 할 수 있다. 이때 주의할 점은 여러 번의 측정에서 항상 같은 도구를 사용해야 한다는 것이다.

셋째, 질문을 구성할 때는 반드시 개방형 질문을 넣어야 한다. 개방형 질문이란 서술의 형태로 대답하도록 하는 것으로서 응답자가 자신의 의견을 자유롭게 표현할 수 있어 평가자가 미처 생각지 못했던 부분을 알 수도 있다.

### (7) 과정

과정(process)은 노력이 산출로 옮겨지는 절차를 말한다. 프로그램 결과의 경로로 프로그램 운영상의 매개체를 말한다. 예를 들어, 세부목표와 프로그램 결과 사이의 차이가 있다. 과정은 산출물이 나오기 이전의 단계로서, 중간과정이 체계적이고 합리적으로 어떻게 구조화되어 있는지, 그리고 미리 정해진 절차나 규정에 따라 서비스가 제공되는지 등에 초점을 둔다. 이들 과정 요소들은 프로그램의 효과에 직접적인 영향을 주기 때문에 현재의 서비스 제공방식 혹은 조직 운영방식에 대한 내부 분석적 및 진단적 특성을 보인다.

과정기준의 평가는 프로그램 실행과정에 관한 정보를 도출하는 데 쓰인다. 이는 프로그램의 성공이나 실패 결과에 대한 이유를 설명하는 근거로 사용된다. 과정기준의 정보는 프로그램의 속성이나 서비스 상황 등을 나타내는 자료들로 구성된다.

#### ① 프로그램 구성요소

프로그램의 구성요소를 접근성, 수행방법, 수행 인력, 기타 속성 등으로 나누어 분석한다. 프로그램의 결과 특성이나 문제들이 과연 어떤 속성 요소들과 관련되어 있는지를 판단하는 데 사용된다.

### ② 서비스 인구

서비스 인구집단의 특성을 차별적으로 분석한다. 프로그램이 각기 다른 서비스 인구집단에 대해 어떤 다른 효과를 내는지를 파악하는데 쓰인다. 예를 들어, 프로그램이 남성보다 여성 이용자들에게 더 잘 작동했는지, 젊은 세대와 노인 세대 간 효과의 차이는 어떠한지 등을 밝히는 데 쓰일 수 있다.

### ③ 환경조건

프로그램이 제공되는 환경조건을 분석하는 것이다 계절별 여건의 차이, 주변 경쟁 프로그램들의 상태, 프로그램이 소속된 모기관의 영향 등을 평가의 대상으로 한다. 이런 정보 역시 프로그램의 성공과 실패를 분석하고 설명하는 데 쓰인다.

### ④ 효과의 본질

프로그램이 성취한 효과의 유형과 본질을 나누는 분석이다. 예를 들어, 프로그램의 효과가 인지나 태도, 행동 중 어느 측면에 속하는 것인지 등을 나누어 본다. 효과의 지속성이나 영향 등도 분석할 수 있다. 이들은 모두 평가의 결과를 충실하게 설명해 주는 근거가 된다.

과정기준의 평가정보들은 프로그램 개선방향을 결정하거나, 다른 환경에 프로그램을 이식, 복제할 가능성이 있는지 등을 확인하는 데 필수적으로 쓰인다. 대부분의 프로그램 평가에서 과정 기준의 정보 역시 노력이나 질 기준 정보들과 함께 공통적으로 수집, 활용된다.

### (8) 공평성

공평성(equity)은 서비스나 그로 인한 편익이 인구집단에 공평하게 배분되었는지를 평가하는 기준이다. 이 기준은 정부정책이나 기획차원의 평가에서 주로 검토되는데, 합리적 이유보다는 정치적 고려에 의해 채택되는 경우가 많다.

프로그램이 자원배분이나 절차에서 공평했는지에 대한 판단기준은 대개 '일관성'을 근거로 한다. '욕구에 따른 공평한 분배'가 보다 합리적이겠지만, 그러한 근거를 현실적으로 적용해서 측정하기란 쉽지 않다. 그래서 주로 '모든 사람에게 똑같이'라는 일관성 근거를 채택하는 경향이 있다. 비록 공평성 기준이 정치인이나 행정관료들의 입장에서는 쉽게 선호될 수 있지만, 전문직 인력에게는 비합리적인 것으로 받아들여지기 쉽다.

### (9) 접근성

접근성(accessibility)은 서비스 대상자가 기관으로부터 서비스를 얼마나 용이하게 받을 수 있는지에 대한 평가기준이다. 이때의 접근성이란 지리적 접근성과 함께 심리적 접근성도 포함한다. 프로그램이 아무리 좋아도 홍보 미숙 등의 이유로 이용자가 부담을 느낀다면, 그것은 심리적 접근성이 낮은 경우라고 할 수 있다. 또한 프로그램을 제공하는 장소가 클라이언트에게 지리적 제한요인으로 작용하는 경우가 많다. 장애인이나 노인이 이용하지 못하거나, 경제적인 이유로 인하여 이용하지 못하는 대상자가 있다면, 프로그램 평가 시 좋은 평가를 받을 수 없게 된다.

접근성은 지역주민의 사회복지관인지 여부, 시설의 위치, 장애자 편의시설의 설치 여부, 시설 개방이나 복지관 홍보의 정도를 가지고 측정할 수 있다.

〈표 10-1〉 평가조사의 기준

| 기 준 | 정 의 | 평 가 요 소 |
|---|---|---|
| 노 력 | 프로그램 활동의 양 | 프로그램의 투입요소와 이의 전환과정<br>– 당위활동의 수<br>– 이용자 수<br>– 전문지식과 기술의 소유와 활용 정도<br>– 프로그램 예산 및 자원<br>– 프로그램 기간 및 하위활동 단위기간<br>– 프로그램 활동 전문인력 투입시간 |
| 효 과 성 | 프로그램 목표의 달성 정도 | 목표달성과 프로그램 노력과의 인과관계<br>– 이용자의 인지적·감정적 변화<br>– 이용자의 행동변화<br>– 이용자의 사회적 변화 |

| 효율성 | 산출 대비 비용 정도 | 서비스 단위 산출당 소요비용<br>– 프로그램 노력에 대한 비용<br>– 프로그램 결과에 대한 비용 |
|---|---|---|
| 영향 | 사회문제나 이용자 변화에 미친 영향 | 프로그램 노력과 사회적 지표변화의 관계<br>– 위기집단과 표적집단 내에서의 변화 정도<br>– 사회지표상 변화에 대한 실증적 기대 정도 |
| 서비스의 질 | 프로그램의 전문성 | 프로그램 제공자의 전문성<br>– 세부목표들의 달성 정도와 연계성<br>– 세부목표와 프로그램 결과 사이의 영향 정도 차이 |
| 과정 | 프로그램 결과의 경로 | 프로그램 운영상의 매개체<br>– 세부목표들의 달성 정도와 연계성<br>– 세부목표와 프로그램 결과 사이의 영향 정도차이 |
| 형평성 | 프로그램 배분의 공정성 | 프로그램의 접근성<br>– 대상집단에게 동일한 접근 기회가 주어지는 여부와 그 정도<br>– 프로그램 활동이 지역 내에 균등하게 배분되는 정도 |

자료: 김동기 외(2021: 205-206).

## 2) 프로그램 진행과정에 따른 평가요소

프로그램 평가요소는 프로그램 진행과정과 관련하여 검토해 볼 수 있다. 프로그램은 투입, 전환, 산출, 성과의 과정으로 진행된다. 이 요소들은 프로그램 평가의 기본 요소가 된다. 그 내용은 다음과 같다.

### (1) 투입 : 이용자나 서비스 자원과 관련된 변수

투입(inputs)은 프로그램의 목표달성을 위해 소요되는 자원을 의미한다. 사회복지 프로그램에서의 투입은 이용자, 인적자원, 물적자원, 시설, 설비의 다섯 가지 요소를 포함한다. 연구자는 프로그램 목표와 관련하여 다음의 요소들을 평가할 필요가 있다

① 대상 : 이용자
② 인적자원 : 프로그램 담당 직원, 직원의 업무 부여 시간, 자원봉사자의 수 및 자원봉사 시간 등
③ 물적 자원 : 자금, 예산 등
④ 시설 : 활용된 편의시설 등
⑤ 설비 : 이용된 물품, 장비 등
⑥ 프로그램에 작용하는 기제들 : 법, 규정, 규칙 등

### (2) 전환 : 개입방법과 관련된 변수

전환(throughputs)은 서비스 전달과정, 즉 목적달성을 위해 투입되는 자원을 활용하여 프로그램을 진행시키는 과정을 의미한다. 전환은 서비스의 종류, 서비스의 내용, 서비스 개입의 방법 등을 포함한다.
① 서비스 종류 : 실직자의 경우, 직업훈련, 취업알선, 동기부여 등
② 서비스 내용 : 직업훈련의 경우, 제과, 중장비, 컴퓨터 관련 과정 등
③ 서비스 개입방법 : 직업훈련의 경우, 교육훈련 내용, 기법 및 기술 등

### (3) 산출 : 서비스의 산출과 관련된 변수

산출(outputs)은 프로그램 활동을 통해 얻어진 직접적인 산물을 의미한다. 산출은 그 자체로서의 가치보다는 대상집단이 바라는 이익, 변화가 나타날 수 있도록 하기 때문에 중요하다. 산출과 관련된 주요 변수들을 살펴보면 다음과 같다.
① 상담건수
② 서비스에 참여한 이용자 수
③ 서비스 제공시간
④ 제공된 활동의 양
⑤ 취업인원 등

### (4) 성과 : 변화내용과 관련된 변수

성과(outcomes)는 이용자가 프로그램 참여를 통해 성취된 삶의 질 측면에서의 변화를 의미한다. 즉, 프로그램 서비스를 받은 후 참가자가 얻은 이익, 참가자에게 나타난 변화, 효과 등을 의미한다. 성과는 지식, 기술, 태도, 가치, 행동, 환경, 지위 등의 변화와 관계가 있다. 성과와 관련된 주요 변수를 살펴보면 다음과 같다.

① 참가자의 지식, 기술, 태도의 변화
② 참가자의 지식, 기술, 태도의 변화에 따른 행동변화
③ 참가자의 환경과 지위의 변화 등

## 3. 평가조사의 종류

평가조사는 그 목적에 따라 그 종류가 다양하다. 평가를 실시하는 목적 및 방법, 평가하는 주체, 평가규범, 평가대상, 평가시점 등을 중심으로 구분할 수 있다. 평가목적에 따라 성과평가, 형성평가, 효율성평가, 과정평가, 투입자원평가로 분류된다. 평가방법에 따라서 양적 평가 및 질적 평가로 분류되며, 평가주체에 따라 자체평가, 내부평가, 외부평가로 분류된다. 또한 평가시점에 따라 사전평가와 사후평가로 분류할 수 있다(김동기 외, 2021: 206-212).

### 1) 평가목적에 따른 분류

#### (1) 성과평가

성과평가(outcome evaluation)는 시행된 프로그램이 의도한 목표를 결과적으로 만족시켰는지, 프로그램으로 인해 뜻하지 않은 역효과는 없었는지를 평가하는 것이다. '목표달성 평가모델(objective oriented evaluation model)'이라고도 한다. 이 평가는 설정된 프로그램의 목표와 실제 성취된 결과를 비교하여 프로그램의 성공 여부를 판단하게 된다. 목표달성 평가모델은 일반적으로 내적 타

당도가 큰 실험모델을 사용하고 정밀하고 객관적인 양적인 측정방법을 사용한다. 프로그램 이용자를 실험집단과 통제집단으로 하여 결과의 변이 여부를 판단한다. 이와 같은 집단비교 외에 시계열설계, 단일사례설계, 유사실험설계를 사용하여 결과를 측정할 수 있다.

성과평가는 프로그램 목표의 성공 여부를 진단하는 것이기 때문에 프로그램의 목적과 직접적으로 연관된 실제적 변화가 무엇인지, 변화를 가져오기 위해 실제적으로 필요한 것이 무엇인지를 파악하는 것이 중요하다. 또한 프로그램의 목표는 단기·중기·장기로 구분될 것이므로 프로그램 시행으로 인해 즉각적으로 생기는 변화, 중반에 생기는 변화, 궁극적으로 프로그램에 의해 생기는 변화에 대한 측정이 이루어져야 한다. 그러나 목표달성을 평가하는 방법론에 대한 다음과 같은 비판적인 시각도 존재한다(김동기 외, 2021: 208-209).

첫째, 프로그램의 목표와 목표달성 지표를 결정하는 것이 잘못될 수 있다. 때로는 프로그램의 목표는 정치적인 이유나 프로그램 자금 등의 이유로 과장되게 설계되기도 한다. 이런 경우에는 목표달성에 대한 평가가 부정적으로 나온다는 주장이나 과장되게 서술된 목표에 대한 평가는 필연적으로 부정적인 평가의 결과로 이어지기 때문에 목표달성을 평가하는 방법은 때로는 적절하지 않을 수 있다.

둘째, 목표달성을 측정을 위한 지표를 설정하는데 있어 평가자들 간의 일치점을 찾기 어렵다 프로그램이 추구하는 구체적인 목표는 설정되어 있으나, 이에 대한 결과를 측정하기 위한 지표는 다양할 수 있기 때문에 이에 대한 평가자의 합의를 이끌어 내는 것은 어렵다. 예를 들어, 빈곤청소년 지원프로그램의 경우, 프로그램의 목표는 청소년의 빈곤을 예방하여 좀 더 많은 미래의 기회를 제공하기 위함이지만, 실제로 이에 대한 측정을 위한 지표는 다양하다. 자아정체감, 학업성취도, 주관적 건강, 영양 정도, 비행행동정도, 정서적 발달과 같은 지표 중 결과측정에 있어 어느 것을 선택할 것인가에 대한 평가자들의 의견이 다를 수 있다. 따라서, 목표달성을 평가하는데 있어서 지표선정에 신중해야 한다. 이에 목표달성 평가지표 선정 시 고려해야 할 사항은 첫째, 누가 결과를 활용하는지 고려한다. 둘째, 프로그램의 단기·중기·장기 목적이 반영되어야 한다. 셋째, 단일한 지표의 선택보다는 다양한 지표를 활용해야 한다.

### (2) 형성평가

형성평가(formative evaluation)는 평가과정 초기에 실행되는 방법으로 프로그램의 성패를 가르는 것과 관련이 없으나, 프로그램 개혁과 완성에 도움을 주는 정보를 얻는데 초점을 둔다. 형성평가는 주로 프로그램의 형성 초기에 실행되는 방법으로 클라이언트를 위해 시작한 개입 프로그램이 개선될 부분이 있는지, 추가적으로 필요한 부분이 있는지 등을 결정하기 위하여 소수의 프로그램 참여자에게 질문하는 방법으로 진행된다.

형성평가는 일반적으로 자유로운 피드백을 포함하는 조사를 통해 실시되는데, 개별내용은 프로그램 평가자에 의해 검증하는 절차를 거쳐 프로그램 개선안으로 만들어진다. 이 때문에 형성평가를 통해 초기에 프로그램의 개선을 시도하여 프로그램의 효과성을 높이는 효과를 얻을 수 있다. 그러나 형성평가를 통해 프로그램의 모든 문제를 해결할 수 있는 것은 아니다. 특히, 프로그램 초기에 시행하기 때문에 전체적인 목표의 달성 및 효과성을 측정하는데 무리가 있고, 프로그램 개발 시에 형성평가를 위한 예산을 따로 설정하지 않는 경우가 많기 때문에 예산상의 문제가 있다는 단점이 있다. 예를 들어, 의료사회사업가가 소아암 치료 환아 부모를 위해 경제적·정서적 자원을 효과적으로 사용할 수 있도록 의료사회사업과 홈페이지상에 '지원자원찾기' 메뉴를 신설했을 경우, 다음과 같은 사항을 고려할 수 있다.

첫째, 얼마나 많은 부모가 홈페이지를 이용하는지 관찰할 수 있다.

둘째, 부모가 홈페이지에서 어떤 자원에 대해 관심이 있는지 관찰할 수 있다(경제적 지원인지 혹은 정서적 지원인지).

셋째, '지원자원찾기' 메뉴를 신설했을 초기에 이용자를 대상으로 메뉴 구성은 적절한지, 문제점은 무엇인지, 얼마나 자주 이용하는지, 쉽게 찾을 수 있는 지 등을 질문할 수 있다.

넷째, 이용자 중 일부를 대상으로 회의를 열어 신설한 메뉴에 대해 다양한 의견을 나눌 수 있도록 하여 문제점을 개선할 수 있는 방안을 찾는다.

### (3) 효율성평가

효율성평가(efficiency evaluation)는 투입에 대한 산출의 비율로서 프로그램에 투입된 자원이 얼마나 경제적으로 활용되었는가를 판단하는 것이다. 프로그램을 평가하는데 있어 지출된 비용을 평가하는 것은 필수적일 것이며, 효율성평가는 정책 또는 프로그램이 효율적으로 집행되었는가를 수량화하는, 즉 경제성을 따지는 작업이라고 할 수 있다.

효율성평가는 비용효과분석과 비용편익분석으로 구분할 수 있다 비용효과분석(cost-effectiveness analysis)은 목적을 성취하는 여러 가지 방안 중 가장 비용이 덜 드는 방법을 찾기 위해 평가하는 방법이다. 즉, 프로그램 자체에 드는 비용에 초점을 둔다. 예를 들어, 동일한 목적을 달성하기 위한 A프로그램과 B프로그램이 있을 때, A프로그램이 B프로그램보다 비용이 덜 들었다면, A프로그램을 더 효율적으로 평가하는 것이다. 비용편익분석(cost-benefit analysis)은 실제로 널리 사용되는 평가방법이다. 즉, 프로그램의 결과로 발생한 편익이 비용을 넘어서는지를 평가하는 것이다. 즉, 프로그램에 드는 비용과 더불어 프로그램 성과로 인한 재정적 이익의 산출에도 초점을 둔다. 예를 들어, 국가에서 급증하는 자살률에 대한 문제의식을 갖고 자살예방프로그램을 실시하고자 할 때, 프로그램에 드는 비용이 국민 자살로 인해 발생하는 사회적 비용보다 적은가를 판단하기 위해 비용편익분석을 실시한다. 프로그램에 드는 비용이 더 적다면, 자살예방 프로그램을 실시하는 것이 사회적으로 효율적이다.

### (4) 과정평가

과정평가(process evaluation)는 프로그램이 성공적이었는지를 평가하는 것과 더불어, 프로그램이 의도대로 전달되었는가, 성공과 실패의 원인은 무엇인가, 누구에게 효과적이었는가, 어떤 상황에서 효과적인가 등을 평가하는 방법이다. 이를 위해 프로그램의 전 과정에 대해 다양한 양상을 추적한다. 과정평가는 프로그램의 전달체계, 질적 측면, 행정적 측면 등에 대해 평가한다.

프로그램의 수행과정에 대한 평가는 프로그램이 계획대로 진행되는지, 최적의 전달체계와 관리방법은 무엇인지를 찾고자 하며, 이와 관련된 많은 사항을 고려해야 한다. 몇 가지 고려해야 할 주요 질문은 다음과 같다(김동기 외, 2021: 210).

① 프로그램의 일반적 수행절차는 무엇인가?
② 어떤 프로그램 요소가 결과에 가장 기여했는가?
③ 프로그램 클라이언트는 왜 해당 프로그램을 선택하는가?
④ 프로그램 클라이언트는 어떻게 해당 프로그램을 알게 되었는가?
⑤ 클라이언트가 생각하는 프로그램의 장점은 무엇인가?
⑥ 어떤 유형의 개인들이 서비스를 받지 못하는가?
⑦ 클라이언트는 서비스에 만족하는가? 왜 만족했는가? 왜 불만족했는가?
⑧ 프로그램을 위해 운영자는 어떤 자격을 갖춰야 하는가?
⑨ 어떤 유형의 임상가가 프로그램의 대상자에게 가장 적합한가?

과정평가를 위해 어떤 방법을 사용할지는 연구문제의 성격에 따라 연구자가 선택을 해야 한다. 과정평가의 방법은 다음과 같다(김동기 외, 2021: 210).
① 사례연구방법
② 프로그램 진행에 대한 기록물 검토
③ 프로그램 관련 회의나 사회복지사의 활동을 직접 관찰
④ 클라이언트들을 대상으로 초점집단을 구성하여 과정평가
⑤ 우편 혹은 전화 조사 시행
⑥ 프로그램 혹은 조직의 내부 관계자와의 면접 조사

### (5) 투입자원평가

투입자원평가(input evaluation)는 프로그램을 구성하는 다양한 요소를 평가하

는데 초점을 둔다. 프로그램을 구성하는 인력, 시설, 서비스, 자원 등이 프로그램의 목적을 달성하기 위해서 적절한지를 평가하는 방법이다. 이러한 투입자원은 단위비용, 지역사회의 욕구, 기관의 목적 등을 고려하여 적절성을 평가한다. 투입요소평가에서는 다음과 같은 질문을 고려한다(김동기 외, 2021: 211).

① 프로그램을 진행하는 직원의 수는 적절하며, 직원 프로그램을 운영할 수 있는 적합한 자격을 갖추고 있는가?
② 프로그램이 진행되는 기관의 지리적인 위치는 클라이언트가 쉽고 안전하게 접근할 수 있는가?
③ 프로그램은 기관의 목적과 부합하는가?
④ 프로그램 대상자인 클라이언트 성격이 기관의 성격에 부합하는가?

## 2) 평가방법에 따른 분류

### (1) 양적 평가

프로그램의 평가 시 어떤 방법을 사용할 것인가는 대단히 중요한 문제이다. 양적 평가(quantitative evaluation)는 경험적이고 심층적인 탐구의 전통을 따라 평가대상을 다양한 형태로 수량화하고, 이렇게 수량화된 자료를 가지고 적절한 통계적 방법을 이용하여 기술하고 분석하는 평가전략이다. 양적 평가를 하게 되면, 객관성이나 신뢰성을 상당한 정도로 보장할 수 있고, 그 사용이 간편하고 용이하다는 장점이 있다. 그러나 특정 준거에 대하여 구체적이고 측정 가능하며 수량화할 수 있는 경우에만 사용할 수 있다는 제한점도 있다.

### (2) 질적 평가

질적 평가(qualitative evaluation)는 참여자의 다양한 의견을 수집하여 계량화가 힘든 부분에 대한 의미를 발견하는데 초점을 두는 평가방법이다. 질적 평가는 사회복지프로그램은 서비스 제공자뿐만 아니라, 수혜자에 대한 평가가 이루어져야 한다는 개념에 의해 이루어지며, 서비스 제공자를 평가하는 경제적 효율성,

양적인 접근과는 달리 수혜자에 대한 평가는 다양한 견해, 의미, 해석을 발견하는 방법을 중요시한다. 이에 질적 평가방법으로는 주로 관찰, 심층면접, 질적 평가와 양적 평가의 차이를 살펴보면 다음과 같다.

〈표 10-2〉 질적 평가와 양적 평가의 차이

| 구 분 | | 질적 평가 | 양적 평가 |
|---|---|---|---|
| 획득 수준 | 정보획득 | - 질적 정보, 프로그램의 목적과 목표, 가치, 변화 등을 관찰 중심으로 파악 | - 계량적 정보, 설문지와 표준화된 척도, 2차 자료를 이용한 평가 |
| | 정보객관성 | - 객관성 확보가 비교적 어려움. | - 객관성 확보가 비교적 용이함. |
| | 정보체감성 | - 실제 사례로 체감성이 높음. | - 수량적으로 체감성이 낮음. |
| | 정보가치 | - 수량화할 수 없는 내면적·변화적 영역을 표현하는데 강점<br>- 폭넓은 정보제공이 용이하므로 학습 및 이전이 용이 | - 광범위하고 수량화할 수 있는 영역을 표현하는데 강점<br>- 상대적인 비교평가 및 지표화가 용이하게 되므로 발전의 토대가 됨. |
| 평가한계 | | - 일반화된 평가가 어려움.<br>- 수량화하기 어려움. | - 표준화된 척도개발이 어려움.<br>- 통계적 능력에 따라 달라짐. |
| 평가인력 | | - 소수 전문인력의 지속적 투입 | - 소수 전문인력의 단기적 투입 |

자료: 김동기 외(2021: 212).

## 3) 기타 평가

평가조사는 평가대상에 따라 기관평가와 개인평가로 분류할 수 있다. 평가는 프로그램과 기관의 서비스 전달상황을 평가하는 조사이며, 개인평가는 프로그램을 운영하는 개인에 대한 평가로서 자기평가, 동료평가, 행정가에 의한 평가 등이 있다. 또한 평가조사는 평가시점에 따라 사전평가와 사후평가로 분류할 수 있다. 사전평가는 프로그램이 종료되기 전에 실시하는 평가로서 적극적 평가라고 할 수 있으며, 사후평가는 프로그램이 종료된 후에 실시하는 평가로서 소극적 평가라고 할 수 있다.

## 4. 평가조사의 절차

평가조사는 사회복지프로그램을 특정한 목적을 가지고 평가하는 것이기 때문에 일반 조사절차와 달리, 역동적이고 상호 연관된 과업과 결정상황이 많이 있다. 평가조사의 절차는 다음 10단계를 거쳐서 이루어진다. 그 내용은 다음과 같다(최세영 외, 2020: 303-307).

### 1단계 : 평가의 목적 및 대상의 결정

평가조사의 첫 번째 단계에서는 평가조사를 하기로 결정하였다면 무슨 목적(총괄평가, 과정평가)으로 어떤 프로그램(특정 프로그램, 일부 프로그램, 전체 프로그램)을 평가할 것인지를 결정해야 한다. 또한 어떤 내용을 위주로 평가(노력, 효과성, 효율성, 예상 못한 결과 중의 일부 또는 전체)할 것인지 등을 결정해야 한다. 또한 이러한 평가의 목적 및 대상을 결정할 때에는 평가를 위한 비용, 인력, 시간, 평가결과의 실제 이용자 등을 고려해야 한다.

### 2단계 : 프로그램의 책임자 및 담당자의 이해와 협조 요청

프로그램의 평가는 그 프로그램의 운영을 책임지고 있는 사람과 프로그램을 실제적으로 수행하는 담당자가 평가의 목적, 방법 등을 잘 이해하고 협조해 줌으로써 가능하다. 프로그램 담당자는 평가의 결과가 예상하지 못하게 나올 수 있기 때문에 불안감과 두려움이 있을 수 있다. 이러한 이유로 평가조사 전에 평가조사의 목적 및 내용 등에 대한 충분한 협의와 토의가 이루어져야 하고,

프로그램 관련자와 평가자 사이에 긴밀한 협조관계가 이루어질 수 있도록 해야 한다. 특히, 평가의 주체가 외부인일 경우에는 더욱 이러한 점에 유의해야 한다.

### 3단계 : 프로그램의 목표 확인

평가조사의 핵심은 프로그램의 목표에 대한 실제적 달성 정도를 측정하는 것이다. 따라서, 프로그램의 목표를 명확히 확인하는 일은 무엇보다도 중요하다. 프로그램의 목표는 명확하고, 구체적이고 측정 가능하도록 설정되어야 한다. 이를 위해서 프로그램이 누구에 의해서 제공되는지, 누구를 위해 제공되는지, 무엇을 제공하는지, 기대하는 변화는 무엇인지 등이 서술되어야 한다.

① 누구에 의해서 제공되는지는 클라이언트에게 직접적인 서비스를 제공하는 사람의 수, 자격은 어떻게 되는지 등 개인적 특성을 의미한다.
② 누구를 위해 제공되는지는 대상집단, 표적인구 등 클라이언트의 특성을 의미한다.
③ 무엇을 제공하는지는 서비스의 내용, 빈도, 장소 등을 의미한다.
④ 기대되는 변화는 변화의 정도, 내용, 지속기간 등을 의미한다.

### 4단계 : 조사대상의 변수 확인

클라이언트의 변화에 대한 가설을 세우고 이를 검증하기 위한 경험적 조사를 실시하는 것은 평가조사의 주요 목적이다. 연구대상의 변수(variables) 선정은 독립변수, 매개변수 및 종속변수를 확인하고, 평가조사의 목적 및 내용과 관련하여 변수를 결정하는 것이다. 종속변수는 개입의 결과이므로 당연히 선정되어야 할 것이지만, 독립변수와 매개변수에 있어서는 적절한 것을 고려해야 한다.

### 5단계 : 이용 가능한 자료측정도구 결정

선정된 변수에 따라 그것들을 실제로 측정하기 위한 자료와 측정도구가 있는지를 검토한다. 기존에 사용했던 측정도구가 있다면 이를 사용할 수 있는지 등을 검토한다.

### 6단계 : 새로운 측정도구의 개발

선정된 변수를 측정하기 위해서 기존의 측정도구를 사용할 수 없다면 새로운 측정도구를 개발해야 한다. 측정도구의 개발은 기존에 있던 측정도구를 수정하거나, 새로운 측정도구를 만드는 과정으로 이루어진다. 새로운 측정도구는 신뢰도와 타당도가 높은 측정도구가 될 수 있도록 개발해야 한다.

### 7단계 : 적절한 연구설계형태의 선정

연구설계는 다른 연구처럼 다양한 연구설계 중 어떤 특정한 설계형태를 택할 것인지를 결정해야 한다. 평가조사의 설계는 기본적으로 일반 연구설계와 다른 점이 없지만, 평가조사에서 사용되는 특별한 연구설계는 공공회계, 비용-편익분석, 비용-효과분석 등이 있다

### 8단계 : 조사의 수행

실제로 자료를 수집하는 조사활동을 수행한다. 평가조사는 일반조사와는 달리, 조사수행과정에서 프로그램 관련자와의 관계, 역할 등에 있어서 갈등이 있을 수 있으므로 계속적인 이해와 협조체제를 유지해야 할 것이다.

### 9단계 : 결과의 분석 및 해석

실제적인 조사활동을 통해 수집된 자료를 통계절차를 이용하여 분석하고, 결과가 무엇을 의미하는지 명확히 해석해야 한다. 통계적 지식이 없어도 연구결과를 통계전문가에게 의뢰하여 분석·해석할 수는 있지만, 통계적 지식을 갖추면 보다 융통성 있게 자료를 분석할 수 있고, 그 의미를 연구의 목적에 맞게 잘 해석할 수 있는 장점이 있다.

### 10단계 : 결과보고 및 실제적 활용

평가조사는 통계적 지식이 없는 사람도 이해할 수 있을 정도로 서술·보고되어야 한다. 그리고 보고서는 일반 연구보고서의 양식에 따라 보고될 수도 있지만, 그것이 공개적으로 출판되는 경우가 아닌 때에는 보다 일반적인 언어로 연구보고자의 재량에 따라 적절한 양식을 선택할 수 있다. 보고서에는 프로그램 평가와 관련한 건의사항 등이 반드시 포함되어야 한다. 보고서의 실제적인 활용은 연구의 목적과 관련되어 평가조사 의뢰자의 의도에 따라 사용되어야 한다.

## 5. 평가조사의 활용

평가는 프로그램담당자에게는 일종의 위협이 될 수도 있지만, 평가는 사회복지 실제에서 필연적 부분이다. 우리의 과업은 우리가 하고 있는 일이 전문적으로, 공정하게 그리고 우리가 생산하고 있는 것에 대한 명확한 이해로서 평가되는 것을 보장하는 일이다. 따라서, 사회복지사는 자신의 일에 대한 책임성과 전문성을 확보할 수 있는 유일한 방법이라고 인식하는 것이 우선되어야 한다.

현장의 사회복지실천가들은 다양한 과업을 수행하기 때문에 주의 깊은 계획, 자료수집, 분석에 필요한 시간적인 제약으로 인해 곤란을 겪을 수도 있다. 그러나 경험과 지식을 축적해 나아갈수록 평가과업은 쉬워지고 일상의 정규업무의한 부분으로 자리매김할 수 있을 것이다.

  사회복지사는 책임성 확보라는 견지에서 실천하고자 하는 노력이 무엇보다 중요하다. 만약 사회복지사 및 소속기관이 자신의 과제수행의 효과성과 효율성을 입증하는 데 실패한다면 지속적으로 성장하지 못할 것이고, 때로는 예산삭감의 표적이 된다던가, 정보공유를 하지 못한 결과로 의사결정자로부터 오해를 받는 경우 등에 평가의 결과가 미치는 힘은 대단하다. 특히, 부정적인 평가결과도 서비스를 향상시키고 세련되게 하는 데 이용하고, 평가기술을 보다 포괄적이고 숙련되게 적용함으로써 사회사업의 전문성을 향상시킨다면 잠재적 이익들을 극대화할 수 있다(조운희 외, 2015: 289-290).

  그러므로 평가의 결과가 어떻게 활용되느냐에 따라 중대한 차이가 있을 수 있다. 따라서, 사회복지사들은 자신의 역할에 관한 책무성을 확보하기 위해 다양한 평가도구를 실험함과 동시에, 효과성을 입증하려는 노력이 증가되어야만 할 것이다.

  사회복지실천현장의 평가조사 활용은 다음과 같다(이봉재, 2018: 294-295).

### 1) 책무성 확인의 측면

  사회복지실천현장에서 필요로 하는 요소에 자원이 적절히 투입되었는지를 확인하기 위해 평가조사가 필요하다. 중복투입과 낭비 없이 제한된 인적·물적 자원 속에서 사람들이 직면한 문제를 해결하고 충족되지 못한 욕구를 충족하기 위해서는 평가조사를 통해 자원이 필요한 곳에 적절히 투입되었는지 여부를 확인하는 일이 필요하다.

### 2) 모니터링 측면

  계획된 프로그램이 실제로 서비스를 제공하고 있는지를 확인하는 일에 평가조사를 활용할 수 있다. 부실한 욕구조사나 프로그램 기획으로 인해 계획대로 서비스가 진행되지 못할 수도 있기 때문에 평가조사를 통해 프로그램을 모니터링할 수 있다.

### 3) 서비스 우선순위 결정의 측면

가장 필요한 서비스와 프로그램을 선택하는 일에 평가조사가 활용될 수 있다. 즉, 평가조사를 통해 제한된 자원 속에서 필요한 프로그램이나 서비스의 우선순위를 결정하는 것이 가능하다. 평가조사에서는 여러 대안들을 과학적으로 비교분석하여 사회적으로 어떤 프로그램과 서비스가 우선적으로 선택되어야 할지를 정책적으로 판단할 수 있는 근거를 제시하는 기능을 하게 된다.

### 4) 서비스 관리 측면

사회복지서비스의 질을 유지하고 향상시키는 데 필요한 정보를 제공한다. 평가조사는 지속적으로 프로그램의 질을 유지하는 데 유익하며, 나아가 서비스의 질 향상에도 초점을 두고 있다. 따라서, 평가조사는 서비스 관리 측면에서도 사회복지실천현장에서 활용될 수 있다.

〈연습문제〉

1. 평가조사에 대한 설명으로 옳지 않은 것은?
   ① 효율성 평가에는 대표적으로 비용효과분석과 비용편익분석이 있다.
   ② 성과평가는 목표달성 평가라고도 한다.
   ③ 비용편익분석은 프로그램의 성과를 화폐가치로 환산할 필요가 없다.
   ④ 총괄평가는 양적 접근을 주로 활용한다.
   ⑤ 과정평가는 질적 방법을 많이 활용한다.

2. 평가조사의 절차에 포함되지 것은?
   ① 프로그램 목표확인        ② 조사대상의 변수선정
   ③ 새로운 측정도구의 개발   ④ 지역사회공청회
   ⑤ 적절한 연구설계 형태의 선정

3. 다음 평가조사 유형에 대한 설명으로 올바르게 짝지어지지 않은 것은?
   ① 형성평가 : 프로그램 운영 도중에 이뤄지는 평가
   ② 효율성 평가 : 비용 최소화와 산출 극대화 평가를 위해 투입과 산출을 비교 평가
   ③ 메타평가 : 프로그램의 평가를 이루기 전에 프로그램의 가치를 따져보는 평가
   ④ 양적 평가 : 계량화된 자료를 수집하여 분석하는 정량평가
   ⑤ 내부평가 : 프로그램을 직접 담당하지 않는 기관의 내부자가 행하는 평가

4. 평가조사의 설명으로 올바른 것은?
   ① 일반조사보다 이론적 측면이 강조된다.
   ② 일반조사보다 결과를 공개하는 경우가 더 많다.
   ③ 일반조사보다 연구계획의 수정이 용이하다.
   ④ 일반조사보다 사실의 발견에 중심을 둔다.
   ⑤ 일반조사보다 연구자가 연구문제를 설정하기 어렵다.

5. 프로그램 평가의 일반적 특징으로 볼 수 없는 것은?
   ① 사회복지기관의 사회적 책임성과 밀접하다.
   ② 사회복지기관의 목적달성과 정체성 확립에 직접적으로 영향을 미친다.
   ③ 프로그램 전반에 관한 결정을 하기 위한 총괄적인 정보수집과정이다.

④ 프로그램의 가치, 양과 질, 장단점 등에 관해 체계적으로 분석하는 조사활동이다.
⑤ 평가기준 가운데 프로그램의 효율성을 가장 강조하고 있다.

6. 평가조사와 기본연구의 차이점에 대한 설명 중 틀린 것은?
    ① 기본연구는 대개 이론 형성이 주된 목적인 순수 연구인 반면, 평가 연구는 응용조사다.
    ② 기본연구는 기준과 사실을 비교하는 데 관심을 가지지만, 평가조사는 사실의 발견에 관심을 가진다.
    ③ 기본연구에서는 연구자가 연구절차를 통제하지만, 평가조사는 연구자가 평가목적을 위해 연구절차나 프로그램을 통제하기 어렵다.
    ④ 대개의 경우 기본연구의 결과는 공개하지만, 평가조사의 결과는 공개하지 않는다.
    ⑤ 기본연구는 연구자의 관심에 의해 연구문제를 설정하지만, 평가조사는 사회복지사나 클라이언트가 프로그램의 의도하는 목표를 달성했는지를 알아보기 위해 연구문제를 설정한다.

7. 연구활동을 통해 수집된 자료를 통계절 이용하여 분석하고 결과가 무엇을 의미하는지 명확히 해석하는 과정을 무엇이라 하는가?
    ① 연구대상의 변수 선정      ② 결과의 분석 및 해석
    ③ 평가의 목적 및 대상의 결정   ④ 프로그램 목표 확인
    ⑤ 새로운 측정도구의 개발

8. 평가조사의 목적으로 옳지 않은 것은?
    ① 책임성 이행
    ② 이론 형성에 대한 기여
    ③ 실천현장의 필요성
    ④ 프로그램 계획과 운영에 필요한 환류적 정보제공
    ⑤ 사회복지 전문가의 능력 과시

정답 1. ③ 2. ④ 3. ④ 4. ⑤ 5. ⑤ 6. ③ 7. ② 8. ④

# Chapter 11
# 질적 연구

**학습목표**

1. 질적 연구의 유형에 따른 실제 적용
2. 표본추출의 적합성
3. 타당도 향상방안 모색
4. 양적·질적 연구의 통합 문제

**학습내용**

1. 질적 연구의 개념
2. 질적 연구의 과정
3. 질적 연구의 유형
4. 표본추출
5. 질적 연구의 타당도 향상방안
6. 질적 연구의 한계

**개요**

질적 연구는 질적 자료를 수집하여 분석하는 연구이며, 양적 연구로 탐구하기 어려운 개별 연구대상의 독특성과 맥락, 즉 질에 관한 관심에 집중하여 접근하는 시도이다. 질적 연구는 연구자의 관심사와 부합하는 선별된 사회적 현상, 인물, 문제 등과 같은 연구대상을 그 맥락 속에서 심층적으로 탐색하고 이해한다. 여기에서는 질적 연구를 학습하고자 한다.

# Chapter 11
# 질적 연구

## 1. 질적 연구의 개념

### 1) 질적 연구의 정의

 질적 연구는 질적 자료를 수집하여 분석하는 연구이며, 양적 연구로 탐구하기 어려운 개별 연구대상의 독특성과 맥락, 즉 질에 관한 관심에 집중하여 접근하는 시도이다. 질(quality)이란 어떤 대상이 가지고 있는 독특한 특징과 성격을 말한다. 즉, 현상에 참여하는 행위자들이 타인, 사건, 환경 등에 대해서 부여하는 의미인 동시에 그러한 의미를 바탕으로 발생하는 행위의 의미를 뜻한다. 질적 연구는 연구자의 관심사와 부합하는 선별된 사회적 현상, 인물, 문제 등과 같은 연구대상을 그 맥락 속에서 심층적으로 탐색하고 이해한다. 이를 위해서 연구자는 연구대상인 현상이나 인물의 의견을 연구도구를 통해서 통제하지도 않으며, 연구대상을 설명할 수 있을 것으로 예상되는 변인을 사전에 결정하지도 않는다. 연구자는 연구대상에 직접 참여하여 무슨 일들이 어떻게, 왜 일어나고 있으며, 어떠한 요인들이 그러한 현상과 관련이 있는지에 대해서 살펴보고자 한다(조학래, 2020: 352-353).
 이러한 질적 연구의 특징은 자연주의적 탐구(naturalistic inquiry)라는 개념으로 요약할 수 있다(Guba & Lincoln, 1981). 즉, 자연주의적이란 연구대상에 대한 연구자의 통제나 조작 가능성을 거부하고 연구자가 자연스러운 연구상황에 참여하여 탐색하는 것을 의미한다. 질적 연구에서 연구자는 연구결과에 대해서 인위적인 기대나 예상의 개입, 그리고 의도적인 연구대상의 통제 시도에 대해서 부정적인 견해를 취한다. 그래서 연구대상으로부터 도출할 기대, 혹은 예상하는 결과뿐만 아니라, 예상하지 못했던 결과나 현상의 의미들도 포착할 수 있다는 점을 강조한다. 이처럼 연구대상의 의미는 그것이 존재하는 상황과 결부됨으로써 나타나기 때문이다. 따라서, 상황과 분리하여 연구대상을 분석하는 것은 그 본래의 의미를 파악하는데 한계가 있다.

## 2) 질적 연구의 특징

질적 연구는 상황적 특성과 맥락에 따라서 가변적 속성을 지니는 연구대상의 자연스러운 삶의 환경이 연구의 장이 된다. 연구대상자의 경험 세계와 가치관을 그들의 주관적 시각을 통해 연구하기 때문에 탐색적 연구에 적합하다. 이러한 질적 연구의 특징을 살펴보면 다음과 같다(유영준, 2021: 316-320 ; 조학래, 2020: 356-359 ; 최세영 외, 2020: 315-317).

### (1) 심층적 이해

질적 연구는 현상에 대한 심층적 이해를 목적으로 하며, 연구대상자들이 해석하는 의미를 이해하고자 노력한다. 즉, 연구대상자들이 현상을 어떻게 해석하는지, 그러한 해석의 결과로 어떤 맥락에서 어떤 행위를 하는지를 확인함으로써 현상이 어떻게 나타나는지에 대해서 이해하고자 노력한다. 여기서 이해는 연구자의 가치와 주관이 개입된 분석 때문에 구성된 실체를 통해서 이루어지지만, 연구자가 보고 싶어 하는 현상을 이해하고 설명하는 것을 의미하는 것은 아니다. 즉, 연구대상자들이 자신의 상황을 어떻게 생각하며 이해하는지를 연구자가 최대한 과학적이고 합리적으로 분석하여 구성하는 시도를 말한다. 이런 측면에서 연구자는 내부자의 관점에서 현상을 이해하려는 노력이 필요하다. 일반적으로 개인의 행위양상은 자신에 대한 의미 해석, 환경에 대한 해석, 사건에 대한 해석 등이 종합되어 나타나므로 자신의 상황이나 맥락에 따라 다르게 나타난다. 따라서, 질적 연구에서 강조하는 현상에 대한 심층적 이해란 사회현상에 대해서 연구대상자들이 어떻게 이해하는지를 깊이 있게 이해한다는 것을 의미한다.

### (2) 현장활동

현장활동(현장연구, fieldwork)이란 현상에 대한 심층적 이해라는 목적을 달성하기 위해 연구자가 연구대상인 자연적으로 나타나는 사회현상에 직접 참여하여 그것의 의미를 해석할 수 있는 자료를 획득하는 과정을 말한다. 이를 위해서 연구자는 연구대상인 사회현상에 대한 심층적인 이해를 위해서 다양한 형태의 자료를 수집하여야 한다. 즉, 연구자는 현장활동을 통해 연구대상인 사회현상에 대한 연구대상자들의 생각이나 경험을 확보하고, 사회현상에서 이루어지는 사건이나 행위의 양상을 살펴보고, 다양한 형태의 자료수집을 통해 그 사회현상의 의미를 해석할 수 있게 된다.

### (3) 귀납적 접근

질적 연구는 연구대상에 대한 연구자의 예측이나 기대를 배제한다는 점에서 귀납적 접근을 사용한다. 일반적으로 양적 연구는 가설설정을 먼저 한 후, 현상에서 수집한 자료를 근거로 가설을 검증하는 연역적 접근을 시도한다. 하지만 질적 연구는 연구자가 직접 수집한 구체적인 자료를 기초로 현상에 대한 이해를 시도한다는 점에서 귀납적 접근을 취한다. 이처럼 질적 연구는 연구자의 가치와 주관이 개입되어 합리적인 방식으로 현상을 왜곡할 수 있어서 현장에서 수집된 객관적인 자료를 바탕으로 현상의 의미를 해석하는 귀납적 접근을 강조한다. 이런 점에서 연구자는 질적 연구에서 사용한 자료수집의 논리적 근거를 설명할 수 있어야 연구결과의 신뢰성을 확보할 수 있다.

양적 연구의 목적은 가설검증이나 인과관계의 규명이지만, 질적 연구의 목적은 현상에서 수집한 구체적인 자료를 근거로 현상의 의미가 무엇인지를 탐색하는 것이다. 즉, 질적 연구는 연구대상의 사회적 관계와 상호작용 유형을 파악하거나, 그들의 삶을 묘사하므로 주로 기술적이고 탐색적인 연구에서 활용된다.

### (4) 연구자의 역할

질적 연구에서 연구자는 측정도구의 사용이 아니라, 자신을 자료수집의 중요한 연구도구로 활용한다. 즉, 모든 자료는 연구자의 면접과 관찰 등을 통해 수집하여 분석한다. 이처럼 연구자가 연구도구라는 것은 연구자에 따라 연구의 질이 좌우된다는 것을 의미한다. 이러한 질적 연구의 자료수집 과정에서 연구자의 감정, 의지, 주관성 등이 영향을 미칠 가능성이 크다. 따라서, 연구자의 면접과 관찰을 통해서 수집된 자료들은 연구자에 따라서 동일한 주제와 대상에 대해서도 다른 내용의 자료들을 만들어 낼 수 있다.

양적 연구는 연구의 신뢰도와 타당도를 확보하기 위해 측정도구의 신뢰도와 타당도에 주목한다. 하지만 질적 연구는 중요한 측정도구로서 연구자의 인간적인 특성이 개입함으로써 객관적인 실제를 왜곡할 수 있다. 또한 연구대상이 사회문화적 맥락에 따라서 다양한 의미의 해석이 가능하므로 연구과정에서 엄밀성과 객관성을 보장하기가 어렵다. 이러한 조건을 고려할 때, 질적 연구는 연구과정과 그 결과에 대한 가치를 판단하기가 어렵다. 따라서, 질적 연구는 연구설계와 실행과정에서 최대한 합리적이고 과학적인 접근을 취할 것을 강조한다.

### (5) 연구주제의 성격

질적 연구에서 연구자에 의해서 구성되는 혹은 해석되는 내용은 단순한 객관적인 정보의 산출보다는 현상의 질에 대한 답을 규명하는 것이다. 즉, 질적 연구의 관심주제는 어떤 현상의 변화과정을 살펴보거나, 그러한 변화과정에서 작용하는 다양한 상황적 요인들은 무엇이며, 이들이 어떻게 개입하는지 등과 같은 동적인 요소에 대한 것이다.

질적 연구는 현상으로부터 수집한 다각적인 자료를 근거로 연구의 주제현상을 깊이 있게 설명하고자 한다. 즉, 질적 연구에서는 연구의 주제현상에 내포된 심적인 사항이 무엇인지를 간략히 짚어내기보다는 심층적이고 풍부한 설명을 통해 현상에 대한 이해를 도모한다. 어떤 사회현상을 이해하기 위해서는 문제의 원인이나 매개요소 등을 규명하는 노력이 필요하다. 또한 이러한 요소들이 어떤 조건에서 왜, 어떻게 상호작용함으로써 현상으로 나타나는지에 대한 정보도 필요하므로 질적 연구를 수행한다.

### 3) 질적 연구와 양적 연구의 비교 분석

질적 연구(qualitative research)는 연역적·계량적 연구방법을 활용하는 전통적인 양적 연구에서 나타나는 문제점을 지적하면서 귀납적·해석적 연구방법을 강조하는 연구방법이다. 이에 반해, 양적 연구는 발견하거나 분석하기 어려운 문제를 효과적으로 관찰하고 분석하며 복잡한 사회현상을 심층적으로 규명하고 해석하기 위한 연구방법이다. 질적 연구는 사회현상에 대해 단순히 수치화하여 살펴보는 것이 아니라, 그 내면에 숨겨진 의미는 무엇인지 보다 풍부한 정보를 얻어 내는 것을 목적으로 한다(서정민 외, 2019: 301).

질적 연구는 양적 연구와는 다르게 연구가 진행된다. 즉, 양적 연구는 측정, 수적 분석에 의존하고, 질적 연구는 수적 분석을 가끔 사용하지만, 이것이 중심이 되지 않으며, 사회적 관계와 상호작용의 유형을 이해하고자 모색한다.

질적 연구에서 연구자는 연구과정에서 깊이 관여하여 중요한 자료측정의 도구역할을 수행한다. 그러나 이것은 연구과정에서 객관적 입장에 있는 양적 연구와는 대조적이다. 또한 질적 연구는 자료를 양적 연구와 달리, 자료를 수치화하지 않으며, 적은 수의 사례에 대한 다양한 자료들을 수집하여 깊이 있고 철저한 이해를 하는데 주된 초점을 맞춘다.

질적 연구는 사람들에게 잘 알려지지 않은 주제에 대해 탐색적 접근을 하고자 할 때, 민감하고 정서적으로 깊이 있는 주제를 심층적으로 연구하고자 할 때, 사람들의 생생한 경험과 삶의 역사 등에 대한 이해와 의미를 도출하고자 할 때, 프로그램이나 정책 및 기관의 내면 탐구 및 평가를 하고자 할 때 등으로 사용하게 된다.

양적 연구와 질적 연구의 분석결과는 다음과 같다.

〈표 11-1〉 양적 연구와 질적 연구

| 구 분 | 양적 연구 | 질적 연구 |
|---|---|---|
| 특 성 | • 객관적이고 주로 개입이나 실험을 동반한다.<br>• 융통성이 적다. 즉, 연구설계 및 변수는 사전에 확증된다.<br>• 주로 가설검증이 목적이다.<br>• 설명적 성격이 강하다.<br>• 이론적 배경을 가지고 시작한다.<br>• 규모가 큰 표본에 주로 시행한다.<br>• 비교적 구조화된 환경에서 시행한다. | • 주관적이며, 특별한 개입 없이 시작할 수 있다.<br>• 방법과 연구설계에 융통성이 많다.<br>• 가설 없이 시작할 수 있다.<br>• 탐색적 성격이 강하다.<br>• 이론적 배경 없이도 시작할 수 있다.<br>• 작은 표본에도 적용할 수 있다.<br>• 자연스러운 실제 환경에서 주로 시행된다. |
| 목 적 | • 주로 가설검증<br>• 일반화, 예측<br>• 목적 · 인과관계 설명<br>• 변인 간의 관계 결정<br>• 이론 검정/객관적 실체 규명 | • 주로 어떤 주제, 관계 및 패턴의 발견<br>• 인간행동 이면의 신념, 심층적 동기 이해<br>• 해석, 의미 탐구<br>• 연구대상자의 관점 이해<br>• 이론 개발 / 실상의 구성 |
| 자료수집방법 | • 개입<br>• 실험<br>• 구조화된 설문지 등 | • 관찰   • 개인기록의 분석<br>• 초점집단면접   • 심층면접<br>• 참여관찰   • 척도 |
| 척도활용 | • 척도를 빈번히 활용하고 계량화된 분석에 초점 | • 척도의 활용이 낮고, 계량화된 분석이 거의 없음. |
| 연구유형 | • 설문조사   • 실험설계<br>• 단일사례연구   • 욕구조사<br>• 프로그램 평가조사 등 | • 근거이론연구   • 현상학적 연구<br>• 문화기술지   • 내러티브 연구<br>• 질적 사례연구   • 포토보이스 |
| 표 본 | • 확률적   • 무작위추출<br>• 대규모 연구대상자 | • 유목적적   • 비대표성<br>• 소규모의 연구대상자 |
| 연구자의 역할 | • 공정성   • 비관여<br>• 객관적 기술 | • 개인적 관여   • 참여관찰자<br>• 공감적이해 |

|  |  |  |
|---|---|---|
| 장 점 | • 객관적이고 일반화할 수 있는 결과를 산출할 수 있다.<br>• 재정 지원과 출판이 쉽다. | • 심층적이고 풍부한 사실 발견이 가능하다.<br>• 문제에 대한 새로운 시각을 제공한다.<br>• 연구설계 및 자료수집의 융통성이 있다.<br>• 작은 표본도 가능하다. |
| 단 점 | • 결과가 구체적이지 못한 경향이 있다.<br>• 연구조사의 장이 다소 덜 자연스러울 수 있다.<br>• 조작적 정의로 인해 연구결과가 제한적일 수 있다. | • 주관적이라는 인상을 주기 쉽다.<br>• 연구결과를 일반화하기 어렵다. |

자료: 조학래(2020: 355).

## 2. 질적 연구의 과정

질적 연구의 과정은 양적 연구와 달리, 엄격하게 규정된 절차에 따라 진행되지 않는다. 그러나 이것이 논리나 형식이 존재하지 않음을 의미하는 것이 아니라, 단지 질적 연구에서는 수집하는 자료의 특성상 분석하는 절차에서 엄격한 형식이 효율적이지 않음을 의미한다. 따라서, 질적 연구를 진행하기 위해서는 먼저 문제의 발견이나 주제의 선정, 연구대상을 결정하는 것이 우선시 되어야 하며, 다음으로 연구주제와 관련된 문헌에 대해 연구자가 익숙해져야 하고, 관련 연구결과를 검토해야 한다. 이를 토대로 전체적인 연구의 진행에 대한 구체적인 계획을 수립하고, 자료수집을 위해 우선 현장연구를 시작하고, 자료수집을 한 후, 자료관리 및 자료분석을 실시한다. 가설과 이론을 구축하여 연구보고서를 작성하면 질적 연구의 과정이 마무리된다. 질적 연구의 과정은 다음과 같다(황인옥, 2020: 351-354 ; 서정민 외, 2019: 305-309).

### 1) 연구주제 및 연구절차 결정

연구주제와 관련된 선행연구 등 이론적 고찰을 통해 이론과 그동안 진행된 연구결과를 파악하고, 이에 입각하여 연구대상자와 자료수집, 자료분석 등의 연구절차를 결정해야 한다. 기존 연구결과에 나타난 자료수집과정이나 연구대상자 선정의 장애요소 등을 참고하면 손쉽게 연구방향을 모색할 수 있다.

### 2) 현장연구 시작

질적 연구의 첫걸음으로 표본추출 전략을 세운다. 실증적 자료수집을 위해 연구현장과 연구대상에게 접근을 위한 시작단계이다. 연구자는 연구대상자에게 연구에 대해 적절히 설명함으로써 연구의 과정에 대해 받아들일 수 있도록 협조를 구한다. 즉, 연구할 대상자와 환경과의 상호작용을 위한 준비가 요구된다.

### 3) 자료수집

질적 연구는 주로 관찰, 심층면접, 문서와 기록에 대한 관찰을 통해 자료를 수집한다. 자료수집의 장단점을 보완하기 위해 일반적으로 한 가지 이상의 자료수집방법을 활용하지만, 대부분의 질적 연구에서는 관찰과 면접을 함께 사용한다.

#### (1) 관찰법
연구조사자는 연구대상이 선정되면 다양한 자료수집의 기술을 활용하게 된다. 그 중 관찰은 연구대상자의 행위나 사회적 현상을 주의하여 자세히 살펴보는 방법이다.

관찰은 크게 구조화된 관찰과 비구조화된 관찰로 나뉜다. 구조화된 관찰은 관찰내용과 범주를 사전에 정해놓고 관찰하는 방법으로 주로 발생빈도, 방향, 범위 등을 범주화하게 되며, 이러한 범주로 관찰된 것은 계량화할 수도 있다. 비구조화된 관찰은 관찰대상, 방법 등이 규정되지 않은 상태에서 관찰하는 것으로 연구자가 연구대상자의 생활에 참여하는 정도에 따라 참여관찰과 비참여관찰로 구분한다. 참여관찰은 연구자가 연구대상집단에 진정으로 참여하거나, 참여하는 척하면서 관찰하는 것이며, 비참여관찰은 연구자가 제삼자의 입장에서 연구대상자의 행동을 관찰하는 것이다.

관찰은 비언어적 행동에 대한 파악이 가능하며, 대상자가 관찰이 요구되는 상황인 경우, 활용도가 높고 실험과 같지 않아 장기간에 걸쳐서 이루어지므로 종단적 연구가 가능하며, 관찰대상자들의 행위가 현장에서 사실 그대로 수집될 수 있어서 정보획득이 용이하고 비협조적인 연구대상자에 대해서도 정보를 수집할 수 있다는 장점이 있다. 그러나 자연적 환경에서 연구를 하는 경우, 외생변수의 통제가 어렵고, 관찰대상의 표본은 적은 수량이므로 일반화에 어려움이 있다. 그리고 관찰대상자의 특이한 행동에 대한 정보를 얻기까지 많은 시간이 소요될 수 있다는 단점이 있다.

### (2) 면접법

질적 자료수집에 흔히 사용되며, 정보를 유도하기 위해 사전에 계획하고, 이를 구체화한 것이다. 연구자가 직접 관찰할 수 없는 것을 발견하기 위해 심층면접을 실시하며, 사람들의 행동, 감정, 주변 세계에 대한 해석방법 등을 알아보거나, 반복하기 불가능한 과거 사건들에 관심이 있을 경우에 필수적이다.

일반적으로 서비스나 프로그램에 대한 탐색적·기초적 자료를 수집하기 위해 사용하는 경우가 많다. 그리고 주로 개방형 질문을 사용하여 참여자의 생각과 태도, 반응, 제안 및 통찰력을 유도하기도 하면서 비용이 비교적 적게 들고, 결과분석 등에 많은 시간적 투자가 필요하지 않다.

### (3) 문서와 기록에 관한 분석

문서와 기록에 관한 분석은 많은 질적 연구자들이 사회연구에서 널리 활용되는 방법이며, 연구기간 동안 작성되는 일정기록과 일지, 전기, 일기, 편지, 역사적 기록, 사진, 영상물 등의 문헌과 기록을 검토하는 방법이다. 이러한 기록과 문헌은 직접적인 관찰이나 면접으로 수집할 수 없었던 상황에 대한 정보를 제공해 줄 수 있다. 또한 연구자에게 개인의 삶, 중요한 단체의 역사, 사회적 추세 등에 대한 정보를 제공해 줄 수 있다. 그러나 문서자료의 수집에서 중요한 것은 해당 자료의 진위, 정확성 등을 판정해야 한다.

### 4) 자료분석

질적 연구에서는 자료수집과 분석이 동시에 일어나거나, 순환적으로 일어나는 경우가 많다. 즉, 현장에서 자료를 수집한 순간부터 분석을 시작하여 자료수집이 계속되면서 분석도 점진적으로 발전하게 된다. 양적 연구와 같은 명확한 자료분석방법은 존재하지 않는다. 연구자는 의미를 가진 단위를 찾고자 기록된 내용을 찾아 읽고 떠오르는 아이디어를 메모하며, 연구의 목적에 맞는 데이터를 찾아 코드를 부여하고, 범주화한다. 연구자는 중심주제 형성을 위해 코드 또는 범주들 간의 관계를 찾고자 노력해야 하며, 이를 통해 가설과 이론의 구축을 위한 단계로 나아간다.

### 5) 가설과 이론의 구축

질적 연구는 가설검증보다는 가설개발과 일차적으로 관련되어 있다. 가설의 개발과 인과성에 대한 언급은 데이터에 근거를 두어야 하며, 억지로 데이터에 끼워 맞추거나, 연구자의 이론적인 편견이 과도하게 영향을 미쳐서도 안 된다. 현장에서 수집된 자료들은 계속적인 분석작업을 통해 자연스럽게 이론으로 통합된다. 문제를 구성하고 자료수집을 할 때와 달리, 관찰과 분석의 과정이 반복되고 환류되면서 경험에 근거한 실질적인 가설과 이론이 도출되는 것이다.

### 6) 연구보고서 작성

연구과정이 거의 마무리되면 분석된 결과를 보고서로 작성한다. 질적 연구의 연구보고서의 형식은 양적 연구방법론과 크게 다르지 않으며, 일반적으로 목적과 연구배경, 탐구방법, 연구결과, 결론 및 제언으로 구성된다.

질적 연구는 자료수집과 분석이 동시에 이루어지기 때문에 보고서를 작성할 때, 자료수집의 방법 및 절차와 분석이 동시에 기술되어야 하고, 분석적 서술 방법을 많이 활용한다.

## 3. 질적 연구의 유형

질적 연구의 유형은 다음과 같다(김동기 외, 2021: 320-331 ; 최세영 외, 2020: 317-322).

### 1) 내러티브 연구

내러티브 연구(narrative inquiry)는 많은 형식을 가지고 있으며, 다양한 분석적 방법을 사용하고 있고, 여러 다른 사회과학과 인문과학 분야에 뿌리를 두고 있다. 내러티브란 어떤 텍스트나 담론에 부여된 용어일 수도 있고, 아니면 개인이 진술한 이야기에 특정하게 초점을 맞추면서 특정 질적 연구 접근의 맥락 안에서 사용되는 텍스트일 수도 있다. 또한 내러티브는 방법일 수도 있고, 연구하는 현상일 수도 있다. 방법으로서 내러티브는 개인이 자신의 삶에 대해 말한 이야기(storytelling)에 표현된 경험을 가지고 시작한다. 저자들은 삶에 대해 표현된 이야기를 분석하고 이해하기 위한 방법을 제공해 왔다.

내러티브 연구에 대한 첫 번째 접근은 저자들이 사용한 분석 전략을 가지고 내러티브 연구의 유형을 구별하는 것이다. 폴킹혼(Polkinghorne, 1995)은 이러한 접근을 취하면서, 이야기 전반의 주제에 대한 기술이나 이야기의 유형에 대한 분류를 창출하기 위해 생각하는 패러다임을 사용하는 '내러티브에 대한 분석'과 연구자가 사건이나 사고에 대한 기술을 수집하고 나서 구조를 활용하여 그것들을 하나의 이야기로 형성하는 '내러티브 분석'을 구분한다. 두 번째 접근은 내러티브 연구 실천에서 발견되는 형식의 다양성을 강조하는 것이다. 전기 연구는 연구자가 다른 사람의 인생 경험에 대해 기록하고 글을 쓰는 내러티브 연구의 한 유형이다. 자서전은 연구대상인 개인들이 기록하고 저술하게 된다. 생애사는 사적인 경험 이야기가 단일한 혹은 복합적인 에피소드(episode)나 사적인 상황, 또는 민속에서 발견되는 개인의 사적 경험에 대한 내러티브 연구임과 동시에, 개인의 전체적인 인생을 그리는 것이다. 구술사는 한 사람 혹은 여러 사람으로부터 사건과 그것의 원인 및 영향에 대한 개인적인 반성을 모으는 것으로 구성된다.

내러티브 연구는 교실에 있는 교사와 아동 혹은 조직에 대해 진술된 이야기와 같은 구체적인 맥락적 초점을 가질 수도 있다. 내러티브는 이론적 렌즈나 관점에 의해 이끌릴 수도 있다. 그 렌즈는 자전적 진술을 사용하여 중남미인들을 옹호하기도 하며, 여성의 이야기를 보고하기 위해 페미니스트 렌즈를 사용할 수도 있고, 여성의 목소리가 어떻게 억제되었고, 얼마나 복합적이며 모순되어 있는지 보여 주는 렌즈일 수도 있다(최세영 외, 2020: 317-318).

크레스웰(John W. Creswell)의 저서 『혼합방법연구개론(*A Concise Introduction to Mixed Methods Research*, 2021)』에 따르면, 내러티브 연구의 수행 절차는 다음과 같다(Creswell, 2005).

첫째, 연구문제나 질문이 내러티브 연구에 가장 적합한지 결정한다. 내러티브 연구는 한 인생의 상세한 이야기나 생활경험 또는 소수 개인들의 생활을 포착하는데 가장 적합하다.

둘째, 할 만한 이야기나 인생경험을 가지고 있고, 많은 시간을 할애하여 복합적인 정보원들을 통해 자신의 이야기를 제시해 줄 수 있는 한 명 이상의 사람들을

**존 크레스웰**

『혼합방법연구』
(2021년 출판)

선택한다. 피면접자들이 일지나 일기에 자신의 이야기를 기록할 수도 있고, 연구자가 개인들을 관찰하거나, 현장 노트를 기록할 수도 있다.

셋째, 이러한 이야기들의 맥락에 대한 정보를 수집한다. 내러티브 연구자는 개인의 이야기를 참여자들의 개인적 경험(그들의 일, 그들의 가정)과 그들의 문화(인종 또는 민족), 그리고 그들의 역사적 맥락(시간과 장소)에 놓게 된다.

넷째, 피면접자들의 이야기를 분석하고 나서, 그것들을 이해할 수 있는 틀로 다시 이야기한다. 이야기 재구성(restorying)은 이야기를 몇 가지 광범위한 유형의 틀로 재조직하는 과정이다. 이 틀은 이야기를 수집하는 것과 이야기의 주요 요소들(예, 시간, 장소, 구조, 장면)로 분석하는 것, 그리고 연대기적 순서로 그것들을 배치하기 위해 이야기들을 다시 쓰는 것으로 구성할 수 있다.

다섯째, 연구에 적극적으로 관여하도록 함으로써 피면접자들과 협력한다. 연구자들이 이야기를 수집함에 따라, 그들과의 관계를 협상하고 변화를 부드럽게 하며, 피면접자들에게 유용할 수 있는 방식들을 제공한다. 이 과정에서 당사자들은 분석에 대한 타당성 검증을 추가하면서 이야기들의 의미를 조정한다. 피면접자의 이야기도 그 자신의 인생에 대한 통찰을 얻고 있는 연구자의 뒤섞인 이야기일 수도 있다.

여섯째, 내러티브 연구는 개인적·사회적·역사적 맥락에 놓인 그들 경험의 연대기를 털어놓고, 그 경험에서 중요한 주제를 포함하는 개인의 이야기를 전한다.

## 2) 포토보이스

포토보이스(photovoice)는 왕과 버리스(Wang & Burris, 1994)가 창안한 '포토 노벨라(photo novellar, 사진소설)'로부터 시작하여, 참여적 행동연구(participatory action research)의 방법론으로 다양한 분야에서 활용되고 있다. 래츠(Amanda O. Latz)는 2017년 그의 저서 『교육과 그 이상의 분야에서의 포토보이스 연구: 이론에서 전시까지의 실용 가이드(Photovoice Research in Education and Beyond: A Practical Guide from Theory to Exhibition)』에서,

『포토보이스 연구』
(2017년 출판)

『억압받는 자들의
교육학』
(2018년 출판)

포토보이스의 특징에 대해 공동체를 기반으로 행해지며, 연구참여자들이 자료수집에서 자료해석에 이르기까지 참여하고, 수동적 피험자가 아니라 능동적으로 연구과정에 개입하여 공동연구자로서 위상을 갖는다고 보았다. 역사적으로 포토보이스는 사진, 서술, 비판적 대화 및 사회적 행동을 통해 개인의 고통을 알리고 사회적으로 이슈화하려고 시도하였다. 특히, 사회에서 소외된 이들의 목소리를 통하여 그들의 경험과 관점을 부각시키는데 사용되어 왔다.

포토보이스의 철학적 배경으로는 프레이리(Paulo Freire)가 1970년 그의 저서 『억압받는 자들의 교육학(Pedagogy of the Oppressed)』에서 제시한 페다고지(Pedagogy), 여성주의 이론 등이 있다. 특히, 페다고지는 소외되고 차별받는 인구집단에게 학습경험을 촉진시키기 위해 전문가 중심의 교육이 아니라, 공동체 의식에 기반을 두고 당사자들과 함께 지식기반을 창조해 나가는 것을 강조한다. 나아가 페다고지는 각 개인이 주체가 되어 기존의 지배적인 이념이나 행동방식, 사회적 상황을 관습적으로 받아들이지 않고 주체적인 역할을 담당하도록 변화를 지향한다. 따라서, 포토보이스는 연구참여자들이 적극적으로 지식 창출과정에 참여하는 역사적 배경을 가지고 있으며, 기존의 지배적인 지식체계와는 다른 새로운 관점에서 지식을 창출할 수 있는 기회를 제공할 수 있다.

포토보이스는 본격적인 연구가 이루어지기 전에 포토보이스 교육과정을 통해 연구주제와 과제에 대해 설명하는 시간을 가지며, 브레인스토밍(brainstorming)을 거쳐 포토보이스 활동을 위한 주제를 선정할 수 있다. 또한 연구자는 기록과정을 거지면서 참여자들이 3~5장의 사진을 선택하게 하고, 참여자와의 개별 인터뷰와 포커스그룹을 통해 사진을 선택한 이유에 대해 다른 참여자들과 함께 서술을 진행하게 된다.

포토보이스의 장점과 단점을 살펴보면, 참여자의 삶을 향상시킬 수 있는 정책 변화에 대한 역량을 기울일 수 있으며, 참여자가 중심이 된다는 점과 사진이 전달할 수 있는 강력한 힘 등을 예로 들 수 있다. 이에 반해, 포토보이스는 사진촬영에 따르는 비용 발생, 장기간의 시간이 필요한 경우가 있다는 점, 연구과정의 복잡성 등을 언급하고 있다(Latz, 2017).

사회복지조사에서 포토보이스의 활용가능성이 높음에도 불구하고, 포토보이스 연구방법에 대해 몇 가지 논의할 점은 남아 있다. 사회복지 관련 연구에서 포토이스를 적용한 연구의 동향분석에 따르면, 연구방법과 관련하여 사진 논의를 위한 구체적인 기법을 사용한 연구는 23%수준에 그쳤으며, 포커스그룹 인터뷰를 통한 자료수집방법이 대부분을 차지하고 있었다. 또한 사회복지 연구에서 포토보이스를 활용한 연구들의 대부분이 도출된 연구결과를 적극적으로 활용하지 못하고 있는 점에서 한계를 보였으며, 연구자료의 진실성을 확인하는 적절한 기준이나 전략이 제시되지 않는 경우가 많이 발견되었다는 점에서 개선의 여지를 남기고 있다(유영준, 2021: 341).

### 3) 문화기술지

'ethnography'는 문화기술지, 민족지학, 민속지학 등으로 번역된다. 무엇으로 번역하든 간에 그것은 특정한 문화를 공유하는 사회집단에 대한 기술이다. 문화기술지는 사회과학의 한 분파인 (문화)인류학이 고유하게 발전시켜 왔으며, 오늘날 다양한 인접 학문(교육학, 사회학, 간호학, 사회복지학 등)에 적용되고 있다(김태한 외, 2020: 223). 이러한 과정을 통해 문화기술지는 다른 질적 연구방법과 많은 공통점을 지니고 있지만, 나름의 독특함도 가지고 있다. 문화기술지는 특정 문화를 이해하기 위한 과학적인 방법과 과정, 결과이다. 이 정의에서 고려해야 할 개념은 문화, 방법, 과정, 결과 등이다. 즉, 문화기술지 연구를 하기 위해서는 문화란 무엇인지 정의해야 하고, 그 문화를 이해하기 위한 가장 적합한 방법과 과정을 알아야 하며, 연구자가 이해한 문화를 다른 사람들에게 보고해야 한다. 문화에 대한 정의가 중요한 이유는 문화를 무엇으로 보느냐에 따라 그것에 접근하는 방법과 과정이 달라지기 때문이다(김동기 외, 2021: 325).

엣킨슨과 해머슬리(Atkinson & Hammersely, 1994)는 문화기술지 연구의 특징을 다음과 같이 정리하였다.

첫째, 특정한 사회현상에 대한 가설을 세우고 이를 검증하기보다는 그 사회현상의 본질을 탐구한다.

둘째, 비구조적인(unstructured) 자료, 즉 폐쇄적인 분석적 범주의 분석을 위해 코드화하지 않는 자료를 사용한다.

셋째, 적은 수의 사례를 연구하며, 때때로 하나의 사례만 상세하게 연구한다.

넷째, 자료분석은 인간행동의 의미와 기능의 명백한 해석을 포함하며, 분석의 산물은 부수적인 역할인 수량화된 자료와 통계적인 분석을 표현한 기술과 설명이다.

문화기술지의 대표적인 접근에는 총체적 문화기술지가 있는데, 이는 문화체계에 의해 인간의 행위가 결정된다고 보는 구조 기능적 접근을 취한다. 문화는 인간의 지적 활동의 산물로서 인간을 통제하는 기제이며, 인간이 과학적 방법을 통하여 분석과 해석의 대상으로 다루어진다. 즉, 문화적 규범과 법칙이 그대로 개인의 행위를 결정하는 것으로 간주하는 것이다. 이와 같은 총체적 문화기술지에서 문화는 중심적이면서도 복합적인 개념이다. 인간이 학습한 모든 것을 문화라고 할 때, 학습한 것은 행위의 패턴과 행위를 위한 패턴으로 나눌 수 있다. 전자는 관찰 가능한 것이며, 사회구조나 사회조직에 관한 것이다. 한편, 후자는 무엇을 결정하기 위한 규준, 그것에 대해 어떻게 느끼는지를 결정하기 위한 규준, 그것을 어떻게 해야 하는가를 결정하기 위한 규준 등에 대한 체계, 즉 의식현상이다. 이 접근에서 문화는 행위의 패턴과 행위를 위한 패턴 모두를 포함한다. 또한 총체적 문화기술지에서는 특정 집단에 초점을 두고 문화에 대한 광의의 정의를 적용하되, 인간 문화의 어떤 측면은 모든 사회의 인간 삶을 이해하는데 중심이 된다고 가정한다. 문화요소로는 사회조직, 경제, 가족구조, 종교 및 신념, 정치적 관계, 상징적 의례 및 의식 행위를 포함한다. 이러한 문화의 각 부분은 통합된 전체를 형성하고, 한 영역의 변화는 다른 부분의 변화를 초래하며, 상호 의존적이다(김동기 외, 2021: 326).

문화기술지 수행절차는 다음과 같다(Creswell, 2021).

첫째, 문화기술지가 연구문제를 연구하기 위해 사용해야 할 가장 적합한 설계 형태인지 결정한다. 문화기술지는 문화집단이 일하는 방법을 기술하고, 신념, 언어, 행동과 권력, 저항, 지배와 같은 이슈들을 탐색하려 할 때 적합하다.

둘째, 연구할 문화공유집단을 확인하고 위치를 알아낸다. 대체로 이 집단은 오랜 기간 함께 살아왔을 것이고, 그럼으로써 그들이 공유하고 있는 언어, 행동패턴, 태도들이 구별 가능한 패턴으로 나타나게 된다. 또한 이 집단은 사회에 의해 주변으로 밀려 나왔다. 문화기술지 연구자들은 이 집단과 이야기하고 관찰하면서 시간을 보내기 때문에, 연구자를 집단으로 이끌어 줄 한 명 이상의 사람(문지기 또는 주요 정보제공자)을 발견하기 위해 접근할 필요가 있다.

셋째, 집단에 대해 연구할 문화적 주제나 이슈를 선택한다. 여기에는 문화공유 집단에 대한 분석이 포함된다. 주제에는 문화적응, 사회화, 학습, 인지, 지배구조, 불평등 또는 아동과 성인의 발달과 같은 것들이 포함될 수 있다. 문화기술지 연구자는 일상적인 상황에서 상호작용하는 사람들을 검토하고, 생애주기, 사건, 문화적 주제와 같이 스며들어 있는 패턴들을 구별하려는 시도로 연구를 시작한다. 그리고 문화(culture)는 사람들이 하는 것(행동), 그들이 말하는 것(언어), 그들이 실제로 하는 것과 해야 하는 것 사이의 잠재적 긴장, 인공물과 같이 그들이 만들고 사용하는 것을 포함한다.

넷째, 문화적 개념을 연구하기 위해 어떤 문화기술지 유형을 사용할지 결정한다. 예를 들어, 집단이 일하는 방법을 기술할 필요가 있으며, 권력 헤게모니(hegemony)와 같은 이슈들(issues)을 폭로하고 특정 집단을 옹호하고자 할 때는 비판적 문화기술지를 사용해야 한다.

다섯째, 집단이 일하고 생활하는 곳에서 정보를 수집하는데, 이를 '현장연구'라고 한다. 문화기술지에서 보통 필요로 하는 유형의 정보를 수집하는 것에는 연구현장으로 나가기, 현장에 있는 사람들의 일상생활을 존중하기, 광범위한 다양한 재료들을 수집하기 등이 포함된다. 존중, 호혜성, 자료의 소유자 결정 등의 현장 이슈들이 문화기술지에는 중심적인 것이 된다. 연구자는 오랜 기간에 걸쳐 단일 사건이나 여러 가지 행동 또는 집단에 초점을 두면서 문화공유집단에 대한 상세한 기술들을 모으는 것으로 시작한다. 문화기술지 연구자는 문화집단이 일하고 생활하는 방식을 알려 주는 패턴이나 화제들에 대한 주제분석에 들어가게 된다.

여섯째, 이러한 분석의 최종 산물로서 규칙이나 패턴의 임시체계를 구성한다. 최종 산물은 연구자의 관점(etic)뿐만 아니라, 연구참여자의 관점(emic)을 통합하는 것으로서 집단에 대한 총체적인 문화적 초상이라 할 수 있다. 또한 그것은 집단의 욕구를 옹호하거나 집단의 욕구를 다루기 위해 사회에 변화를 제안할 수도 있다. 그 결과로, 독자는 연구참여자와 연구자 모두의 해석적 관점에서 문화공유집단에 대해 학습하게 된다.

## 4) 근거이론

근거이론을 이해하기 위한 첫걸음은 근거이론이라는 용어에 대한 이해에서 출발한다. 근거이론은 영어 표기인 'grounded theory'를 우리말로 옮기는 과정에서 가장 보편적으로 사용되고 있다. 여기서 'grounded'는 '~근거한' 또는 '~에 토대를 둔'을 뜻하는데, 근거하거나 토대를 둔 대상은 바로 자료의 속성을 말한다. 기존 양적 연구가 대상으로 삼고 있는 자료가 선행연구의 틀에 의해 수집된 자료의 속성을 갖는다면, 근거이론에서는 근거하거나 토대를 두고자 하는 자료가 연구과정을 통해 체계적으로 수집되고 분석된 새롭게 생성된 자료를 의미한다. 이러한 주장은 실체이론(substantial theory)에 바탕을 두고 있는데, 연구대상으로서의 자료란 가공이 아닌 실체 또는 실재여야 한다는 것이다. 따라서,

근거이론이란 실체적 속성의 자료에 근거해서 이론을 개발하는 과정을 의미한다(김동기 외, 2021: 320-321). 이를 현실기반 이론이라고도 한다(김태한 외, 2020: 223).

근거이론(grounded theory)은 1967년 글레이저와 스트라우스(Barney G Glaser and Anselm L Strauss)의 저서 『근거이론의 발견: 질적 연구를 위한 전략(*Discovery of Grounded Theory: Strategies for Qualitative Research*)』에서 소개된 질적 연구방법을 통해서 출발하였다. 특히, 근거이론은 질적 연구 전통에서 널리 알려져 있으며, 국내·외 사회복지조사에서 자주 등장하는 질적 연구방법이다.

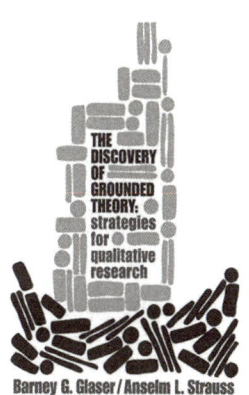

『근거이론의 발견』
(2017년 출판)

질적 연구 전통으로서 근거이론은 연구자가 선험적 가정이나 기존의 연구, 또는 기존의 이론틀에 의존하는 것을 지양하고, 사회현실을 반영하고 있는 자료를 바탕으로 새로운 이론이나 개념, 가설 또는 명제를 발견하는데 초점을 둔 연구방법이다. 따라서, 근거이론 연구방법은 기존의 연구나 사회학, 사회복지학 이론을 바탕으로 자료수집 절차를 미리 정하지 않고, 실증적 자료를 수집하고 분석한다. 이러한 특성으로 인해 근거이론은 새로운 이론이나 지식을 개발하는데 적합한 접근방법이다.

근거이론이 등장하게 된 1960년대 중반에는 사회학 분야에서 질적 연구가 체계화되지 않은 연구방법으로 인식되었다. 특히, 과학적 지식을 중시하는 실증주의 패러다임이 강력한 영향력을 발휘하고 있었다. 실증주의는 과학적 방법 및 지식과 관련하여 객관성, 일반화, 연구의 반복가능성, 대립가설과 이론의 반증을 강조하였고, 사회과학자는 사회현상을 인과적으로 설명하고, 외부세계를 예측할 수 있어야 한다는 신념을 지지하였다. 따라서, 실증주의자는 인간의 경험이 갖는 질적인 특성을 계량화된 변인으로 환원하였고, 가치에서 사실을 분리하고, 외부세계는 과학적 관찰자와 분리되어 객관성을 확보하려고 시도하였다. 그러나 실증주의에 기반을 둔 지식체계는 매우 협소한 과학적 방법의 하나일 뿐이라는 반론의 등장으로 계량적 연구설계에 적합하지 않은 연구질문은 무시하는 결과를 초래하고 말았다.

이에 근거이론을 탄생시킨 글레이저와 스트라우스는 당시의 지배적인 연구방법론과 맞서야 했으며, 질적 연구수행을 위한 체계적인 전략을 구축하려고 시도하였다. 이를 위해 글레이저와 스트라우스는 자료수집과 분석활동이 동시에 이루어지고, 연역적 방법이 아닌 자료로부터 개념과 범주를 개발하고, 이론 개발을 목표로 하는 근거이론을 개발하였다(Bryant & Charmaz, 2019). 또한 스트라우스는 질적 연구의 오랜 전통을 가진 시카고대학에서 상징적 상호작용론과 실용주의 학자들에 의해 영향을 받았으며, 클레이저는 1950년대 컬럼비아대학에서 질적 분석과 이론 개발에 관한 교육과 훈련을 받았다. 이들은 병원에서 죽음을 앞둔 사람들을 대상으로 죽음에 관한 환자들의 경험을 질적 연구하였으며, 그들이 수행한 연구과정에 대해 공동으로 책을 기술하였다.

질적 연구 분석과정에서 원자료를 부호화하는 것을 '코딩(coding)'이라고 한다. 코빈과 스트라우스(Juliet Corbin & Anselm Strauss)는 1988년 저서 『질적 연구의 기초: 기초 이론 개발을 위한 기법 및 절차(*Basics of Qualitative Research: Techniques and Procedures for Developing Grounded Theory*)』에서, 코딩이 자료를 분해하고 개념화하며 이론을 생성하기 위해서 개념들을 통합하는 과정이라고 하였으며, 이론 생성의 토대가 되는 개념을 발견하고 발전시킨다고 보았다. 근거이론의 코딩방법은 개방코딩(open coding), 축코딩(axial coding), 선택코딩(selective coding) 등으로 구분할 수 있다.

『질적 연구의 기초』
(2014년 출판)

근거이론은 글레이저와 스트라우스(1967)가 제시한 이후, 새롭게 변형되어 가고 있다. 특히, 글레이저와 스트라우스는 근거이론을 개발한 공동연구자임에도 불구하고, 근거이론에 대한 코딩방법과 분석과정에 대해서 서로 이견을 보였다. 글레이저는 근거이론이 지향하고자 했던 본래의 의도를 왜곡할 수 있다는 점에서 스트라우스와 코빈이 제시한 축코딩과 선택코딩을 반대하였다. 이는 근거이론의 출발이 사회현상에 대한 실재적 이론을 개발하는 것에 목표를 두었음에도 불구하고, 글레이저와 스트라우스는 절차나 분석방법을 지나치게 강조하는 근거이론의 경향을 경고한 것이다. 근거이론의 절차나 코딩방법에 대한 논쟁은 여전히 명확한 결론을 내지 못하고 있다. 그러나 근거이론은 진술된 원자료의 핵심범주를 밝히는 것보다는 자료로부터 기본적인 사회적 과정을 발견하는 것을 강조하는 경향이 있다. 따라서, 근거이론에 대한 깊은 이해는 기본적인 사회적 과정에 대한 이해를 필요로 한다.

한편, 국내 질적 연구결과물에서 근거이론은 이론적 추상성과 설명력을 갖추어야 하는 기준에 적합한가라는 자성의 목소리도 등장하고 있다. 특히, 국내에서 근거이론에 의해 진행된 질적 연구들은 획일화된 모형 제시에 머물러 있는 경우가 많아 이론적 추상성과 설명력이 높은 근거이론 연구들을 필요로 하고 있다(유영준, 2021: 328-329).

## 5) 현상학적 연구

현상학적 연구(phenomenology study)는 어떤 현상에 대한 주관적인 경험의 본질을 객관적으로 이해하는 질적 연구방법이다. 즉, 인간의 경험을 있는 그대로 살펴보고 그 체험의 본질이 무엇인지 탐구해서 설명하는 것으로 모든 질적 연구방법에 적용할 수 있는 철학적 근거가 되는 방법이다. 현상에 대한 주관적 경험과 해석을 강조하기 때문에 선입견에 의해 현실을 왜곡하는 것이 가장 큰 이슈이다.

현상학은 현상의 본질을 직관적으로 포착하는데 기초한 학문으로서 사람들의 개별적인 경험을 있는 그대로 이해하고자 하며, 인간은 '설명되어야 하는 존재'이기보다는 '이해되어야 하는 존재'라고 본다. 구체적으로 연구참여자의 언어를 통해 드러난 내용에 공통된 구조가 있음을 발견하고, 이를 연구자의 직관으로 환원시켜 본질의 구조를 발견하고자 하는 것이다. 현상학의 세부적인 형태로 연구조사자가 연구하고자 하는 현상을 직접 경험하며, 자신의 생각과 감정을 연구하기 위해 자기 성찰을 행하는 자기 발견적 탐구, 해석의 과정을 강조하며, 해석의 과정에서 일정한 유형을 찾고자 하는 해석학, 연구자가 관찰하는 사람들을 그 사람들의 관점에서 이해하려는 시도인 이해 등으로 생각해 볼 수 있다(서정민 외, 314-315).

연구자는 현상을 경험한 사람들만으로 구성된 대개 10명에서 25명 정도의 연구참여자(기준표본추출)와 주로 심층면접을 하면서 면접내용을 녹취하여 원자료로 사용하는 것이 일반적이다. 특히, 자료분석에 있어서 현상에 대한 연구자 자신의 선입견이 배제되어야 하는데, 이를 현상학 연구자들은 경험을 괄호치기(bracketing) 혹은 판단중지(epoche)라고 부른다.

현상학에는 몇 가지 세부적인 형태가 있다. 그 내용은 다음과 같다(홍봉수 외, 2018: 177-178).

① 자기 발견적 탐구이다. 실제 현상을 직접 경험하면서 자신의 편견 없는 자기 성찰을 필요로 한다.

② 해석학적 과정이다. 해석을 통하여 매우 복잡하고 구체적인 내용으로부터 일정한 유형을 찾는다.

③ 이해하는 질적 탐구이다. 관찰대상자들의 관점에서 그들에게 주는 특별한 의미를 이해하고자 하며, 이는 사회복지실천 개념인 감정이입과 상당히 유사하다.

## 6) 질적 사례연구

질적 사례연구(case study)는 개인, 가족, 집단, 조직, 지역사회, 전체 사회나 현상의 개별 사례에 대한 정보를 다각적이고 심층적인 관찰과 분석을 통해 특정 사례에 대한 종합적인 이해를 시도하는 질적 연구방법이다. 여기서 연구대상이 되는 사례는 모집단의 특성을 반영하는 한 개체로서의 의미를 넘어서 특정한 맥락, 상황, 특성을 통해 다른 사례들과 구분된다. 즉, 연구대상으로서의 사례는 일정한 제한성을 지녀야 한다는 점이다. 예를 들어, '노인 도박중독자의 회복 경험에 관한 질적 사례연구'에서, 연구대상자인 노인 도박중독자는 도박장에서 오랜 세월을 보냈기 때문에 일반 노인과는 다른 특성이 있다. 이러한 사례연구는 인간 발달단계 중 노년기에 해당하는 노인이라는 시간경계와 도박장이라는 공간경계를 가진 체계가 있고, 도박중독이라는 이슈를 다루고 있다 또한 사례 내 분석을 통해 개별경험의 맥락을 드러내고, 사례 간 분석을 통해 사례들의 공통점과 차이점에 관심을 두고, 중심주제와 하위영역들을 도출할 수 있다. 따라서, 사회복지 분야에서 질적 사례연구는 주로 개별사례에 관한 정보를 체계적으로 조직화하여 임상적인 개입 판단 및 문제를 밝히기 위한 목적으로 활용된다(조학래, 2020: 367).

질적 사례연구는 프로그램을 사례로 보거나 참여자가 가족일 때, '가족'을 사례로 보거나, 또는 어떤 한 '참여자'를 사례로 보고, 이들의 의미 있는 변화로 간주할 수 있는 것을 찾아내는 것이다. 여기서 핵심은 사례와 사례를 둘러싼 환경 간의 관계에 집중하는 것이다. 그렇다면 한 사람이 아니고 가족이나 프로그램이 한 사례일 때, 그 사례를 구성하는 하위 구성요소 간의 관계라든지, 외부환경의 변화에 따른 사례의 대응방식 등을 분석할 수도 있다. 물론 사례를 구성하는 행위자들의 심층면접, 프로그램 진행 과정의 참여관찰, 각종 기록지의 면밀한 분석 등을 시행하기도 한다. 즉, 질적 사례연구는 문헌 고찰, 심층면접, 참여관찰 등 질적 자료수집방법을 다각적으로 동원하여 연구대상인 특정 사례를 둘러싼 다양한 맥락들을 풍부하게 드러내는 것이 장점이다. 마치 큰 나무를 잘랐을 때 드러나는 밑동의 어느 특정 지점에 관심을 두는 것이 아니라, 횡단면 전체를 고찰하는 것이 질적 사례연구의 특징이다. 이처럼 질적 사례연구는 특정한 사례의 구체적인 맥락을 종합적으로 다룬다는 점에서 상당한 수준의 맥락 의존적 성격을 갖는 연구결과를 도출한다. 그 사례연구의 결과는 해당 사례에 대한 심층적 이해를 돕지만, 그 내용을 일반화하거나 관련한 다른 현상을 해명할 수 있는 내용을 도출하기에는 제한이 있다.

사례연구는 '많은 설명'을 형성하는데, 이는 다른 현상이 있는 자들이 연구 실재가 자신의 상황 또는 맥락에 적용되는지 확인할 수 있게 해 준다. 사례연구는 근거를 두고 있고, 이는 선가정, 가설 또는 수단이 아닌 경험으로부터 직접 전개된 관점을 제공한다. 사례연구는 '전체적이고 실제 세계와도 같다'. 실제로 존재하는 참가자들의 사실적인 그림을 자신의 언어로 표현한다. 그리고 사례연구는 현재 지향적이다. 역사적인 사건을 연구하기보다 현재의 경험을 연구한다. 연구자는 개인 또는 조직의 과거 자료를 활용할 수 있지만, 연구의 초점은 '지금-여기(here and now)'이다. 사례연구는 개인 또는 집단의 인생 사건의 결합 및 관계를 기록하는 생활사(life history)와 구별된다.

사례연구의 수행절차는 다음과 같다(Creswell, 2021).

첫째, 연구자는 사례연구접근이 연구문제에 적합한지 결정한다. 사례연구는 연구자가 분명하게 확인할 수 있는 경계를 가진 사례를 갖고 있고, 사례에 대한 깊은 이해나 여러 사례들에 대한 비교를 하고자 할 때 좋은 접근이다.

둘째, 연구자는 하나의 사례 또는 여러 사례를 확인해야 한다. 이러한 사례에는 한 사람, 여러 사람, 프로그램, 사건, 활동이 포함될 수 있다. 사례는 단일한 사례일 수도 있고, 집합적 사례일 수도 있으며, 복합적인 현장을 포함할 수도 있고, 현장 내에서 이루어질 수도 있으며, 단일한 사례 또는 하나의 이슈에 초점을 맞출 수도 있다.

셋째, 사례연구의 자료수집은 대체로 광범위하며, 관찰, 면접, 문서, 시청각 자료와 같은 다양한 정보원천들을 활용한다.

넷째, 이러한 자료의 분석 유형은 사례 전체에 대한 총체적 분석 또는 사례의 구체적인 측면에 대한 삽입된 분석이다. 이러한 자료수집을 통해 사례의 세부적인 기술이 나타나며, 연구자는 사례의 역사, 사건의 연대기, 사례의 활동에 대한 매일의 묘사와 같은 측면들을 상세하게 기술한다. 이러한 기술 이후에, 연구자는 사례를 넘어 일반화하려는 것이 아니라 사례의 복잡성을 이해하기 위해 소수의 주요 이슈들에 초점을 맞출 수 있다.

다섯째, 해석단계에서 연구자는 사례의 의미를 보고하게 되는데, 그 의미는 사례의 이슈에 대해 알게 된 것에서 나올 수도 있고, 비일상적인 상황에 대한 학습에서 올 수도 있다.

## 4. 표본추출

질적 연구에서의 표본추출은 확률표집추출방법보다는 일반적으로 비확률표집추출방법을 선호한다. 왜냐하면 연구하고자 하는 현상이나 대상을 잘 보여줄 수 있는 사례를 의도적으로 선정하여야 하기 때문이다. 그렇다 하더라도, 질적 연구에서도 경우에 따라서는 확률표집추출방법이 사용될 수 있다. 의도적 표본추출방법 중 질적 연구에서 많이 사용되는 표본추출방법을 살펴보면 다음과 같다(황인옥, 354-356).

### 1) 기준표본추출

기본표본추출(criterion sampling)은 연구하고자 하는 초점에 맞추어 미리 결정한 어떤 기준을 충족시키는 사례들을 선정하는 것이다. 이 방법은 민속지학 연구나 현상학적 연구에서 많이 활용되는 방법으로서, 연구대상인 현상에 대하여 중요한 정보를 줄 수 있는 사례들을 골라서 확보하기 위해 사용된다.

### 2) 최대변이 표본추출

최대변이 표본추출(maximum variation sampling)은 최대변화량 표본추출이라고도 하고, 작은 표본 내에 다양한 속성을 가진 사례들을 골고루 확보하기 위한 표본추출방법이다. 다양한 사례들로부터 추출한 공통적 유형은 결국 그 집단의 핵심적인 경험이나 양상을 파악하는데 중요한 시사점을 준다. 연구조사자는 표본 내의 다양한 변이, 다시 말해서 다양한 속성과 특성들을 기록하고 중요한 공통적 패턴을 확인하게 된다.

이러한 최대변이 표본추출의 목적은 결과물을 연구참여자들이 경험하는 다양한 경험의 변이와 그 안에 나타나는 중요한 공통유형을 설명해 주는 정보를 찾는데 있다.

### 3) 동질적 표본추출

동질적 표본추출방법(homogeneous sampling)은 동질적인 사례들로 표본을 선정하여 어떤 특별한 하위집단을 심도 있게 분석할 때 사용하는 방법이다. 즉, 어떤 특정 주제에 관련 있는 사람들을 대상으로 집단면접을 하기 위해 유사한 배경과 경험을 가진 사례들을 선정하는 것이다.

### 4) 이론적 표본추출

이론적 표본추출(theoretical sampling)은 연구조사자의 연구문제나 이론적 입장과 분석틀, 실행할 분석방법, 그리고 도출해 내고자 하는 설명을 염두에 두고 탐구할 집단이나 범주를 선택하는 것을 의미한다.

이 방법은 현실기반 연구조사자들이 활용하는 표본추출방법으로, 지속적 비교를 통해 범주들을 수정하는 과정에서 속성과 차원에 따라 조건을 변화시키면서 장소나 사람, 사건을 찾아 표본추출하는 것이라고 할 수 있다. 따라서, 표본추출이 연구를 시작하기 전에 미리 결정된다기보다는 연구과정을 통해 발전하는 것으로 볼 수 있다.

### 5) 결정적 사례표본추출

결정적 사례표본추출(critical case sampling)은 어떤 상황에 대해 아주 극적인 요점을 제공해 줄 수 있는 사례를 말한다. 즉, 이 사례에서 그러하다면 다른 대부분의 사례에서도 아마 비슷한 결과가 나올 것이라고 생각되는 사례를 의미한다.

결정적 사례를 찾는 것은 연구자원이 부족할 때 중요한 전략으로 활용할 수 있다. 그러나 하나 또는 몇 개의 결정적인 사례를 연구하는 것으로 모든 사례에 대한 일반화된 결론을 끌어낼 수 없음을 인지하여야 한다.

## 6) 확인 및 예외 사례(부정적 사례) 표본추출

확인 및 예외 사례(부정적 사례) 표본추출(confirming and disconfirming [negative] cases)은 초기분석을 확인해 줄 수 있는 사례와 그러한 분석이 잘 맞지 않는 사례를 중심으로 선정하는 것을 의미한다. 즉, 예외를 탐색함으로써 이론의 다양한 변이를 추구하는 표본추출방법이라고 할 수 있다.

확인사례는 이미 나타나고 있는 유형과 일치하는 사례를 말하며, 이런 사례들은 결과물을 확인시켜주고 보충시켜 주며, 신뢰도와 깊이를 더해 준다. 예외사례(부정적 사례)는 이미 나타나고 있는 유형과 일치알치하지 않는 사례이다. 예외사례(부정적 사례)를 통해 기존의 결과나 이론이 옳지 않음을 명증명하는 방법으로, 기존의 결과나 이론을 수정할 수 있는 가능성도 열어놓게 한다.

## 7) 극단적 혹은 일탈적 사례 표본추출

극단적 혹은 일탈적 사례표본추출(extreme or deviant case sampling)방법은 연구조사자의 관심현상이 전형적으로 나타나는 유형과 매우 다른 유형을 보이는 특이하고 극단적인 사례를 연구함으로써 관심현상에 대한 이해를 넓히는 방법이다. 극단적 사례란 아주 특별한 성공사례 혹은 특별한 실패사례처럼 극단성이 부각되는 사례를 의미한다.

## 8) 준예외적인 사례표본추출

준예외적인 사례표본추출(intensity sampling)는 극단적인 사례표본추출보다는 강도를 약간 낮춘 표본추출방법으로서 극단적 사례가 너무 특이해서 연구하고자 하는 현상을 왜곡시킨다는 의심이 들 때 사용할 수 있다.

표본추출방법에서는 연구조사자는 일상적인 것보다는 약간 예외적이지만, 극단적인 예외라고는 할 수 없는 사례를 선정하는 것이다.

이와 같은 여러 표본추출방법은 상호 독립적인 것이 아니고 표본추출의 초점에 따라 다양한 이름이 붙어진 표본추출전략으로 볼 수 있다.

## 5. 질적 연구의 타당도 향상방안

질적 연구가 얼마나 정확한 것인가에 대한 것은 민감한 사안이다. 따라서, 질적 연구의 타당도와 신뢰도는 연구자가 보고서에 서술한 정보, 논리적인 추론 및 결론의 신빙성, 철저함, 완전함, 일관성에 달려 있다. 질적 연구의 엄격성을 높이기 위한 타당도 향상방안은 다음과 같다(Merriam et al., 2015 ; Padgett, 2016).

### 1) 장기간 관찰

질적 연구에서 그 결과의 정확성을 위해서는 장기간 관찰(long-term observation)을 시행해야 한다. 장기간 관찰은 연구가 진행되는 장소 혹은 같은 현상이 반복되고 있는 것을 비교적 장기간에 걸쳐 관찰함으로써 타당도를 높이는 방법이다. 이를 위해 연구자는 연구대상자와 신뢰감을 형성하고, 그의 문화를 깊이 이해하며, 연구대상자를 잘못 이해한 부분은 없는지 계속해서 점검해야 한다. 오랜 기간 현장에 있으면서 특정한 기간에 수집된 자료의 한계성을 극복하고, 다양하고 일관된 자료의 수집을 위해 노력해야 한다. 일반적으로 연구대상자는 자신이 관찰대상임을 의식할 때, 반응성의 문제가 나타나 평소처럼 행동하는 것이 어렵다. 하지만 관찰기간이 길어질수록 관찰자의 존재가 익숙해지고 편안해져서 연구대상자는 평소의 모습을 자연스럽게 보여줄 수 있다 이때 완전참여자의 역할을 수행하는 연구자는 연구대상자나 상황에 익숙해져서 편견을 갖지 않도록 주의해야 한다. 또한 연구자의 과도한 몰입으로 인해 관찰과 해석에서 문제가 발생하지 않도록 주의해야 한다.

## 2) 다각적 평가

다각적 평가는 삼각검증법(triangulation)이라고도 하며, 연구대상자에 대해 포괄적인 이해를 도모하기 위해 두 가지 이상의 방법을 통해 연구를 시행하거나, 다양한 정보출처를 활용하는 것이다. 어떤 사실에 대한 이해는 특정한 방법에 의존하기보다 여러 가지 방법이나 자료에 의존할 때, 대상에 대한 탐색과 이해가 더 정확하다고 전제한다. 즉, 관찰이나 인터뷰를 통해 얻은 정보의 정확성을 검증하기 위해 다양한 연구방법과 이론, 다수의 관찰자 활용, 연구대상자를 포함하여 다수의 주변 사람 등을 다원화하여 연구의 엄격성을 높여서 정확한 정보를 확보하는 방법이다. 관찰과 인터뷰 기록, 공문서의 내용이 서로 일치한다면, 연구결과의 타당도와 신뢰도는 더욱 높아질 것이다.

## 3) 연구대상자의 검증

질적 연구에서는 연구대상자의 말, 은유적 표현, 직접적인 묘사를 통해 그의 상황과 문제점을 더욱 잘 이해할 수 있어서 연구대상자의 표현이 왜곡되지 않도록 주의해야 한다. 따라서, 연구대상자가 말했던 부분과 연구자가 그의 말을 듣고 해석했던 부분을 명확히 구분할 필요가 있다. 이를 위해 연구자는 연구대상자들의 견해를 물어 연구의 정확성을 추구하며 연구자가 편견에 빠지는 것을 예방하는 방법이 연구대상자의 검증(member check)이다. 이때 연구대상자는 연구과정에서 연구자가 연구대상자의 의견을 왜곡하지 않고 정확하게 해석하였는지, 연구자의 표현과 기술이 정확하고 공정했는지, 분석과정에서 빠트리거나 임의로 추가된 사항은 없는지, 그리고 연구결과의 주제가 제대로 연구대상자의 견해를 나타내고 있는지 등을 검토하게 된다. 이런 과정에서 연구대상자는 정보의 정확성과 해석의 적절성을 평가하는 전문가가 되며, 이는 연구대상자에게 권력이 부여됨을 의미한다. 이 과정을 통해 연구대상자는 자신의 의견이 소중히 존중되고 있음을 깨닫게 되며, 자신이 연구에 도움이 된다고 자부할 수 있다.

## 4) 동료집단의 검토

연구자는 질적 연구방법과 관련 분야에 식견이 있고 전문적 의견을 제공할 수 있는 3~5명의 동료집단의 검토(peer examination)를 통해 자신의 연구자료 분석과 연구결과를 확인하여 연구의 질을 향상할 수 있다. 즉, 연구자가 범할 수 있는 방법적, 해석적, 절차적 오류를 줄이려고 노력하는 것이다. 이를 위해 관찰기록, 일기장, 편지, 인터뷰 녹취록 등을 동료집단과 공유할 때 연구대상자의 개인적인 정보가 유출될 위험이 있어서 비밀보장의 원칙을 준수하여야 한다. 검토자로 선정된 동료집단으로부터 적절한 비판과 평가는 연구의 타당도와 신뢰도를 향상하는 데 도움이 될 것이다.

## 5) 외부 감사

외부 감사(audit)는 연구자가 고용한 감사자 혹은 전문가가 연구 과정과 결과를 연구하여 타당도를 평가하는 방법이다. 특정한 연구자의 개인적인 의견에 전적으로 의존하기보다는 연구주제와 관련이 있는 다수의 의견을 포함함으로써 타당도를 향상할 수 있다.

## 6) 부정적 사례분석

부정적 사례(negative case)분석은 자료분석과정에서 발견된 사실을 반박하는 사례를 의무적으로 찾아 제시하도록 하는 것이다. 이것은 연구자가 자신의 연구결과에 대해 반박 가능성을 제시하도록 하는 것이므로 모순적인 것처럼 보일 수도 있다. 그런데도 예외적 설명의 가능성을 자발적으로 제기함으로써 오히려 연구자의 결론에 대한 신뢰도를 더 크게 인정받을 수 있다.

## 6. 질적 연구의 한계

질적 연구를 수행하면서 야기될 수 있는 다양한 문제점이 있다. 따라서, 가능한 이 문제들을 극복할 수 있는 방안을 찾아보는 것은 좋은 해결방법일 것이다. 질적 연구의 한계는 다음과 같다(최세영 외, 2020: 328-331, 황인옥, 2020: 367-368 ; 송진영, 2020: 247).

### 1) 윤리적 문제

질적 연구를 수행함에 있어서 발생할 수 있는 윤리적 문제를 방지하기 위하여 연구대상자 본인의 동의가 반드시 필요하다. 동의를 구하기 위해서는 연구에 대한 정보를 연구대상자에게 상세히 제공하여야 한다. 이때 제공하여야 할 정보는 다음과 같다.

(1) 연구 및 연구절차에 관한 소개
(2) 연구조사자와 연구후원기관의 신분을 알려줄 수 있는 정보 및 추후 연락을 위한 주소 및 전화번호
(3) 연구참여의 자발성 및 언제든지 아무런 제재를 받지 않고 연구참여를 중단할 수 있는 권리에 대한 보장
(4) 비밀보장
(5) 연구참여에 따르는 위험 부담 및 혜택 등에 대한 설명 등을 들 수 있다. 특히, 연구대상자가 아동, 청소년, 노인 및 중증 장애인 등 취약 집단일 경우에는 그 연구대상자의 보호자들로부터도 동의를 반드시 얻어야 한다.

### 2) 과학적 엄격성

질적 연구의 주된 관점은 표준화된 자료의 분석과 분석결과에 대한 일반화라기보다는 다양하고 풍부한 경험을 이해하고자 하는 것이기 때문에 이러한 질적 연

구의 접근은 연구조사자의 주관적 편견이 배제되었는지 혹은 연구조사자가 도출한 결론이 과학적 엄격성을 지니고 있는지의 의문을 제기할 수 있다. 특히, 질적 연구에서는 연구조사자 자신이 자료수집의 도구이기 때문에 연구조사자의 자질에 따라 자료의 질이 영향을 받을 수 있다. 따라서, 질적 연구에서 과학적 엄격성을 높이기 위한 방법으로는 연구조사자의 반응성과 연구조사자의 편견을 줄이는 것과 관련이 있다.

① 장기간에 걸쳐서 연구를 함으로써 연구대상자의 반응성을 줄일 수 있다 일반적으로 연구대상자들은 관찰이 이루어지는 상황에서 솔직한 경험을 드러내기 쉽지 않기 때문에 반응성이 문제가 된다. 따라서, 질적 연구의 엄격성을 높이기 위해서는 장기적 관여(prolonged engagement)를 위한 노력이 필요하다.

② 삼각측정을 통해서 연구조사자의 편견을 최소화할 수 있다. 단순히 연구조사자 한 사람이 관찰이나 해서에 의존했을 때 개입될 수 있는 편견을 자료수집원의 다양화, 즉 다각적 접근방법의 활용을 통해서 최소화시킬 수 있다.

③ 연구자의 동료집단의 조언을 구함으로써 현장연구나 자료분석과정상의 어려움에 대한 지지를 제공받을 수 있을 뿐 아니라, 연구조사자가 편견에 빠지지 않도록 하는데 도움이 된다.

④ 연구의 결과를 연구대상을 통해 재확인하는 방법이다. 이는 연구참여의 관점이 존중되어야 철학적 기반을 질적 연구가 지니고 있기 때문에 이러한 작업은 반드시 필요하다. 이러한 과정을 통하여야 연구조사자 자신의 오류를 수정하고, 새로운 통찰력을 얻을 수 있을 것이다.

⑤ 연구자의 원주민화(going native)를 경계하는 노력이 필요하다. 연구자가 원주민화된다면 동조현상이 발생하여 정확한 관찰을 할 수 없는 경우가 발생하므로 이를 경계하는 노력이 필요하다.

⑥ 해석에 적합하지 않은 부정적인 사례(negative case) 찾기와 예외적인 사례분석이 필요하다. 즉, 부정적인 사례나 예외적인 사례분석을 통하여 기존의 결과나 이론이 옳지 않음을 증명함으로써 질적 연구의 엄격성을 높일 수 있다.

⑦ 연구자가 내부자적(emic) 시각을 유지하기 위해 완전참여자 역할을 담당하

는 방법이 있다. 완전참여자는 관찰자로서의 자신의 신분을 노출시키지 않고 연구대상자들 속에서 실제의 특정 역할을 담당하거나 담당하는 것처럼 처신하면서 관찰연구를 실시하는 유형이다. 따라서, 외부로 나타나지 않는 사실까지 직접 경험하고 관찰할 수 있으며, 자연적인 상태에서 연구대상자들을 파악함으로써 질적 연구의 엄격성을 높일 수 있다.

⑧ 그 밖에 질적 연구의 엄격성을 높이기 위한 방법으로는 풍부하고 상세한 기술, 외부 자문가와 감사자들의 평가 등을 들 수 있다.

이와 같은 방법으로 질적 연구의 과학적 엄격성을 높이기 위해서는 많은 노력과 시간이 필요하다. 이러한 노력을 통하여 질적 연구에서 도출된 결과의 신뢰성을 확보해야 한다.

### 〈연습문제〉

1. 질적 연구조사의 특징으로 맞는 것은?
   ① 가치중립적 연구를 강조한다.
   ② 연구의 결과보다는 과정에 초점을 둔다.
   ③ 관찰자의 주관적 인식과는 무관한 객관적 세상이 존재한다고 생각한다.
   ④ 표준화된 절차에 의해 연구가 진행된다.
   ⑤ 현상에 내재하는 법칙을 발견하고자 한다.

2. 질적 연구와 양적 연구의 차이에 대한 설명적으로 올바른 것은?
   ① 질적 연구는 과정 중시, 양적 연구는 결과 중시 경향이 있다.
   ② 질적 연구는 연역법, 양적 연구는 귀납법으로 접근한다.
   ③ 질적 연구는 제한된 연구체계, 양적 연구는 개방적 연구체계이다.
   ④ 질적 연구는 주관성을 중시하고, 양적 연구는 객관성을 중시한다.
   ⑤ 질적 연구는 일반화 가능성이 높고, 양적 연구는 일반화 가능성이 낮다.

3. 귀납적 방법과 가장 관련이 적은 것은?
   ① 관찰          ② 근거이론
   ③ 질적 연구     ④ 가설 검정
   ⑤ 관련 이론과 기존 연구가 별로 없을 때의 연구

4. 질적 자료수집에 대한 설명 중 잘못된 것은?
   ① 계량화되지 않는 모든 자료들은 질적 자료라고 할 수 있다.
   ② 최근 들어 사진과 같은 자료도 질적 연구의 자료로 활용되고 있다.
   ③ 질적 자료수집을 통한 연구결과를 전체 인구집단에 일반화될 수 있도록 모집단을 대표하는 표본추출이 이루어져야 한다.
   ④ 연구참여자 선정은 이론적 포화를 고려하여 이루어져야 한다.
   ⑤ 질적 연구는 매우 다양한 맥락적 요소에 의해 영향을 받을 수 있다.

5. 질적 연구의 신뢰도 향상을 위한 설명 중 옳지 것은?
   ① 클라이언트의 비밀보장을 위해 면접내용을 녹음하지 않는다.
   ② 다양한 배경을 가진 팀원으로 연구팀을 구성한다.

③ 교차검증과 반복연구를 실시한다.
④ 추가질문을 미리 생각해 두고 두 명의 면접자가 동시에 참여한다.
⑤ 최대한 다양한 지역에서 표본을 선정한다.

6. 질적 자료의 분석의 순서로 맞는 것은?
   ① 범주화 → 자료의 해석 → 자료에 대한 타당도 검증 → 분석을 위한 계획 수립
   ② 범주화 → 자료에 대한 타당도 검증 → 자료의 해석 → 분석을 위한 계획 수립
   ③ 분석을 위한 계획 수립 → 범주화 → 자료의 해석 → 자료에 대한 타당도 검증
   ④ 자료에 대한 타당도 검증 → 범주화 → 자료에 대한 타당도 검증 → 자료의 해석
   ⑤ 자료의 해석 → 범주화 → 자료에 대한 타당도 검증 → 분석을 위한 계획 수립

7. 질적 연구조사방법에 관한 설명으로 옳지 것은?
   ① 연구결과의 일반화에 한계가 있다
   ② 연구자 자신을 자료수집의 중요한 도구로 활용한다.
   ③ 귀납적 방법을 주로 활용한다.
   ④ 자료수집과 분석 단계가 명확하게 구분되지 않을 수도 있다
   ⑤ 구조화된 면접은 심층적인 질적 연구조사에 적절한 방법이다.

8. 근거이론(grounded theory) 접근에 관한 설명으로 옳지 않은 것은?
   ① 연구자와 연구대상자 간 상호작용을 강조한다.
   ② 귀납적으로 이론을 개발하는 데 목적을 둔다.
   ③ 자료수집을 완료한 후 자료분석이 이루어진다.
   ④ 자료를 체계화하면서 드러난 잠정적 개념이나 범주체계를 토대로 다시 자료를 분석한다.
   ⑤ 이론적 표집방법을 선호한다.

정답 1. ② 2. ④ 3. ④ 4. ③ 5. ① 6. ③ 7. ⑤ 8. ③

# Chapter 12
# 단일사례연구

### 학습목표

1. 단일사례연구의 유형 이해
2. 분석방법의 사례연구
3. 실제 적용

### 학습내용

1. 단일사례연구의 개념
2. 단일사례연구의 과정과 구조
3. 단일사례연구의 유형
4. 단일사례연구 결과의 분석방법
5. 자료기록방법
6. 단일사례연구의 평가

### 개 요

단일사례연구는 개인이나 가족 및 소집단 등을 대상으로 문제를 해결하기 위한 사회복지사업개입의 효과를 과학적으로 입증하는 연구방법이다. 이 방법은 단일집단 반복실험설계라고도 한다. 여기에서는 단일사례연구를 학습하고자 한다.

# Chapter 12
# 단일사례연구

## 1. 단일사례연구의 개념

### 1) 단일사례연구의 정의

단일사례연구는 단일집단 반복실험설계(the equivalent time simples design)라고도 하며, 이 방법을 심리학이나 사회복지학에서는 단일사례연구라고 부르기도 한다.

단일사례연구(single case study design)는 개인이나 가족 및 소집단 등을 대상으로 문제를 해결하기 위한 사회복지사업개입의 효과를 과학적으로 입증하는 연구방법이다. 단일사례실험(single case experiment), N-1 실험설계, 소집단 연구설계(small-n research design), 단일대상설계(single subject design), 또는 단일체계설계(single system design) 등으로 불린다. 1930년대에 개별 개체의 행동과 그 행동에 영향을 미치는 선행사건(antecedent) 및 후속결과(consequence) 사이의 관계를 밝히고자 했던 스키너(Burrhus Frederick Skinner, 1904-1900)의 행동연구접근법에서 기원을 찾을 수 있다(Shaughnessy, 2014).

단일사례연구는 사회복지실천의 효과성을 평가할 때, 분석단위가 집단이 아닌 개인일 경우 적용할 수 있는 연구방법이다. 단일사례연구는 대규모 서베이를 통한 사회조사나 실험설계와 달리, 연구절차가 상대적으로 간단하고, 실천현장에서도 사용하기가 용이하다. 단일사례연구의 목적은 사회복지사의 개입이 연구참여자에게 어떤 영향을 미쳤는가와 문제해결에 얼마나 직접적인 도움이 되었는가를 보여주는 데 있다. 따라서, 사회복지사는 단일사례연구의 과정을 통해 실천가와 연구자의 역할을 동시에 수행하며, 사회복지 이론과 실천을 접목할 수 있는 기회를 만들 수 있다.

단일사례연구의 진행과정은 연구참여자와 함께 실천가의 개입목표와 전략을 수립하고, 실천가의 개입이 시작되기 전 기초선단계에서 개입목표를 반복 측정하는 것으로 시작된다. 만약 기초선단계에서 측정한 값이 어느 정도 일관된 형태로 나타나게 되면 본격적인 개입을 시작하게 된다. 따라서, 단일사례연구는 기초선단계와 실천가의 개입을 전후로 반복적으로 측정한 종속변수 값의 변화를 시각적으로 보여 주고, 개입효과를 입증하는 연구방법이다(유영준, 2021: 295-296).

단일사례연구설계는 사회복지실천 개입이 클라이언트에게 어떤 영향을 미치는가와 클라이언트의 문제해결에 얼마나 도움이 되었는가를 보여주는 것을 목적으로 한다. 이 점에서 사회복지사는 단일사례연구설계를 통하여 실천가와 연구자의 역할을 동시에 수행하며 사회복지 이론과 실천을 접목할 수 있는 기회를 만들 수 있게 된다. 단일사례연구설계는 사회복지실천과 연구조사를 접목하는 효과를 가지며, 진행과정은 연구참여자와 함께 실천가의 개입목표와 전략을 수립하고 실천가의 개입이 시작되기 전 기초선단계(baseline stage)에서 개입목표를 반복 측정하는 것으로 시작한다. 만약 기초선단계에서 측정한 값이 어느 정도 일관된 형태로 나타나게 되면 본격적인 개입을 시작하게 되는 것이다. 독립변수의 개입 이전에 종속변수를 여러 번 반복하여 측정함으로써 일정한 경향성을 발견하고, 독립변수 투입 이후에 이 경향에 변화가 있다면, 이를 독립변수의 효과로 추론한다. 따라서, 단일사례연구는 기초선단계와 실천가의 개입을 전후로 반복적으로 측정한 종속변수 값의 변화를 시각적으로 보여주고, 개입효과를 입증하는 연구방법이다(박선희 외, 2018: 186-187).

단일사례연구의 중요한 개념을 구체적으로 살펴보면 다음과 같다(강영걸 외,

2018: 204).

첫째, 단일사례연구는 연구대상자를 실험집단과 통제집단으로 나눌 수 없거나, 개입(intervention)이라고 부르는 실험변수의 효과가 일시적이거나 시간의 경과에 따라 변화하기 쉬울 때 사용한다. 개입의 효과가 일시적이지 않고 장시간 지속될 때에는 사전측정이 사후측정에 영향을 미치는 이월효과(carryover effect)가 발생할 수 있기 때문에 단일사례연구를 활용하기가 쉽지 않다.

둘째, 단일사례연구는 일정 기간 동안 동일한 단일사례에 대하여 실험변수(개입)를 가하는 것으로 시작한다. 개입은 기존의 상태에 변화를 일으키는 모든 종류의 사건·시험자극·프로그램·환경 등의 변화를 의미하는데, 실험설계의 용어를 빌려 설명하면, 개입은 독립변수 또는 실험변수와 유사한 개념이라고 할 수 있다.

셋째, 실험변수(개입)를 가하기 전과 후에 표적행동(target behavior)을 반복적으로 측정하고, 사전측정값과 사후측정값의 차이로 개입(실험변수)의 효과를 판단한다. 표적행동은 연구자가 개입을 통해서 변화시키고자 하는 행동을 말하며, 단일사례연구에서는 사전측정과정을 기초선단계(baseline phase), 사후측정과정을 개입단계(intervention phase)라고 부른다. 실험설계의 용어를 빌려서 설명하면, 표적행동은 종속변수 또는 결과변수와 유사한 개념이고 기초선단계는 실험설계의 통제집단, 개입단계는 실험집단과 비슷한 역할을 한다. 실험설계에서 통제집단과 실험집단의 차이를 측정하여 실험효과를 파악하듯이 단일사례연구에서는 기초선단계와 개입단계의 차이를 측정하여 개입의 효과를 파악한다.

## 2) 단일사례연구의 특징

단일사례연구는 그 이름이 암시하듯이 전형적으로 한 개인이나 소수 개인들 행동변화를 연구하는 것에 초점을 맞춘다. 그러나 개인들의 단일 '집단'의 행동 또한 초점의 대상이 될 수 있다. 이 설계에서 연구자는 행동이 지속적으로 관찰되고 있는 한 개인의 치료 또는 개입조건들을 비교한다. 즉, 독립변인(보통은 어떤 치료나 개입)이 한 개인에게 체계적으로 조작된다. 이 설계는 집단방법론에서 나온 결과를 개인 클라이언트나 내담자에게 성공적으로 적용할 수 있는지를 검증하기에 매우 적절하다. 이 같은 집단실험의 결과는 행동을 수정하기 위해 어떤 개입이나 치료가 '일반적으로' 효과적인지에 대한 추천을 이끌어 낼 수 있다. 하지만 그것이 집단평균에 기초해서 특정 개인에게 어떤 효과가 있을지를 말해 주는 것은 가능하지 않다(박선희, 2018: 185-186).

단일사례연구의 특징은 다음과 같다(강영걸 외, 2018: 204-204).

① 개인 또는 집단을 다루는 단일사례연구의 가장 큰 특징은 표본이 '하나'라는 것이다. 즉, 단일사례를 다루기 때문에 표본이 '하나'인 것이다. 표본이 '하나'이기 때문에 연구자는 해당 사례를 깊이 있게 연구할 수는 있지만, 반대로 '하나'의 사례만을 연구한 결과를 다른 사례에 일반화하여 적용할 수 있는가의 외적 타당성 측면에서는 문제발생 소지가 있다.

② 단일사례연구는 표적행동에 대한 개입의 효과를 시계열적으로 관찰하고 분석한다. 즉, 개입 이전과 개입 이후의 상태를 반복적으로 비교하고 분석하는 것이다. 단일사례연구에서는 (종속변수 격인) 표적행동을 반복적으로 측정하기 때문에 측정의 신뢰도 확보가 중요하며, 신뢰할 수 있는 측정을 하기 위해서는 표적행동을 명확하게 조작적으로 규정할 필요가 있다. 연구대상자의 다양한 행동을 표적행동으로 삼을 수 있겠으나, 조작적 정의를 내리기 쉽고, 객관적인 측정이 가능한 행동을 표적행동으로 선택하는 것이 좋다.

③ 개입은 표적행동에 영향을 미칠 수 있는 사건·시험자극·프로그램·환경 등의 변화이며, 실험설계의 독립변수(실험변수)와 유사한 개념이다.

④ 표적행동은 개입을 통해서 변화시키려는 행동이며, 실험설계의 종속변수(결과변수)와 유사한 개념이다. 개입은 변화를 촉발하는 요인이므로 개입이 표적행동에 어떤 변화를 일으키는지 세심하게 관찰하면 개입의 효과를 파악할 수 있다.

⑤ 개입을 가하기 이전 단계를 기초선단계, 이후 단계를 개입단계라고 부른다. 실험설계 용어로 설명하면, 기초선단계는 통제집단, 개입단계는 실험집단의 역

할을 한다.

⑥ 기존의 집단적 성격의 연구설계가 가설의 검증 또는 기각을 목표로 하고 있다면, 단일사례연구의 목표는 표적행동에 대한 개입의 효과를 관찰하고 분석하는 데 있다.

⑦ 단일사례연구는 연구조사과정이 실천과정과 분리되지 않고 통합되어 있기 때문에 개입효과에 대한 지속적인 피드백을 받을 수 있다. 따라서, 사회복지실천현장에서는 개입 도중에도 언제든지 결과를 검토하고 개입방법을 수정하며, 개입 지속의 여부에 대한 결정도 하고 앞으로의 계획도 구상할 수 있다.

### 3) 단일사례연구설계와 집단연구설계의 비교

단일사례연구설계와 집단연구설계는 상호 보완적 관계로서 집단연구설계는 확률표본을 이용하여 가설을 검증하고 이론의 일반화에 기여하지만, 개별적인 행태는 간과하게 된다. 단일사례연구는 가설검증이나 이론형성에는 기여하지 않지만, 개인이나 소집단의 개별적인 속성을 심리적인 측면에서 깊이 연구할 수 있다.

〈표 12-1〉 단일사례연구 설계와 집단연구 설계의 비교

| 구 분 | 단일사례연구 설계 | 집단연구 설계 |
|---|---|---|
| 연구대상 | 개인, 가족, 소집단 | 모집단으로부터 무작위 표본추출 |
| 연구목적 | 표적행동에 대한 개입의 효과 규명 | 가설의 검증 |
| 실험처치 | 하나의 사례를 반복 측정함으로써 실험집단과 통제집단 같은 집단비교의 효과를 갖는다. | 실험집단과 통제집단으로 나누어 사전·사후 검사 값을 비교하여 실험처치의 효과를 평가한다. |

자료: 홍봉수 외(2018: 248).

## 2. 단일사례연구의 과정과 구조

### 1) 단일사례연구의 과정

단일사례연구의 목적은 가설의 검증에 있지 않고 개입 이전과 이후의 표적행동을 비교함으로써 프로그램이나 서비스의 효과를 파악하는 데 있다. 따라서, 일반적인 연구에서 중요하게 간주하고 있는 가설의 설정과 검증 등의 과정은 단일사례연구 수행과정에서는 생략되어 있다.

단일사례연구를 수행하는 과정은 다음과 같다(강영걸 외, 2018: 208-210 ; 윤선오 외, 2016: 235-238).

#### (1) 문제의 확인 및 규정

단일사례연구의 첫 단계는 클라이언트가 지닌 문제를 먼저 확인해야 하며, 이 과정에서 클라이언트의 주요 문제는 자신이 직접 확인하거나, 아니면 제3자에 의해서 확인될 수 있다. 해결되어야 할 문제가 복잡하고 다양할 경우, 일차적으로 한 가지 또는 두 가지 정도에 초점을 맞추는 것이 필요하다. 해결되어야 할 문제를 파악하고 결정하더라도, 구체적으로 정의하지 않으면 시행할 개입의 목표를 분명하게 정할 수 없기 때문에 문제를 효과적으로 해결할 수도 없다.

#### (2) 사정 및 진단

확인된 문제가 무엇과 관련되어 있는가를 이론적 측면에서 검토한다. 문헌연구를 통해 개입방법과 연구대상자가 지닌 문제 사이의 관계에 대해 기술한다. 개입의 효과성을 높이기 위해서는 연구대상자의 문제해결에 적합한 개입을 제공하는 것이 매우 중요하기 때문에 선택한 개입방법이 연구대상자의 문제해결에 효과적인 방법인지를 선행연구 등을 통해 연구해야 한다.

### (3) 변수의 선정

단일사례연구를 수행하기 위한 문제를 파악하고 규정한 이후에는 경험적으로 인식할 수 있는 변수를 선정하고, 조작적인 정의를 내려야 한다. 변수란 현상을 설명하는 구성개념이 조작적 정의를 통해 측정 가능한 상태로 된 것을 말한다. 이때 변수는 개념적, 조작적 정의를 합리적으로 대표할 수 있는 타당한 지표여야 한다. 예를 들어, '성별'은 두 수준을 가진 변수이고, 남자 혹은 여자는 성별이라는 변수의 속성이다.

### (4) 측정대상

단일사례연구는 개입과 표적행동 사이의 관계를 파악하는 연구이기 때문에 개입에 따른 측정대상을 필요로 하게 된다. 이때 측정대상의 표적행동의 모든 측면을 관찰하고 측정할 수는 없으므로 선택된 소수의 표적행동만을 측정대상으로 선택하여 관찰하게 된다. 이때 선택한 표적행동은 개입을 통해서 연구자가 알고자 하는 사실을 올바르게 알려주는 것이어야 한다. 즉, 선택한 표적행동의 속성은 문제와 변수를 대표할 수 있는 적절한 지표여야 한다는 것이다. 그리고 측정대상에 표적행동의 속성이나 지표는 반복적으로 측정이 가능한 자주 발생하는 것이어야 한다. 측정방법에는 횟수, 빈도, 지속시간, 강도를 직접 관찰하거나 척도를 활용하는 방법이 있다.

### (5) 개입목표의 설정

문제·변수·측정대상(표적행동)이 선정되면 문제해결을 위해서 어떤 개입을 할 것이며, 개입을 통해서 알고자 하는 것이 무엇인가를 정해야 한다.

개입의 궁극적인 목표는 문제의 해결이겠지만, 예를 들어 비행청소년 문제와 같이 문제의 특성상 완전한 해결이 불가능한 것도 있기 때문에 특정행동의 발생빈도나 일반인의 비행청소년에 대한 부정적 인식을 줄이는 일 등도 목표가 될 수 있다. 개입목표의 설정에서는 개입목표를 구체적이고 명확하게 정해서 개입 전후 표적행동변화의 차이를 쉽게 파악할 수 있어야 한다.

〈표 12-2〉 단일사례설계에서 구체적인 표적행동과 개입목표의 설정사례

| 문 제 | 구체적인 표적행동 | 명확한 개입목표 |
|---|---|---|
| 학교결석 | • 일주일에 2~3일 무단결석 | 일주일에 5일 모두 등교 |
| 아버지와의 나쁜 관계 | • 아버지와 1년 동안 외출 1회 일주일에 말다툼 2~3회 | 일주일에 한 번은 상호 동의하에 2시간 이상 함께 보낸다. 이때 말다툼이 없어야 함. |
| 직장 스트레스 | • 스트레스로 인한 위산과다로 제산제를 하루 2회 복용 | 제산제 복용 횟수 줄이기 (주 1~2회) |
| 우울증 | • 먹고 싶지 않음.<br>• 우울증 점수가 높음.<br>• 사회활동에 참가하지 않음. | • 하루 세 끼 식사하기<br>• 우울증 점수를 유의미하게 줄이기<br>• 일주일에 3번은 사회활동에 참여하기 |

자료: 윤선오 외(2016: 238).

### (6) 연구설계

연구설계에 포함될 내용은 구체적인 설계형태, 관찰시기 및 횟수, 자료의 출처, 자료수집방법, 자료기록방법에 관한 전략을 수립한다.

### (7) 연구 실시

선택한 구체적인 연구설계에 따라 개입을 실시하고 필요한 관찰, 면접, 측정, 기록 등을 통하여 자료를 수집한다. 수집된 자료는 도표나 그래프로 표시하고, 자료의 변화경향을 검토해야 한다. 검토 결과, 변화가 없는 것으로 판명되면, 개입의 계획 또는 방법 등을 수정할 수 있다.

### (8) 개입의 평가 및 자료분석

자료수집이 완료되면 이에 따른 도표나 그래프가 완성되고 일차적으로 도표에 나타난 사항을 토대로 시각적 변화분석, 통계적 분석 그리고 임상적 관점에서 실질적 분석 등 통계기법을 활용한 개입의 평가를 할 수 있다.

## 2) 단일사례연구의 구조

단일사례연구설계의 기본 구조는 기초선단계와 개입단계로 구성된다. 기초선단계(baseline stage)는 연구자가 실천개입을 하기 전에 클라이언트의 문제상황을 여러 번 반복하여 측정함으로써 그 경향을 알아내는 단계로서 통제집단과 유사한 역할을 수행한다. 개입단계(intervention stage)는 개입을 실시한 이후의 단계를 의미한다. 그 내용은 다음과 같다(박선희 외, 2018: 192-193 ; 윤선오 외, 2016: 239-240).

### (1) 기초선단계

기초선은 계획된 개입을 실시하기 전 표적행동의 상태를 관찰하는 기간을 설명하는 것으로, 연구자가 개입활동을 실시하기 전에 클라이언트의 표적행동상태를 관찰하는 기간을 의미하며, 때로는 관찰된 표적의 행동상태를 나타내는 자료를 의미하기도 한다. 즉, 단순히 정의된 문제행동이 일상생활 중에 얼마나 빈번히 또 강하게 나타나느냐 만을 측정해 보는 것이다. 기초선을 설정하는 이유는 개입이 없는 상태에서 문제의 정도를 정확히 파악함으로써 개입으로 인하여 그러한 상태가 어떻게 변화되는지를 알아보기 위해서이다.

단일사례연구설계의 첫 번째 단계는 보통 관찰단계 또는 기초선단계라고 한다. 이 단계 동안 연구자는 개입 이전의 해당 사례의 행동을 기록한다. 설계의 구조를 설명하는데 기초선을 일반적으로 'A'로 표시한다. 임상연구가들의 경우는 보통 하루나 1시간과 같은 시간 단위 내에서 목표행동의 빈도를 측정한다. 사회복지실천의 경우, 기초선 측정은 클라이언트의 문제와 그 심각성을 평가하여 개입 필요성과 개입전략을 수립하는 기초가 된다. 충분히 관찰이 이루어질 때 단일사례연구의 내적 타당도가 향상된다. 최소한 3번 이상의 측정이 요구된다. 기초선이 안정적 형태를 띠고 있으면, 독립변수 개입 이후 이 추세의 변화를 쉽게 파악할 수 있다.

① **단일설계는 두 가지의 기본적인 단계로 구성**

하나는 개입 전 단계인 기초선단계로서 'A'로 표시하며, 다른 하나는 'B'로 표시한다. 단일사례설계의 구체적 형태는 기초선단계(A)로 개입단계(B)의 결합 순서에 따라 다르게 나타난다.

② **다양한 기초선의 경향**

표적행동(종속변수)의 유형이 A는 증가, B는 감소, C는 변화가 없으며, D는 같은 형태가 반복되고, 표는 뚜렷한 경향을 알 수 없다는 것이다. 개입 전의 표적행동이 일시적인 변화를 벗어나 안정적인 유형(C)을 보일 때까지 기초선단계의 측정 횟수를 늘여야 하지만, 현실적인 제약조건 때문에 기초선 연장이 불가능한 경우가 많다.

충분히 관찰이 이루어질 때, 단일사례설계의 내적 타당도가 향상되기 때문에 적어도 3회 이상의 기초선 측정을 계획하는 것이 바람직하다.

### (2) 개입단계

개입단계에서는 표적행동에 대한 개입활동이 이루어지며 표적행동의 상태변화에 대한 관찰이 병행되어야 한다. 측정회수, 기간은 기초선단계와 같은 정도로 하는 것이 좋다. 개입단계는 일반적으로 'B'로 표시하며, 필요한 경우 'C', 'D' 등으로 표시한다. 기초선 측정 후 개입을 시작하고, 기초선단계 동안에 사용된 것과 같은 측정을 반복하여 개인의 행동을 기록하는 것이다. 사전의 개입전략을 순서에 따라 실시한다. 개입 직후에 관찰된 행동을 기초선 수행과 비교함으로써 개입의 효과를 측정하는 것이다. 개입에 대한 평가는 다음과 같은 세 가지 측면에서 이루어질 수 있다.

① **치료적 효과성** : 클라이언트의 문제해결이라는 목표가 충분히 달성되었는가?

② **실험적 효과성** : 개입단계에서 클라이언트의 긍정적 변화를 시각적으로 판단할 수 있는가?

③ **통계적 효과성** : 기초선단계와 개입단계의 차이가 통계적으로 유의미할 만큼 충분히 큰가?

## 3. 단일사례연구의 유형

단일사례연구설계의 구조를 설명하는데 있어서 개입국면을 일반적으로 'B'로 표시한다. 단일사례연구설계의 구체적 유형은 A와 B의 결합의 순서에 따라 다르게 나타난다. 즉, AB, ABA, ABAB, BAB, ABC, ABCD, 복수기초선설계 등이 있다. RM 내용은 다음과 같다(이세형, 2019: 213-219 ; 강영걸 외, 2019: 211-217 ; 홍봉수 외, 2018: 252-259).

### 1) AB설계

기초선과 개입의 두 국면으로만 이루어진 단일사례연구의 가장 기본적인 유형이다. 기본 가정은 기초선 동안 관찰된 행동은 변화하지 않는 한 계속되며, 개입은 문제행동을 변화시키기 위해 계획되는 것이다. 즉, 개입 후 문제행동의 변화를 관찰하는 것이다. 개입 전의 기초선 측정과 개입 후 측정은 같게 하는 것이 좋다.

대부분의 단일사례연구에서 개입은 기초선에 있어서의 안정적인 경향이 발생한 이후에만 실행된다. 경향을 나타내기 위해서는 적어도 셋 이상의 기록점들이 필요하며, 기록시점들 간에 변화가 심하게 나타나는 행동들일수록 보다 많은 기록점들이 요구된다. 기초선의 안정된 경향이 확보되고 나면 개입이 이루어지고, 개입 이후의 자료기록은 기록점들이 안정될 때까지 계속되어야 한다. 그래야 개입 이후의 경향들 사이에 대한 명확한 비교가 가능하기 때문이다. 가장 단순한 단일사례연구형태는 기초선단계(A)와 하나의 개입단계(B)로 구성된 것이다. 단 하나의 기초선단계가 있으므로 서비스를 전달하는 우선순위와 갈등이 가장 적기 때문에 연구자들이 가장 선호하는 설계이다. 여기에서 A국면에서는 아무런 개입이 없는 상태에서 단순히 표적행동 빈도 등에 대한 관찰만 이루어지고, B국면에서는 표적행동에 대한 개입활동이 이루어지고, 표적행동의 변화에 대한 관찰이 이루어진다. 이와 같이 A, B의 순서로 이루어진 것이 일반적이다. 또한 개입 전의 기초선 측정과 개입 후의 측정은 같게 해 주는 것이 좋다. 예를 들어, 기초선에서 2주간 3~4회 정도 실시했으면, 개입 후에도 2주간 3~4회 측정을 실시한다.

AB설계의 장점은 설계가 간단하여 쉽게 적용할 수 있다는 것이고, 단점은 한 시점에서 개입이 이루어졌기 때문에 그 시점에서 우연히 다른 외적 사건이 개입되어 변화가 발생했을 가능성을 배제하기 어렵다는 점이다. 즉, 외생변수에 대한 통제가 없으므로 개입이 표적행동에 미치는 효과에 대한 신뢰도가 낮을 수밖에 없다.

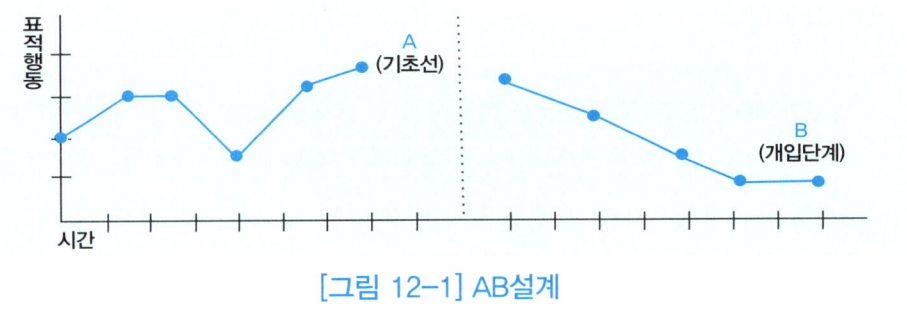

[그림 12-1] AB설계

### 2) ABA설계

AB설계의 단점인 다른 변수의 영향을 통제할 수 없어 개입의 효과 파악이 어려운 점을 보완하기 위해 나온 유형으로 변화의 개입효과성을 확인할 수 있게 만든 설계이다. 이 설계는 개입의 효과가 있었는지를 검증하기 위해 일정 기간 개입을 실시한 후 개입을 일시 중단한다. 일시적으로 개입을 중단한 시기에 표적행동이 기초선 상태로 돌아간다면 그동안의 변화가 개입의 효과라는 것이 증명되는 것이다. 그러나 만일 변화가 없다면 그동안의 변화는 개입으로 인한 것뿐 아니라, 클라이언트에게 영향을 준 다른 요인들이 있음을 추정하게 된다.

ABA설계는 AB설계에 개입을 중단하는 제3의 국면 A를 추가하여 AB설계의 단점을 보완한 것이다. 개입을 하지 않는 제3의 국면에 있어서 표적행동이 악화되는 현상을 보이면 B국면에서의 변화(개선)된 행동은 개입 때문이라는 확신을 더높일 수 있다. 여기서 두 번째의 A기간은 개입기간 중에 나타난 성과를 확인하기 위하여 개입을 일시 중단하고 처음 기초선과 같은 상태로 돌아간다는 의미에서 반전기간 또는 제2의 기초선이라고도 한다. 즉, 이 설계의 가정은 개입이 클라이언트를 변화시켰다면 개입이 없어지면 다시 클라이언트의 행동이 원래대로 되돌아 갈 것이라는 것이다. 실험설계에서 통제집단 없이 실험하는 것과 비슷한 형태이다.

ABA설계의 장단점은 다음과 같다.

### (1) ABA설계의 장점

개입을 중단하는 또 다른 기초선단계를 도입하여 표적행동에 어떤 변화가 일어나는지를 관찰할 수 있기 때문에 AB설계의 최대의 단점으로 지적되는 외부요인의 효과를 효율적으로 차단할 수 있다.

### (2) ABA설계의 단점

① 개입을 중단하는 또 다른 기초선단계(A)를 도입한다는 것은 개입을 인위적으로 중단한 후에 연구대상자의 표적행동에 어떤 변화가 일어나는가를 관찰하는 것이기 때문에 연구조사가 비윤리적이라는 비난을 받을 수 있다.

② 개입의 이월효과(carryover effect)가 문제가 된다. 단일사례연구는 개입효과가 일시적이거나 변화가능성이 많을 때 사용해야 한다. 그러나 어떤 경우에는 개입을 중단하더라도, 개입효과가 상당기간 지속되어 새로운 기초선단계의 행동에 영향을 미칠 수 있다. 이 경우 새 기초선단계에서 발생한 표적행동에 변화가 개입의 중단 때문인지 또는 개입의 이월효과 탓인지 올바르게 알 수가 없다는 문제가 있다.

③ 개입의 이월효과가 문제가 된다면 개입의 영향력이 사라질 때까지 기다려야 하기 때문에 연구기간이 길어질 수 있다.

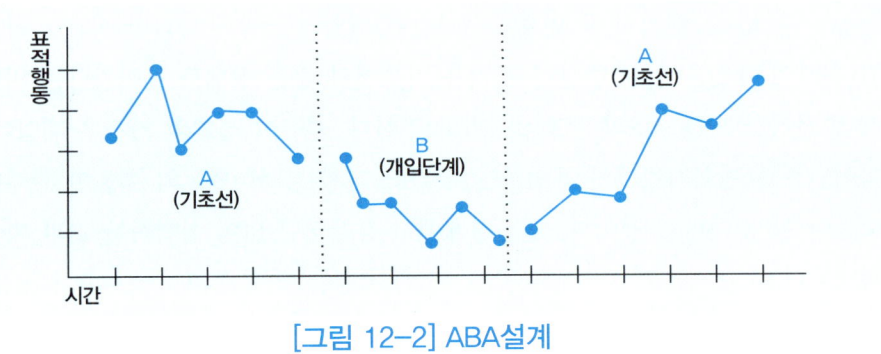

[그림 12-2] ABA설계

### 3) ABAB설계

ABAB설계는 ABA설계와 함께 반전설계라고도 불린다. 이 설계는 ABA의 개입을 중단한 국면에 다시 개입을 재개하는 B의 국면을 추가한 것으로서, 즉, 동일대상에 대해 한 번 더 반복해서 보는 것이다. 이로써 AB설계나 ABA설계의 약점을 보완한 것이다. 이 설계는 기초선(A) 측정 후 일정 기간 동안 개입(B)을 하고 일정 기간 동안 개입을 중단(A)한 후 다시 개입(B)을 하는 것이다. 즉, 기초선(A) → 개입(B) → 개입 중단(C) → 재개입(B) 과정으로 이루어진 것이다.

이 설계에서는 개입을 하지 않은 상태와 개입을 한 상태를 두 번 관찰함으로써 개입이 변화를 일으켰다는 확신을 가질 수 있다. 이 설계에서는 개입 이외에 다른 요인 때문에 변화가 일어났을 가능성은 거의 배제된다. 이러한 이 설계는 개입(치료)의 효과를 가장 높이 확신할 수 있는 설계이지만 역시 몇 가지의 문제점이 있다.

ABAB설계의 장점과 단점은 다음과 같다.

#### (1) ABAB설계의 장점

① ABA설계와 같이 개입 전후 시점에 발생할 수 있는 외생변수를 통제할 수 있다는 것이 큰 장점이다. 즉, ABA설계보다 개입단계(B)가 한 번 더 많기 때문에 두 번의 기초선단계와 개입단계를 설계에 도입할 수 있어서 외생변수를 적절하

게 통제할 수 있다.

② 클라이언트와 사회복지실천가의 관계가 지속되고 있는 상황에서 두 번째 기초선이 설정되고 개입이 이루어지므로 지속적인 관찰이 가능하다. 또한 클라이언트에 대한 특정개입의 효과를 파악하기 쉽기 때문에 개입효과와 인과관계 분석이 용이하다.

### (2) ABAB설계의 단점

① 기초선과 개입단계가 두 번에 걸쳐 도입되기 때문에 ABA설계보다 시간이 오래 걸리고, 두 번의 기초선단계와 개입단계를 비교 가능한 상태로 지속적으로 유지한다는 것이 쉽지 않다.

② ABA설계의 경우와 마찬가지로 개입의 이월효과에서 자유롭지 못하기 때문에 개입의 효과가 전혀 무의미한 경우도 발생할 수 있다.

③ ABA설계의 경우와 마찬가지로, 개입을 중단한 후 다시 개입을 재개하는 등의 인위적인 통제를 가한다는 비윤리성의 문제가 제기될 수 있다. 특히, ABAB설계에서는 한 번의 개입단계가 더 추가되어 시간이 더 많이 걸리기 때문에 윤리성이 더 큰 문제로 대두될 수 있다.

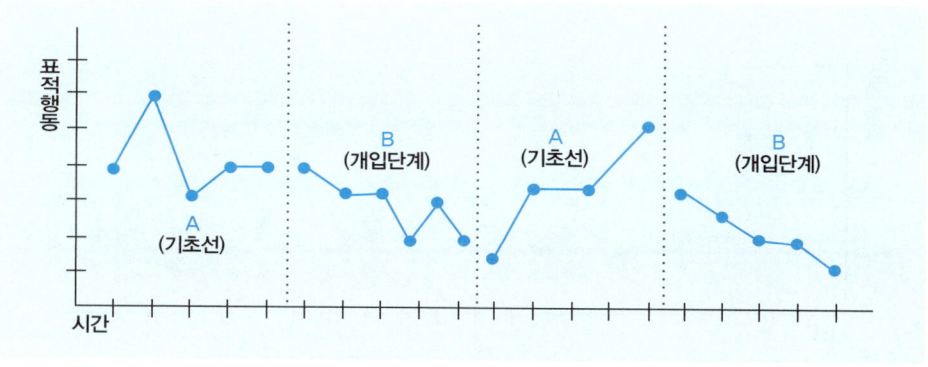

[그림 12-3] ABAB설계

### 4) BAB설계

BAB설계는 기초선 기간을 설정하지 않고 처음부터 개입국면에 들어가고 그 다음에 개입을 중단하는 반전의 국면을 갖고 다시 개입을 재개하는 국면을 갖는 설계이다. 이것은 개입국면에서 치료관계를 종결함으로써 치료를 완료되게 하는 점이고, 기초선을 설정할 시간적 여유가 없이 시급히 치료를 요하는 경우에 적절한 설계라는 것이다. 즉, 첫 번째 개입단계와 기초선을 비교하고, 다시 기초선과 두 번째 개입단계를 비교하여 개입의 효과를 판단한다.

BAB설계의 장점은 기초선 없이 바로 개입단계에 들어감으로써 조속한 개입에 유용하다. 예를 들어, 클라이언트가 위기상황에 있어서 즉각적인 개입이 필요한 경우에 사용하면 유용하다. 그리고 반복된 개입을 통하여 개입의 효과를 유발할 수 있다. 반면, 단점은 외생변수를 통제하기 어렵다는 점과 개입의 효과가 지속되는 경우에 기초선단계와 제2 개입단계에서의 표적행동이 유사하므로 개입의 효과를 판단하기 어렵다는 것이다. 즉, 반전국면에 있어서 개입 이외의 다른 요인이 변화를 일으키거나, 아니면 개입의 효과가 지속적이어서 기초선과 같은 상태로 돌아갈 수 없게 되는 경우에는 적용하기 힘들다는 문제도 안고 있다.

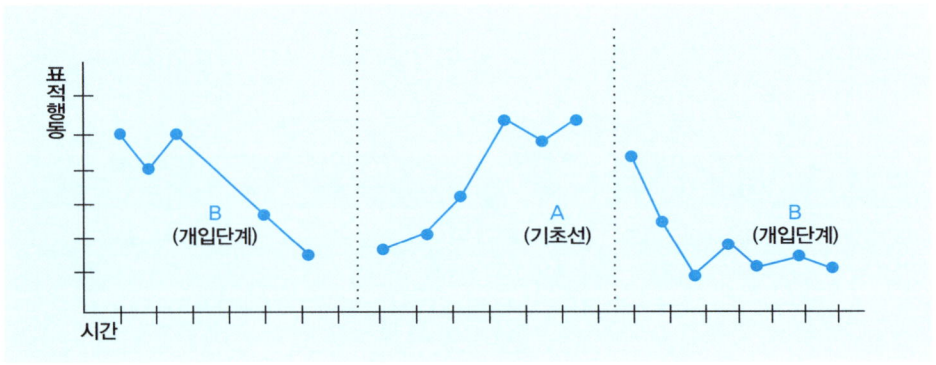

[그림 12-4] BAB설계

## 5) ABC설계

ABC설계는 다중개입설계라고도 불린다. 이 방법은 한 명의 연구참여자에게 서로 다른 개입방법을 적용하는 경우에 해당된다. 따라서, ABC설계는 특정한 문제를 가진 클라이언트에게 두 가지 이상의 개입전략이 필요하다. ABC설계는 먼저 기초선단계(A)를 거친 후 첫 번째 개입방법(B)을 수회 실시하고, 두 번째 개입방법(C)을 실시하면 된다. 다만, ABC설계는 연구자가 개입한 효과를 즉각적으로 확인하기 어려운 경우에 어떤 개입이 어떤 결과로 이어졌는지 명확하게 확인하기가 어렵다는 한계점이 있다.

## 6) ABCD설계

ABCD 연구는 다중요소설계 또는 복수요소설계라고도 하며, 하나의 기초선 자료에 대해서 여러 개의 각기 다른 방법(BCD)을 개입하는 것으로 한다. 클라이언트에게 도움이 되지 않는 개입을 수정하거나, 실제로 표적문제에 변화를 가져오는지에 대해 설명하고자 할 때 유용하다. 또한 서로 다른 사회복지 프로그램이나 서비스의 효과를 측정하는 데 매우 실용적이고, 하나의 기초선만으로도 각기 다른 방법에 대한 비교가 가능하기 때문에 사회복지실천가들이 자주 사용하는 방법이다.
ABCD설계의 장단점은 다음과 같다.

### (1) ABCD설계의 장점
① 서로 다른 사회복지 프로그램이나 서비스의 효과를 측정하는 데 매우 실용적이고, 하나의 기초선만으로도 각기 다른 방법에 대한 비교가 가능하기 때문에 사회복지실천가들이 흔히 사용하는 방법이다.
② 사회복지실천현장에서는 클라이언트에게 적합한 새로운 개입방법을 계속 시행해야 하는 경우가 많다. 이 방법은 각기 다른 개입을 연속적으로 시행해야

하는 경우에 매우 적합한 방법이다. 사회복지실천가는 연속적인 개입을 통해서 프로그램의 효과를 파악하고, 문제가 있다면 개입계획을 변경하는 등 신축적으로 프로그램을 진행할 수 있다.

### (2) ABCD설계의 단점
#### ① 이월효과

개입을 중단한 이후에도 새 기초선단계에 개입의 효과가 남아 있는 ABA설계나 ABAB설계와는 조금 다르지만, ABCD설계도 이월효과에서 자유롭지 못하다. 특정개입을 중단하고 새 개입을 시행할 때, 이전 개입의 효과가 새로운 개입을 진행하는 단계에 넘어와서 이월될 수 있기 때문이다.

#### ② 순서효과(order effect)

ABCD설계의 경우, 새로운 개입이 순차적으로 실시되기 때문에 개입의 순서가 표적행동에 영향을 미칠 수 있다. 순서효과가 문제가 될 경우에는 ABDC, ACBD, BACD, BCAD 등과 같이 개입의 순서를 바꾸어 시행해 봄으로써 순서효과를 해결할 수도 있다.

#### ③ 우연한 사건

단일사례설계의 최대의 단점은 외부에서 발생한 우연한 사건이 개입과정에 영향을 미치는 것인데, 이 설계의 경우도 예외는 아니어서 개입기간 중에 발생한 우연한 사건이 개입효과에 영향을 미칠 수 있다.

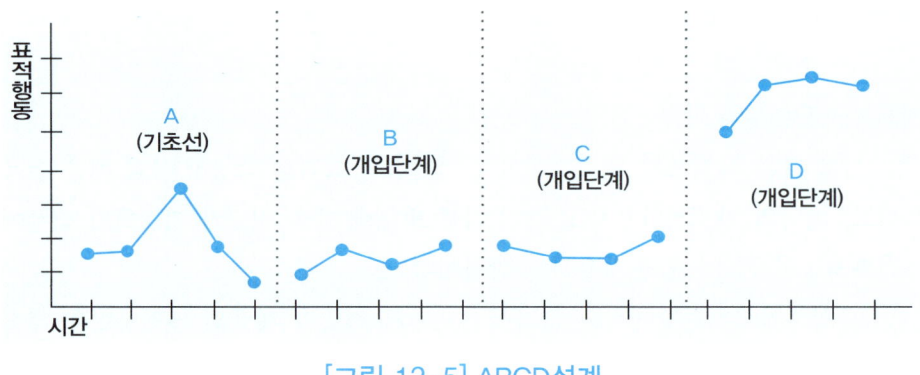

[그림 12-5] ABCD설계

## 7) 복수기초선설계

AB설계는 단순하여 시행에는 큰 어려움이 없지만, 개입의 인과적 결론을 내리기 힘들다. ABAB설계는 인과적 결론을 내리는 데는 적절하지만, 시행이 종종 불가능해지는 것이 문제이다. ABA 및 BAB 등의 설계도 인과적 결론을 내리는 데 문제가 있고, 시행이 불가능하게 되는 경우가 종종 있는 것이 문제이다. 따라서, 개입중단의 문제점을 개선하면서 개입과 표적행동의 변화 간의 인과적 관계를 확실히 추정할 수 있는 방법으로 개발된 것이 복수기초선설계이다. 이 설계는 AB설계를 여러 문제, 여러 상황, 여러 사람에게 적용하여 같은 효과를 얻음으로써 개입의 인과적 효과의 확신을 높이려는 것이다. 즉, 둘 이상의 문제가(문제 간) 똑같은 방법으로 치료되거나, 같은 문제가 둘 이상의 상황에서(상황 간) 치료되거나 혹은 같은 상황에서 같은 문제를 가진 둘 이상의 사람이(대상자 간) 치료받게 되면 개입이 표적행동의 변화를 가져왔다는 인과적 관계의 확신을 높일 수 있게 된다. 복수의 개입단계를 사용하지만, 개입은 각 기초선의 서로 다른 관찰점에서 도입된다. 다음 세 가지 경우의 적용대상에 따라 복수기초선설계를 구분할 수 있다(이승현 외, 2019: 152-153 ; 이세형, 2019: 220-221).

### (1) 문제 간 복수기초선설계

이 설계는 하나의 특수한 개입방법이 같은 상황하에서 같은 대상자의 다른 문제해결에 효과가 있는지를 평가하기 위한 것이다. 즉, 한 대상자(사례)의 여러 표적문제에 대한 개입의 효과성을 확인하는 것으로 볼 수 있다. 여기서 문제는 상호 독립적인 것이어야 하고 상관되는 것이어서는 안 된다. 상관된 경우, 한 행동의 변화는 자동적으로 다른 행동의 변화에 영향을 미치게 되어 개입의 독립적인 효과를 약하게 만들거나 불확실하게 만들기 때문이다.

### (2) 상황 간 복수기초선설계

이 설계는 하나의 특수한 개입방법이 대상자의 같은 문제를 두 가지 이상의 다른 상황에서 치료하는데도 효과가 있는지를 평가하기 위한 것이다. 만약에 특수한 개입방법이 여러 가지의 다른 상황에서 같은 사람의 같은 문제행동에 변화를 가져왔다면, 개입방법이 문제행동의 변화에 인과적인 영향을 미쳤다는 확신을 가질 수 있다. 같은 클라이언트의 동일한 표적문제에 대한 개입효과가 여러 장소나 상황에도 보편적으로 검증되는지 보는 것이다.

### (3) 대상자(사례) 간 복수기초선설계

이 설계는 특정 개입방법이 같은 상황에서 같은 문제를 가진 두 명 이상의 다른 대상자에게 적용될 때, 그 개입방법이 효과가 있는지를 평가하기 위한 것이다. 같은 상황에서 같은 문제를 가진 다른 사람들에게 특정의 개입방법을 적용했을 때, 기초선과 개입기간에 있어서 행동변화의 차이가 나타났다면, 이러한 행동의 변화는 개입으로 인한 것이라는 확신을 가질 수 있다. 즉, 같은 유형의 문제를 가진 여러 명의 사람들을 대상으로 개입을 실시한 후 개입의 효과가 있는지 파악하는 설계이다.

## 4. 단일사례연구 결과의 분석방법

단일사례연구 결과의 분석방법에는 세 가지가 있다. 그 내용은 다음과 같다(원석조, 2018: 185-186 ; 홍봉수 외, 2018: 261-263).

### 1) 시각적 분석

시각적 분석은 기초선단계와 개입단계를 그려놓은 도표나 그래프를 보면서 개입 이전보다 개입 이후에 표적행동에서 눈에 될 만한 변화가 있었는지를 시각적으로 분석하는 방법이다.

그래프 등 시각적 자료를 바탕으로 1차적 경향과 수준의 변화를 해석하는 시각적 분석은 변화의 경향, 변화의 파동, 변화의 수준을 분석해서 살펴본다.

### (1) 변화의 경향

기초선의 변화경향을 개입기간의 변화경향과 연결시켜 검토하는 것을 말한다. 기초선단계와 개입단계 동안에 점진적인 증가나 감소가 일어날 수 있는데, 이러한 경우 경향의 방향이 일치하면 개입의 영향을 판단하기 어렵지만, 서로 상반되면 판단하기가 쉽다.

### (2) 변화의 파동

관찰된 표적행동의 특성이 시간의 경과에 따라 파동을 일으켜 변화되는 정도를 의미한다. 변화의 파동이 심한 경우에는 관찰의 횟수가 많아야 변화의 일정한 유형을 판단할 수 있다.

설계의 각 국면 내에서 변화의 파동이 적을수록 그리고 관찰의 횟수가 많을수록 개입의 효과를 확실히 판단할 수 있다

### (3) 변화의 수준

관찰된 표적행동의 특성이 나타내는 점수의 위치를 말하는 것으로, 기초선단계의 수준과 개입단계의 수준 사이에 차이가 클수록 개입의 효과에 대한 확신이 높아진다.

## 2) 통계학적 분석

통계학적 분석은 시각적 분석으로는 명확한 해석을 하기 곤란할 경우, 좀 더 객관적인 방법으로 활용되는 것으로, 자료에서 나타나는 변화들이 통계학적으로 의미 있는 것인지 아닌지를 판단하는 분석방법이다.

개입단계에서 나타나는 변화들이 기초선단계에서의 경향에 근거해서 볼 때, 우연히 나타날 수 있는 정도인지 아닌지를 판단하는 것이다.

### (1) 평균비교

기초선이 비교적 안정적일 경우, 기초선과 개입단계에 나타난 표적문제의 평균값을 비교하여 파악하는 방법이다. 기초선단계의 평균을 기준으로 개입단계의 평균이 기초선의 평균으로부터 어느 정도만큼 벗어나 있으며, 그것이 통계학적으로 의미가 있는지를 판단하는 것이다.

대체적으로 개입단계의 평균이 기초선단계의 평균에서 ±표준편차의 2배 이상 벗어난다면, 통계적으로 유의미함을 평가할 수 있다. 또한 간과해서 안 될 점은 기초선이 안정적일 경우에 평균비교가 사용 가능하다는 점이다.

### (2) 경향성 접근 비교

평균비교가 단순한 통계학적 기법을 제시해 주지만, 기초선단계가 불안정하게 이루어져 있어서 일종의 경향성을 가지고 있을 때, 단순 평균비교는 어렵다. 이런 경우에는 경향성 접근 비교를 이용해야 한다.

사용하는 접근방법으로 기초선단계의 측정점들을 반으로 나누어 각 그룹의 평균을 구한 후 이 두 평균을 연결하여 단순한 평균비교가 어려울 때, 경향선 접근 비교로 분석한다. 이 방법도 평균비교와 마찬가지로, 기초선단계의 정보를 토대로 개입단계와의 차이를 평가하는 것이지만, 경향선은 변화의 폭과 기울기까지를 동시에 고려할 수 있는 장점이 있다.

## 3) 실용적 분석

실용적 분석이란 변화의 크기를 임상적인 기준에서 판단해 보는 것이다. 즉, 개입 이후 변화가 발생했다면, 그러한 변화들이 과연 실질적인 문제에서 얼마만큼의 비중을 갖는 변화인지를 판단하는 것이다. 시각적 변화 분석이나 통계학적 분석을 통하여 개입에 의해 변화가 발생하였다는 것을 확인할지라도, 그것이 실질적으로 어떤 가치를 지니고 있는지 분석해야 한다.

시각적·통계학적 변화가 클라이언트에게 의미 있는 변화를 가져왔는지를 여러 가지 현실적인 문제들을 고려하여 개입의 변화를 파악하는 것이 필요하다.

## 5. 자료기록방법

단일사례연구는 체계적인 자료의 수집과 분석으로 완료되며, 이때 자료는 개입 전, 개입 도중, 개입 후에 있어서 표적행동의 변화를 비교할 수 있도록 계량화되어 기록되어야 한다. 그 내용은 다음과 같다(이승현 외, 2019: 156-158).

### 1) 자료기록 규정

단일사례연구에 있어서의 자료기록방법은 연구 실시 전에 미리 결정되어야 하고, 표준화된 양식에 의하여 관찰되고 기록되어야 한다. 표적행동에 대한 구체적인 판단기준과 자료기록규정을 연구시작 전에 준비하여야 하는데, 이를 '행동관찰규정'이라고 한다. 여기에는 표적행동에 대한 조작적 정의, 기록원칙, 기록의 예 등이 포함된다.

### 2) 관찰 및 기록자의 선정

표적행동은 직접적인 관찰에 의하여 기록되어야 한다. 관찰기록자는 개입상황에서 자연적으로 관찰이 가능한 자, 개입의 자연적 환경에 속하지 않는 외부관찰자, 연구조사자 또는 클라이언트 자신이 될 수도 있다. 외부관찰자를 사용하는 경우에는 비용이 많이 들고, 연구상황이 외부관찰자로 인해 변화되어 개입에 영향을 미칠 가능성이 존재하므로 신중해야 한다. 어떤 형태의 자료측정과 기록방법을 선택하든지 단일사례연구에서는 반복적인 측정이 필수적이며, 반복측정과정에서 관찰자의 존재로 인해 나타나는 효과 등, 즉 연구대상자들의 반응성을 최소화하는 것이 타당성 있는 자료를 산출하는데 매우 중요하다. 단일사례연구의 자료관찰 및 자료기록 방법은 시간간격 기록, 빈도 기록, 지속시간 기록, 정도 기록, 간헐적 점검 기록, 영구적 생산물 기록 등 6가지로 구분할 수 있다.

### (1) 시간간격 기록(interval recording)

일정한 관찰기간을 동일한 간격의 시간으로 나누어 연구대상자의 표적행동을 기록하는 방법이다. 즉, 정해진 시간간격 내에 표적행동이 일어났느냐 또는 일어나지 않았느냐를 기록하는 것으로, 빈도가 아주 높은 행동의 관찰에 적합하다. 이때, 시간간격이 짧으면 짧을수록 더 정확히 관찰될 수 있다. 정해진 시간간격 내에서 처음 일어나는 행동만 기록하고 그 후에 일어난 것은 기록하지 않는다.

### (2) 빈도 기록(frequency recording)

정해진 관찰기간 동안에 일어난 모든 표적행동의 회수를 기록하는 방법이다. 빈도 기록은 시간간격 기록보다는 쉬운 방법으로, 빈도가 높은 행동이나 낮은 행동 모두에 대해서 관찰 및 기록이 가능하다. 관찰기간을 길게 할 수 있는 것이 특징이다.

### (3) 지속시간 기록(duration recording)

정해진 관찰기간 동안에 모든 표적행동이 나타난 이후 지속된 시간을 직접 관찰하여 기록하는 방법이다. 지속시간 기록은 표적행동의 지속시간이 관심의 대상이 될 때 사용되며, 일반적으로 빈도와 같이 관찰된다.

### (4) 정도 기록(magnitude recording)

정해진 관찰기간 내에 발생한 표적행동의 양, 수준 또는 정도 등을 관찰하여 미리 설정한 정도 측정 척도에 의하여 판단하여 정도를 나타내는 수치를 기록하는 방법이다.

### (5) 간헐적 점검기록(spot check recording)

특정의 관찰시간을 정하여 관찰하는 순간에 표적행동이 나타나고 있는지 아닌지를 기록하는 방법으로, 간헐적인 관찰을 통해 기록한다. 간헐적 점검기록은 가장 쉬운 방법으로 점검시간을 정하는 것은 연속되는 시간 가운데, 적절한 시점을 선택할 수도 있다. 이 방법은 사회적 상호작용, 놀이, 노동 등 오래 지속되는 행동이나 빈도가 높은 행동을 관찰하는 데 적절하다.

### (6) 영구적 생산물 기록(permanent product recording)

영구적 생산물 기록은 표적행동의 발생 여부에 대해 반드시 직접적으로 관찰을 필요로 하지 않으며, 표적행동에 의하여 만들어진 결과를 관찰하여 표적행동이 일어났음을 확인함으로써 이루어진다. 이 방법은 기록이 남는 행위 등의 관찰에 적합하다. 출석기록, 범죄행위기록 등은 직접행위를 관찰하지 않고 그 기록을 보고 행위를 판단할 수 있는 좋은 예라 할 수 있다.

## 6. 단일사례연구의 평가

### 1) 단일사례연구의 한계

단일사례연구는 사회복지실천현장에서 유용하게 사용할 수 있는 연구방법이다. 유용성의 측면에서 보았을 때, 단일사례연구는 사회복지실천과 연구조사를 결합하는 효과를 가진다. 따라서, 과학적 연구방법을 사회복지실천에 도입하는 것이 가능하고, 결과적으로 사회복지실천기술을 향상하거나 개발하는 데 기여할 수 있다. 또한 실험설계나 설문조사에 비해 비용과 노력이 크게 절감된다는 점도 사회복지실천현장에서의 실용성과 적용가능성을 높여 준다.

그러나 단일사례연구가 갖는 여러 가지 장점과 유용성에도 불구하고, 몇 가지 한계점은 여전히 남아 있다(유영준, 2021: 309-310).

첫째, 단일사례연구에서 연구자의 개입단계가 시작되기 전에 기초선 측정을 하다 보니 적절한 개입의 시기를 놓칠 수 있다. 결과적으로 단일사례연구는 도움이 필요한 이들에게 사회복지서비스를 지연시키는 결과를 가져올 수 있음에 유의할 필요가 있다. 이와 유사하게 단일사례연구의 내적 타당도를 높이기 위해 개입을 일시 중단하는 반전설계도 윤리적으로 바람직하지 못할 때가 있다.

둘째, 단일사례연구는 내적 타당도를 저해하는 요인들을 통제하기 어렵기 때문에 인과관계를 확신하기 어렵다. 특히, 독립변수의 개입 이전과 이후에 종속변수를 여러 번 반복하여 측정함으로써 내적 타당도를 저해하는 검사요인이 발생할 수 있고, 연구자가 통제하기 어려운 역사요인이나 연구참여자의 성장요인도 단일사례연구의 내적 타당도를 저해할 수 있다. 이를 보완하기 위해서 반전설계를 실행할 수는 있지만, 단일사례연구는 점점 복잡해지고 실행가능성이 낮아진다. 결과적으로 단일사례연구는 인과관계를 명확하게 보여 주지 못하기 때문에 개입결과를 일반화하는 데 무리가 따를 수 있다.

셋째, 단일사례만을 관찰하기 때문에 연구자의 개인적 편견이나 가치관이 개입될 여지가 많다는 한계점을 가지고 있다.

## 2) 유의사항

단일사례연구는 개입의 효과를 검증할 수 있는 좋은 실험설계이다. 그러나 이를 실제로 적용하기 위한 유의사항은 다음과 같다(송진영, 2020: 190-191).

첫째, 보이는 변화가 개입으로 인한 것인가를 확신하는 정도인 내적 타당도(인과관계)를 높일 필요가 있다. 내적 타당도를 높이기 위해서는 실험설계를 세밀하게 운영하여야 한다. 바꿔 말하면 단일 사례설계의 결과를 쉽게 판단해서는 안 된다.

둘째, 단일사례연구도 실험설계이기 때문에 윤리문제가 발생하기 쉽다. 그러한 문제에 대처하게 되면 개입의 효과 검증이 어려워질 수 있고, 대처를 하지 않으면 사례가 겪는 어려움을 외면하게 되는 윤리적인 문제가 발생할 수 있는 것이다. 따라서, 실험자는 그러한 상황을 예측하고 대비할 필요가 있다.

셋째, 외적 타당도를 확보하는 데도 신경을 써야 한다. 즉, 개입의 효과를 일반화하기 위해서는 사례가 가지고 있는 일반성과 독특성을 세밀하게 고려하여 해석할 필요가 있다.

넷째, 측정도구로 척도를 활용하였다면 검사효과가 발생하는 것에 유의해야 한다.

## 〈연습문제〉

1. 단일사례연구에 관한 설명으로 옳지 않은 것은?
   ① 단일사례로서 개인, 가족, 단체 등이 분석대상이다.
   ② 여러 명의 연구대상들에게 개입 시기를 다르게 하면 우연한 사건효과를 통제할 수 있다.
   ③ 기초선으로 성숙효과를 통제할 수 있다.
   ④ 측정을 위한 비관여적 관찰도 가능하다.
   ⑤ 비반응성 연구의 한 유형이다.

2. 단일사례설계에 관한 설명으로 옳지 않은 것은?
   ① 기초선 국면과 개입 국면이 있다.
   ② 연구대상과 개입방법은 여러 개가 될 수 없다.
   ③ 연구조사 과정과 실천 과정의 통합이 가능하다.
   ④ 경향과 변화를 파악하도록 반복 관찰한다.
   ⑤ 통계적 원리를 적용하여 분석할 수 있다.

3. 단일사례설계에 관한 설명으로 옳지 않은 것은?
   ① 의도적 개입이 표적행동에 효과를 나타냈는지를 평가하기 위한 설계이다.
   ② 개입 도중 효과가 없다고 판단되더라도 개입효과를 엄밀히 평가하기 위해 개입방법을 변경해서는 안 된다.
   ③ 먼저 클라이언트의 문제 행동을 표적행동으로 명확히 규정해야 한다.
   ④ '친구들을 때리는 횟수를 현재 수준에서 1/3 정도로 줄이는 것'이라는 개입목표는 단일사례설계를 적용하기에 적합한 개입목표이다.
   ⑤ 표적행동의 지표와 관련된 자료를 수집하는 원천은 클라이언트 자신뿐 아니라, 클라이언트 주변 제3자도 될 수 있다

4. 단일사례설계 중 다중기초선설계에 관한 설명으로 옳지 않은 것은?
   ① 내적 타당도 저해요인을 통제하기 위한 주요 수단으로 개입의 철회를 사용한다.
   ② 일부 연구대상자에게 개입의 제공이 지연되는 문제를 갖는다.
   ③ 연구대상자의 수가 증가할수록 내적 타당도는 증가한다.
   ④ 동일한 개입을 특정 연구대상자의 여러 표적행동에 적용하여 개입의 효과를 평가할 수 있다.
   ⑤ 수집된 자료의 분석을 위해 통계적 방법이 사용되기도 한다.

5. 다음 중 단일사례연구의 '개입'에 관한 특징으로 올바르지 않은 것은?
   ① 개입은 실험설계의 독립변수와 유사한 개념이다.
   ② 개입은 사건, 시험자극, 프로그램, 환경 등의 변화이다.
   ③ 표적행동은 개입을 통해서 변화시키려는 행동이다.
   ④ 개입의 효과는 분석할 수 있다.
   ⑤ 개입은 일회성으로 관찰한다.

6. 단일사례설계의 고평에 해당하지 않는 절차는?
   ① 표적문제를 확인하고 구체적으로 정의한다.
   ② 구체적인 개입계획을 수립한다.
   ③ 무작위 할당을 통해 연구대상을 나눈다.
   ④ 구체적인 설계유형을 결정한다.
   ⑤ 변화의 파동, 수준, 경향 등을 보며 개입을 평가한다.

7. 단일사례설계에 관한 설명으로 옳은 것은?
   ① 표적행동은 독립변수, 개입은 종속변수이다.
   ② 기초선에 뚜렷한 경향이 나타나기 전에 개입을 도입해야 한다.
   ③ 기록시점 간 표적행동의 변화가 심할수록 더 많은 기록점이 필요하다.
   ④ ABA설계는 AB설계보다 내적 타당도가 낮다.
   ⑤ 단일사례설계는 항상 기초선(A)부터 시작한다.

8. 단일사례연구의 특징으로 올바른 것은?
   ① 한 개인이나 가족단위만 적용가능하다.
   ② 단일사례연구는 양적 연구방법이다.
   ③ 의도적인 개입을 해서는 안 된다.
   ④ 연구설계의 가설검증의 주목적이다.
   ⑤ 기본구조는 기초선단계와 개입단계로 구분된다.

정답 1. ⑤ 2. ② 3. ② 4. ③ 5. ⑤ 6. ③ 7. ③ 8. ⑤

# Chapter 13
# 연구보고서

**학습목표**

1. 연구보고서의 종류에 대한 사전지식
2. 연구보고서의 구성에 대한 실습
3. 연구보고서의 실제 작성

**학습내용**

1. 연구보고서의 개념
2. 연구보고서의 종류
3. 연구보고서의 구성
4. 연구보고서의 작성 시 유의사항

**개 요**

연구를 마치면, 연구자는 연구의 전 과정을 구조화된 양식에 의해 작성하게 되는데, 이를 연구(조사)보고서라고 한다. 즉, 연구보고서는 연구와 관련된 과학적 절차와 결과를 담은 자료를 의미한다. 여기에서는 연구보고서를 학습하고자 한다.

# Chapter 13
# 연구보고서 작성

## 1. 연구보고서의 개념

### 1) 연구보고서의 정의

연구(조사)보고서의 작성은 사회연구의 최종 단계로, 그 이전 단계에서 아무리 훌륭한 연구(조사)설계를 바탕으로 효율적인 자료 수집과 분석, 해석이 이루어졌다 하더라도, 그것이 보고서 작성상의 중대한 흠결로 말미암아 다른 사람에게 효과적으로 전달되지 못한다면, 그 연구의 의의는 그만큼 경감될 것이다. 또한 연구보고서는 사회연구를 최종적으로 마무리 짓는 중요한 의미를 갖는다(송진영, 2020: 275).

예기디스와 바인바흐(Bonnie Yegidis & Robert Weinbach)의 저서 『사회복지사를 위한 연구방법(*Research Methods for Social Workers*, 2017)』에 따르면, 사회복지조사를 실시하는 주요한 이유는 사회복지 분야의 지식을 확대하고자 하기 때문이다. 이를 위해서는 실천현장에서의 문제를 해결하기 위한 지식을 탐색하고, 사회복지서비스의 질을 향상시키기 위한 지식과 기술을 개발한다. 또한 새롭고 효과적인 사회복지실천 개입방법을 개발하기

『사회복지사를 위한 연구방법』
(2017년 출판)

위해 실시되는 사회복지조사의 과정을 구체적으로 기술하고, 그 결과를 분석하고 해석하여 관련자에게 전달하여야 한다. 따라서, 연구를 마치면, 연구자는 연구의 전 과정을 구조화된 양식에 의해 작성하게 되는데, 이를 연구(조사)보고서(research report)라고 한다. 즉, 연구보고서는 연구와 관련된 과학적 절차와 결과를 담은 자료를 의미한다.

연구보고서의 일차적인 목적은 연구한 결과를 연구에 관심을 가진 사람들에게 전달하는 데 있다. 사회복지조사의 과정에는 많은 자원이 투입된다. 특히, 연구를 수행할 수 있도록 재정을 지원받은 경우, 연구자는 재정을 지원한 해당기관에 연구에 대한 결과물인 연구보고서를 제출해야 할 의무를 지닌다. 또한 연구보고는 연구결과를 공개해서 연구결과가 보편적으로 타당하고 객관적인지를 검증하고자 하는 목적도 있다.

이처럼 연구보고서의 결과를 공개해야 하는 것은 그 목적이 어떠하든 일반적이며, 공개되지 않은 것은 개인적인 지식을 축적하는 것으로 끝나기 때문에 지식의 확대를 위해 연구결과는 반드시 공개되어야 한다.

연구를 수행하면서 얻어진 과학적 결과를 연구보고서 형식을 통해서 발표하는 것은 여러 가지로 중요한 의의가 있다. 이런 의의를 몇 가지로 살펴보면 다음과 같다(최세영 외, 2020: 338).

첫째, 연구보고서를 통해 연구결과를 발표하면, 사회의 관련 분야에 기여할 수 있게 된다. 특히, 사회복지학은 사회현상에 대한 다학제적 접근을 하는 것이 특징이다. 예를 들어, 청소년비행에 영향을 미치는 요인에 대한 연구를 진행하여 개인적 요인, 심리·사회적 요인, 가족 관련 요인, 학교환경요인 등이 청소년가출에 영향을 미친다는 것이 검증되었다면, 이러한 결과는 사회복지학뿐만 아니라, 심리학, 사회학, 가족학, 교육학 등에 유의미한 함의를 제시해 줄 수 있게 된다. 그러나 연구결과를 발표하지 않을 경우, 연구결과는 사회적으로 거의 기여하지 못한다.

둘째, 과학적 지식은 재현 가능성을 전제한다. 연구보고서를 통해 연구결과를 발표하면, 연구의 오류와 속임수와 거짓말을 찾아내는 재현과정을 거칠 수 있게 된다. 그리고 연구보고서를 통해 연구결과를 더 널리 발표하면, 연구결과를 사용할 가능성이 있는 사람이 연구결과에 주목할 가능성이 더 커진다. 이를 통해 연구를 통해 다루었던 사회문제 또는 사회현상에 대한 사람들의 관심과 인식을 촉진할 수 있게 되고, 연구주제에 대한 새로운 접근을 시도할 수 있는 계기를 마련할 수 있게 된다.

## 2) 연구보고서의 기능

연구조사의 마지막 단계에서는 수집된 자료들의 해석 및 결론도출 등 연구조사의 전 과정을 포괄하는 연구보고서 작성이 이루어진다. 일반적으로 연구보고서는 다음과 같은 세 가지 기능을 가지고 있어야 한다(강영걸 외, 2018: 357-358).

### (1) 연구내용의 효율적 전달
연구내용과 관련된 구체적인 자료, 자료가 지닌 의미, 그리고 그에 부합되는 해석을 관련 분야의 전문가와 독자들에게 효과적으로 전달할 수 있어야 한다.

### (2) 관련 분야의 전문적 지식체계에 대한 기여
하나의 연구를 통해서 학문적 지식체계를 완성한다는 것은 전적으로 불가능한 일이다. 사회복지 영역은 인간과 사회를 연구대상으로 한 학문이다. 인간과 인간을 둘러싼 사회환경은 언제나 변화한다. 그런 만큼 사회복지학 역시 패러다임 전환이 끊임없이 요구되는 학문이다. 이에 따라, 연구보고서의 내용은 이론적 측면이나 실용적 측면에서 관련분야의 전문적 지식체계에 기여해야 하며, 이러한 기여들이 모여 학문적 패러다임이 완성을 지향하게 되는 것이다.

### (3) 향후 연구방향 제시
한 연구에서 관련 분야의 모든 변수를 다룰 수는 없다. 예를 들어, 사회복지 차원의 중심 이슈인 빈곤에 대해 연구보고서를 작성한다고 가정하자. 빈곤의 개념은 그것이 절대적 빈곤과 같이 객관적인 면이 강조되는지 아니면 상대적 박탈과 같이 주관적·심리적인 면이 강조되는지에 따라 적용범위가 다양하다. 따라서, 빈곤이란 개념적 패러다임이 체계를 갖추기 위해서는 이들 요인들이 모두 연구되어야 하므로 연구보고서의 말미에는 연구된 내용을 토대로 향후 어떤 측면이 연구되어야 하는지에 대한 방향이 제시되어야 한다.

### 3) 연구보고서의 작성원칙

연구보고서의 양식과 문체는 독자의 성격에 따라, 즉 학자들이나 실무분야의 전문가들을 위한 보고서인가 일반인을 위한 보고서인가에 따라 달리 써야 하지만, 공통적으로 적용되는 작성원칙은 다음과 같다(이승현 외, 2019: 340-341).

첫째, 보고서 문체의 가장 중요한 기준은 정확성(accuracy)과 명료성(clarity)이다. 수사적인 용어로 기교를 부려 재미있게 글을 쓰는 것도 좋지만, 그것으로 인해 정확성과 명료성이 떨어져서는 안 된다. 차라리 재미가 덜 있더라도 정확성과 명료성을 확보하는 게 낫다.

둘째, 간결하고, 짧은 문장으로, 직설적인 표현을 쓰는 것이 좋다. 문장은 가능한 한 간략하고 짧게, 능동태로 기술하는 것이 좋다. 또한 전문분야의 은어(jargon)를 사용하는 것을 피하고, 직설적으로 알기 쉽게 뜻을 전달할 수 있는 용어를 사용하는 것이 좋다.

셋째, 문장의 시제는 과거와 현재를 혼용하되, 다음과 같이 구분해서 사용하는 것이 좋다. 이미 행한 연구의 결과들을 인용, 보고하는 내용과 자신이 연구를 수행한 방법, 절차에 관한 내용을 기술할 때에는 과거시제를 쓴다. 그러나 자신의 연구결과를 기술할 때에는 현재형을 쓴다.

넷째, 자료를 충분히 제시하는 것이 좋다. 자료에는 양적인 것이나 질적인 것이 있을 수 있으며, 이를 표나 그림으로 제시하든지 적절한 보기를 들어 제시하는 것이 좋다. 표나 그림을 제시하는 경우에는 최소한의 해석과 의견을 제시해야 한다. 특히, 통계분석 결과를 표로 제시할 때에는 일반적으로 많이 쓰이는 양식에 따르는 것이 좋고, 추리통계의 분석결과를 제시할 때에는 통계적 결정에 필요한 자료(사례 수, 유의수준, 검증통계 값 등)를 함께 제시하는 것이 좋다.

다섯째, 보고서를 작성하기 전에 개요를 미리 작성하여 어떤 내용을 어떤 형식으로 조직해야 할지를 머릿속으로 생각하고 보고서 작성을 시작한다. 대개의 경우 연구결과부터 윤곽을 짜 보는 것이 유용하다. 왜냐하면 이 부분이 핵심이 되는 몸체이고, 나머지 부분은 머리와 꼬리 부분에 해당되기 때문이다.

여섯째, 반드시 한 부 이상의 원고를 만들어 놓고, 자신이 원고를 다시 고칠 각오로 하고, 친구나 동료에게 보여 도움을 받도록 한다. 또한 이미 써 놓은 원고를 상당한 시간이 지난 후에 다시 보면 쓸데없는 단어, 잘못된 표현 같은 것을 쉽게 찾아낼 수 있으므로 이때 이를 고치도록 하는 것이 좋다.

일곱째, 출판을 목적으로 일정한 기관지나 학술지에 원고를 제출하고자 하면, 미리 그 잡지에서 요구하는 문체, 주석 및 참고문헌 형식, 여백 주기 등에 대한 정보를 얻어 참조하는 것이 좋다.

## 2. 연구보고서의 종류

연구보고서는 그 목적에 따라 구분은 다음과 같다(서정민 외, 2019: 334-335).

### 1) 탐색적 연구보고서

탐색적 연구보고서는 선행연구가 많지 않거나, 연구주제와 관련하여 연구가 거의 진행되지 않은 경우에 연구되어 보고되는 문서이다. 즉, 연구문제를 밝히거나 가설을 정립하는 데 도움을 주는 보고서로, 향후 정교한 연구를 실시하도록 하기 위해 수행된 연구의 결과를 보고하는 문서이다. 보고가 탐색적 목적을 갖고 있다는 점에서 결론은 단정적인 내용이 아닌 잠정적인 것임을 밝혀야 한다.

## 2) 기술적 연구보고서

기술적 연구보고서는 연구주제와 관련되어 사회적 현상의 특성과 변수 간의 관계성을 서술하기 위해 수행된 연구의 결과를 보고하는 문서이다.

기술하는 내용이 모집단 전체인지 표본인지 밝혀야 하며, 변수 간의 관계성을 기술할 때 통계적 오차 범위에 관해서도 기술해야 한다.

## 3) 설명적 연구보고서

설명적 연구보고서는 변수 간의 원인과 결과를 밝히기 위한 연구의 결과를 보고하는 문서이다. 보고의 목적이 설명적임을 밝혀야 하고, 원인과 결과 간의 관계를 설명할 때 신뢰할 수 있는 근거를 제시해야 한다. 또한 활용한 추리 통계분석결과를 간략히 정리하고, 세부적인 결과는 연구보고서를 읽는 이들의 이해를 돕기 위해 부록에 수록하는 것이 좋다.

## 4) 제안적 연구보고서

제안적 연구보고서는 분석결과에 따라 특정 정책대안이나 개입방법을 도출해 보고하는 문서이다. 보고서에서는 제안들이 어떤 자료분석을 통해 도출되었는지 논리적으로 설명해야 한다.

# 3. 연구보고서의 구성

연구보고서는 기본적으로 연구문제, 대상, 연구방법, 연구과정, 결과를 체계적으로 정리하여 제시하는 문서이다. 서두에는 문제의식이나 쟁점사항으로 시작하여 설계한 모형에 따라 연구를 진행한 후 결과와 평가를 내리는 것이 일반적인 흐름이다. 연구보고서는 포괄성, 정확성, 명확성, 효율성의 원칙하에 작성되어야 하며, 보고서 형식에 대해 통일된 절차는 없으나, 보편적으로 쓰이는 양식 중심으로 설명하고자 한다.

연구보고서는 서두 부분에 제목, 연구자 이름, 소속, 목차, 개요 등을 작성하고, 본문 부분에 서론, 본론, 결론 및 제언을 작성하며, 기타 부수적인 부분에 참고문헌과 부록을 넣어 작성한다.

연구보고서는 관련 사항들이 순차적으로 전개되어야 하는데, 그 내용은 다음과 같다(강영걸 외, 2019: 358-364).

① 제목
② 저자명과 소속
③ 목차
④ 서론
⑤ 본론
⑥ 결론
⑦ 참고문헌
⑧ 부록(필요한 경우에만 포함)
⑨ 초록
⑩ 색인(필요한 경우에만 포함)

## 1) 표지 및 목차

### (1) 제목 및 표지

표지에는 보고서 제목, 제출일, 제출자를 나열된 순서대로 기입한다. 보고서 제목은 보고서 주제를 가장 잘 드러낼 수 있는 핵심적인 내용을 포함한다. 제출일은 년, 월, 일순으로 기입하는 것을 원칙으로 한다. 제출자명에는 연구가 이루어진 기관명, 기관의 팀명 혹은 기관의 개인 연구자명 등을 기입한다.

### (2) 목차

목차는 전체 보고서 내용을 한 눈에 알아볼 수 있도록 체계적 표시를 한 부분으로 대개 서론, 본론, 결론의 구성을 취한다. 목차의 표제어는 단순하게 서론, 본론, 결론으로 사용하는 경우와 서론과 본론을 세부 절로 나누어 내용을 나타낼 수 있는 어휘를 선택해서 표제어로 삼는 경우가 있다. 그림이나 도표의 수가 많을 때에는 그림 목차와 표 목차를 만들어 일반 목차 뒤에 붙인다.

### (3) 기타 목차

본문 목차 이외에 본문에 포함된 표, 그림, 사진 등에 대한 목차는 별도로 만들어야 한다. 이때 주의할 점은 본문의 표나 그림에서 제시된 제목과 목차의 제목, 그리고 그 표가 제시된 본문의 쪽수와 목차에서 제시한 쪽수가 반드시 같아야 한다.

## 2) 본 내용

본 내용은 누구나 아는 바와 같이 서론·본론·결론 등 세 부분으로 구성하는데, 구체적으로는 다음과 같은 내용을 담고 있어야 한다.

### (1) 서론

서론에서는 연구문제가 도출된 배경을 서술하면서 연구주제 및 연구주제가 지니는 중요성, 그리고 연구의 필요성을 밝힌다. 그 다음에는 연구목적을 구체적으로 밝히되, 연구주제와 관련된 개념들과의 관계를 명확히 나타내어야 한다. 뿐만 아니라, 연구가 관련 분야의 지식축적에 어떻게 공헌할 수 있는지에 대한 실질적 효용성을 밝힌다.

### (2) 본론

본론에서는 구체적으로 다음의 사항들이 포함되어야 한다.

### ① 연구문제의 이론적 근거 및 개념적 틀 제시

이러한 이론적 근거나 개념적 틀은 선행연구를 기초로 연구자가 수행하고자 하는 연구문제에 맞게 재구성하여 제시된다. 아울러 관련 문헌고찰을 통해 현재까지 어떤 연구들이 진행되어 왔고, 어떤 결론들이 도출되었으며, 아직 규명되지 않은 부분은 무엇이며, 연구를 수행하는데 있어 어떤 제한점들이 있었는지에 대해 고찰함으로써 연구하고자 하는 문제에 대해 논리적 타당성을 부여한다.

### ② 연구방법 명시

연구 목적과 내용에 따라 필요한 자료의 성격과 수집방법 및 분석방법도 달라진다. 연구자는 연구목적에 부합되는 자료를 수집해야 한다. 연구방법에는 탐색연구, 기술연구, 인과연구가 있으며, 연구자는 이러한 여러 방법들 중에 연구주제의 특성에 맞추어 연구방법을 선택한다. 연구문제가 아무리 가치가 있다 할지라도, 과학적 방법에 의해 문제에 접근할 수 없으면 연구의의를 지닐 수 없게 된다. 따라서, 연구문제를 도출할 때는 방법론에 대한 충분한 지식 습득이 필요하다.

### ③ 개념과 용어의 명확한 정의

간혹 논문에 따라서는 사용되는 개념이나 용어가 연구자에 따라 그 의미를 다르게 해석하는 경우가 발생한다. 그 결과, 동일한 문제를 다룬 연구들의 결과가 상충되게 나타날 때가 있다. 특히, 사회과학분야에는 인간의 행동이나 사회현상과 관련된 복합적이고 포괄적인 개념이나 용어가 많기 때문에 개념 및 용어 사용에 유의해야 한다.

### ④ 연구방법 명시

자료수집방법이나 설문지 등과 같은 측정도구에 대해 구체적으로 밝혀야 한다. 그리고 컴퓨터를 이용하여 통계분석을 했다면 어떤 통계적 기법을 적용하였는지에 대해서도 언급해야 한다. 분석결과를 도표나 그림으로 제시할 때 일정한 격식에 맞추어야 하고, 도표만으로 내용을 충분히 파악할 수 있도록 도표에 모든 정보가 제시되어야 입증자료로서의 가치가 있다.

### ⑤ 다른 문헌의 연구결과와 비교 해석

이때 비교하는 논문의 출처를 밝혀야 하고, 구체적인 통계치를 인용해서 비교할 필요가 있을 때는 인용한 논문의 페이지 번호까지 밝혀 완벽한 입증자료가 갖추어져야만 설득력이 있게 된다.

### (3) 결론

결론은 논문이나 보고서를 마무리하는 부분이다. 학위논문일 경우에는 논문의 결론 부분을 '요약 및 결론' 혹은 '결론 및 제언'이라 붙이고, 보고서일 경우에는 주제와 관련하여 좀 더 구체적인 개념으로 부제목을 붙이기도 한다. 결론의 내용은 다음과 같다.

첫째, 결론에는 논문 및 보고서 전반에 대해 개괄적 요약이 간략하게 포함되면 좋다. 아울러 결론에서는 본론에서 논의한 이론적 배경을 토대로 규명된 결과를 다시 언급하면서 그 중요성을 강조한다. 정책보고서일 경우에는 분석결과를 토대로 구체적인 정책이나 대안을 제시한다.

둘째, 연구의 궁극적 목적이 현상에 대한 이해를 통하여 미래를 예측하기 위한 것이라는 점을 감안할 때, 연구결과로 파악된 정보가 사회문제를 해결할 수 있는 방안으로 활용될 수 있는 실질적 효용성이 서술되어야 한다.

셋째, 연구자가 연구수행 과정에서 규명할 수 있었던 부분과 여러 제약으로 인해 연구주제를 완벽하게 다룰 수 없었던 부분을 지적하면서 미래 연구방향을 제시한다. 이 경우 미래 연구방향은 연구결과를 토대로 작성되어야만 한다. 다수의 연구자들이 연구결과에서 도출되지 않은 내용임에도 불구하고, 연구와 관련이 있다는 이유만으로 미래 연구 방향으로서 그 내용을 기술하는 경우가 있는데 이는 잘못이다.

### (4) 참고문헌

참고문헌은 연구보고서에서 인용한 모든 문헌자료 목록이다. 참고문헌의 중요한 의미는 다음과 같다.

#### ① 내용 기술의 객관성

참고문헌은 연구자가 검증된 기존 자료들을 활용하여 객관적으로 내용을 기술하였다는 것을 반증해 준다.

### ② 참고자료 명시

참고문헌은 일반 독자들에게 인용된 자료의 출처를 쉽게 알 수 있도록 해 준다. 이상의 내용을 중심으로 참고문헌은 보고서 작성 시 직접 인용된 문헌과 보고서 작성을 위해 말 그대로 연구자가 읽고 참고한 모든 문헌으로 구분된다. 우리나라에서는 전자에 해당하는 참고문헌만을 목록에 기입하는 것을 일반적 원칙으로 한다. 참고문헌 작성은 전공은 물론 소속 학회나 기관에 따라 규칙이 다를 수 있으므로 학계에서 통용되는 방식에 따라야 한다. 그 작성규칙은 각 학회나 기관마다 상이하다.

### (5) 부록

부록에는 설문지 같은 측정도구 또는 본문에 도표로 제시하지 않았던 통계자료, 그 이외에 논문이나 보고서를 이해하거나 도움이 되는 자료를 참고로 첨부한다. 서론, 본론, 결론에서 다루기에 너무 방대한 자료 혹은 간접적 참고자료로서 논문에 도움이 될 수 있는 내용은 주로 부록에 수록한다. 예를 들어, 본문에 꼭 포함하고 싶으나, 포함할 경우 분량이 너무 길어지는 자료의 경우, 본문에서는 간략하게 소개만 하고, 괄호를 하여 '부록 참고'라고 기재한 후 그 자료를 부록에 붙이면 된다. 학술지나 저널에 수록된 논문의 경우, 쪽수 제한으로 부록을 첨부하지 않는 경우가 일반적이지만, 보고서나 학위논문에서는 부록을 첨부하는 것이 일반적이다. 일반적으로 사회복지 분야에서는 부록 연구에 적용된 설문지나 통계분석자료, 사례연구 등을 수록한다. 부록에 수록될 자료가 많고, 특성을 달리하는 자료가 있을 경우에는 자료를 특성별로 분류하여 수록하는 것이 효과적이다. 부록에 포함되는 자료는 다음과 같다.

① 연구통계결과
② 연구에 사용했던 설문지나 면접지침서
③ 연구협약서
④ 연구참여동의서

⑤ 연구보고서에 필요한 사진 및 문서자료

### (6) 초록 및 요약

일반적으로 국문으로 된 논문이나 보고서는 반드시 영문초록을, 영문으로 된 내용은 국문초록을 첨부하게 되어 있다. 초록의 위치는 학위논문일 경우, 참고문헌이나 부록 바로 뒤에 붙이지만, 학회지일 경우에는 저자명 바로 뒤에 둔다. 초록의 내용은 간결해야 하며, 연구목적, 연구방법, 연구결과의 핵심적인 부분과 제언 등을 포함한다.

## 4. 연구보고서의 작성 시 유의사항

보고서를 작성할 때에는 다음과 같은 사항에 유의해야 한다(홍봉수 외, 2018: 313-315).

첫째, 내용을 한눈에 볼 수 있도록 간결하게 작성해야 한다.

보고서는 전달하고자 하는 바를 한눈에 볼 수 있도록 하는 것이 좋다. 보고서가 사족이 많고 설명이 난잡하면 읽는 이로 하여금 그 보고서가 말하는 바가 무엇인지 직관하거나 이해할 수 없게 된다. 따라서, 문장이 간결해야 하고 내용도 복잡하지 않아야 한다. 간결하게 작성하기 위해서는 연구자 자신이 지니고 있는 연구문제에 대하여 충분히 숙지하고 있어야 하며, 그 문제를 분석하고 해석하기 위한 방법론에 관해 숙달되어 있어야 한다. 아울러 보고서의 내용은 그림이나 도식을 적절히 활용하여 시각적인 보고서를 만들도록 해야 한다.

둘째, 문장의 표현에 주의해야 한다.

보고서의 전체구성과 각 문장이 논리적이어야 한다. 논리적인 표현을 사용하기 위해서는 시제의 경우, 과거의 연구결과를 인용할 때에는 과거시제를 사용하고, 자신의 연구결과를 언급할 경우에는 현재시제를 사용한다.

셋째, 보고의 대상을 고려하여 작성해야 한다.

보고서를 받게 될 대상을 확인하고 수준을 고려하여 작성해야 한다. 보고서를 읽는 대상에 따라 보고서의 전체적인 형식을 달리하고 공청회 등의 보고서일 경우에는 프레젠테이션용 보고서를 따로 작성하는 것이 좋다.

넷째, 충분한 정보를 포함해야 한다.

연구자가 엄밀한 연구과정을 통해 다양한 정보를 수집했을 경우, 정보에 대한 분석결과는 가급적 모두 보고서에 포함시키는 것이 좋다. 분석결과 중 보고서의 논리적 흐름에 맞지 않는 경우에는 별도로 부록을 만들 수 있다.

다섯째, 윤리성에 어긋나지 않아야 한다.

연구결과가 나올 때 연구자가 가장 힘들어하는 것 중 하나는 예상했던 결과가 나오지 않았을 때이다. 이때 연구자는 당황하게 되고 부담을 느끼게 된다. 그 결과, 자연스럽게 연구결과를 수정하거나 왜곡하여 보고하는 경우가 생기게 된다. 따라서, 연구결과가 연구자의 예상결과와 다를 때에는 연구결과 제시의 한계를 충분히 설명하여 보고를 받는 사람들에게 충분한 양해를 구할 필요가 있다.

여섯째, 문헌을 충분히 참고해야 한다.

연구보고서를 작성하기 전과 중간에 관련문헌을 지속적으로 검토할 필요가 있다. 특히, 사전에 연구하고 연구된 보고서들을 검토하는 것은 그 내용과 형식을 비교하고 차용하여 창조적 인 내용과 틀을 구성하는 데 도움을 줄 수 있다.

일곱째, 보고서 작성의 일반적 원칙에 따라 작성해야 한다.

보고서를 작성할 때는 보통 일련의 정해진 원칙에 따라 작성하게 된다. 보고서 작성의 일반적 원칙에는 서론, 본론(이론적 배경, 연구방법, 연구결과의 분석), 결론, 참고문헌 등 보고서에 반드시 들어갈 내용으로 구성해야 하며, 정해진 원칙에 따라 순서대로 작성하는 것이 바람직하다.

## 〈연습문제〉

1. 연구보고서의 작성요령으로 적합하지 않은 것은?
   ① 보고대상자가 가장 잘 이해할 수 있는 용어와 문체와 형식을 사용하여야 한다.
   ② 연구보고서에 감정적인 표현은 가능한 사용하지 않아야 한다.
   ③ 자신의 연구결과를 언급할 경우는 현재형을 사용한다.
   ④ 연구보고서는 간결해야 한다.
   ⑤ 통계자료 분석의 결과는 가능한 분석결과를 그대로 보여주어야 한다.

2. 다음 중 연구보고서의 기능이 아닌 것은?
   ① 연구내용을 효율적으로 전달할 수 있다.
   ② 연구 관련 분야의 지식체계 구축에 기여한다.
   ③ 향후 연구방향을 제시한다.
   ④ 연구의 제한점을 적시하여 전달할 수 있다.
   ⑤ 연구대상자의 다양한 의견을 반영할 수 있다.

3. 다음 중 연구보고서의 작성에 대한 설명으로 옳지 않은 것은?
   ① 참고문헌은 인용한 모든 문헌자료의 목록이다.
   ② 서론에는 연구목표와 연구합의와 관련된 내용으로 작성한다.
   ③ 본론에는 연구내용, 연구방법, 연구결과 등을 기술한다.
   ④ 결론에는 연구결과와 요약, 제언 등을 기술한다.
   ⑤ 보고서는 간결하고 명확하게 작성한다.

4. 연구보고서의 작성요령으로 적합하지 않은 것은?
   ① 보고대상자가 가장 잘 이해할 수 있는 용어와 문체와 형식을 사용하여야 한다.
   ② 연구보고서에 감정적인 표현은 가능한 사용하지 않아야 한다.
   ③ 자신의 연구결과를 언급할 경우는 현재형을 사용한다.
   ④ 연구보고서는 간결해야 한다.
   ⑤ 통계자료 분석의 결과는 가능한 분석결과를 그대로 보여주어야 한다.

5. 연구보고서 작성을 위한 기본 원칙에 관한 설명 중 옳지 않은 것은?
   ① 보고서를 접하는 사람에게 합당한 정보를 제시할 수 있어야 한다.
   ② 관련자들이 보고서 전체를 읽지 않는다는 것을 인식해야 한다.
   ③ 정보를 논리적으로 제시해야 한다.
   ④ 간결하고 짧은 문장으로 작성하는 것이 좋다.
   ⑤ 보고서의 문체는 전문용어나 기술용어를 가급적 많이 사용한다.

6. 연구보고서 작성 시 옳지 않은 것은?
   ① 서론에는 연구의 목적과 필요성을 기술한다.
   ② 본문은 가능한 간결하고 필요한 내용만 기록한다.
   ③ 명확한 표현으로 정확하게 작성한다.
   ④ 근거자료를 충분히 제시하는 것이 좋다.
   ⑤ 독자의 수준을 높여주기 위한 전문용어 사용은 권장된다.

7. 연구보고서 작성 시 옳지 않은 것은?
   ① 서론에는 연구목적, 연구결과의 함의가 기술되어야 한다.
   ② 본론에는 이론적 배경, 연구방법, 연구결과가 제시되어야 한다.
   ③ 결론에는 본문의 핵심내용과 후속 연구에의 제언이 제시되어야 한다.
   ④ 독자들이 충분히 이해할 수 있는 수준으로 기술해야 한다.
   ⑤ 정확하고 체계적인 기술이 요구된다.

8. 연구보고서 작성을 하고자 할 때 고려할 사항이 아닌 것은?
   ① 독자의 수준을 고려한다.
   ② 이해당사자의 관심사를 반영한다.
   ③ 연구목적에 맞게 서술한다.
   ④ 정보를 논리적으로 제시한다.
   ⑤ 연구의 한계는 제시하지 않고 연구자만 알고 있다.

정답 1. ⑤  2. ⑤  3. ②  4. ⑤  5. ⑤  6. ⑤  7. ①  8. ⑤

# 참고문헌

## 1. 국내자료

강영걸 외(2018).『사회복지조사론』. 파주. 경기: 정민사.
곽미정 외(2018).『사회복지조사론』. 파주. 경기: 양성원.
금기윤 외(2012).『사회복지조사론』. 고양. 경기: 공동체.
김기덕 외(2017).『사회조사론』. 서울: 박영스토리.
김동기 외(2021).『사회복지조사론』. 서울: 학지사.
김수목 외(2021).『사회복지행정론』. 서울: 조은.
김보기 외(2019).『인간행동과 사회환경』. 파주. 경기: 양성원.
김석용 외(2012).『조사연구방법론』. 서울: 탑북스.
김재광(2017).『표본조사론』. 서울자유아카데미.
김태한 외(2020).『사회조사방법론』. 서울: 한국방송통신대학교출판문화원.
박선희 외(2018).『사회복지조사론』. 파주. 경기: 양성원.
박옥희 외(2020).『사회복지조사론』. 서울: 학지사.
박창제 외(2020).『사회복지조사론』. 서울: 창지사.
생각의 마을(2021).『2022 에쎕 사회복지조사론』. 고양. 경기: 공동체.
서보준 외(2018).『사회복지조사론』. 파주. 경기: 정민사.
서정민 외(2020).『사회복지조사론』. 서울: 동문사.
성태제 외(2006).『연구방법론』. 서울: 학지사.
박옥희 외(2020).『사회복지조사론』. 서울: 학지사.
손병덕 외(2021).『사회복지조사론』. 서울: 학지사.
원석조 외(2018).『사회복지조사론』. 고양. 경기: 공동체.
우수명 외(2019).『사회복지조사론』. 파주. 경기: 양서원.
유영준(2021).『사회복지조사론의 이해』. 서울: 학지사.
윤선오 외(2016).『사회복지조사론』. 파주. 경기: 양성원.
이세형(2019).『사회복지조사론』. 파주. 경기: 양성원.
이봉재(2018).『사회복지조사론』. 서울: 신정.
이상철 외(2019).『사회복지조사론』. 서울: 창지사.
이승현 외(2020).『사회복지조사론』. 서울: 동문사.
이종하 외(2020).『사회복지조사론』. 파주. 경기: 양서원.
임병우 외(2021).『사회복지조사론』. 서울: 창지사.
장택원(2012).『사회조사방법론』. 서울: 커뮤니케이션북스.
전대성 외(2018).『사회복지조사론』. 고양. 경기: 공동체.
정영일 외(2021).『조사방법론』. 서울: 한국방송통신대학교출판문화원.
정태신(2018).『사회복지조사론』. 서울: 지성계.
조운희 외(2015).『사회복지조사론』. 파주. 경기: 양서원.
조학래(2020).『사회복지조사의 이해』. 서울: 신정.
초의수(2019).『사회복지조사론』. 파주. 경기: 정민사.
최성철 외(2019).『사회복지조사론』. 고양. 경기: 지식공동체.

최세영 외(2020). 『사회복지조사론』. 고양. 경기: 어가.
홍봉수(2018). 『사회복지조사론』. 고양. 경기: 공동체.
황인옥(2020). 『사회복지조사론』. 서울: 동문사.

## 2. 외국문헌

Atkinson, P., & Hammersely, M.(1994). Ethnography and Participant Observation, in N. K. Denzin & Y. S. Lincoln(Eds.). *Handbook of Qualitative Research*. London: Sage.
Bogardus, E. S.(1922). *A history of social thought* (Kindle Edition). University of Michigan Library.
Best, J. W., & Kahn, J. V.(2005). *Research in Education* (10th Edition). Pearson.
Bryant, A., & Charmaz, K.(Editor)(2006, 2019). *The Sage Handbook of Current Developments in Grounded Theory* (Second edition). SAGE Publications Ltd.
Cambell, D., & Stanley, J.(1963). *Experimental and Quasi-Experimental Design for Research*. Chicago: Rand McNally.
Corbin, J, & Strauss, A.(1988, 2014). *Basics of Qualitative Research: Techniques and Procedures for Developing Grounded Theory* (4th Edition). SAGE Publications, Inc.
Creswell, J. W.(2014, 2021). *A Concise Introduction to Mixed Methods Research* (Second Edition). SAGE Publications, Inc.
Freire, P.(1970, 2018). *Pedagegy of the Oppressed* (4th edition). Bloomsbury Academic.
Giorgi A.(2004). Qualitative research methodology. *Advanced Workshop on the Descriptive Phenomenological Method*. Seoul: Ewha Woman University.
Glaser, B. G. and Strauss, A. L.(1967, 2017). *Discovery of Grounded Theory: Strategies for Qualitative Research* (1st Edition, Kindle Edition). Routledge.
Glaser, B. G.(2009). *Jargonizing: Using the Grounded Theory Vocabulary*. Sociology Press.
Glaser, B. G.(2014). *Memoing: A Vital Grounded Theory Procedure*. Sociology Press.
Guba, E. G., & Lincoln, Y. S.(1981). *Effective evaluation: Improving the Usefulness of Evaluation Results Through Responsive and Naturalistic Approaches*. San Francisco: Jossey Bass.
Hair, J. F. et al.(2018). *Multivariate Data Analysis* (8th edition). CENGAGE INDIA.
Latz, A. O.(2017). *Photovoice Research in Education and Beyond: A Practical Guide from Theory to Exhibition*. Routledge.
Lazarsfeld, P.(1959). Problems in Methodology. in Robert K. Merton (ed.), *Sociology Today*. New York: Basic Books.
Likert, R.(1967). *The Human Organization: Its Management and Value* (1st Edition). New York: McGraw-Hill Book.
Likert, R.(1976). *New Ways of Managing Conflict*. New York: McGraw-Hill.
Likert, R.(1976). *New Patterns of Management*. McGraw-Hill Inc.
Lowy, L.(1979). *Social Work with the Aging*. New York: Harper & Row.
Marlow. C.(2005). *Research Methods for Generalist Social Work* (5th edition).

Cengage Learning.
Maslow, A. H.(1943a, 2019). *Motivation and Personality*. New York: Harper & Row.
Maslow, A. H.(1943b). A theory of human motivation. *Psychological Review. 50* : 370−396.
Maslow, A. H.(1968). *Toward a Psychology of Being*. Princeton, N.J.: D. Van Nostrand Co.
Maslow, A. H.(1971). *The Farther Reaches of Human Nature*. New York: Viking.
Mason, J.(2017). *Qualitative Researching* (3rd Edition). SAGE Publications Ltd.
McKillip, J.(1998). Needs analysis: Process and techniques. In L. Bickman, & D. Rog (Eds.). *Handbook of Applied Social Research Methods*. Thousand Oaks. C.A.: Sage.
Merriam, S. B. et al.(2009, 2015). *Qualitative Research: A Guide to Design and Implementation* (4th Edition). John Wiley & Sons.
Padgett, D. K.(1998, 2016). *Qualitative Method in Social Work Research: Challenge and Reward* (3rd Edition). Sage Publications, Inc.
Neuman, W. L.(2009). *Social Research Methods: Qualitative and quantitative approaches* (7th ed.). Pearson.
Neuman, W. L.(2009). *Basics of Social Research: Qualitative and Quantitative Approaches* (3rd Edition). Pearson.
Rubin, A., & Babbie, E.(2016). *Research method for social work* (Empowerment Series). Cengage Learning.
Rubin, A., & Babbie, E.(2009). *Essential Research Methods for Social Work* (2nd edition). Brooks Cole.
Saldana, J.(2015). *The Coding Manual for Qualitative Researchers*. SAGE Publications Ltd.
Selltiz, C. et al.(1959, 1986) *Research Methods in Social Relations*. New York: Holt, Reinhart and Winston.
Shaughnessy, J. J. et al.(2014). *Research Methods in Psychology* (10th Edition). McGraw−Hill Education.
Wang, C., & Burris, M.(1994). Empowerment through Photonovella: Portraits of participation. *Health Education Quarterly, 21* : 171−186.
Yegidis, B. L., & Weinbach, R. W.(2017). *Research Methods for Social Workers* (8th ed). Boston. MA: Pearson Education.

# 저자소개

## 장혜령
- 서울 사회복지대학원 대학교 사회복지학과 석사
- 칼빈대학교 대학원 사회복지학과 박사(Ph.D)
- 동방대학학원대학교 교육학과 박사(Ph.D)
- 한국문화·콘텐츠학회 총무이사
- 〈저서〉 사회복지와 문화다양성, 사회복지행정론, 사회복지조사론, 사회복지정책론

## 정운계
- 이화여자대학교 영어영문학과 학사
- 이화여자대학교 대학원 교육학과 석사
- 서울사회복지대학원대학교 사회복지학과 석사
- 고등학교 교장
- 사회복지사 1급 강사
- 서울사회복지대학원대학교 평생교육원 교수
- 〈저서〉 사회복지조사론

## 구소연
- 강원대학교 음악교육학 석사
- 순복음대학원대학교 사회복지학과 박사(Ph.D)
- 순복음대학원대학교 평생교육원 교수
- 명지대학교 콘서바토리 교수
- 서울기독대학교 평생교육원 음악과 교수
- 한국장애인고용공단 일산 직업능력개발원 산학연계취업지도 강사
- 한국장애인고용공단 의정부 직업재활. 심리재활 강사
- 지역사회투자서비스 아동정서발달센터 센터장
- 〈저서〉 사회복지조사론, 인간행동과 사회환경

## 김수목

- 목포대학교 대학원 법학과 석사
- 서울사회복지대학원대학교 사회복지학과 석사
- 한세대학교 대학원 사회복지학과 박사
- 카톨릭원주교구 사회교육원 강사
- 법무부 보호관찰위원
- 서울 사회복지대학원 대학교 교수
- 〈저서〉 사회복지행정론, 사회복지조사론

## 양영수

- 단국대학교 행정법무대학원 사회복지학과 석사
- 서울기독대학교 대학원 사회복지학과 박사
- 한국시니어교육협회 총무국장
- 대한힐링교육센터 경인본부장
- 국제보건교육실천협회 서울본부장
- 서울사회복지대학원대학교 평생교육원 지도교수
- 〈저서〉 사회복지행정론, 사회복지조사론, 미래유망자격증, 공공기관 합격노하우
  신중년 도전과 열정, 신중년 N잡러가 경쟁력이다.

## 이주현

- 대전대학교 대학원 사회복지학과 석사
- 대전대학교 대학원 행정학박사 공공사회복지전공
- 외교부 한·중·일 친선교류협회 이사
- 사)통일을 실천하는 사람들 대전광역시지부 부회장
- 사)대한정신장애인가족협회 사무국장
- 한국공공행정학회 이사
- 중국 칭화대학교SEC한국원정교육중심 자문교수
- 국민건강보험공단 교육전문강사
- 백석대학교 초빙교수, 충청대학교 초빙교수
- 대전대학교 초빙교수
- 유원대학교 사회복지학부 문화복지융합학과 교수
- 〈저서〉 역경에 맞선 붕정 80년(대전대학교 오응준 총장 산수기념문집)
  동굴 속의 향기(수필집), 인간행동과 사회환경, 사회복지조사론
  사회복지와 문화다양성

*Research Methods for Social Welfare*

# 사회복지 조사론

| | |
|---|---|
| **인쇄일** | 2021년 9월 10일 |
| **발행일** | 2021년 9월 20일 |
| **공저자** | 장혜령 · 정운계 · 구소연 |
| | 김수목 · 양영수 · 이주현 |
| **발행인** | 김화인 |
| **발행처** | 조 은 |
| **편집인** | 김진순 |
| **주소** | 서울시 중구 을지로20길 12 대성빌딩 405호(인현동) |
| **전화** | (02)2273-2408 |
| **팩스** | (02)2272-1391 |
| **출판등록** | 1995년 7월 5일 신고번호 제1995-000098호 |
| **ISBN** | 979-11-91735-09-3 |
| **정가** | 25,000원 |

♠ 잘못된 책은 바꾸어 드리겠습니다
♠ 전재 및 복제를 할 수 없습니다.
♠ 강의자료(PPT) 신청 : skk33333@naver.com